MARTIN KORTE

Wie Kinder heute lernen

Was die Wissenschaft
über das kindliche Gehirn weiß

Das Handbuch für den Schulerfolg

Deutsche Verlags-Anstalt

FSC
Mix
Produktgruppe aus vorbildlich
bewirtschafteten Wäldern und
anderen kontrollierten Herkünften
Zert.-Nr. SGS-COC-1940
www.fsc.org
© 1996 Forest Stewardship Council

Verlagsgruppe Random House FSC-DEU-0100
Das für dieses Buch verwendete FSC-zertifizierte Papier *EOS*
liefert Salzer, St. Pölten.

1. Auflage 2009
Text Copyright © vollständig überarbeitete Neuausgabe
2009 Martin Korte und Gaby Miketta
Copyright © Neuausgabe
2009 Deutsche Verlags-Anstalt München,
in der Verlagsgruppe Random House GmbH
Erstmals 2004 in der Argon Verlag GmbH, Berlin erschienen
Dieses Werk wurde vermittelt durch die Michael Meller
Literary Agency, München.
Grafiken: Darja Süßbier
Typografie und Satz: DVA/Brigitte Müller
Gesetzt aus der Minion und der Syntax
Druck und Bindung: GGP Media GmbH, Pößneck
Printed in Germany
ISBN 978-3-421-04426-6

www.dva.de

Inhalt

1 EINLEITUNG: SUCHE NACH DEM BILDUNGSKOMPASS 11

Bildungsthesen **14** Nur das Beste für mein Kind **16** Schule: Ende der Schonzeit? **18** Bildungsfakten und Lebensrealität **19** Gute Noten – glückliche Gesellschaft? **25** Was ist eigentlich Bildung? **26**

2 DIE SIEBEN SÄULEN DES KINDLICHEN LERNENS 31

2.1 Motivation und Konzentration 34

Motivation steigern **35** Positive Konsequenzen **37** Turbolader im Gehirn **40** Kapiertrieb **41** Bewegung und Belohnung **45** Gier nach Neuem **46** Schmiermittel für den Geist **47** Lernen und Aufmerksamkeit **51** Konzentration steigern **51** Fazit **54** Anregungen für Eltern **55**

2.2 Das kindliche Gedächtnis 57

Kindliche Amnesie **58** »Das« Gedächtnis gibt es nicht **61** Kurz- und Langzeitgedächtnis **67** Nadelöhre der Erinnerung **68** Von den Vorteilen des Vergessens **71** Was Kinder im Schlaf lernen **73** Warum Assoziationen so wichtig sind **74** Nervenzellen als Lernagenten **78** Gedächtnistraining **80** Fazit **82** Anregungen für Eltern **83** Die Lerntricks der Gedächtnismagier **85**

Inhalt

2.3 Intelligenz und Wissen 88
Was ist Intelligenz? **90** Evolution der Klugheit **91** Macht Musik schlau? **92** Wie intelligent sind IQ–Tests? **93** Multiple Intelligenz **96** Blitzgescheite Gehirne **97** Reifung und Entwicklung **98** Sechs Jahre und ein bisschen weise **101** Kann man die Intelligenz von Kindern fördern? **103** Geschwister: je jünger, desto dümmer? **104** Wissen schlägt IQ **106** Fazit **108** Anregungen für Eltern **108**

2.4 Emotionale Intelligenz fördern 110
EQ schlägt IQ **111** Gefühle und ihre Bedeutung **113** Wie entstehen Gefühle im Gehirn **115** Amygdala: Türöffner der Gefühle **116** Wahrnehmung der eigenen Gefühlswelt **119** Entwicklung der emotionalen Bausteine des Gehirns **121** Temperament und Persönlichkeit **123** Formbarkeit des limbischen Systems **125** Gefühle bei Mädchen und Jungen **126** Eltern mit EQ **128** Was Kinder stark macht **130** – Fazit **132** Anregungen für Eltern **133**

2.5 Mit Stress gut umgehen 135
Was ist Stress? **137** Gehirn und Hormone **139** Wenn Kortisol das Kommando übernimmt **141** Stress und Lernen **142** Narben der Kindheit **143** Das »L«–Wort **146** Kinder im Stress **148** Belastung durch volle Terminkalender **151** Ein bisschen Stress darf sein **152** Fazit **154** Anregungen für Eltern **154**

2.6 Kernkompetenz Sprache 157
Die Sprachexplosion **158** Wir sprechen links **160** Sensible Phase für den Spracherwerb **163** Weltsprache oder Muttersprache? **165** Herkulesaufgabe Spracherwerb **166** Bitte vorlesen! **168** Fremdsprachen lernen: Nutzen und Kosten **169** Asymmetrien zwischen den Großhirnhemisphären **171** Zweisprachigkeit: Zwei Fliegen mit einer Klappe? **173**

Zweisprachigkeit muss kein Kinderspiel sein **175** Fazit **176**
Anregungen für Eltern **177**

2.7 Individualität versus Geschlecht **180**
Statistische Unterschiede zwischen den Geschlechtern **182**
Mathematische Begabung und Selbstbewusstsein **184**
Als Männer noch Wild jagten... **186** Von der Entwicklung
der Geschlechter **188** Was Mädchen und Jungen so im
Kopf haben **191** Was Eltern glauben und hoffen **194**
Jungen als die zukünftigen Verlierer im Geschlechter-
kampf? **196** Fazit **198** Anregungen für Eltern **199**

3 DIE SIEBEN SÄULEN FÜR DEN SCHULERFOLG **201**

3.1 Ernährung und Bewegung **204**
Kann man Klugheit essen? **206** Warum Zucker die Aufmerksamkeit dämpft **211** Schokolade für Jugendliche **212** Flüssigkeitsversorgung: Trinken, trinken, trinken **212** Hüpfen und
balancieren **213**

3.2 Psyche: Glücklich und gut gelaunt **217**
Wenn die Seele aus dem Gleichgewicht gerät **217**
Ist mein Kind verhaltensauffällig? **220** Handeln in konkre-
ten Situationen **221** Stress und Prüfungsangst abbauen **224**
Mobbing: Opfer und Täter **226** Die virtuelle Gefahr:
Cyber-Mobbing **228**

3.3 Lernen braucht Organisation **229**
Den Schultag richtig vorbereiten **229** Die richtige Heftfüh-
rung **232** Aufgaben für die Schule zeitnah erledigen **233**
Zeitmanagement **235** Der Wochenplan **236** Klassenarbei-
ten klug vorbereiten **238** Vertrauen versus Kontrolle **239**
Schreibtisch mit Atmosphäre **241** Wann sollen Kinder

Inhalt

Hausaufgaben machen? **242** Fragen, reden und melden **243** Wie lernt mein Kind am besten? **245** Nachhilfe: Hilfe oder Erziehung zur Faulheit? **251**

3.4 Elternliebe und Bildungsklima 254
Liebe macht klug **254** Das richtige Bildungsklima **256** Der Schul-Check **260** Falscher Ehrgeiz? **262** Sprechen, diskutieren, philosophieren **264**

3.5 Die richtige Mediennutzung 265
Lesen macht schlau **266** Fernsehen, um zu lernen **268** Radio hören ist gar nicht unmodern **269** Die geheimnisvolle Macht von Computer und Internet **270** Virtuelle Gefahren **272** Wann brauchen Kinder einen Computer? **275** Wie sollten Eltern den Umgang mit dem Computer begrenzen? **276**

3.6 Balance zwischen Lob und Tadel 279
Belohnung und Bestrafung **281** Was ist eine »Eins« wert? **282** Das falsche Lob **285** Eltern müssen berechenbar sein **286** Mit gutem Vorbild vorangehen **286** Auch Lehrer belohnen und tadeln **287**

3.7 Der Kampf um ein besseres Schulsystem 289
Der richtige Weg zur Elternhilfe **290** Der gute Dialog zwischen Eltern und Lehrern **291** Optimale Schulbedingungen **295** Was das G8 bedeutet **298** Wie könnten Schulen noch besser werden? **299** Welche Reformen sind sinnvoll? **301**

4 HAT MEIN KIND EINE LERNSTÖRUNG? 303

Die Lese-Rechtschreib-Störung (LRS) **306** Dyskalkulie: die Rechenschwäche **310** Aufmerksamkeitsstörung (ADS/ADHS) **313** Koordinationsmängel: Wenn Kinder nicht toben lernen **319** Pubertät ohne Lernzuwachs **322** Information und Beratung bei Lernstörungen **327**

5 HOCHBEGABTE **329**

Was heißt »hochbegabt«? **330** Kontinuum zwischen klug und superklug **333** Wissensdurst **334** Ein Einzelfall? **336** Mythen: Genie oder Sonderling **337** Jungen und Mädchen **338** Vererbung oder Training? **339** Was Eltern für ein multitalentiertes Kind tun können **341** Wie verhalten sich Eltern von klugen Kindern richtig? **343** Wie fördert das Schulsystem kluge Kinder? **344** Gegen die Vorurteile: Fortbildung für Schwerstbegabte **346** Anregungen für Eltern **349**

LITERATURHINWEISE UND ADRESSEN 353

1 Einleitung: Suche nach dem Bildungskompass

Bildungsthesen – Nur das Beste für mein Kind – Schule: Ende der Schonzeit? – Bildungsfakten – Gute Noten, glückliche Gesellschaft? – Was ist eigentlich Bildung?

> *»Ich möchte auch, dass man sorgfältig darauf achtet, für ihn (scil. den Schüler) einen Erzieher auszumachen, der den Kopf eher richtig gesetzt als richtig gefüllt hat.«*
> MICHEL DE MONTAIGNE, ESSAIS

In rund 38 000 deutschen Schulen bemühen sich gut 700 000 Lehrer und Lehrerinnen, etwa zehn Millionen Schülern das Rüstzeug fürs Leben beizubringen. In den 60er und 70er Jahren schien es den meisten Eltern noch ratsam, dass ihre Kinder eine nahe gelegene Schule besuchten, die der Lehrer empfohlen hatte. Die Hauptschule hatte einen Wert, die Realschule war schon etwas Besonderes und Abitur zu machen ein sensationeller Erfolg. Dies hat sich grundsätzlich geändert. Heute wünscht sich die Hälfte aller Eltern, dass ihr Kind auf das Gymnasium geht mit dem Ziel, die Hochschulreife zu erlangen.

Die Schulausbildung unserer Kinder ist eines der brennendsten und aktuellsten Themen unserer Zeit. Zu Recht. Eine fundierte Bildung zu haben war natürlich immer schon wichtig, aber angesichts wirtschaftlicher Krisenzeiten und eines sich durch die neuen Medien rasant wandelnden Lernverhaltens ist die Diskussion, wie und was unsere Kinder in Zukunft überhaupt wissen sollen, brisanter denn je. Bundeskanzlerin Angela Merkel erklärte

Einleitung

das Thema zur Chefsache, obwohl den Bundesländern hier die Hoheit obliegt, und brach im Herbst 2008 zu einer Bildungsreise durch Deutschland auf. Bildungsthemen schafften es auf die Titelseiten von Zeitungen und Magazinen, Bildungsbücher stürmten die Bestsellerlisten. Und nicht zuletzt entschied Bildungspolitik auch mit über Wahlergebnisse – wie wir im Jahr 2008 in Hessen und Bayern erleben konnten. Gleichzeitig muss man die Erfahrung machen, dass eine Schulförderung oder eine Sanierung von Schulgebäuden nur im Zuge eines Konjunkturprogrammes zur Belebung der Bauindustrie die Schatullen des Finanzministeriums öffnet.

Was bleibt, ist die Sorge der Eltern um die Bildung ihrer Kinder und die generelle Kritik am deutschen Schulsystem, welches im Kern nicht verändert wurde. Auf der einen Seite frustrierte Lehrer, denen vor lauter kleinen Reförmchen und langen Reformstaus kaum noch Zeit bleibt, sich um die notwendige individuelle Förderung von Schülern und Schülerinnen zu kümmern, auf der anderen Seite unverbesserliche Schulaufsichtsbehörden, die immer wieder hoffnungsvolle und engagierte Aktionen zur Verbesserung des Schulalltages zunichte machen. Aber es gibt auch ein PISA-Ergebnis, welches dauerhaft bestehen bleibt und für alle (!) an der PISA-Studie beteiligten Nationen, wenn auch in unterschiedlicher Ausprägung, gilt: Unabhängig von der Qualität der Schule und des Schulsystems haben Eltern maßgeblichen Einfluss auf den Schulerfolg ihrer Kinder. Und in kaum einem anderen an PISA teilnehmenden Land ist der Schulerfolg derart stark abhängig vom Elternhaus wie in Deutschland. Diese Erkenntnis allein ist Grund zum Handeln. Natürlich obliegt es weiterhin den Bundesländern, allen Kindern die gleichen Schulchancen zu ermöglichen, aber das PISA-Resultat macht Eltern auch deutlich, dass sie Einfluss auf die Schulleistungen ihrer Kinder haben, ganz unmittelbar und völlig unabhängig davon, wann – und ob – Veränderungen im Schulsystem selbst eintreten. Daraus allein ergibt sich jedoch noch keine konkrete Handlungsanweisung, wie Eltern

Suche nach dem Bildungskompass

sich im Lern- und Bildungsdschungel am besten zurechtfinden. Das Ergebnis ist vielmehr als Handlungsaufforderung zu verstehen. Für die Navigation durch den komplexen Dschungel von Lernen, Erziehung und Schule mag es verschiedene Modelle geben. Dieses Buch berücksichtigt vor allem Erkenntnisse der Hirnforschung und evidenzbasierte Ergebnisse aus psychologischer und pädagogischer Forschung. Es bietet Wegmarkierungen – mehr kann es nicht sein –, mit deren Hilfe Eltern, an einigen Stellen sicher auch Lehrer, befähigt werden sollen, einen Blick in die Gehirne ihrer Kinder zu tun. Denn das Gehirn ist die »Maschinerie«, mit der Kinder lernen, Gelerntes abspeichern und Erlerntes erinnern. Noch ist der Bauplan des Gehirns nur unvollständig verstanden, aber von dem, was wir bereits wissen, ist zu erwarten, dass es helfen wird, den Schul- und Lernalltag effektiver und erfolgreicher zu gestalten und das Lernen der Kinder optimal zu begleiten nach dem Motto: Lehren lernen – Lernen lernen – Lernen fördern.

Grundlegendes über Motivation, Konzentration und Gedächtnis zu wissen ist dabei ebenso wichtig, wie den Einfluss von Bewegung, Ernährung, Trinken und Sauerstoff auf die Leistungsfähigkeit junger Gehirne zu kennen. Aber auch die Frage, wann Schüler was am besten lernen können, ist relevant für die optimale Förderung eines Kindes. Eltern müssen sich selbst die Fragen beantworten: Schätze ich mein Kind hinsichtlich seines Lerntyps, seiner Fähigkeiten und Interessen richtig ein? Wie reagiere ich angemessen bei Lernstörungen, einem hochbegabten Kind, pubertierenden Jugendlichen?

Die Hirnforschung liefert hier Fakten und Anhaltspunkte, um über das Verstehen bestimmter Hirnmechanismen hinaus eigene Konzepte zu entwickeln, mit denen wir – Eltern, Lehrer, die gesamte Gesellschaft – Kinder in die neue Welt des lebenslangen Lernens einführen können. Dieses Buch versteht sich als Hilfe zur Selbsthilfe, und es möge auch Abhilfe schaffen, indem es die Erwartungen an das kindliche Gehirn relativiert und in Beziehung zum Alltagsleben moderner Familien im 21. Jahrhundert setzt.

Einleitung

Bert Brecht sagte einmal: »Am schlimmsten ist gut gemeint«. Insofern sollten Eltern die Leistungserwartungen an die eigenen Kinder – aber auch an sich selbst – mit Augenmaß treffen, denn nichts ist für das Gehirn frustrierender, als die Ziele unerreichbar hochzuschrauben. Kinder werden mit einer genetischen Ausstattung geboren, die es ihnen nicht ermöglichen wird, zu jeder Zeit alles lernen zu können. Vielmehr gibt es ein vom Erbgut gesteuertes Entwicklungsprogramm, das Lernen zu bestimmten Zeitpunkten besonders leicht und zu anderen besonders schwer macht. Jedem Kind sind Leistungspotenziale und Fähigkeiten mitgegeben, und diese zu entdecken, zu fördern und zu stabilisieren ist die Aufgabe von Erziehung. Zu glauben, man könne Kinder zum Lernen in der Schule abgeben, wäre zu einfach. Die Hirnforschung zeigt, dass Kinder immer lernen – auch und vor allem zu Hause. Und Eltern unterstützen ihre Kinder umso besser, je mehr sie die gigantische Lern-Maschinerie verstehen: unser Gehirn.

Bildungsthesen

Eltern und Lehrer müssen realisieren, dass die heutige Generation anders lernt und schon heute weit entfernt von dem ist, was wir noch in unserer Schulzeit unter Lernen verstanden haben mögen. Inwiefern sich das Lernen noch weiter verändern wird, sollen einige Thesen über Wissen, Bildung und das Lernen in der Zukunft verdeutlichen.

Unter Bildung verstehen wir unter anderem das Wissen über geschichtliche, gesellschaftliche und kulturelle Zusammenhänge, ein naturwissenschaftliches und mathematisches Verständnis, eine ideengeschichtliche Vorstellung sowie den bewussten und reflektierten Umgang mit Sprache. Aber wie sollen unsere Kinder dieses Know-how heute erwerben? Wir leben in einer digitalen Welt mit TV, PC, Handy, iPod, Google, Wikipedia und sozialen Online-Netzwerken, die es uns ermöglichen, binnen Sekunden Wissen oder wissenswert Erscheinendes zu erwerben.

Unser gesammeltes Gedankengut wird nicht länger allein in Bibliotheken gehortet, sondern ist für jedermann verfügbar. Das bedeutet auch: In einer globalen Kommunikationsgesellschaft muss die Vermittlung von Wissen neu strukturiert werden. In Zeiten, in denen riesige abstrakte Wissensberge mit einem einzigen Mausklick zur Hand sind, ist die Funktion von Bildung wichtiger denn je: Wissen muss in das persönliche Umfeld eingeordnet, Unwichtiges von Wichtigem getrennt, Fakten in Kontexte gesetzt werden. Andernfalls verunsichert die Informationsflut. Da Jugendliche unmöglich alles wissen und lernen können, müssen sie vor allem lernen auszuwählen. Die Vermittlung von Werten ist eine entscheidende Voraussetzung dafür. Sie bilden das Gerüst, an dem sich Wissen anlagern kann, mit dem Kinder sich identifizieren, aber auch abgrenzen können, kurz, ein Gerüst, das Kindern Orientierung gibt. Einem unkritischen Umgang mit Informationen entgegenzuwirken, wird eine der wichtigsten Aufgaben zukünftiger Erziehung sein.

Zudem gilt es, die Bildungsaufgaben von Familie, Kindergarten, Schule, Studium und Berufsausbildung neu zu verbinden und aufeinander abzustimmen. Lebenslanges Lernen ist unabdingbar geworden. Der Beruf, für den sich ein Jugendlicher entscheidet, dürfte nur noch selten der Beruf für sein ganzes Leben sein. Darauf müssen wir unsere Kinder vorbereiten. Deshalb sollten die Übergänge zwischen den unterschiedlichen Bildungsbereichen, vom Kindergarten über weiterführende Schulen bis zur Berufsschule oder Universität, fließend und vor allem durchlässiger sein. Wünschenswert sind auch stärkere Bündnisse zwischen Eltern und Schule. Bislang blieben Eltern mit ihren ungeheuer intensiven Möglichkeiten für die intellektuelle wie emotionale Erziehung ihrer Kinder bei den Reformbemühungen meist außen vor. Dies wird zwar von Bildungsforschern beklagt, aber da die Zusammenarbeit zwischen Eltern und Lehrern in Deutschland nur wenig ausgeprägt ist, verhallen die Klagen vielfach ungehört. Hier liegt eine große Ressource für bessere Bildung brach.

Einleitung

Die Zukunft des Lernens ist digital. Dieser virtuellen Welt müssen Eltern und Lehrer ganz bewusst eine reale Lebens- und Erfahrungswelt entgegensetzen, und zwar in jungen Jahren, wenn das menschliche Gehirn geprägt wird. Was wir brauchen, ist eine solide Grundlagenforschung darüber, wie digitale Medien für neue Lernformen eingesetzt werden können, ab welchem Alter sie jeweils sinnvoll sind und wie menschliche und computergesteuerte Lernhilfen miteinander kombiniert werden sollten. Dazu muss die pädagogisch-didaktische und neurobiologische Forschung sinnvolle Allianzen eingehen. Und die Erkenntnisse müssen in eine reformierte Lehrerausbildung einfließen. Bemerkenswert ist hier die Initiative »Teach First«: Sie ermöglicht es, herausragenden Uni-Absolventen aller Fachrichtungen sich für einen Zwei-Jahres-Job an einer Brennpunktschule zu bewerben und Problemklassen zu unterrichten. So profitieren die Schüler von den Besten der Besten, und die Interimslehrer dokumentieren noch vor dem Karrierestart soziales Engagement.

Nur das Beste für mein Kind
Noch nie hat sich eine Elterngeneration derart intensiv um die (Schul-)Bildung ihrer Sprösslinge gekümmert – das gilt jedenfalls für etwa 80 Prozent der Eltern in Deutschland. Von den verbleibenden 20 Prozent kommen viele aus dem verarmten Rand unserer Gesellschaft, der sich Bildung für seine Kinder nicht leisten kann. Dabei gilt unabhängig von der sozialen Herkunft: Ein fehlender Schulabschluss macht die Eingliederung in ein erfülltes und erfolgreiches Arbeitsleben nahezu unmöglich.

Die Eltern hingegen, die die Zeit, die wirtschaftlichen Ressourcen und den Willen aufbringen, sich intensiv um ihre Kinder zu kümmern, tun das alles in allem mit großem Erfolg gemessen an Schulnoten, Schulabschlüssen und Berufsaussichten. Dennoch bleibt eine gewisse Verunsicherung und Sorge. Millionen Eltern verfolgen die Diskussionen um PISA, veraltete Lernmethoden, gestresste Lehrer, die sechsjährige Grundschule, das achtjährige Gymnasium, das Zentralabitur, die Abschaffung der Hauptschule, die Einschulung mit fünf Jahren und leistungsorientierte Elite-Universitäten. Und sind doch ratlos angesichts der Frage: Was ist das Beste für mein Kind?

Droht einer Familie mit schulpflichtigen Kindern der Umzug in ein anderes Bundesland, beginnt eine Odyssee durch die Wirren unterschiedlicher Regelungen. Der PISA-Test offenbarte die unterschiedlichen Leistungsanforderungen zwischen Nord und Süd, West und Ost. Im Gegenzug erlaubt das föderale Chaos aber auch die Wahl: Wem die Bildung seiner Kinder am Herzen liegt und wer ihr Priorität vor anderen Lebensqualitäten einräumt, kann sich seinen Wohnort diesen Kriterien entsprechend aussuchen – sofern es der Beruf ermöglicht.

Allein die Frage Privatschule oder öffentliche Schule bedeutet für Eltern, sich oft wochenlang Informationen beschaffen zu müssen. Wer eine Ganztagsschule in der Nähe sucht, lässt sich allemal auf ein schwieriges Unterfangen ein. Doch ohne die Segnungen einer Ganztagsschule fühlen sich Eltern am Nachmittag oft wie Hilfslehrer. Mütter beklagen, die Betreuung ihrer Kinder sei ein Fulltimejob, dem nur diejenigen gerecht würden, die nicht berufstätig sind sowie das nötige Know-how mitbringen. Alle anderen suchen Unterstützung bei Nachhilfelehrern und Paukstudios, für die Eltern jährlich konservativ geschätzt eine Milliarde Euro ausgeben.

Sicher ist der Einwand berechtigt, dass diese Leistungen doch durch das Schulsystem respektive die Lehrer zu erbringen seien. Aber unser von Bundesland zu Bundesland (insgesamt 16) unterschiedliches Bildungswesen wird dieser Anforderung nach individueller Förderung jedes Leistungsniveaus (vom unterstützenden Unterricht für weniger begabte bis zu Leistungsgruppen für hochbegabte Schüler) nicht gerecht. Deshalb bleibt den Eltern keine andere Wahl, als ihren Beitrag zu leisten. Sie können und wollen nicht warten, bis sich das System Schule reformiert und

Einleitung

neu ausgerichtet hat, denn bis es so weit ist, werden ihre Kinder die Schule bereits verlassen haben.

Wissen ist etwas Schönes, eine Bereicherung für das ganze Leben und »lernen dürfen« ein Privileg. Kinder wollen lernen, sie sind wissbegierig und wissensdurstig. Dies ist ein hohes Gut, das es zu erhalten gilt. Daher sollten Eltern von Anfang an die Lust am Lernen und an Neuem anfeuern und nicht erst dann vermitteln, wenn die Einschulung ansteht. Schon lange vorher strukturiert sich das kindliche Gehirn und lernt zu lernen.

Dieses Buch bietet deshalb das Rüstzeug für Eltern, die emotionale, soziale und geistige Bildung ihrer Kinder zu begleiten. Schließlich ist die Schulzeit eine intellektuell wichtige und emotional prägende Zeit, an die sich jeder Mensch ein Leben lang zurückerinnert. Sie bildet die Basis für das Dasein, den Beruf und die Zukunft.

Schule: Ende der Schonzeit?

Das Thema Schule war schon immer ein emotional vermintes Gelände. Bei manchen Eltern ist es positiv, bei anderen negativ, geradezu mit Horrorvisionen besetzt. Davon kann sich keine Mutter, kein Vater frei machen. Doch Kinder sind individuelle Persönlichkeiten, die weder ebenso strebsam wie der Papa in der Schule agieren noch zwangsläufig so schlecht in Mathe sein müssen wie die Mama. Hinzu kommt, dass jede Generation eigenen Herausforderungen ausgesetzt ist. Kinder von heute haben nicht mehr die Wahl zwischen drei Fernsehprogrammen, sondern zwischen Hunderten. Ihnen stehen Tausende von spannenden PC-Spielen zur Verfügung. Chatten mit ihren virtuellen Freunden, simsen mit dem Handy oder schlicht telefonieren raubt Zeit. Das meiste scheint spannender als der bisweilen antiquierte Unterricht, der selten die neuen Mediengewohnheiten der Kids mit einbezieht oder nutzt.

In den vergangenen Jahrzehnten haben die Gehirnforschung und die Psychologie viele Mythen über kluge und weniger kluge

Kinder widerlegt. Es ist an der Zeit, mit Vorurteilen und Halbwahrheiten aufzuräumen und den wachen Blick auf die Lernfähigkeiten der jetzigen Schülergeneration zu lenken. Suchen Kinder sich wirklich immer selbst die geistige Anregung, die sie brauchen? Sind Belohnungen das geeignete Motivationsvehikel, um dem Elfjährigen das Vokabellernen schmackhaft zu machen? Ist Intelligenz angeboren, und lassen sich Noten deswegen ohnehin nur schwer verbessern?

Diese und andere Fragen treiben Eltern um. Und obwohl sie sicherlich viele hilfreiche Informationen von anderen Eltern und aus den Medien erhalten, bleiben tiefe Zweifel: Habe ich meinem Kind wirklich alle Chancen auf eine gute Bildung und einen guten Schulabschluss eröffnet? Ist mein Sohn hochbegabt oder nur faul? Hätten wir früher etwas gegen die Konzentrationsstörungen unternehmen sollen? Haben wir es nicht mit dem Klavier-, Ballett-, Yoga- und Nachhilfeunterricht übertrieben? War der Druck für unsere Tochter zu groß, und schläft sie deshalb so schlecht? Hätten wir vielleicht nicht auf das Auto zum 18. Geburtstag sparen und stattdessen ein Internat finanzieren sollen? Was ist richtig, was ist falsch?

Bildungsfakten und Lebensrealität
Bei der im Jahr 2000 durchgeführten PISA-Studie (Programme for International Student Assessment), für die 15-jährige Schüler in 31 Ländern im Lesen, in Mathematik und in den Naturwissenschaften getestet wurden, belegte Deutschland die Ränge 20 bis 21, landete also im unteren Drittel – noch hinter Spanien, Tschechien und Ungarn. Das Rennen machten Länder wie Finnland, Kanada, Korea, Japan und Neuseeland. Das konnte im Land von Goethe und Schiller nicht folgenlos bleiben. Langatmige Diskussionen über die Ursachen der Misere führten zu einigen Reformbemühungen, wie Zentralabitur in mehreren Bundesländern, in einigen das zwei- statt dreigliedrige Schulsystem und die frühe Vermittlung von Fremdsprachen bereits in der Grundschule.

Einleitung

Die Ergebnisse der PISA-Studie 2006 fielen denn auch prompt in einigen Bereichen besser aus: In den Naturwissenschaften kam Deutschland auf einen respektablen 13. Platz, in der Lesekompetenz auf Platz 18, und in der Mathematik belegte es den 20. Rang. Der Ländervergleich offenbarte aber auch ein Bildungsgefälle zwischen den einzelnen Bundesländern. Bei der Lesekompetenz der 15-Jährigen lagen z. B. 2006 Sachsen und Bayern vorne, ebenso wie bei der naturwissenschaftlichen Grundbildung und in Mathematik. In der internationalen Wertung kamen diese Schüler fast an die Leistungen der Finnen, Kanadier, Hongkonger und Taiwanesen heran. Während Bundesländer wie Bremen und Hamburg in beiden Bereichen schlecht abschnitten und der Leistungsunterschied in den entsprechenden Fächern allein innerhalb Deutschlands ein bis zwei Schuljahre ausmachen kann!

Auch die 2008 veröffentlichten Ergebnisse von Vergleichsstudien an Grundschülern zeigen tendenziell eine Verbesserung in den Leistungen: Die deutschen Viertklässler zählen sowohl beim Lesen (in der IGLU-Studie – Internationale Grundschul-Lese-Untersuchung) als auch beim Rechnen (in der TIMSS-Studie Trends in International Mathematics and Science Study) zum oberen Leistungsdrittel. Im Vergleich zu 2001 erzielten die bayerischen Kinder 2008 die größten Fortschritte beim Lesen. Thüringen kam fast an die Spitzenleistungen in Russland und Hongkong heran. Allerdings ergab die Studie auch, dass 13 Prozent der Viertklässler nur mit Mühe Texte verstehen. Bei der Rechenleistung und den Kenntnissen in Naturwissenschaften erreichte Deutschland nach Hongkong, Singapur und Taiwan den 12. Platz. Allerdings hinken die deutschen Schüler den asiatischen im Lernstoff zwischen ein und zwei Jahre hinterher.

Neben der Nabelschau auf diese Testergebnisse kann man aber auch die Lebens- und Schulwelt mit all ihren Veränderungen in den letzten Jahren betrachten. Lassen Sie uns also streiflichtartig an dieser Stelle einfach mal die Fakten von A wie Abitur bis U wie Unterrichtsausfall zusammentragen:

Abitur: In den 90er Jahren gingen deutsche Abiturienten mit durchschnittlich 19,7 Jahren vom Gymnasium ab. Im internationalen Vergleich waren sie damit »alt«, deshalb haben fast alle Bundesländer das achtjährige Gymnasium eingeführt. Nur 33 Prozent der Schüler schlossen 1999 in Deutschland die Schule mit Hochschulzugangsberechtigung ab. In den OECD-Ländern, die an der PISA-Studie teilgenommen haben, beginnen allerdings mehr als die Hälfte der Schüler eine akademische Ausbildung. In Schweden, Finnland oder Australien sind es gar 70 Prozent. In Deutschland liegt der Wert immer noch unter 40 Prozent.

Armut: Drei Millionen Kinder leben in Deutschland in Armut, jedes sechste bis zum Alter von 15 Jahren gilt als arm – in Berlin ist sogar jedes dritte Kind auf staatliche Hilfe angewiesen.

Drogen: Der Drogen- und Suchtbericht 2009 weist einen Rückgang des Alkoholkonsums nach. Der Anteil von Jugendlichen, die wöchentlich mindestens ein alkoholisches Getränk zu sich genommen haben, ist von 21,2 Prozent (2004) auf 17,4 im Jahr 2008 zurückgegangen. Allerdings ist das exzessive Rauschtrinken immer noch weit verbreitet. Fast jeder zehnte Jugendliche im Alter von 12 bis 17 Jahren weist einen gefährlichen Alkoholkonsum auf. Über 20 Prozent konsumieren pro Monat mindestens einmal mehr als fünf Gläser alkoholische Getränke. 2007 wurden 23 165 Kinder und Jugendliche (zwischen 10 und 20 Jahren) wegen einer Alkoholvergiftung stationär behandelt. Das ist die höchste Zahl seit der Ersterhebung im Jahr 2000, damals waren es 9500 Kinder und Jugendliche. Insgesamt werden Drogen, Nikotin und Alkohol immer früher konsumiert.

Eltern: 85,6 Prozent der Eltern plädierten in einer Umfrage 2007 für ein einheitliches Schulsystem in Deutschland. Nur 23 Prozent sind zufrieden mit dem deutschen Schulsystem. In 5,3 Millionen Familien mit Kindern sind beide Ehepartner erwerbstätig. 2,2 Millionen Schülerinnen und Schüler leben bei einem alleinerziehenden Elternteil.

Einleitung

Ernährung: Die Zahl der übergewichtigen Kinder hat sich seit 1990 nahezu verdoppelt. Sechs Prozent der Drei- bis 17-Jährigen werden von Experten gar als fettleibig kategorisiert. Sie essen zu wenig Obst und Gemüse, dafür zu viel Wurst, Käse, Fleisch und Zucker.
Lehrer: Bis 2015, so die Schätzungen, könnten in Deutschland 70 000 Lehrer fehlen. Der Beruf ist offenbar wenig beliebt. Aus gutem Grund: Der Krankenstand bei Lehrern ist fast dreimal so hoch wie bei anderen Arbeitnehmern. Nur fünf Prozent der Lehrer halten bis zur Rente durch. Die anderen müssen häufig wegen Stresssymptomen und stressbedingten Erkrankungen frühzeitig aus dem Beamtendienst entlassen werden. Etwa 30 Prozent dürften am Burn-out-Syndrom leiden. Hinzu kommt, dass der Beruf in der öffentlichen und politischen Wahrnehmung im Gegensatz zu früher keineswegs das beste Image hat.
Medien: Haushalte mit Jugendlichen verfügen über eine sehr gute Medienausstattung. Im Durchschnitt sind 3,8 Mobiltelefone, 2,5 Fernseher, 2,3 Computer, 2,1 MP3-Player, 1,6 Digitalkameras und 1,1 Spielkonsolen vorhanden. Darüber hinaus besitzen über 80 Prozent aller Haushalte mit Kindern einen Internetanschluss. Dies belegte die JIM-Studie (JIM – Jugend, Information, (Multi-) Media) 2008. 71 Prozent der Jugendlichen haben einen eigenen PC im Zimmer, aber »nur« 61 Prozent einen eigenen Fernseher. Den Trend zum Computer als einer Art »Leitmedium« für Kinder belegen auch folgende Zahlen: 65 Prozent benutzen täglich den Computer, 63 Prozent schalten den Fernseher ein. In den kommenden Jahren wird der PC noch unerlässlicher werden, da Jugendliche ihn auch als Fernseher, Telefon (z. B. zum Skypen), DVD-Spieler und für die Kommunikation in Jugend-Online-Netzwerken wie Facebook, Lokalisten oder Myspace nutzen. Dies ist ein völlig anderes Medienverhalten, als Eltern es aus ihrer eigenen Jugend kennen oder persönlich praktizieren.
Nachhilfe: Sie soll das nachholen, was in der Schule versäumt und zu Hause aus eigener Anstrengung nicht zu schaffen war. Etwa 25

Prozent der Schüler, also jeder vierte, setzt irgendwann auf den Zusatzunterricht. Eine andere Studie kommt zu dem Ergebnis, dass 2008 in den »alten« Bundesländern 30 Prozent aller Schüler Nachhilfe erhielten. Die meisten benötigen die Lernunterstützung zwischen der siebten und zehnten Klasse. Eine andere Schätzung kommt zu dem Schluss, dass in Bayern bereits etwa 20 Prozent der Grundschüler Nachhilfe erhalten. Mathematik ist mit mehr als 60 Prozent das Nachhilfefach Nummer eins. Gefolgt von Deutsch, Englisch, Französisch und Latein. Mehr als 3000 Nachhilfe-Institute verdienen am Geschäft mit den Zensuren. In den USA vertrauen immer mehr Schüler auf Online-Nachhilfe. Mit PC, Online-Zugang, Headset und Webcam verabreden sich Lehrer und Schüler im Netz zum Üben.

Privatschulen: Rund 3000 freie Privatschulen erscheinen vielen Eltern als bessere Alternative oder letzte Rettung. Ihre Zahl ist seit 1992 um 50 Prozent gewachsen. Zwischen 1992 und 2000 stieg ihr Anteil auf über acht Prozent bezogen auf die Gesamtzahl der allgemeinbildenden Schulen, mit besonders starken Zuwächsen im Grundschulbereich. Jede Woche werden in Deutschland ein bis zwei neue Privatschulen gegründet. Die Vielfalt ist groß, da die Privatschulen sowohl hinsichtlich ihrer Spezialisierung wie auch in der Einstellung von Lehrern und der Festlegung ihres Budgets frei sind. Hinzu kommen Internate, die auch Kost, Logis und Erziehungsaufgaben übernehmen. Die Kosten allein für das Schulgeld schwanken stark, sie belaufen sich auf 50 bis 1500 Euro monatlich, bei Internaten entsprechend höher. Europaweit gehen übrigens fast 25 Prozent aller Schüler auf Privatschulen – in den Niederlanden sind es nahezu 75 Prozent.

Schüler: Eine Studie der Kölner Universität fand heraus, dass fast die Hälfte der Viertklässler gelegentlich oder häufig über Einschlafprobleme klagt. Jeder zehnte Schulanfänger leidet regelmäßig an Schlafstörungen. Untersuchungen der Universitäten Marburg und Berlin bestätigten: 17 Prozent der Schüler haben keinen Appetit, 38 Prozent fühlen sich erschöpft und jeder zehnte

Einleitung

quält sich mit Bauchschmerzen. Etwa 11 Prozent der Schüler zwischen 11 und 13 Jahren haben auffällige emotionale Probleme. Verhaltensauffälligkeiten belegt die KIGGS-Studie (Studie zur Gesundheit von Kindern und Jugendlichen in Deutschland) 2007 bei 18,3 Prozent der Jungen in diesem Alter und bei 11,7 Prozent der Mädchen. Hyperaktivität liegt bei 8,9 Prozent vor.

Schule schwänzen: Der Lehrerverband schätzt, dass etwa 100 000 Schüler täglich die Schule schwänzen. Zum Teil setzen Schulen sogar Suchtrupps ein, um die Versprengten aufzuspüren und in die Lehranstalten zurückzuführen.

Selektion: Das deutsche Schulsystem wird durch den Faktor Auslese bestimmt – beim Schulstart, mit jeder Note, mit jedem Jahreszeugnis, nach der vierten Klasse (in einigen Bundesländern später) mit dem Wechsel auf eine weiterführende Schule und am Ende der Schullaufbahn mit einem Punktesystem. Viele Länder, die in der PISA-Studie besser abgeschnitten haben als Deutschland, setzen eher auf ein langes, gemeinsames Lernen im Klassenverband bis zu neun Stunden täglich und verzichten vielfach auf Noten. Das finnische Schulsystem – in den Naturwissenschaften PISA-Testsieger – schult Kinder erst mit sieben Jahren ein und lässt seine Schüler zunächst in einer neunjährigen Gesamtschule zusammen lernen; erst dann entscheiden die Schüler sich entweder für eine Berufsausbildung oder wechseln in die allgemeinbildende Oberstufe.

Sitzen bleiben: Nahezu jeder dritte Schüler dreht in Deutschland im Laufe seiner Schulkarriere eine »Ehrenrunde«. Allein in Nordrhein-Westfalen waren es jedes Jahr knapp vier Prozent eines Schülerjahrgangs (2008 allerdings nur noch 2,7 Prozent), das entspricht 70 000 bis 90 000 Kindern, die aus ihrem Klassenverband herausgerissen werden und selbst nach dem Wiederholen der Klasse oft noch nicht einmal ein besseres Zeugnis haben als zuvor. In mehreren Modellschulen hat man deshalb probeweise das Sitzenbleiben abgeschafft. Einige Bundesländer sind generell gegen »Ehrenrunden«.

Unterrichtsausfall: Schätzungsweise eine Million Unterrichtsstunden wurden 2008 in Deutschland wöchentlich ersatzlos gestrichen.

Gute Noten – glückliche Gesellschaft?
Zwei gegensätzliche Erziehungsstile prägten über Jahrzehnte hinweg das Familienleben: »Solange du deine Füße unter meinen Tisch stellst, wird gemacht, was wir sagen«, galt lange als Ideal der Wertevermittlung und einer autoritären Erziehung. Keine Regeln für das Zusammenleben vorzugeben und der kindlichen Suche nach Ordnung freien Lauf zu lassen, war die andere, antiautoritäre Variante. Beide haben sich in der heutigen Zeit als untauglich erwiesen. Studien zeigen eindeutig, dass der autoritative Erziehungsstil am ehesten den Bedürfnissen von Familie und Gesellschaft gerecht wird. Indem Eltern ihren Kindern die Regeln und Grenzen des Zusammenlebens aufzeigen, machen sie deutlich, dass sie von ihren Kindern eine gewisse Leistung erwarten, aber auch, dass sie sie immer unterstützen. Entscheidend ist dabei uneingeschränktes Vertrauen, das auf der elterlichen Liebe basiert: Kinder müssen versagen dürfen, ohne dass ihnen Zuneigungseinbußen drohen. Diese Form der Erziehung verlangt von den Eltern Zeit, Gesprächsbereitschaft, Geduld und Einfühlungsvermögen. Sie müssen in allem, was sie tun, Vorbild sein, konsequent handeln, schlüssige Erklärungen geben können und durch ihre Liebe Selbstbewusstsein vermitteln.

Sind beide Eltern berufstätig, müssen sie eine sogenannte Bildungspartnerschaft mit den Institutionen Kindergarten und Schule eingehen. So fordert etwa Wassilios Fthenakis, Leiter des Staatsinstituts für Frühpädagogik in München und Professor für Erziehungswissenschaften an der Universität Bozen, aus Kindertagesstätten Bildungseinrichtungen mit einer intensiven Frühpädagogik und Förderung zu machen. Laut Fthenakis bedeutet dies, Bildung nicht mehr regional oder national auszurichten,

Einleitung

sondern sie an den internationalen Standards zu messen. Mit neuen Medien klug umzugehen, ist ebenso wichtig wie mehrere Sprachen zu beherrschen und auch in anderen Kulturen zu Hause zu sein. Damit stehen aber auch das Bildungssystem, die Eltern und vor allem die Zusammenarbeit zwischen Lehrern und Eltern vor neuen Herausforderungen. In dem Buch *Was Kinder für die Zukunft brauchen* sind acht Schlüsselqualifikationen zusammengestellt: Flexibilität, Kommunikationsfähigkeit, Medienkompetenz, Kreativität, Teamgeist, Konfliktfähigkeit, Organisationstalent und Stressresistenz. Alles Dinge, die Kinder mitnichten in der Schule lernen, egal ob sie einen Hauptschulabschluss anpeilen, auf die Realschule gehen oder auf dem Gymnasium das Abitur machen. Diese *soft skills,* wie die weichen Fähigkeiten im Vergleich zu den harten Wissensfakten genannt werden, machen die Persönlichkeit eines Kindes aus und sind prägend für seinen Erfolg in einer zukünftigen Welt. Sie sind der Schlüssel für die Zukunft unserer Kinder.

Die meisten Eltern pendeln sich zwischen den eigenen Ansprüchen und denen der Gesellschaft ein. Zwar trägt sie die tiefe Liebe zu ihren Kindern halbwegs durch die Wirren des Bildungswesens. Aber zu wissen, wie sie die Fähigkeiten ihrer Kinder optimal fördern können, um ihnen in einem Bildungssystem den nötigen Freiraum für die Ausprägung der genannten *soft skills* zu verschaffen, ist genauso unabdingbar. Genau das will dieses Buch leisten: verständlich und praktisch.

Was ist eigentlich Bildung?
Wissen ist nicht Bildung, Bildung ist mehr als Wissen, aber ohne Wissen keine Bildung, so weit so gut. *Non scholae sed vitae discimus* sagt der Lateiner. Und wer das in »Nicht für die Schule, sondern für das Leben lernen wir« übersetzen kann, galt früher gemeinhin als klassisch gebildet. Heute vermag keiner mehr so genau zu sagen, was Bildung beinhalten soll, ja man versucht

erst gar nicht, eine Antwort darauf zu finden. Daraus ergeben sich zum einen Verwechselungen – Bildung wird mit Wissen und Quiz-Shows gleichgesetzt – und zum anderen Irrungen, insofern als man meint, dass Information an sich bereits einen Wert hat und per Maus- oder Fingerklick zu Wissen wird, ohne dass man Bildung braucht.

Wie also steht es aus neurobiologischer Sicht um die Begriffe »Wissen« und »Bildung«? Was beinhalten sie? Und wie sind diese Begriffe zueinander in Beziehung zu setzen? Eine Antwort liefern die Verschaltungseigenschaften von Nervenzellen im menschlichen Gehirn. Werden bestimmte assoziative Bedingungen erfüllt, z. B. indem zwei Ereignisse gleichzeitig auftreten, oder assoziieren wir einen Begriff mit einem anderen, so werden die Kontaktstellen, Synapsen genannt, zwischen den Nervenzellen verstärkt. Eine der wichtigen Eigenschaften dieser assoziativen neuronalen Netze besteht darin, immer neue Informationen in die bestehenden Netzwerke einzubauen, die damit bereits bei ihrer Abspeicherung »interpretiert« werden. Und darauf gründet sich die Macht des Wissens: Wer viel weiß, ist besser imstande, in vielfältiger Art und Weise neues mit altem Wissen zu verknüpfen; er kann nicht nur besser abspeichern und erinnern, sondern auch mehr Alternativen denken und damit differenzierter urteilen.

Dies bedeutet natürlich noch lange nicht, dass eine Überflutung mit Wissensspielen automatisch Bildungsmillionäre aus unseren Kindern macht. Aber Allgemeinwissen zu haben ist wichtig; zu wissen, wo man etwas nachschlagen kann, reicht allein nicht aus, da das Gehirn dann vor der Schwierigkeit steht, wo und wie das neue Wissen einzuordnen ist.

Abstraktes und neues Wissen intelligent in ein bestehendes Wissenssystem einordnen bzw. dieses Wissen effektiv abrufen zu können, das ist echte Bildung. Erst diese Fähigkeit erlaubt es uns, schnellstmöglich auf die Unzahl an gespeicherten Daten in diversen neuronalen Netzen zuzugreifen. Entsprechend kann es bei der Wissensvermittlung nicht darum gehen, einfach nur Fakten zu lernen. Gefragt sind vielmehr Wissen über geschichtliche Zusammenhänge, das Wissen darum, woher unser Wissen kommt, naturwissenschaftliches, künstlerisches und mathematisches Verständnis sowie der Umgang mit Sprache. Diese Art der Wissensspeicherung ist jedoch immer hochgradig selektiv.

Vor allem in Zeiten, in denen ganze Wissensberge in Sekundenschnelle zur Verfügung stehen, benötigt man Bildung zur Skalierung des Wissens, um Wesentliches von Unwesentlichem trennen zu können – sowohl bei der Verarbeitung von Sinnesinformation wie auch bei der Entscheidung darüber, welche Fakten vom Kurz- ins Langzeitgedächtnis überführt werden sollen, brauchen Gehirne eine Orientierung. Eine Justierung unseres Wissens ist auch deshalb nötig, da ein Zuviel an willkürlichem Wissen zu einer Wissensnivellierung führen kann. Ein Überfluss an Wissen kann schnell Verunsicherung hervorrufen und damit eine gewisse Beliebigkeit. Eine Erkenntnis dessen, was das menschliche Gehirn ausmacht, besteht darin, das weniger oft mehr ist: Bei Aufgaben, die wir gut bewältigen und in denen wir sehr geübt sind, schaltet das Gehirn nicht ein Mehr an Gehirnarealen dazu, sondern es kann diese Aufgaben in höherer Geschwindigkeit und mit einer kleineren Anzahl von Gehirnarealen bewältigen.

Zusammenfassend lässt sich also Folgendes festhalten: Bildung kann nur dort entstehen, wo man dem Wissen einen Wert gibt. Wir merken uns hauptsächlich das, was vom Gehirn in einem gegebenen Kontext als wichtig erachtet wird. Dieser Kontext wird im Wesentlichen von unserer Kultur bestimmt. Umso bedauernswerter ist es, dass es keine öffentliche Bildungsdebatte über Wissensziele gibt. Was Eltern aber nicht davon abhalten muss, sie mit ihren Kindern zu führen. Dabei müssen Mütter und Väter sich zunächst selbst über die wichtigen vermittelbaren Werte klar werden, denn nur so hat das kindliche Gehirn beim Wissenserwerb eine Orientierung. Vielleicht ist es keine schlechte, wenn auch eine etwas schulmeisterliche Idee, dass Eltern eine Liste erstellen mit den Dingen, die ihre Kinder bis zum 15. Lebensjahr erlebt und erfahren haben sollten. Das Ziel bestünde weniger im sklavischen Abarbeiten dieser Liste, sondern in der Liste selbst, da sie Wertigkeit und damit den Beginn von Bildung in das Wissen bringt. Als Leitlinie für das Kreieren einer solchen Liste könnte eine Aussage von Rainer Maria Rilke gelten, die quasi eine Antwort auf die Frage nach der Aufgabe von Bildung gibt: »Dass sie mir Fenster sei in den erweiterten Weltraum des Daseins.«

2 Die sieben Säulen des kindlichen Lernens

Das Können und die Leistungsfähigkeit eines heranwachsenden Kindes werden von vielen Faktoren bestimmt: dem Elternhaus, den ererbten Genen, der Ernährung, dem Unterricht in der Schule, den Freunden, der individuellen Begabung und unplanbaren Lebenszufällen. Innerhalb dieses Netzwerkes an Faktoren lassen sich aber sieben Säulen erkennen, auf denen Schulerfolg aufbaut:
> die Motivation zu lernen und die Fähigkeit, sich zu konzentrieren
> ein gutes Gedächtnis, um den Lernstoff zu behalten
> die persönliche Intelligenz und das angesammelte Wissen
> die emotionale Intelligenz, die es ermöglicht, im sozialen Gefüge zurechtzukommen
> mit Stress umgehen zu können
> gute sprachliche Fähigkeiten
> und über die Lernbedingungen für das eigene Geschlecht Bescheid zu wissen.

Doch diese sieben Säulen allein sind noch nicht die Lösung für die Fragestellungen vieler Eltern zum Thema Lernen. Sie sind vor allem eine didaktische Einteilung des Buches, denn alle hier erwähnten Themengebiete sind natürlich eng miteinander vernetzt. Die folgenden Kapitel sollen Antworten auf ganz unterschiedliche Fragen geben: Wie entwickelt sich Intelligenz? Ist ein Kind umso intelligenter, je mehr es weiß oder an Fakten behalten kann? Was sagt ein Intelligenztest überhaupt aus? Häufig vergessen Eltern, welche Bedeutung der emotionalen Intelligenz für gute Lernleistungen zukommt und dass sie deshalb entsprechend gefördert werden sollte, genauso wie die Fähigkeit, mit Stress umgehen zu können. Wie sicher fühlt sich mein Kind in der Klassengemeinschaft oder dem Freundeskreis? Um mit Enthusiasmus zu lernen und begeistert alles Neue erfahren zu wollen, braucht es mehr als ein schnell arbeitendes Gehirn. Wie kommt es, dass ein Kind am Abend zu Hause den Lernstoff beherrscht und dennoch am nächsten Morgen in der Prüfung scheitert, weil ein Blackout verhindert, dass das Wissen verfügbar ist? Stress, das haben viele Untersuchungen erwiesen, ist die schlechteste Lernbasis. Unter Stress schraubt das Gehirn sein Leistungsvermögen dramatisch herunter. Es verweigert sich den lernfördernden Reizen und verliert an Assoziationskraft.

Warum haben Kinder generell ein so gutes Gedächtnis und lernen in Windeseile Vokabeln, die sich jeder Erwachsene mühsam eintrichtern muss? Warum verspüren Schüler aber oft keine Lust zu lernen? Die Ursachen dafür müssen Eltern ergründen, denn es gilt: Kinder lernen immer, wenn auch meist nicht willentlich gesteuert, sondern vor allem unbewusst. Das menschliche Gehirn ist darauf ausgerichtet, immer lernen zu wollen, es kann gar nicht anders. Wenn Kinder also unmotiviert im Unterricht sitzen, hat das gute Gründe.

Eltern wissen, wie unterschiedlich Jungen und Mädchen sich in der Schule behaupten. Sie lernen anders, und unsere Gesellschaft wird sich vor allem um die Jungen bemühen müssen, die im Gegensatz zu den Mädchen die schlechteren Schulabschlüsse erlangen, häufiger sitzen bleiben und öfter unter gravierenden psychischen Problemen leiden. Aber stimmt es wirklich, dass Mädchen sprachbegabter und Jungen mathematikbegeisterter sind?

An allgemeinen Weisheiten über Kinder und ihre Fähigkeiten, die häufig als intuitive Vermutungen geäußert werden, mangelt es nicht. Als Erziehungs- und Bildungsratgeber eignen sich diese jedoch weniger. Viele von ihnen konnte die neueste Hirnforschung widerlegen: Kinder beherrschen mitnichten ihre Muttersprache perfekt, nur weil sie diese tagaus, tagein hören. Vielmehr ist es die Qualität der Kommunikation zwischen Eltern und Kindern, die über die Sprachkompetenz entscheidet, vor allem wenn es um Lesen und Rechtschreibung geht. Und das gilt nicht nur für die Muttersprache, sondern auch für zweisprachig erzogene Kinder ebenso wie die Kinder, die erst in der Schule ein oder zwei Fremdsprachen erlernen. Diese Erkenntnis gewinnt insofern an Brisanz, als die in vielen Bundesländern durchgeführten Reformen vorsehen, dass bereits für Schüler ab der sechsten Klasse eine zweite Fremdsprache auf dem Stundenplan steht und gegebenenfalls in der achten oder neunten Klasse die dritte. Fazit: Für den Schulkontext ist die Kernkompetenz Sprache von herausragender Bedeutung. Und hier müssen und können Eltern bereits früh die richtigen Weichen stellen.

Dass Jungen besser rechnen können und Mädchen besser malen, ist eines der hartnäckigsten Vorurteile, denen Eltern ausgesetzt sind. Denn Intelligenz wird nur zu 50 Prozent von den Eltern über die Gene vererbt. Der Rest bildet sich durch Erfahrung und Lernen, durch die richtige Förderung zum richtigen Zeitpunkt. Argumente, dass das eine Kind eben dumm und das andere schlau sei, taugen im Schulalltag nichts. Im Gegenteil, sie können zu einer sich selbst erfüllenden Prophezeiung werden.

Entscheidend ist, dass Eltern und Lehrer sich nicht von diesen vermeintlich wissenschaftlichen Allgemeinplätzen leiten lassen. In den vergangenen zwanzig Jahren haben Tausende von Wissenschaftlern weltweit viele neue Erkenntnisse über die Entwicklung des Gehirns zusammengetragen. Sie müssen jetzt in die Praxis umgesetzt werden, damit wir besser verstehen, wie unsere Kinder heute lernen und vor allem wie wir sie dabei gezielter fördern und unterstützen können. Es gilt, die sieben Säulen, auf denen die Fähigkeit unserer Kinder zu lernen fußt, frühzeitig zu stärken.

2.1 Motivation und Konzentration

Motivation steigern – Positive Konsequenzen – Turbolader im Gehirn – Kapiertrieb – Bewegung und Belohnung – Gier nach Neuem – Schmiermittel für den Geist – Lernen und Aufmerksamkeit – Konzentration steigern – Fazit – Anregungen für Eltern

> *»Der Geist ist kein Schiff, das man beladen kann, sondern ein Feuer, das man entfachen muss.«*
> PLUTARCH *(griechischer Historiker)*

Belohnung fördert die Motivation. Dieser Grundsatz erscheint jedem einleuchtend und vollkommen nachvollziehbar, aber manchmal machen sich Wissenschaftler auch daran, scheinbar Offensichtliches zu belegen. Um die Allgemeingültigkeit dieser Aussage zu überprüfen, beobachteten Psychologen in einer Studie die freiwilligen und belohnten Tätigkeiten von Vorschulkindern. Dafür wurden hundert Kinder nach einem Zufallsprinzip in drei verschiedene Gruppen eingeteilt. Der ersten Gruppe zeigten die Forscher Süßigkeiten und Kuscheltiere, die den Kindern als Belohnung winkten, nachdem sie etwas Schönes aus ihrer Umgebung gemalt haben würden; die zweite und dritte Gruppe wurde ebenfalls gebeten, etwas zu zeichnen, ohne dass man ihnen eine Belohnung dafür in Aussicht stellte; die zweite Gruppe erhielt später zwar dieselbe Belohnung wie die erste Gruppe, aber sie kam für die Kinder gänzlich unerwartet. Die dritte Gruppe von Vorschulkindern erhielt zu keinem Zeitpunkt irgendeine Art von Belohnung.

Das Ergebnis dieses Motivationstests entsprach allerdings in keinster Weise den Erwartungen der Wissenschaftler: Denn nach ein paar Wochen zeigte sich, dass die Kinder der ersten Gruppe ein geringeres Interesse am Malen an den Tag legten und entsprechend weniger Zeit damit verbrachten als die Kinder der beiden anderen Gruppen. Und das, obwohl sie doch für ihr Tun belohnt worden waren. Ausgehend von der Annahme »Belohnung erhöht die Motivation« hätten aus ihnen kleine Malenthusiasten werden müssen. Aber die versprochene Belohnung, so gut sie auch gemeint gewesen sein mag, hatte sich als kontraproduktiv für die Eigenmotivation der Kinder erwiesen. Hingegen waren die Kinder, die überraschend eine Belohnung erhalten hatten, hinterher diejenigen, die am liebsten malten.

Folgt daraus, dass Eltern ihren Kindern keine Belohnung (oder Bestrafung) in Aussicht stellen sollten, wenn sie bei ihnen (gute) Leistungen erzielen wollen? Sind die zwei Euro für jede gute Note auf dem Zeugnis nicht nur sinnlos, sondern bewirken gar das Gegenteil?

Motivation steigern
Eine der häufigsten Fragen, die Eltern Schulpädagogen stellen, lautet: »Wie kann ich mein Kind zum Lernen motivieren?« Der Neurologe, Psychiater und Lernexperte Manfred Spitzer meint, diese Frage sei ähnlich unsinnig wie: »Wie erzeuge ich Hunger?« Damit bringt Spitzer die Ergebnisse der letzten zehn Jahre aus psychologischer und neurobiologischer Forschung auf den Punkt, die mittlerweile mit dem Irrglauben aufgeräumt hat, man müsse Kinder zum Lernen zwingen. Im Gegenteil: Heute weiß man, das kindliche Gehirn lernt immer – nur nicht immer das, von dem andere möchten, dass Kinder es lernen. Gleiches gilt übrigens auch für Erwachsene, und zwar in jedem Alter.

Was allerdings das Gehirn eines motivierten Menschen, der z. B. bis an die Grenzen seiner Belastbarkeit einem Marathonsieg entgegenrennt oder jahrelange mühevolle Kleinarbeit auf sich nimmt, weil er glaubt, eine wichtige Erfindung zu machen, von dem eines Unmotivierten unterscheidet, dem jede Anstrengung zu viel ist, der keine Lust verspürt, ein bestimmtes Ziel zu erreichen, das vermögen Hirnforscher erst in Ansätzen zu sagen.

Zunächst gilt es zwischen zwei Formen der Verhaltensbereitschaft zu differenzieren: der extrinsischen (von außen kommenden) und der intrinsischen (von innen generierten) Motivation. Bei extrinsischer Motivation spielen die Konsequenzen einer Handlung die entscheidende Rolle. Dabei handelt es sich um Anreize von außen, die vor allem von Eltern, aber ebenso von Erziehern, Lehrern, Arbeitgebern usw. als Belohnung – oder auch Bestrafung – gesetzt werden. Sowohl Tierexperimente als auch Untersuchungen an Testpersonen haben gezeigt, dass eine Belohnung wesentlich wirksamer ist als eine Bestrafung. Aber wie ist dann das Ergebnis der Motivationsstudie an den Vorschulkindern zu erklären? Wie kommt es, dass eine Belohnung die Motivation, etwas Bestimmtes zu tun, bremst? Entscheidend sind hier die intrinsischen Faktoren der Motivation. Mit diesem Begriff wird der Umstand beschrieben, dass man sich aus einem inneren Antrieb heraus einer Tätigkeit widmet und nicht, weil von anderen Personen gesetzte Anreize einen dazu antreiben. Man tut etwas um seiner selbst willen. Diese Eigenmotivation ist eine der stärksten Kräfte im Menschen. Sie treibt uns auf den Mount Everest, ins ewige Eis und in die tiefsten Meeresgräben. Äußere Reize sind nicht annähernd so wirksam wie innere Motivatoren. Nicht um des Geldes, der Ehre und des Ruhmes willen leisten Menschen (Erwachsene wie Kinder) oft nahezu Unglaubliches, sie tun es vor allem, weil sie es wollen. Nur mit dieser Erkenntnis wird es Eltern gelingen, ihr Kind gezielt zu motivieren und eine gute Balance zwischen innerer und äußerer Motivation zu erreichen.

Hirnphysiologisch lässt sich das verblüffende Ergebnis der Malstudie an Vorschulkindern so erklären: Wer bereits hoch motiviert ist, hat ein viel höheres Aktivierungspotenzial in seinen Nervennetzen, als man es je über extrinsische Faktoren erzeugen könnte. Das heißt: Ein Kind hat Lust zu malen. Durch äußere Anreize jedoch – nämlich das In-Aussicht-Stellen einer Belohnung – wird die ursprüngliche Eigenmotivation quasi überschrieben. Das Gehirn speichert die Information, dass eine Belohnung erfolgt, wenn man etwas Bestimmtes tut. Damit werden Spaß, Wohlgefühl und mögliche innere Zufriedenheit als intrinsische Motivatoren verdrängt und das Streben auf die äußere Belohnung – etwa Geld, Süßigkeiten oder kleine Geschenke – gelenkt. Dies kann dazu führen, dass Kinder bestimmte Handlungen oder Leistungen vollbringen wollen, aber nicht etwa, weil sie ihnen Spaß machen oder soziale Akzeptanz verschaffen, sondern weil sie eine Belohnung dafür erhalten (oder eine Bestrafung vermeiden). Doch solche äußeren Anreize nutzen sich schnell ab, es entstehen Gewöhnungseffekte, die andererseits oft hilfreich sind, um Motivationslöcher zu stopfen, wenn die Eigenmotivation für eine Disziplin sehr niedrig ist.

Wer nicht an die Kraft der inneren Motivation glaubt, wird vor allem von Kleinkindern schnell eines Besseren belehrt. Sie beweisen, dass Lernmotivation im wahrsten Sinne des Wortes kinderleicht ist: Von Anfang an erforschen Neugeborene die Welt, üben sich als Kleinkinder unermüdlich im Laufen, Sprechen oder im endlosen Fragenstellen – und haben ganz offensichtlich Spaß daran, ohne dass man sie dafür übermäßig belohnen müsste. Babys sind also die wahren Meister des Lernens und werden es auch bleiben, »weil wir noch keine Chance hatten, es ihnen abzugewöhnen«, wie der Ulmer Lernexperte Manfred Spitzer feststellt.

Positive Konsequenzen
Dennoch kann das oben Gesagte nicht darüber hinwegtäuschen, dass Motivations- und Konzentrationsprobleme ein elementares, wenn nicht gar das größte Schulproblem sind. Jeder von uns hat Schüler vor Augen, die lustlos und scheinbar gelangweilt von den Vorgängen am Lehrerpult oder an der Tafel auf ihren Stühlen herumlümmeln. Sie sind mit ihren Gedanken beim »High School Musical« oder Brad Pitt, dem Judowettkampf am Nachmittag, dem leckeren Mittagessen oder dem Streit mit den Freunden. Wie

können da Differenzialgleichungen oder der Gallische Krieg von Interesse sein? Die Frage ist zutiefst berechtigt. Jedes Gehirn wird in jeder Sekunde mit einer großen Menge an Sinnesreizen sowohl aus der Umwelt als auch aus dem eigenen Körper bombardiert. Wie aber erstellt das Gehirn mit seinen 100 Milliarden Nervenzellen eine sinnvolle Prioritätenliste? Das ist für viele Lehrer und Eltern die entscheidende Frage.

Zunächst muss zwischen wichtigen und unwichtigen Informationen unterschieden werden: Nimmt man die Nervenfasern aller Sinnesorgane zusammen, so kommt man auf eine Anzahl von etwa 2,5 Millionen. Jede dieser Fasern kann bis zu mehreren 100 Aktionspotenzialen (elektrische Impulse) je Sekunde abgeben. Damit ergibt sich ein Datentransfer in das Gehirn von 100 Megabyte pro Sekunde! Das Gehirn muss daher Filter einsetzen, um relevante und irrelevante, konstante und neue Stimuli voneinander zu trennen. Dafür hat unser Gehirn prinzipiell zwei Wege: Zum einen werden die Daten von den Sinnesorganen selbst bis hin zu den höheren Gehirnarealen immer weiter gefiltert. Zum anderen werden die Daten aber nicht nur von »unten nach oben« bearbeitet, sondern auch von »oben nach unten« vorstrukturiert und bewertet. So wird durch hierarchisch höher stehende Gehirnareale eine Auswahl getroffen, welche der eintreffenden Reize überhaupt weiterbearbeitet werden.

Entsprechend nehmen wir eine ganze Menge an Reizen gar nicht erst wahr, da unsere vorhandenen Sinne nur bestimmte Aspekte aus dem Spektrum des Wahrnehmbaren herausfiltern. Wir nehmen die Welt also nur teilweise wahr, und es sind lediglich Bruchstücke dieser Fragmente, die aufgrund unserer selektiven Wahrnehmung in das Rampenlicht unserer Aufmerksamkeit gelangen.

Dabei versucht das Gehirn immer vorherzusagen, was geschehen wird – es strukturiert die Welt vor. So z. B. bei der Sprache: Unser Sprachzentrum weiß häufig schon in der Mitte des Satzes, wie dieser vermutlich enden wird. Genauso verhält sich das Gehirn in bestimmten Situationen oder etwa beim Schmecken

Motivation und Konzentration

eines Getränks, dessen Wohlfühlwert es im Vorhinein zu bestimmen versucht. Wir haben es hier sowohl mit einem Erwartungs- als auch mit einem Belohnungssystem zu tun, das uns motiviert, weil es vorausberechnet, was eine Handlung ergeben wird. Stellt sich das Ergebnis wie erwartet ein, wird es nicht weiter beachtet: So schmecken selbst Champagner und Kaviar irgendwann »normal« – und auf der anderen Seite kann ein Leberwurstbrot zum sensorischen Gaumenschmaus geraten, wenn man es längere Zeit nicht gegessen hat.

Bei Lernvorgängen sind vor allem die Ereignisse von Bedeutung, die sich von dem, was das Gehirn im Voraus errechnet hat, positiv abheben: Überraschendes erhält sofort einen hohen Rang auf der Prioritätenliste. Etwa wenn ein Kind sich mit einer Aufgabe beschäftigt und plötzlich ein Resultat erzielt, das wesentlich besser ist als erwartet. Plötzlich klappt der Handstand perfekt, der Lehrer lobt das Referat deutlich vor der ganzen Klasse, der Englisch-Vokabeltest war fehlerfrei. Solche außergewöhnlichen Ereignisse speichert die Buchhaltung des Gehirns als einen speziellen Eintrag. Das überraschende Signal – das von der Erwartung abweicht – bewirkt im Gehirn, dass das damit verbundene Ereignis besonders gut abgespeichert und erinnert wird. Gelernt wird also nicht nur das, was an Sinnesreizen auf ein Kind einstürmt, sondern vor allem, was positive Konsequenzen hat. Besonders wichtig ist, dass auch der Kontext dieser positiv besetzten Erinnerung mit abgespeichert wird. Dies kann so weit gehen, dass ein Kind nur noch im Auto Vokabeln lernt, weil dieses Verfahren beim letzten Mal unversehens zu einem guten Erfolg geführt hat. Es kann auch bedeuten, dass bestimmte Lernsituationen – seien es die vermittelnden Personen, der Raum oder andere begleitende Umstände – Einfluss darauf nehmen, wie in ähnlichen Situationen die Motivation des Kindes sein wird. Dabei entsteht eine neue Kraft. Wie aber berechnet das Gehirn, ob eine Situation positiv bewertet wird oder nicht? Und wie kommt diese Kraft zustande?

Turbolader im Gehirn

Die Antwort lautet auf eine einfache Formel gebracht: durch Dopamin. Dieser Gehirnbotenstoff ist in vielerlei Hinsicht die Substanz, die uns antreibt. Er ist für Motivation und Belohnung zuständig und aktiviert auf faszinierende Weise die Leistungen vieler Nervenzellen. Dabei gibt es im menschlichen Gehirn nur etwa eine Million Nervenzellen, die Dopamin produzieren. Angesichts von insgesamt 100 Milliarden Nervenzellen eine eher geringe Zahl. Trotz der kleinen Zahl Dopamin produzierender Nervenzellen kommt dem Stoff eine große Bedeutung zu wegen seiner vielfältigen Beteiligung an grundlegenden Eigenschaften menschlichen Handelns. Denn Dopamin

› steuert Wachheit und Aufmerksamkeit
› steigert das Lernvermögen
› steigert die Neugierde
› facht die Fantasie an
› unterstützt das Selbstvertrauen
› macht optimistisch
› motiviert, bestimmte Ziele erreichen zu wollen
› kann Euphorie induzieren.

Darüber hinaus kurbelt es das motorische System an. So ist bei der Parkinson'schen Krankheit etwa ein durch Dopamin aktiviertes motorisches System gestört.

Dopamin ist auch der Botenstoff des Belohnungs- und Erwartungssystems unseres Gehirns (Abb. 1): Es löst Spannung und Vorfreude aus. Es macht das Gehirn auf besonders interessante Situationen aufmerksam. Zudem fördert es bei Nervenzellen die Fähigkeit, sich positive Erfahrungen besonders gut einzuprägen. Lernen wird so leichter und effektiver. Diese Nervenzellen, die mit Dopamin als Botenstoff arbeiten, sind im Gehirn quasi die Detektoren für »Neues« und »Besseres« und damit wichtige Motivatoren zukünftigen Handelns. Produziert wird Dopamin vor allem im Mittelhirn, u. a. in der *Substantia nigra* (Schwarzer Kern) und in einem benachbarten Areal mit dem prosaischen Namen »A 10« (Abb. 1).

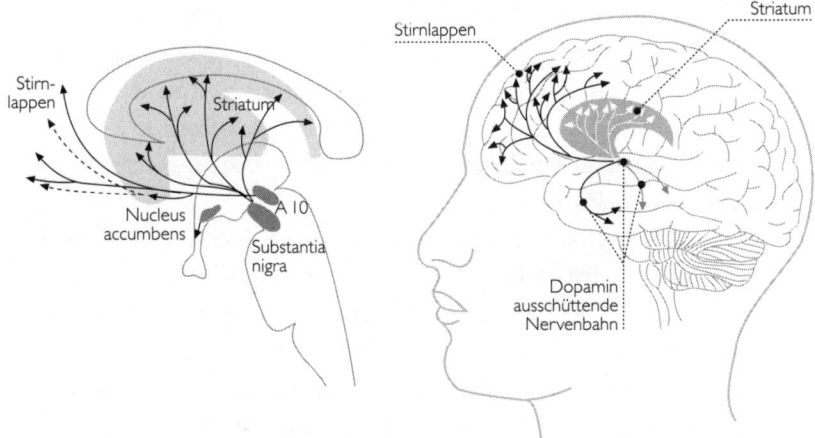

Abbildung 1: Das Belohnungssystem
Grafisch dargestellt sind die Gebiete des Gehirns, die von Nervenzellen kontaktiert werden, die als Botenstoff (Neurotransmitter) Dopamin benutzen. Die linke Darstellung zeigt einen Querschnitt durch das menschliche Gehirn. Area 10 (A 10) und *Substantia nigra* (Schwarzer Kern) liegen tief unterhalb der Großhirnrinde, und die dort enthaltenen Nervenzellen haben Projektionen (axonale Verbindungen) in die verschiedensten Hirngebiete, vor allem aber in den Stirnlappen, das *Striatum* (Teil der Basalganglien) und in den *Nucleus accumbens*. Durch die Verbindung zum *Nucleus accumbens* ist das Erwartungssystem des Gehirns durch seinen Botenstoff Dopamin mit dem Belohnungssystem des Gehirns verbunden.

Kapiertrieb
In seinen Grundprinzipien ähnelt das menschliche Belohnungssystem dem der Tiere. Es hat sich im Laufe der Evolution bewährt, da es bestimmte Handlungen verstärkt. Wer Futter sucht, merkt sich die Stelle besonders gut, an der er welches gefunden hat; mit der verspeisten Nahrung werden die Bemühungen der Suche belohnt. Beim Menschen aber scheint neben dieser Handlungsbelohnung noch eine zweite Strategie von

Bedeutung zu sein: Nachdenken und dabei etwas verstehen, ohne dass notwendigerweise eine Handlung vollzogen werden muss, kann ein Gefühl der Euphorie, Freude und des Wohlfühlens, also der inneren Belohnung hervorrufen. Etwa stolz zu sein über einen gelungenen Gedanken oder eine erfolgreich absolvierte Lektion.

Als sich im Laufe der Evolution diese Ergänzung zum Belohnungssystem entwickelte, war eine Art »gordischer Knoten« gelöst, was die weitere Entwicklung von Intelligenz und kognitiven Fähigkeiten betraf. Seither aktiviert der Vorgang des Lernerfolgs das Belohnungssystem des menschlichen Gehirns. Fast scheint es so, als ob es einen »Kapiertrieb« des Menschen gäbe, der archaische Verschaltungen im Gehirn für seine selbst verstärkende Wirkung benutzt.

Entscheidend für die Aktivierung des Kapiertriebs ist nicht zuletzt folgender Faktor: Aufgaben werden entsprechend danach bewertet, ob man sie glaubt lösen zu können oder nicht. Eine zu einfache Aufgabe wirkt sich dabei im Gehirn genauso aus wie eine zu schwierige: Unser Gehirn unterscheidet dann nicht mehr zwischen wichtigen und unwichtigen Reizen. Die Aufmerksamkeit bricht zusammen, und das Arbeitsgedächtnis funktioniert nicht mehr richtig. Sich an das langsame Unterrichtstempo seiner Klasse anpassen zu müssen ist für ein hochbegabtes Kind genauso eine Qual (siehe auch Kapitel 5, »Hochbegabte«) wie das Absolvieren der Schule für ein überfordertes Kind. Überforderung kann sich auf das seelische Gleichgewicht eines Schülers also ebenso negativ auswirken wie Unterforderung. Der Effekt mag von außen betrachtet ähnlich sein, die Ursachen für das »Abschalten« des Gehirns sind jedoch gänzlich unterschiedlich, wobei beide auf die gleichen Hirnstrukturen zurückgreifen: das Erwartungs- und Belohnungssystem.

Wie aber kommt es zu dem guten Gefühl, das entsteht, wenn man sich intensiv und auf die Dauer erfolgreich mit einer Sache beschäftigt? Auch hier spielt wieder der Botenstoff Dopamin die entscheidende Rolle: Dopaminhaltige Nervenzellen bewirken unter anderem, dass der *Nucleus accumbens* aktiviert wird. Dieser kleine Hirnkern, welcher nicht einmal die Größe eines Centstücks besitzt, liegt im vorderen Teil des Gehirns und wird zu den Basalganglien gerechnet. Es sendet Informationen an den Stirnlappen und setzt dort einen Cocktail an Substanzen frei, die ein Gefühl der Euphorie auslösen. Eine Nervenfaserbahn, die nicht nur bei Lernerfolgen aktiv ist, sondern auch bei Drogensucht, sportlicher Betätigung, sozialen Erfolgserlebnissen, bei Sex oder beim Verzehr von Schokolade. Beteiligt an diesem Prozess sind Substanzen, die im Laufe der Evolution zunächst dazu dienten, körpereigene Schmerzbahnen von der Haut über das Rückenmark ins Gehirn zu blockieren – wer vor einem Löwen davonlaufen musste, sollte nicht den Schmerz eines Dorns im Fuß spüren. Diese körpereigenen Schmerzkiller werden auch als körpereigene Opiate (Opioide) bezeichnet, die in der Tat mit den Drogen Morphium und Opium verwandt sind. Ohne die körpereigenen Opioide wäre die Welt ein gleichförmiges emotionales Grau, da diese auf Gehirnstrukturen im Stirnlappen einwirken, die Euphorie bewirken können. Unsere emotionalen Hochs dagegen werden oft durch die Ausschüttung von Dopamin in die Nervenbahnen zum *Nucleus accumbens* vorbereitet, denn der steuert auch die Ausschüttung der Opioide – vor allem dann, wenn unsere Erwartungen übertroffen werden. Und genau das ist der springende Punkt beim Lernen: Werden Anspannung, Anspruch und Erfolg des Kindes durch die Eltern richtig dosiert, führt das freigesetzte Dopamin im *Nucleus accumbens* zur Ausschüttung von körpereigenen Opiaten. Dies wird von den Kindern als Belohnung empfunden, und es setzt einen Speicherprozess in Gang, der drei verschiedene Aspekte genauestens festhält: 1. die Tatsache, dass wir überhaupt belohnt wurden, 2. das Wissen, wofür wir belohnt wurden, 3. den Kontext, in dem dies geschah. Sind diese Informationen erst einmal in das Gedächtnis eingraviert, sind wir Menschen bereit, große Anstrengungen auf uns zu nehmen, wissend, dass sich im Erfolgsfall das wohlige oder einfach gute Gefühl am Ende wieder einstellen wird. Somit ist der *Nucleus accumbens* der Sitz des Kapiertriebs, der uns in Erwartung der tiefen Befriedigung, ja Euphorie, wenn man etwas sehr Schwieriges ergründet oder verstanden hat, antreibt, allen Mühen zu trotzen und uns anzustrengen. Die konkrete Ausrichtung steuern wahrscheinlich die von den Eltern ererbten Gene zusammen mit den kindlichen und jugendlichen Lernerfahrungen.

Verlangt man von einem Kind zu viel, fühlt es sich hoffnungslos überfordert, und das Gehirn belohnt die Anstrengung nicht. Wird ein zu bescheiden gesetzter Erfolg zur Routine, reagie-

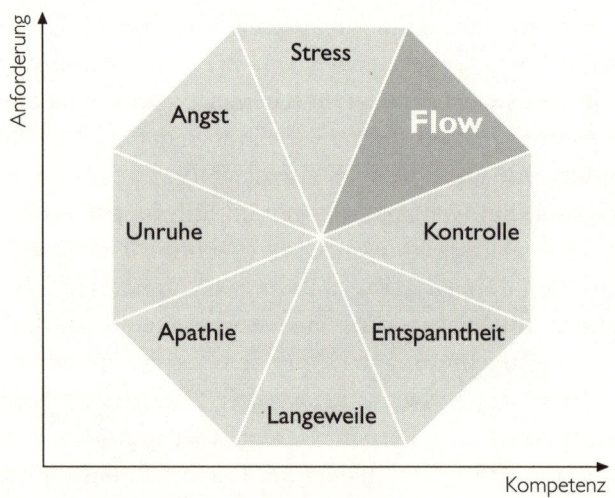

Abbildung 2: Das Flow-Phänomen
In der Abbildung ist der Grad der Kompetenz gegen die Anforderung der Aufgabe aufgetragen. Man sieht, dass bei hoher Kompetenz auch eine hohe Anforderung notwendig ist, damit die maximale Leistungsfähigkeit erreicht werden kann. Diesen Zustand bezeichnen Psychologen als *Flow*, neurobiologisch begründet er sich wohl in einer optimalen Ausschüttung des Botenstoffes Dopamin.

ren die Dopamin ausschüttenden Nervenzellen aber ebenfalls nicht (Abb. 2). Ist der Anspruch dagegen richtig dosiert, wird das Belohnungssystem optimal und wiederholt aktiviert. Dies bedeutet nicht zuletzt, seinem Kind zu signalisieren: »Ja ich stärke dir den Rücken, wenn etwas schiefgeht, aber ich erwarte auch etwas von dir.« Eine optimale Leistung entsteht dort, wo die Kompetenz für eine Aufgabe und der Schwierigkeitsgrad sich die Waage halten. Wer seine Kinder unterfordert, sät Langeweile, wer seine Kinder überfordert, muss mit einem Motivationsverlust rechnen. Wer dagegen realistische Ansprüche stellt, steigert die Aufmerksamkeit, das Lernvermögen und die Konzentration bei seinen Kindern.

Bewegung und Belohnung

Motorische Aktivitäten wie Laufen, Wandern, Radfahren, Schwimmen sind eine weitere Möglichkeit, das Erwartungs- und Belohnungssystem des Gehirns zu aktivieren. Aber nicht nur Dopamin und andere Botenstoffe werden bei körperlicher Betätigung ausgeschüttet. Körperaktivität bewirkt auch die Freisetzung von körpereigenem »Dünger«, sogenannten Wachstumsfaktoren, die dazu führen, dass die Nervenzellen im Gehirn besser miteinander verschaltet werden. Wie man in den letzten Jahren herausgefunden hat, werden in einem Menschengehirn auch nach der Geburt noch neue Nervenzellen gebildet. Ihre Entstehung wird von Nervenwachstumsfaktoren beeinflusst, welche wiederum bei sportlicher Betätigung vermehrt ausgeschüttet werden. Wer sich körperlich betätigt, tut also in vieler Hinsicht etwas für seinen Geist: Er baut zum einen Stress ab, der potenziell, wenn er zu lange in Form von Cortisol auf das Gehirn einwirkt, zum Nervenzelltod führen kann (siehe auch Kapitel 2.5, »Mit Stress gut umgehen«). Zum anderen aktiviert Sport das Belohnungssystem des Gehirns, was zu Glücksempfinden und Euphorie, in jedem Fall aber zu einem Gefühl des Wohlseins und der Entspannung führt.

Gier nach Neuem

Kinder lieben Neues. Und die Neugier überwiegt fast immer die Angst. Diese kindliche Neugierde muss man nicht erzeugen, vielmehr müssen Eltern – und später Lehrer – alles dafür tun, sie am Leben zu halten. Schon wenige Wochen nach der Geburt kann ein Baby zwischen Bekanntem und Unbekanntem unterscheiden. Entsprechend ist sein Wiedererkennungsgedächtnis bereits in der Lage, Neues von Altem zu unterscheiden. Das größere Interesse gilt jedoch, selbst ganz am Anfang des Lebens, immer dem Unbekannten. Auch dieser Prozess dient der Reifung des Gehirns, denn die Suche nach Neuem sorgt dafür, dass die sich entwickelnden Synapsen ständig beschäftigt sind.

Neues ist für das Gehirn und damit für die Gehirnentwicklung anregend. Deshalb sollten Eltern ältere Spielsachen aus dem Blickfeld ihres Kindes entfernen, wenn es zu Weihnachten oder zum Geburtstag neue geschenkt bekommt. Die Spielsachen lassen sich beispielsweise in verschiedenen Kisten verstauen, von denen man dem Kind wöchentlich immer nur eine zu öffnen erlaubt. Genauso kann die Neugierde eines Kindes entfacht werden, indem man immer mal wieder vertraute Gegenstände in einer neuen Umgebung präsentiert. Ein aufschlussreiches Experiment, das jeder leicht zu Hause durchführen kann, ist das folgende: Transportieren Sie ein Kuscheltier aus dem Bett Ihres Kindes spaßeshalber in die Küche und setzen es auf den Küchenschrank. Oder lassen Sie es die Mathematikaufgaben ausnahmsweise einmal im Badezimmer machen. Ihr Kind wird überrascht, erstaunt, vielleicht auch irritiert sein, aber mit Sicherheit wird es sich diese Begebenheit lange merken und sich immer wieder daran erinnern. Kinder wie Erwachsene verbinden Aktivitäten mit dem Kontext, in dem sie verrichtet werden. Entsprechend ist ein neuer Kontext auch eine neue Lernsituation. Dem Kind in regelmäßigen Abständen Neues zu bieten, bedeutet keineswegs, ständig Spielsachen kaufen zu müssen. Dem Verlangen des Kindes nach Neuem können Eltern und Verwandte ganz einfach, wie oben beschrieben, mit kostenneutralen Tricks begegnen. Die Kreativität von Kindern lässt sich leicht anregen – etwa indem man ihnen Dinge des täglichen Lebens überlässt, damit sie mit ihnen experimentieren. Küchenutensilien eignen sich als Schlagzeug, Lebensmittel als chemisches Laboratorium, wenn man z. B. Bonbons selbst herstellt. Wir sollten Kindern aber auch die Möglichkeit geben, sich eine Zeit lang mit einem Gegenstand zu beschäftigen und ihre volle Aufmerksamkeit darauf zu richten. Kinderbücher – sowohl fesselnde Geschichten als auch Sachbücher – können hier eine wertvolle Hilfe sein.

Schmiermittel für den Geist
Innige Beschäftigung mit einem Gegenstand geht oft einher mit einem Gefühl tiefster Befriedigung. Wer motiviert ist, kann sich lange konzentrieren, seine Aufmerksamkeit bleibt wach und zielgerichtet, sei es beim stundenlangen Bauen eines komplizierten Spielzeugkrans oder beim Vorlesen eines spannenden Buchs oder Comics.

Hier wiederum kommt dem Gehirnbotenstoff Dopamin hohe Bedeutung zu. Er ist eine Art Schmiermittel für den Geist. Mit Dopamin reagieren wir schneller, denken effektiver und kreativer, bilden leichter Assoziationen und verarbeiten Informationen schneller (Abb. 2). Wie aber verhält es sich mit der Aufmerksamkeit, wie wird sie im Gehirn generiert, und wie kann man sie fördern?

In diesem Zusammenhang gilt es zwei Arten von Aufmerksamkeit zu unterscheiden. Und beide sind für Kinder ganz besonders wichtig: Unter der allgemeinen Aufmerksamkeit (Vigilanz) ist eine generelle Aktivierung des Gehirns, mit anderen Worten: Wachheit, zu verstehen. Mit zunehmender Erregung nimmt die Leistungsfähigkeit unserer Wahrnehmung und unseres Lernvermögens zu. Entsprechend ist ein bestimmter Grad an Anspannung vor der Schulaufgabe also durchaus förderlich und notwendig. Zu viel Erregung (Aufregung) dagegen ist schädlich für die generelle Aufmerksamkeit, die Leistungsfähigkeit nimmt dann ab. Verantwortlich für diese »Hallo-wach-Reaktion« im Gehirn sind kleine Areale im Hirnstamm. Sie bilden das Retikuläre Aufmerksamkeitssystem (RAS), einen Komplex aus mehreren Hirnkernen, die quasi in das gesamte Großhirn projizieren. Das Retikuläre Aufmerksamkeitssystem funktioniert so ähnlich wie eine Türglocke – es macht das Großhirn auf ankommende Signale aufmerksam. Besonders wichtig in diesem Verbund von Hirnkernen ist der blaue Kern. Dieser Kern hat nur einige Tausend Nervenzellen, die als Neurotransmitter, also als Botenstoff, Noradrenalin benutzen. Mit ihrer Hilfe kommen die wenigen Zellen mit vielen Millionen Zellen in der Großhirnrinde in Kontakt. Wird Noradrenalin ausgeschüttet, hat dies eine ungeheuer belebende Wirkung auf die Großhirnrinde: Es schärft vor allem die Wahrnehmung und macht wach. Je größer die allgemeine Aufmerksamkeit, desto höher die Chance, dass ein bestimmtes Erlebnis oder auch ein Detail aus dem Unterricht gespeichert wird. Je wacher Kinder sind, umso besser funktioniert ihre Wahrnehmung und umso detailgetreuer können sie sich erinnern.

Die selektive Aufmerksamkeit dagegen spielt vor allem deshalb eine wichtige Rolle, weil unsere Wahrnehmung der Welt nicht passiv erfolgt, sondern ein aktiver Prozess ist. Aus einer Unmenge an Reizen, die auf uns einprasseln, filtern wir die heraus, die uns in der spezifischen Situation relevant erscheinen. Wenn wir Auto fahren, nehmen wir viele Dinge in der Umwelt nur schemenhaft zur Kenntnis und, je geübter wir sind, das Schalten und Bremsen gar nicht mehr wahr. Nur plötzliche Bewegungen, rote Ampeln und Verkehrsregeln missachtende Radfahrer erregen unsere Aufmerksamkeit. An die Strecke, die man entlanggefahren ist, erinnert man sich oft schon am Ende der Fahrt nicht mehr. Dieses Beispiel macht deutlich, wie die selektive Aufmerksamkeit wirkt, also die Fähigkeit, eine bestimmte Wahrnehmung, einen bestimmten Reiz bevorzugt zu behandeln. Durch unsere begrenzte Kapazität der Informationsverarbeitung ist das Gehirn gezwungen, die anfallenden Aufgaben mit hoher Priorität zu bearbeiten. Die selektive Aufmerksamkeit ist zu einem bestimmten Zeitpunkt nur auf einen Gegenstand gerichtet. Sich gleichzeitig auf eine Stelle im Bild links oben und rechts unten zu konzentrieren ist unmöglich. Man kann allenfalls rasch zwischen diesen Raumpunkten wechseln. Wenn Kinder also bei den Hausaufgaben mit Sprache beschäftigt sind, mindert es ihre Konzentration, wenn sie gleichzeitig eine Fernsehsendung verfolgen oder sich mit ihren Geschwistern unterhalten. Gegen Musikhören dagegen spricht nicht unbedingt etwas. Es kommt immer darauf an, wie stark die kognitive Belastung durch Sinnesinformationen ist, die nichts mit den Hausaufgaben zu tun haben. An dieser Stelle gibt es große individuelle Unterschiede, insofern sollten Eltern ganz genau beobachten, was die Kinder ablenkt und was sie stimuliert (siehe auch Kapitel 3.3, »Lernen braucht Organisation«).

Dabei ist zu berücksichtigen, dass die Konzentrationsfähigkeit im Laufe eines Lebens nicht immer gleich entwickelt ist. Sie spiegelt vor allem die Kapazität des Arbeitsgedächtnisses wider, und das erreicht erst im Alter von 25 Jahren seine größte Leistungsfähigkeit (Abb. 3). Bei einem fünfjährigen Kind ist diese Fähigkeit des Zwischenspeicherns (vom Kopfrechnen über lange Sätze bis hin zu komplexen Handlungsketten) noch sehr schwach ausgebildet. Aber selbst ein 12- oder 14-jähriger Schüler ist noch nicht imstande, sich so lange und so intensiv zu konzentrieren wie ein 18- oder 20-Jähriger.

Unabhängig von der individuellen Leistungsfähigkeit unseres Arbeitsgedächtnisses gilt: Je mehr Aufmerksamkeit einer Aufgabe zuteil wird, umso mehr Ressourcen werden woanders abgezogen. Wenn Kinder an einer schwierigen Hausaufgabe sitzen, sollte die Ablenkung so gering wie möglich sein. Umgekehrt gilt aber auch: Wenn Kinder sich schlecht konzentrieren, werden irrele-

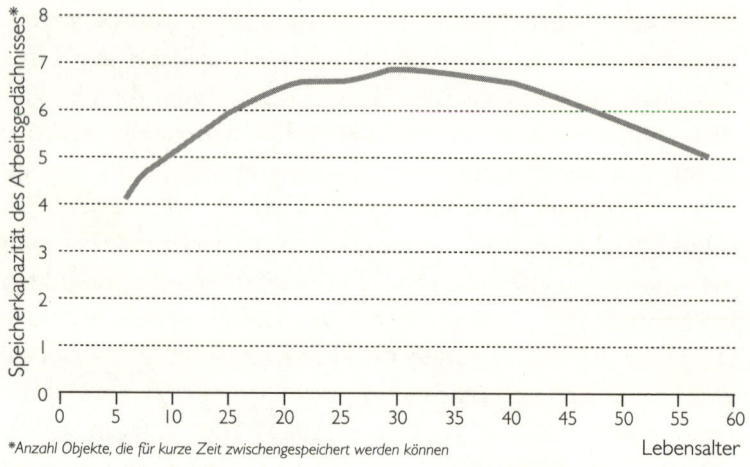

*Anzahl Objekte, die für kurze Zeit zwischengespeichert werden können

Abbildung 3: Wie gut können wir uns konzentrieren?
Die Kapazität des Arbeitsgedächtnisses entspricht unserer Konzentrationsfähigkeit. Sie nimmt bis zum 25. Lebensjahr beständig zu und dann bereits wieder ab, sodass das Arbeitsgedächtnis eines 55-jährigen Menschen dieselbe Leistungsfähigkeit hat wie die eines 12-Jährigen. Die Grafik zeigt aber auch, dass die Konzentrationsfähigkeit eines 10-Jährigen noch deutlich schlechter ist als die eines 12-, 14- oder 16-jährigen Schülers.

vante Stimuli aus der Umgebung viel besser verarbeitet als der Lernstoff. In dieser Situation ist Ablenkung vorprogrammiert: Zwar nehmen wir nie alles wahr, aber es ist schwer, das Wahrnehmungssystem daran zu hindern, so viel wie nur irgend möglich wahrzunehmen. Dementsprechend wollen und müssen Kinder beim Lernen gefordert sein. Dies ist dann der Fall, wenn es Eltern gelingt, bei ihren Kindern eine gewisse Faszination für ein Thema zu entfachen und die Aufgaben so zu stellen, dass sie herausfordern, ohne zu überfordern.

Lernen und Aufmerksamkeit

Warum wirkt sich eine hohe, ungeteilte Aufmerksamkeit so vorteilhaft auf das Lernen von Schulwissen aus? Hirntechnisch bedeutet Lernen eine Veränderung an den Synapsen, also den Schaltstellen zwischen den Nervenzellen. Derartige Veränderungen finden aber nur statt, wenn die Synapsen aktiv sind. Je aktiver ein neuronales Netzwerk ist, umso leichter können Informationen in ihm gespeichert werden. Und genau hier scheinen die Gehirnmechanismen einzugreifen. Selektive Aufmerksamkeit führt zu einer Aktivitätssteigerung in den Arealen, die bestimmte Sinnesreize verarbeiten. Und zwar werden diejenigen Areale stärker aktiviert, die für die Verarbeitung genau dieser Aspekte oder Objekte zuständig sind. Je aktiver ein Areal beim Einspeichern ist, umso höher ist die Wahrscheinlichkeit, dass man sich an das Abgespeicherte erinnert. Eine simple Aktivitätszunahme von Nervenzellen erhöht also die Chance, dass Wahrnehmungen, Ereignisse und Fakten besser und längerfristig erinnert werden. Konzentration lohnt sich, weil sie an entscheidender Stelle das Lernen beeinflusst: beim erstmaligen Abspeichern. Und da gilt: Was nicht abgespeichert wird, kann auch nicht erinnert werden.

Konzentration steigern

Konzentration wird definiert als willkürliche Ausrichtung der Aufmerksamkeit auf einen eng begrenzten Ausschnitt der Umwelt unter weitgehender Ausschaltung äußerer und innerer Störfaktoren. Konzentration ist vor allem eine Leistung des Arbeitsgedächtnisses, die im Stirnlappen unseres Gehirns lokalisiert ist. Wer den Eindruck hat, sein Kind sei unkonzentriert, sollte sich zunächst einen Moment Zeit nehmen, um die folgenden Fragen zu beantworten:

› Welches Verhalten zeigt das Kind genau, wenn es unkonzentriert erscheint?
› Was wurde bisher gegen dieses unkonzentrierte Verhalten getan (z. B. Ermahnungen, Drohungen, Versprechungen)?
› Bei welchen Aktivitäten kann sich das Kind gut konzentrieren?

In den meisten Fällen dürften Eltern feststellen, dass sich ihr Kind sehr wohl konzentrieren kann, nämlich dann, wenn es begeistert und fasziniert von etwas ist. Ist eine Lernsituation für ein Kind erst einmal negativ besetzt, nützt es in der Regel wenig, das Kind zur Konzentration zu ermahnen. Die selektive Aufmerksamkeit richtet sich nur auf Gegenstände und Tätigkeiten, die dem Gehirn wichtig erscheinen. Die Entscheidung, was wichtig ist, ist vor allem eine gefühlsmäßige, in den seltensten Fällen wird sie durch Ermahnungen beeinflusst. Aufforderungen wie »Denk an die Vokabeln für morgen!« sind durchaus sinnvolle Erinnerungshilfen für ein Kind, aber sie erzeugen nicht automatisch die nötige Konzentration.

Gefühle dagegen sind mächtige Motivatoren künftigen Verhaltens und sollten von Eltern nicht unterschätzt werden. Sie bestimmen den Kurs des Handelns von einem Moment zum nächsten, setzen aber genauso die Segel für langfristige Ziele. Wenn Kinder ihre Hausaufgaben gerne erledigen, diese zu bewältigen sind und der Lernstoff in einen interessanten und für das Kind relevanten Kontext gestellt wird, werden die meisten Kinder imstande sein, sich auch längere Zeit zu konzentrieren. Aber auch unter den genannten Umständen ist es nicht ungewöhnlich, dass es zu Konzentrationsstörungen kommt. Denn Konzentrationsstörungen sind nichts anderes als eine zeitweise oder teilweise Beeinträchtigung der Aufmerksamkeit – hervorgerufen durch die jeweilige Befindlichkeit, Tagesform, Krankheiten, Grübeleien, Stress, Langeweile und viele andere Faktoren, die sich negativ auf die Fähigkeit zur Bündelung der Aufmerksamkeit auswirken können. Gründe für gravierende Konzentrationsstörungen bei Kindern können sein:

> Umzug, Schul- oder Klassenwechsel
> zu wenig Schlaf und einseitige Ernährung
> Reizüberflutung durch Fernsehen und/oder Computer
> Bewegungsarmut und dadurch bedingt Reizmangel für Haut und Muskulatur

Motivation und Konzentration

> Hektik im Zeitablauf des Tages
> zu lange Arbeitsphasen
> Pubertät (hier organisiert sich das Gehirn neu und davon betroffen sind vor allem Areale, die Aufmerksamkeit und Konzentration koordinieren; siehe auch Kapitel 4)
> Überforderungsgefühl (Angst, Erwartungs- und Leistungsdruck).

Vor allem sollten Eltern berücksichtigen, dass Aufmerksamkeit eine Leistung des Gehirns ist, die einen hohen Energieverbrauch hat. Entsprechend müssen die Länge der Konzentrationsphasen und der Schwierigkeitsgrad der Aufgaben sehr gut dosiert sein. So beträgt die Fähigkeit, sich am Stück zu konzentrieren, bei sechsjährigen Kindern lediglich 15 Minuten, bei neunjährigen Kindern 20 Minuten, bei Elfjährigen 30 Minuten. Beanspruchen die gestellten Aufgaben mehr Zeit, ist es ratsam, Pausen einzulegen, die in vielen Fällen nicht länger als fünf Minuten sein müssen, wenn sie mit Bewegung, frischer Luft und Flüssigkeitsaufnahme verbunden sind. Diese Maßnahmen steigern den Blutdruck und sorgen für eine Entspannungsphase. Nach zwei bis drei Pausen ist in der Regel jedoch eine Unterbrechung von mehreren Stunden angebracht. Hier ist es kontraproduktiv, vom Kind mehr zu verlangen, als es leisten kann. Die Unlust auf das Lernen würde steigen, und das Ziel wäre verfehlt. Geduld und Pausen sind sinnvoller und zielführender als Strafen oder Süßigkeiten, mit denen man dem Kind etwas Gutes tun will.

Maßnahmen, um konzentriertes Verhalten zu fördern, sind:
> Leistungs- und Begabungsgrenzen von Kindern respektieren
> Regelmäßigkeit und Routine im strukturierten Tagesablauf
> aktives Freizeitverhalten mit viel Bewegung
> klare Regeln mit den Kindern vereinbaren, was wann wie lange gemacht werden soll
> Eigenverantwortung der Kinder für die Hausaufgaben und das Lernen für Klassenarbeiten so früh wie möglich fördern.

Im Unterschied zu Konzentrationsstörungen ist eine Konzentrationsschwäche, wie sie beim Aufmerksamkeitsdefizitsyndrom (ADS) vorliegt, ein Dauerzustand. Hier sollten Eltern Fachleute (Ärzte, Psychologen, Pädagogen) sowohl für die Diagnose als auch mögliche Therapie zurate ziehen (siehe auch Kapitel 4, »Hat mein Kind eine Lernstörung?«).

FAZIT
Unser Gehirn bewertet ständig aktuelle, aber auch zukünftige Situationen. Dabei spielt das vor allem mit dem Neurotransmitter Dopamin agierende Erwartungs- und Belohnungssystem des Gehirns eine entscheidende Rolle. Dieser kleine Verbund verschiedener Gehirnareale verrechnet innere wie äußere Faktoren, die vom Gehirn als Belohnung empfunden werden. Das Resultat dieser Berechnungen hat einen großen – oft unbewussten – Einfluss auf die Motivation und Konzentration, auf die Ausdauer und Leistungsfähigkeit eines Kindes. Ob etwas als positiv bewertet wird, hängt unter anderem vom Kontext einer Situation ab. Ob eine Tätigkeit in ihrem Verlauf belohnt wird oder nicht, spielt ebenso eine Rolle wie das Ergebnis. Hierbei ist entscheidend, ob das Resultat eines Denkvorgangs oder einer Handlung besser ausfällt als erwartet. In diesem Fall hat das den größten Belohnungseffekt für das Gehirn. Es bestimmt maßgeblich, was wir uns in einer konkreten Situation merken können, und nimmt Einfluss darauf, was wir zukünftig lernen wollen, welche Situationen wir meiden und welche wir suchen werden. Für eine erbrachte Leistung von den Eltern belohnt zu werden ist für Kinder hier nur einer von vielen Faktoren, um ihre Konzentration und Motivation zu fördern – und oft nicht der wichtigste.

ANREGUNGEN FÜR ELTERN

■ Belohnungen für gute Schulnoten sind zwar eine gut gemeinte, aber riskante Idee und sollten daher die Ausnahme bleiben. Denn: Eigene innere Motivatoren sind bei Schülern ungleich stärker als von außen gesetzte. Wer seinen Kindern dennoch etwas Gutes tun möchte, sollte die Belohnung variieren und ihnen mal mit einem Ausflug, ein andermal mit einem Kinobesuch, neuen Malfarben oder abendlichem Monopolyspielen eine Freude machen. Nur in Ausnahmefällen sollte man zu Geld oder Süßigkeiten greifen, will man das Kind für eine erbrachte Leistung entschädigen.

■ Eltern sollten ihren Kindern immer das Gefühl geben, dass sie deren Leistungen auch anerkennen – und zwar unabhängig von Belohnungen anderer Art. Manchmal sind es kleine Gesten wie das Aufhängen von Bildern und anderen Bastelarbeiten, die die Kinder gemacht haben, oder wenn man bei einem bestimmten Thema, das die Kinder gerade in der Schule bearbeitet haben, sie um ihre Meinung bittet.

■ So wie Kletterer sich in den Bergen in Etappen fortbewegen, sollten auch Eltern ihren Kindern beim Lernen die Chance geben, Teilsiege zu erringen, indem langwierige Aufgaben gestückelt werden. Das verschafft den Schülern nach jeder erledigten Teilaufgabe ein wohltuendes Gefühl der Belohnung und steigert so erneut ihre Aufmerksamkeit und Konzentration (Stichwort: Dopamin).

- Eine überraschende und für das Kind ungewöhnliche Erklärung eines komplizierten Sachverhalts, verbunden mit einer witzigen oder traurigen Geschichte, ist oft nachhaltiger als das sture Erledigen einer Aufgabe.

- Vorlesen fördert die Konzentrationsfähigkeit von Kindern. Es schult die Aufmerksamkeitsspanne und das genaue Zu- bzw. Hinhören. Auch Malen, Basteln und selbst ausgewählte Computerspiele (vor allem gewaltfreie Strategiespiele) erhöhen die Konzentrationsfähigkeit genauso wie Musizieren oder Spiele wie z. B. Mikado. Auch wer das moderne mit GPS gesteuerte Schatzsuchen mag und beim Geocaching mitmacht, schult die Konzentrationsfähigkeit seiner Kinder.

- Streicheln, Kitzeln und Massagen regen die Haut und die Muskulatur an, das wiederum steigert die generelle Aufmerksamkeit und Wachheit.

- Gute Konzentrationsübungen sind auch Seilspringen, Jonglieren und Bälle gegen die Wand werfen und dabei Reime aufsagen bzw. singen, da sich das Kind dabei sowohl auf die motorischen Abläufe und die Wahrnehmung als auch auf die Sprache konzentrieren muss.

- Kinder lernen gerne, und man sollte alles nur Mögliche versuchen, ihnen nicht zu suggerieren, dass dem nicht so sei.

2.2 Das kindliche Gedächtnis

Kindliche Amnesie – »Das« Gedächtnis gibt es nicht – Kurz- und Langzeitgedächtnis – Nadelöhre der Erinnerung – Von den Vorteilen des Vergessens – Was Kinder im Schlaf lernen – Warum Assoziationen so wichtig sind – Nervenzellen als Lernagenten – Gedächtnistraining – Fazit – Anregungen für Eltern – Die Lerntricks der Gedächtnismagier

> *In Lewis Carrolls* Alice im Wunderland *stellt die Schachkönigin das Mädchen Alice als Zofe an und verspricht ihr zwei Groschen die Woche und anderntags Marmelade – also gestern Marmelade und morgen Marmelade, aber niemals heute Marmelade. Alice findet das schrecklich verwirrend.* »Das kommt davon«, *sagt die Königin,* »wenn man rückwärts in der Zeit lebt. Anfangs wird man davon leicht ein weinig schwindelig, aber einen Vorteil hat es doch, nämlich dass das Gedächtnis nach vorne und rückwärts reicht.« *Alice entgegnet:* »Ich kann mich nie an etwas erinnern, bevor es geschieht.« *–* »Eine dürftige Art von Gedächtnis«, *sagt die Königin.*

Wer je mit einem Kind im Vorschulalter Memory spielt, wird von der Leistungsfähigkeit und Stärke des kindlichen Gedächtnisses beeindruckt sein. Es scheint unbeirrbar und schnell zu funktionieren und unbegrenzte Kapazitäten zu haben. Ein solches Gedächtnis möchte man manchmal lieber bremsen, statt es zu fördern. Doch der Schein trügt. In der Tat sind bestimmte Gedächtnisleistungen eines Kindes beeindruckend, aber auch Kinder verfügen nicht über »das« Gedächtnis, denn dieses eine Gedächtnis gibt es nicht. Vielmehr besteht es aus verschiedenen Gedächtnissystemen in unserem Kopf, die sich zu verschiedenen Zeiten entwickeln und individuell gefördert sein wollen.

Schon ungeborene Kinder im Mutterleib, aber auch Säuglinge, Kleinkinder, Erwachsene und selbst noch alte Menschen lernen unaufhörlich. Doch in keinem Lebensstadium ist das zu Lernende so prägend wie im ersten Lebensjahrzehnt – nie wieder fällt es uns so leicht zu lernen. Und trotzdem können Kinder weder alles noch alles gleich gut, noch alles sofort lernen. Wann ein Kind welche Dinge besonders gut lernen kann, hängt in hohem Maße von seinem Alter ab. Nicht alle Gehirnstrukturen, die für das Gedächtnis wichtig sind, gehen zur gleichen Zeit »online«. Viele Verarbeitungswege im Gehirn lassen sich nur in einem bestimmten Zeitfenster zu Autobahnen ausbauen, außerhalb dieses Zeitfensters muss jeder noch so kleine Fortschritte hart erarbeitet werden. Es lohnt sich also, genauer zu wissen, was in den Köpfen von Kindern vor sich geht, wenn sie lernen. Denn die Leistungsfähigkeit von Lern- und Gedächtnisvorgängen ist nur zu einem kleinen Teil, etwa zu 30 bis 40 Prozent, genetisch vorbestimmt! Mit anderen Worten: Frühkindliche Erfahrungen und Lernstrategien üben einen viel größeren Einfluss auf die Leistungsfähigkeit des Gedächtnisses aus als die genetische Mitgift der Eltern. So lässt sich eine der Kerneigenschaften schulischen Erfolgs in der Tat durch Training und Lernstrategien positiv beeinflussen.

Kindliche Amnesie
Was ist Ihre erste Erinnerung? Die wenigsten Menschen können sich an Dinge erinnern, die vor dem dritten, vierten Geburtstag stattgefunden haben. Erst ab dem Alter von fünf, sechs Jahren werden die Erinnerungen reichhaltiger und häufiger. Man bezeichnet dies als infantile Amnesie – also die fehlende Erinnerungsfähigkeit an die frühe Kindheit. Auf der anderen Seite weiß jeder, der Umgang mit Kleinkindern hat, wie gut deren Gedächtnis ist, insbesondere wenn es um das Wiedererkennungsgedächtnis geht wie beim Memoryspielen. Insofern sind die Ergebnisse neuester Untersuchungen an ungeborenen und neugeborenen

Das kindliche Gedächtnis

Kindern umso überraschender: Schon Föten, bei denen sich als Erstes das sensomotorische Lernen entwickelt, können Informationen über ihre Erfahrungen speichern. Auch die Gewöhnung (Habituation), eine spezielle Form einfachen Lernens, bildet sich bereits sehr früh aus. Wie Untersuchungen zeigen, erschrecken Föten, sobald ihr Gehör funktionsfähig ist, bei lauten Geräuschen. Man hat aber herausgefunden, dass sie sich bei Wiederholung sehr schnell an die Störung gewöhnen. Diese Gewöhnung ist eine sehr wichtige Lernform, sie hilft, wichtige von unwichtigen Informationen zu trennen, und zwar nicht nur für den Fötus, sondern ein Leben lang. Wichtiges von Unwichtigem zu unterscheiden ist eine der elementarsten Eigenschaften des menschlichen Gedächtnisses überhaupt.

Darüber hinaus verblüffen uns bereits kleinste Kinder mit ihrer Merkfähigkeit. Wie aber kann es dann sein, dass wir uns nicht an die ersten drei Jahre unseres Lebens erinnern können? Dieser Umstand scheint auf den ersten Blick eine der zentralen Aussagen Sigmund Freuds zu bestätigen, der die Ansicht vertrat, dass frühkindliche Erfahrungen zwar gespeichert werden, doch der Zugriff darauf aus Gründen der Verdrängung im späteren Leben verweigert wird. Trotzdem sollen diese Erinnerungen maßgeblich unsere Persönlichkeit beeinflussen laut Freud. Aus heutiger neurobiologischer Sicht muss man hier eine Einschränkung machen: Mit Verdrängung hat die kindliche Amnesie nichts zu tun. Mit Hilfe moderner neurowissenschaftlicher Methoden konnte nämlich gezeigt werden, dass die Regionen zum Abspeichern autobiografischer Erinnerungen vor dem dritten Lebensjahr noch gar nicht funktionell in die Schaltkreise des Gehirns integriert sind. Somit ist der Gedanke, dass alle unsere autobiografischen Erinnerungen lebenslang in unseren Gehirnen abgelegt sind und es nur beim Abrufen klemmt, zwar verführerisch, aber eben auch falsch. Was jedoch nicht bedeutet, dass frühkindliche Gehirne keine Informationen speichern können. Jeder geistige und motorische Fortschritt hängt von der Fähigkeit des

Gehirns ab, Erfahrungen abzuspeichern und diese Informationen bei Bedarf wieder hervorzuholen, um aufgrund der erworbenen Kenntnisse effizienter und klüger zu handeln. Das Gedächtnis ist somit der Eckstein der intellektuellen Reifung. Nur dass wir uns nicht immer erinnern können, wo wir etwas gelernt haben. Manchmal wissen wir nicht einmal, dass wir etwas gelernt haben. Und dennoch wird unser Handeln von unbewusst Gelerntem beeinflusst. Insofern hat der gute Sigmund Freud indirekt dann doch recht behalten.

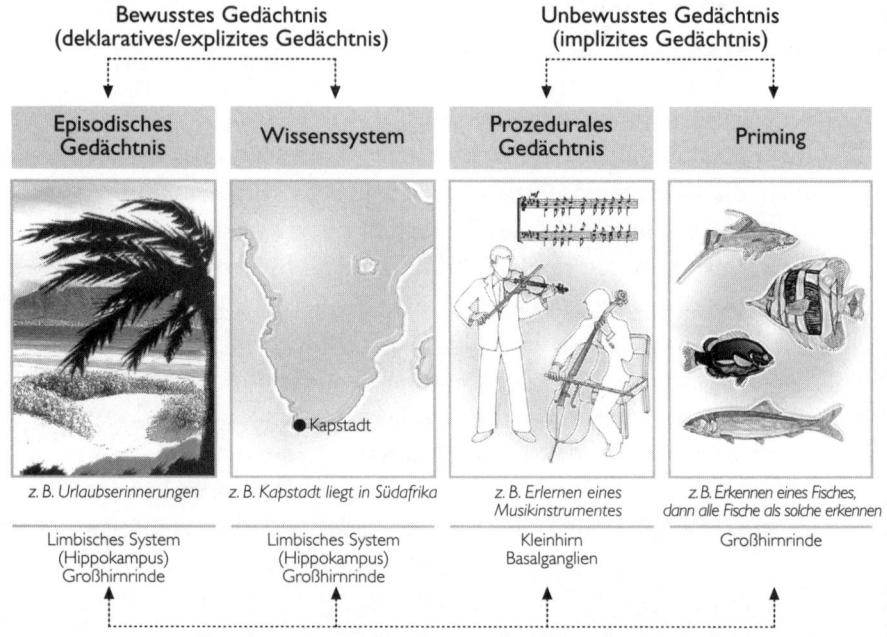

Abbildung 4: »Das« Gedächtnis gibt es nicht
Dargestellt sind die vier Gedächtnissysteme des menschlichen Gehirns und die ihnen zugeordneten Gehirnstrukturen. Das implizite Gedächtnis macht wahrscheinlich einen sehr großen Teil der Informationsspeicher in unserem Gehirn aus.

»Das« Gedächtnis gibt es nicht

Eine der wichtigsten Erkenntnisse aus Psychologie und Neurowissenschaft ist, dass »das« Gedächtnis nicht existiert. Vielmehr gibt es verschiedene Gedächtnissysteme, die sich nach zeitlichen oder funktionellen Kriterien unterteilen lassen. Ihnen allen gemeinsam ist, das Vergangene in unserem Nervensystem festzuhalten.

Im Kontext der verschiedenen Gedächtnissysteme unterscheidet man zwischen implizitem und explizitem Gedächtnis (Abb. 4). Unter explizitem oder auch deklarativem Gedächtnis versteht man alles, was man in Worten ausdrücken kann, wie Erinnerungen an einen Urlaub oder Faktenwissen (mathematische Formeln, Namen von Hauptstädten, Tier- und Pflanzennamen etc.). Das implizite Gedächtnis dagegen speichert gelernte Bewegungsabläufe (prozedurales Gedächtnis) und alle gewohnheitsmäßigen Kenntnisse, erlernte oder imitierte Reaktionen, denen gemeinsam ist, dass sie weitgehend unbewusst sind und sich oft nur schwer in Worte fassen lassen. Gemeinhin denken wir bei Gedächtnis vor allem an das explizite Gedächtnis, also persönliche Erinnerungen und Faktenwissen. Dies macht aber nur einen Bruchteil unseres Gedächtnisses aus. Der weitaus größere Teil dessen, was wir im Leben gelernt haben, besteht aus dem impliziten Gedächtnis. Bemühen wir zur Veranschaulichung die Computermetapher: Wäre unser gesamtes Gedächtnis auf einer Festplatte gespeichert, wäre das implizite Gedächtnis gleichzusetzen mit den dort abgespeicherten Programmen. Hier sind also die Erinnerungen abgelegt, wie eine Tätigkeit ausgeführt wird. Dem expliziten Gedächtnis entsprächen die Dateien, auf denen Informationen darüber hinterlegt sind, was wir erlebt haben, was wir wissen und wer wir sind.

Untersuchungen mit Hilfe von bildgebenden Verfahren und Studien an Patienten mit spezifischen Gedächtnisausfällen haben ergeben, dass das Gehirn sich genau genommen nicht nur in zwei, sondern in vier verschiedene Gedächtnissysteme unterteilen lässt.

Innerhalb des expliziten (deklarativen) Gedächtnisses unterscheidet man zwei Untertypen: Das autobiografische Gedächtnis, in dem Ereignisse aus unserem Leben gespeichert werden, also Informationen darüber, wann etwas mit wem und wo geschah (Quellengedächtnis). Und andererseits das Faktengedächtnis (Wissenssystem oder auch semantisches Gedächtnis), das unser Wissen über die Welt umfasst, das klassische Schulwissen, generelle Zusammenhänge oder semantisch-grammatikalische Kenntnisse (Abb. 4).

Unabhängig von diesen Gedächtnissystemen und der ihnen zugrunde liegenden Strukturen existieren zwei weitere, implizite Gedächtnissysteme: das prozedurale Gedächtnis und *Priming*. Zum prozeduralen oder auch mechanischen Gedächtnis gehören Fähigkeiten wie Rad- oder Skifahren, Saxophon- oder Klavierspielen. Auch Lesen ist eine Fähigkeit des impliziten Gedächtnisses, wir wissen nicht, wie wir es machen, aber wir haben es mühsam erlernen müssen.

Das als *Priming* Gedächtnis (erleichtertes Lernen, Bahnung) bezeichnete Gedächtnissystem, das bereits bei Kleinkindern ausgebildet ist, könnte man in Ermangelung eines deutschen Wortes so beschreiben: Hat man das Prinzip erst einmal verstanden, lassen sich vergleichbare Aufgaben leichter lernen. Zu dieser Lernform gehört etwa die Einordnung von Erlebnissen aufgrund von früheren, vergleichbaren Ereignissen ebenso wie das schnelle Erkennen von Reizmustern, die man früher schon einmal wahrgenommen hat (Wahrnehmungsgedächtnis). Zu dieser Lern- und Gedächtnisform gehört auch der Umstand, dass wir unbewusst andere nachahmen – eine Tatsache, die wir uns gerade im Umgang mit Kindern vor Augen halten sollten. Kinder lernen mehr aus dem, was man ihnen vorlebt und was sie selbst erleben, als aus den Sachverhalten, die man ihnen explizit erklärt. So lernen sie etwa, sich gut bei Tisch zu benehmen oder dass man abends statt fernsehen auch lesen kann eher durch Nachahmung als durch Ermahnung. Verantwortlich für diese beim Menschen außerordentlich stark ausgeprägte Form des Lernens durch Nachahmung sind sogenannte Spiegelneurone in der Großhirnrinde. Spiegelneurone sind Nervenzellen, die nicht nur aktiv sind, wenn man selbst eine Bewegung ausführt, sondern auch wenn unser Gegenüber die gleiche Bewegung macht und man selbst nur passiver Zuschauer ist. Dieses System scheint umso besser zu funktionieren, je vertrauter man mit einer Person ist und je mehr eine Person akzeptiert und als authentisch erlebt wird.

Eine der stärksten und schnellsten Lernformen ist ebenfalls Teil des impliziten Gedächtnisses: etwa die Konditionierung darauf, bestimmte Nahrungsmittel nicht mehr zu essen, die mit einem negativen Erlebnis (z. B. Erbrechen) verbunden sind. Ein Kind im dritten Lebensjahr wird sich noch nicht bewusst an ein solches Erlebnis erinnern, aber es kann sein, dass es, wenn ihm im Alter von eineinhalb Jahren einmal von Spinat schlecht geworden ist, nie wieder dieses Gemüse zu sich nehmen wird. Das Beispiel zeigt, wie gut und dauerhaft das implizite Gedächtnis bereits bei Kleinkindern ausgeprägt ist, während das explizite Gedächtnis noch von der kindlichen Amnesie betroffen ist. Zwar wird das Kind sich nicht an die Umstände erinnern können, die dazu geführt haben, dass es etwas nicht mag, da sein Quellengedächtnis zu diesem Zeitpunkt noch nicht funktioniert hat. Aber dafür hat das als *Priming* bezeichnete Lernen umso besser geklappt. *Priming* hängt vor allem von der Reifung der Großhirnrinde ab und nicht so sehr vom Hippokampus, eine ganz entscheidende Struktur des expliziten Gedächtnisses (Abb. 5, 6). Zusammen mit Teilen des Stirnlappens sind diese Gehirnareale verantwortlich für das Quellengedächtnis, welches sich als letzte Fähigkeit unserer vielfältigen Gedächtnisleistungen entwickelt. Entscheidend für die Funktionsfähigkeit des deklarativen Gedächtnisses ist der Hippokampus. Er ist eine der wenigen Gehirnregionen, in der nach der Geburt noch maßgeblich Nervenzellen gebildet werden – mehr als 20 Prozent der endgültigen Zahl an Nervenzellen entstehen erst in den ersten neun Monaten nach der Geburt.

Die Isolierung der Axone mit dem fettreichen Myelin dauert hier außergewöhnlich lange, was bedeutet, das eine schnelle und effektive Informationsweiterleitung in den ersten Lebensjahren im Hippokampus nur eingeschränkt möglich ist. Auch die Entwicklung eines wichtigen Nervenstrangbündels, Fornix genannt, das Informationen vom Hippokampus zum basalen Vorderhin

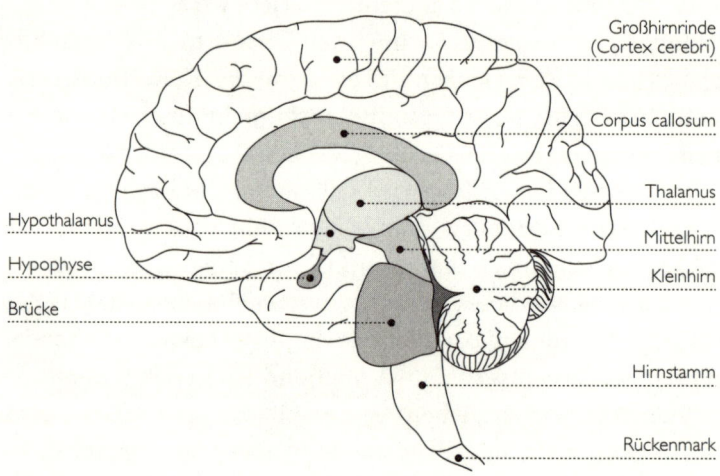

Abbildung 5: Das menschliche Gehirn
Im oben gezeigten Gehirnschnitt wird seine komplexe innere Organisation deutlich: Die Großhirnrinde überwölbt alle anderen Gehirngebiete im menschlichen Gehirn. Informationen von den Sinnesorganen (Sehen, Hören, Berührung, Schmerz, Bewegung) gelangen in den Thalamus, der ersten großen Filterstation für eingehende Informationen in den Körper. Hier werden eingehende Signale wie bei einem Postamt weitergeleitet an die entsprechenden Großhirnareale. Bewegungen des Körpers werden in der Großhirnrinde initiiert und vom Kleinhirn konkret geplant, bevor sie über Brücke und Rückenmark als Signale die Muskeln erreichen. Hypothalamus und Hypophyse steuern den Hormonhaushalt des Körpers. Der Hirnstamm zeichnet verantwortlich für basale Lebensfunktio-

und zu Teilen des Hypothalamus (den Mamillarkörpern) weiterleitet, erfolgt erst sehr spät. Damit beginnt diese Datenautobahn, die möglicherweise von großer Bedeutung für das Langzeitgedächtnis ist, nicht vor dem zweiten Lebensjahr ihre normale Arbeitsgeschwindigkeit aufzunehmen und ist erst mit Beginn der Schulzeit voll funktionstüchtig.

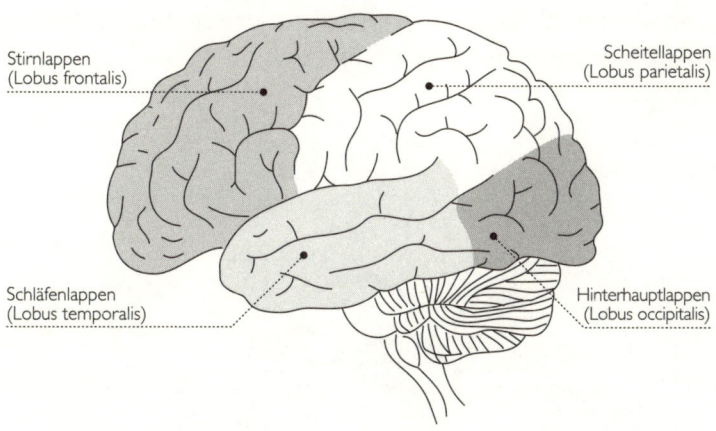

nen (Atmung, Herzschlag, Schlaf-Wach-Rhythmus) und die generelle Aufmerksamkeit.

In der rechten Grafik sieht man, wie die Großhirnrinde *(Cortex)* in vier große Bereiche unterteilt wird: Im Hinterhauptlappen findet ein großer Teil der Verarbeitung von Sehinformationen statt, während im Scheitellappen Berührungen der Haut und unser räumliches Vorstellungsvermögen repräsentiert sind. Im Schläfenlappen nehmen wir Laute wahr, hier erfolgt die mentale Objekterkennung und bekommen Wörter ihre Bedeutung. Der beim Menschen auffällig große Stirnlappen ist die oberste Steuerzentrale für Bewegung, Handlung, Denken und Planen.

Aber es wäre falsch zu glauben, dass die einzelnen Gedächtnissysteme isoliert nebeneinander arbeiten. Im Gegenteil: Es gibt genügend Lernsituationen, wo alle Gedächtnissysteme ineinandergreifen. Ein Musterbeispiel für das komplexe Zusammenspiel der Gedächtnissysteme ist die Sprache: Die Bewegungskoordination der Stimm-, Gesichts- und Atemmuskulatur erfolgt durch das motorische Gedächtnis, das Faktengedächtnis wird gebraucht, um den Wörtern eine Bedeutung zu geben, und das, worüber gesprochen wird, kann eine Lebensepisode sein und entstammt dem autobiografischen Gedächtnis.

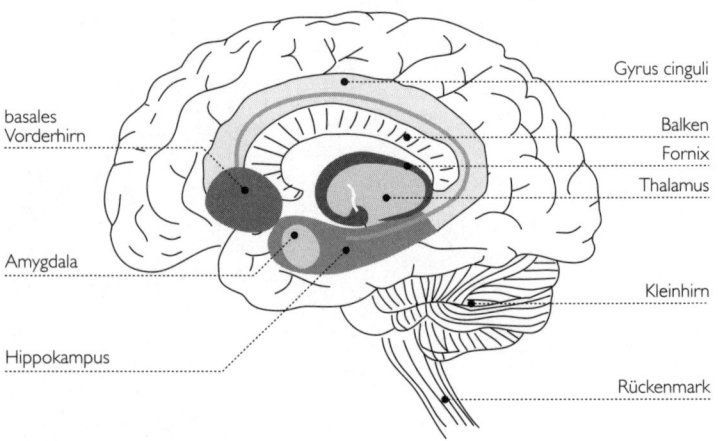

Abbildung 6: Limbisches System
Das limbische System bildet eine ringförmige Ansammlung von Gehirnstrukturen, die den Balken (eine Datenautobahn zwischen den Großhirnhemisphären) umgeben. Für Lernprozesse von herausgehobener Bedeutung sind der Hippokampus und die Amygdala verantwortlich. Die Fornix ist ein Faserzug, der den Hippokampus mit einem wichtigem Teil des Hypothalamus, den Mammilarkörpern, verbindet und entscheidend an der Ausbildung des autobiografischen Gedächtnisses beteiligt ist. Der *Gyrus cinguli* ist eine der fundamentalsten Strukturen für die gefühlsmäßige Bewertung von Informationen.

Kurz- und Langzeitgedächtnis

Das Gedächtnis lässt sich nicht nur nach seinen Inhalten einteilen, sondern auch nach zeitlichen Gesichtspunkten: in Kurzzeit- und Langzeitgedächtnis. Ein bestimmter Teil des Kurzzeitgedächtnisses wird heute funktionell als Arbeitsgedächtnis bezeichnet. Wir benutzen es etwa, um bei komplizierten Rechnungen Zwischensummen abzuspeichern oder um am Ende eines Satzes noch zu wissen, wie er anfing. Dieser Speicher kann nicht mehr als sechs bis acht Elemente aufnehmen. Er befindet sich im Wesentlichen im Stirnlappen (Abb. 5). Mit der Reifung des Stirnlappens verbessert sich deshalb auch das Arbeitsgedächtnis. Lange Zeit können Kinder nur ein oder zwei Elemente in ihrem Arbeitsspeicher aufheben, ab dem zwölften Lebensjahr sind sie dann imstande, ca. fünf Elemente zu behalten. Erst mit 25 Jahren erreicht das Arbeitsgedächtnis des Menschen seine optimale Leistungsfähigkeit! In vielerlei Hinsicht ist es damit das entscheidende Nadelöhr unser Gedächtnisleistungen: Es bestimmt unter anderem, wie lange wir uns auf eine Aufgabe konzentrieren und wie viele Gedankenschritte wir im Voraus planen können. Seine Leistungsfähigkeit wirkt sich auf alle Gedächtnisleistungen aus – je besser man sich konzentrieren kann, je mehr Fakten man im Kopf hin und her jonglieren kann, umso besser die Erinnerungsfähigkeit. Ein wunderbares Training des Arbeitsgedächtnisses ist übrigens das Lesen, da man sich mit vergleichsweiser großer Anstrengung etwa drei Minuten lang auf eine Seite konzentrieren muss, bevor man umblättert, und dabei Personen, Orte und Zusammenhänge der Geschichte zwischenspeichern muss.

Während das Arbeitsgedächtnis in seiner Leistungsfähigkeit stark eingeschränkt ist (sechs bis acht Informationen gleichzeitig verarbeiten zu können ist nicht gerade eine beeindruckende Zahl), hat das Langzeitgedächtnis eine fast unerschöpfliche Speicherkapazität. Für autobiografische Erinnerungen und das Faktengedächtnis fungiert der Hippokampus als eine Art Filter, der entscheidet, welche Informationen länger abgespeichert bleiben sollen und welche nicht. Der Speicherort selbst ist allerdings die Großhirnrinde. Was die Menge der Erinnerungen betrifft, die wir abspeichern können, macht die Großhirnrinde ihrem Namen alle Ehre: Es gibt ernst zu nehmende Berechnungen, die darauf hindeuten, dass Menschen in ihrem Langzeitgedächtnis den Speicherinhalt von zwei Millionen CDs (ca. 1,4 Petabyte) ablegen können. Die Sorge, das kindliche – und auch das eigene – Gedächtnis zu überfordern, ist also unbegründet. Im Gegenteil, wer seinen Kindern viel beibringt, ermöglicht ihnen, leichter Assoziationen zu neuem Wissen herzustellen und dieses dann umso sicherer abzuspeichern bzw. umso leichter zu erinnern. Wer bereits viel weiß, lernt leichter und schneller Neues.

Nadelöhre der Erinnerung
Aber nicht nur ein Kind, das viel weiß, lernt viel. Ein Kind, das gerne lernt, lernt auch leichter. Denn positive – wie negative – Gefühle haben einen maßgeblichen Einfluss auf das Gedächtnis. Verantwortlich für die Steuerung unseres emotionalen Verhaltens ist das limbische System (Abb. 6). Der Name »limbisch« leitet sich von lateinisch *limbus* (Saum) ab, da die dazugehörigen Strukturen den Balken (auch *Corpus callosum* genannt, eine Datenautobahn zwischen den beiden Großhirnhälften) wie ein Gürtel oder Ring umgeben. Das limbische System gliedert sich in die Amygdala (Mandelkern), den Hippokampus (Seepferdchen), Teile des Hypothalamus und die *Gyrus cinguli*. Wie ein Speichenrad schiebt es – mit dem Zwischenhirn als Nabe – von innen an die Großhirnrinde heran und kleidet sie so quasi von innen aus. Das limbische System ist der Filter, den die Informationen für das autobiografische und das Faktengedächtnis passieren müssen. Es ist zugleich die Instanz, die relevante Informationen aussortiert, mit Emotionen versieht und bündelt, bevor diese in weit verteilten Gebieten der Hirnrinde zur Ablagerung kommen.

Diesen Prozess kann man sich ähnlich vorstellen wie die Verteilung von Briefen und anderen Sendungen in einem großen Postamt. Die neurobiologische Erkenntnis, dass das limbische System neben seiner Gedächtnisfunktion vor allem an der emotionalen Bewertung von Erlebnissen beteiligt ist, ist noch relativ neu. Lernen, Gedächtnis und Gefühle hängen also hirnanatomisch ganz eng miteinander zusammen. Entsprechend ist eine positive Einstellung dem Lernen gegenüber – gerade was Schulwissen angeht – eine wichtige Voraussetzung dafür, dass das Gelernte auch eingespeichert wird. Wer Kindern etwas beibringen möchte, sollte dies immer vor Augen haben. Geschieht Lernen unter Zwang und mit Widerwillen, statt spielerisch der Neugierde des Kindes folgend, speichert das Kind diese Lernsituationen als negativ ab. Dies erschwert nicht nur den Umgang mit lernenden Kindern, sondern führt auch dazu, dass neue Informationen in negativ besetzten Situationen schlechter abgespeichert werden.

Wie bereits ausgeführt, wirken am autobiografischen und dem Faktengedächtnis vor allem die Schläfenlappenspitze und die Stirnlappen mit, beide Bestandteile des Großhirns. Daneben ist der linke präfrontale Kortex am Faktengedächtnis beteiligt. Der rechte präfrontale Kortex dagegen ist für das Speichern und Abrufen von autobiografischen Erinnerungen verantwortlich. Für das explizite Gedächtnis sind aber auch tiefer gelegene Strukturen wichtig, etwa das basale Vorderhirn *(Nucleus basalis)* (Abb. 6). Hier liegen Nervenzellen, die als Botenstoff Acetylcholin benutzen und weitläufig in die Großhirnrinde ziehen. Er ist im vorderen Teil des Gehirns gelegen, unterhalb der Großhirnrinde vor dem Thalamus und ist entscheidend daran beteiligt, dass positive Assoziationen das Lernen erleichtern. Das basale Vorderhirn ist die entscheidende Station des Belohnungssystems des Gehirns (siehe Kapitel 2.1, »Motivation und Konzentration«). Fatalerweise ist es ausgerechnet diese für das Gedächtnis so wichtige Region, die bei Alzheimer-Patienten als eine der Ersten geschädigt wird.

Das Kleinhirn mit den Basalganglien (große Gehirnareale, die sich unterhalb der vorderen Großhirnrinde befinden) ist hauptsächlich für motorische Lernvorgänge verantwortlich (Abb. 5). Die Tatsache, dass verschiedene Gedächtnissysteme an verschiedene Gehirnareale gebunden sind, erklärt auch, warum manche Kinder eine bestimmte Gedächtnisleistung sehr gut beherrschen, in anderen aber ein weniger gut ausgeprägtes Leistungsvermögen zeigen. So kommt es, dass manche Kinder sehr gut Bewegungsabläufe lernen oder sehr gut visuelle Zusammenhänge erinnern können, während ihr Namens- oder Zahlengedächtnis nicht so gut funktioniert. Hier gilt es, durch Übung den Gehirnstrukturen auf die Sprünge zu helfen, die weniger stark ausgebildet sind. Das ist durchaus realistisch, wie Studien an Musikern bewiesen haben. So ist beispielsweise in den Gehirnen von Geigern und Gitarrespielern ein vergrößerter Bereich in den Gehirngebieten zu erkennen, die motorische und Tastempfindungen der linken Hand verarbeiten, welche beim Spielen des Instruments besonders genau greifen muss. Es konnte gezeigt werden, dass dies ein Trainingseffekt ist und nicht eine angeborene Gehirneigenschaft. Trainieren und Üben können also auch nach der Geburt noch zu strukturellen Veränderungen im Gehirn führen.

Dieses und andere Beispiele belegen, dass fast jede Nervenzelle im Gehirn darauf programmiert ist zu lernen und sich entsprechend verändern kann. Die erfahrungsabhängige Umorganisation von Nervenzellen oder auch ganzen Hirnarealen bezeichnet man als Neuroplastizität. Der Begriff beschreibt die Fähigkeit der Nervenzellen, neue Verbindungen zu knüpfen oder zu trennen bzw. bestehende zu stärken oder zu schwächen. Mit anderen Worten: Indem neue Informationen gespeichert werden, werden die Verbindungen zwischen den Nervenzellen beständig umgeformt, und entsprechend verändert sich auch das Gehirn. Bis zu einem gewissen Grad kann Übung also weniger stark ausgebildete Gehirnareale positiv verstärken und manchmal sogar ihre Verarbeitungskapazität steigern. Letzteres setzt allerdings ein intensives Üben voraus. Wenn einem Kind dieses auf Gebieten abverlangt wird, auf denen es sich eher schwertut, gilt es dabei behutsam vorzugehen. Wer beschäftigt sich schon gerne stundenlang mit Dingen, die ihm schwerfallen und an denen er kein besonderes Vergnügen hat? Es ist also ratsam, beim Lernen von wenig geliebten Fächern schnell erreichbare Zwischenziele einzubauen und die Übungszeiten schrittweise auszudehnen. In der Lernabfolge zwischen »gemochten« und »gehassten« Fächern zu variieren, ist ebenfalls hilfreich.

Von den Vorteilen des Vergessens
1920 kam Herr S. in die Sprechstunde von Alexander Luria, einem berühmten Neurologen. Herr S. konnte schon in der ersten Sitzung eine einmal präsentierte Liste mit 70 Zahlen in beliebiger Reihenfolge wiederholen, mehr hatte Luria wegen eigener Übermüdung nicht testen können. S. war Synästhetiker – er hatte eine Vielzahl von sensorischen Erlebnissen, wenn er Wörter und Zahlen hörte oder sah. So konnte er 50 oder mehr Zahlen wiederholen, indem er in seinem Gedächtnis einfach das Tafelbild abrief. Neben dieser Technik verwendete er auch eine andere alte Merkhilfe (Mnemotechnik), um seine Gedächtnisleistung zu steigern: Während man ihm eine zu memorierende Liste vorlas, legte er jedes Wort oder jede Zahl entlang eines ihm bekannten Weges ab (Loci-Technik); musste er die Wörter dann später wieder abrufen, schritt er in Gedanken den Weg ab und betrachtete die imaginierten Gegenstände am Rande des Weges. Wenn ihm beim Erinnern doch ein Fehler unterlief – was selten vorkam –, so hatte er z. B. versehentlich einen weißen Gegenstand vor eine weiße Wand gelegt. In den 30 Jahren, in denen der Neurologe Luria S. untersuchte, stieß dieser nicht einmal an die Grenzen seines Gedächtnisses. Um einmal Abgespeichertes wieder zu vergessen, musste S. den gleichen Aufwand betreiben, den wir »Normal-Mnemoniker« an den Tag legen müssen, um

uns an etwas zu erinnern. So versuchte er etwa mit einem virtuellen Schwamm, zum Teil sogar mit Erfolg, Tafelanschriften vor seinem inneren Auge wegzuwischen. Leider kann nicht mehr geklärt werden, in welchem organischen Substrat das absolute Gedächtnis von S. begründet lag.

Trotz dieses traumhaft guten Gedächtnisses hatte S. Probleme, Grundgedanken zu abstrakten Begriffen zusammenzufassen oder komplexe Zusammenhänge zu erkennen. Es fiel ihm schwer, die Bedeutung eines Geschehens zu erfassen. Auch einer vorgelesenen Geschichte zu folgen bereitete ihm Probleme, da er dabei einer Explosion von sensorischen Erlebnissen ausgesetzt war.

Was wir aus diesen und anderen instruktiven individuellen Beispielen lernen können, ist: Um sich effektiv in unserer Welt zurechtzufinden, bedarf es nicht nur eines guten Gedächtnisses, sondern auch des Vergessens und Aussortierens von Abgespeichertem. Aus Informationen sinnvolles Wissen zu machen bedeutet, eine Auswahl zu treffen und nicht beliebig viele Informationen zu speichern. Eine Bildszene etwa muss man in vertretbarer Zeit analysieren können, und dies gelingt nur, indem man sich auf einige wenige Dinge konzentriert und andere Details weglässt oder übersieht. Ohne eine selektive Sinnesverarbeitung, ohne eine selektive Aufmerksamkeit, aber auch ohne ein selektives Gedächtnis, das wir oft als schlecht bezeichnen, ist niemand imstande, aus der Flut von Informationen, mit der wir ständig konfrontiert sind, einen Sinn zu erschließen. Die Effektivität unseres Handelns und Denkens wird nicht nur durch Erinnern und selektives Wahrnehmen bestimmt, sondern ebenso sehr durch Vergessen und Weglassen. Anders gesagt: Vergessen ist keine Fehlentwicklung unseres Gedächtnisses, sondern ein integraler Bestandteil.

Was Kinder im Schlaf lernen

Wenn Kinder lernen, sind große Teile des Gehirns aktiv – und verbrauchen entsprechend viel Sauerstoff und Glukose (Traubenzucker). Dies ist einer der Gründe, warum es so wichtig ist, bei Kindern auf eine ausgewogene Ernährung und genügend Bewegung zu achten (siehe Kapitel 3.1 »Ernährung und Bewegung«).

Konnte ein Lernvorgang erfolgreich abgeschlossen werden, wird, wenn die Übung später wiederholt wird, ein wesentlich geringerer Teil des Gehirns aktiv. Das gilt für Seilspringen ebenso wie für Vokabellernen. Entsprechend gehört es maßgeblich zur Entwicklung des kindlichen Gehirns, die Informationsverarbeitung zwischen Nervenzellen und ganzen Gehirnarealen effizienter zu machen. Je mehr Anregungen ein Kind bekommt, Neues zu lernen, umso erfolgreicher wird es die Sinnesreize verarbeiten und die neuen Erfahrungen in bestehendes Wissen einbauen.

Dabei kann die Bedeutung des nächtlichen Schlafes gar nicht hoch genug geschätzt werden. Wobei es nicht darum geht, Programme zu propagieren, bei denen Kinder im Schlaf über Kopfhörer Lateingrammatik lernen. Das ist in etwa so wirkungsvoll wie das berühmte Buch, das man sich unters Kopfkissen legt. Kinder können im Schlaf nichts lernen, was ihnen nicht schon am Tag begegnet wäre. Und trotzdem ist Schlaf für erfolgreiches Lernen unabdingbar: Wenn Kinder nach einem anstrengenden Lerntag nicht genug schlafen, verpufft ein Teil der Anstrengungen.

Mittlerweile sind Hirnforscher und Psychologen in der Lage, den Einfluss des Schlafs auf das Lernen sehr detailliert zu untersuchen. So wissen wir, dass Erlebnisse und gelernte Fakten im Laufe des Schlafes in einer Aktivitätsschleife aus Hippokampus und Großhirnrinde mehrfach durchlaufen werden. Motorische Programme werden zwar auch des Nachts eingeübt, allerdings in anderen neuronalen Schaltkreisen, die aus Basalganglien, Kleinhirn und Großhirnrinde bestehen. Hier ist man auf erstaunliche Effekte gestoßen, die man als Eltern kennen sollte, wenn es im abendlichen Kampf um das Zu-Bett-Gehen heißt, hart, aber herzlich zu bleiben. Der amerikanische Forscher Robert Stickgold von der Harvard-Universität ließ seine Versuchspersonen lernen, ein bestimmtes, schwer zu identifizierendes Muster möglichst schnell zu erkennen. Die Probanden mussten den ganzen Tag üben. Wenig außergewöhnlich war dabei, dass sich mit zunehmendem Training die Reaktionszeit verkürzte. Erstaunlich hingegen war, dass die Leistung der Probanden nach einer durchschlafenen Nacht am Morgen darauf sprunghaft angestiegen war – ihre Gehirne hatten in der Nacht weitergeübt! Der Effekt lässt sich auch Tage nach dem Versuch noch nachweisen. Verwehrte man den Versuchspersonen allerdings den ersten nächtlichen Schlaf, nachdem sie neues Wissen erworben hatten, so blieb der Lerneffekt aus. Und zwar unwiderruflich – selbst wenn die Probanden in der Nacht danach ausreichend schliefen, stellte sich keine bessere Leistung ein. Fazit: Entscheidend für den Lernerfolg ist der Schlaf unmittelbar nachdem man etwas Neues gelernt hat!

Das Gehirn scheint also das tagsüber Gelernte nachts weiter zu trainieren. Dies gilt gleichermaßen für das explizite wie für das implizite Gedächtnis (siehe auch Abb. 4, Seite 60). Hierbei werden die Verbindungen in einem Netzwerk von Nervenzellen für eine bestimmte Aufgabe optimiert. Das geschieht im Wesentlichen durch Wiederholung. Offenbar gibt es auch für Kindergehirne keine Alternative zu dem Prinzip »Übung macht den Meister« – am liebsten während wir schlafen.

Warum Assoziationen so wichtig sind

Wie aber bringt unser Gehirn sowohl im Wach- wie im Schlafzustand diese Lern- und Gedächtnisleistungen zustande? Und warum lernen Kinder am besten durch Wiederholen?

Frühere Vorstellungen über die zellulären Grundlagen von Lern- und Gedächtnisvorgängen gingen davon aus, dass Erinnerungen als Proteine im Gehirn abgelegt werden, d. h., dass jede

Erinnerung in einem einzelnen Eiweißmolekül gespeichert wird. In der Tat käme dieses Modell der Pharmaindustrie zugute (kurz vor der Lateinklausur noch eben eine Vokabelpille einwerfen …). Leider muss diese Theorie aber nach dem heutigen Stand des Wissens verworfen werden, denn wenn man sie weiterdenkt, müsste es mehr Eiweißmoleküle geben, als unser Erbgut Gene hat. Heute geht man davon aus, dass die Prozesse des Lernens und das Funktionieren des Gedächtnisses nicht Eigenschaften einzelner Moleküle sind, sondern eine Netzwerkeigenschaft vieler Nervenzellen. Gemäß dem Prinzip der Aufgabenteilung durch sogenannte multimodale Repräsentationen nimmt man an, dass das Gedächtnis über die Großhirnrinde verteilt ist. Dem liegt die Vorstellung zugrunde, dass es nicht nur eine Gruppe von Nervenzellen gibt, die etwas gespeichert hat, sondern dass überlappende Aspekte einer Erinnerung in verschiedenen Netzwerken abgelegt sind. Dabei lassen sich Erinnerungen nicht wie ein Film abspielen, sondern jede Erinnerung wird beim Vorgang des Erinnerns neu zusammengestellt und rekonstruiert. Entsprechend wichtig ist es, auch beim Abrufen von Erinnerungen die richtige Lernatmosphäre für Kinder zu schaffen. Erinnerungen sind kein passiver Prozess, sie erfordern ein hohes Maß an aktiver Assoziationskraft. Unser Kopf funktioniert ähnlich wie ein Symphoniekonzert: Wenn man beginnt, sich schwach zu erinnern, ist das wie ein erster leiser Geigenton. Dann nimmt ein anderer Streicher das Thema auf, und langsam fallen alle Violinen ein. Erst jetzt setzt die wundersame Symphonie des Erinnerns ein. Der Dirigent in diesem Gedächtniskonzert könnte der Hippokampus sein: Ohne ihn wird kein neues Stück eingeübt, das in Zusammenhang mit deklarativen Gedächtnisinhalten steht.

In Wirklichkeit ist eine Nervenzelle natürlich keine Violine, das Gedächtnis kein Orchester und das Gehirn kein Konzertsaal. Kernelemente für alle Gehirnprozesse sind die Nervenzellen als nimmersatte Input-Output-Generatoren. Nervenzellen können sich in ihren Eingangs- und Ausgangscharakteristika und

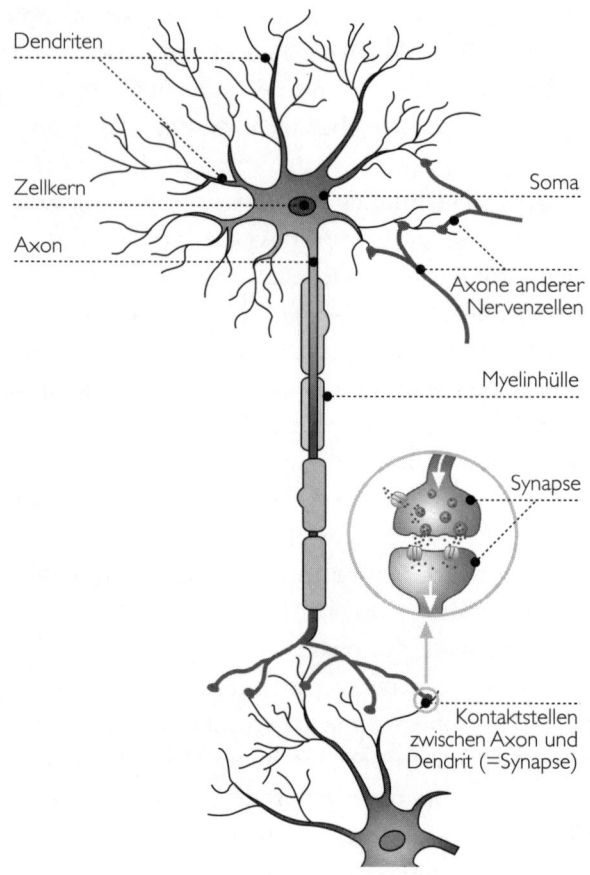

Abbildung 7: Nervenzelle

Betrachten wir an dieser Stelle auch die einzelnen Nervenzellen. Von jeder dieser Zellen gehen Verzweigungen aus. Der längste Zweig ist meist das Axon, das die vom Zellkörper fortführenden Botschaften überträgt. Alle anderen Verzweigungen heißen Dendriten (griech.: Baum). Sie nehmen Botschaften von Axonen anderer Zellen entgegen. Die »Haut« (Membran), die jede Nervenzelle umschließt, hat winzige Löcher, sogenannte Kanäle, die nur bestimmte Ionen durchlassen. Die Botschaft bzw. der Nervenimpuls (Aktionspotenzial) wandert durch das

Das kindliche Gedächtnis

Axon, weil sich Abschnitt für Abschnitt elektrisch geladene Teilchen (Ionen) durch die Kanäle der Membranen bewegen. Axone sind meist von Isolierhüllen (Myelinhüllen) aus Gliazellen umgeben (griech. *glia:* Kitt), die die Fortleitungsgeschwindigkeit erhöhen und in der Ernährung der Nervenzellen und bei der Homöostase (Selbstregulation) ihrer Salze helfen. Jede Verbindung zwischen zwei Nervenzellen heißt Synapse und ist der Schauplatz der synaptischen Übertragung. Jedes synaptische Endköpfchen enthält Bläschen (Vesikel), die mit Neurotransmittern – das sind chemische Botenstoffe – gefüllt sind. Erreicht ein Nervenimpuls des Axons eine Synapse, bewirkt dies eine Verschmelzung der Bläschen mit der Wand des Endköpfchens. Dies führt zur Freisetzung der Botenstoffe, die auf der anderen Seite des synaptischen Spaltes andocken, an dafür genau vorgeprägte Stellen, den Rezeptoren. Diese beeinflussen nun wieder das ionische Gleichgewicht oder setzen weitere Botenstoffe frei. Mittlerweile sind mehr als 100 solcher Botenstoffe bekannt. Im Gehirn wichtig sind vor allem die Botenstoffe, die von Aminosäuren abstammen: Glutamat als wichtigster erregender Botenstoff, GABA als hemmender Botenstoff oder auch Noradrenalin, Dopamin, Serotonin. Hinzu kommen das Acetylcholin oder Botenstoffe, die größer sind und aus einer Kette von Aminosäuren bestehen (Peptide). Lern- und Gedächtnisvorgänge bestehen vor allem darin, dass Synapsen verstärkt oder abgeschwächt bzw. strukturell verändert werden. Sie sind die Orte, an denen sich Lernprozesse materialisieren.

in ihrer Struktur aufgrund von elektrischer und chemischer Aktivität an Veränderungen in ihrer lokalen Umgebung anpassen – sie können, ja sie müssen plastisch sein. Beim Erinnern wird also ein ähnliches raumzeitliches Aktivitätsmuster der Nervenzellen erzeugt, wie wir es bereits beim Abspeichern von Informationen kennengelernt haben. Dieses Muster kann man sich vorstellen wie eine ausgefahrene Buckelpiste auf einem Feldweg, die durch oftmaliges Befahren erzeugt wurde. Während des Erinnerns wird nun in den Stoßdämpfern des Autos das gleiche raumzeitliche Muster aktiv wie beim Erzeugen der Buckelpiste.

Eine Nervenzelle (Abb. 7) im Ruhezustand überträgt keine Reize. Erst wenn Aktionspotenziale (elektrische Erregungen) entstehen, wird ein Signal an nachgeschaltete Zellen weitergegeben. So entsteht durch die Nervenzellen, die miteinander Kontakt haben, eine Art Datennetz – jede einzelne Nervenzelle steht mit 1000, manchmal 10 000 anderen Nervenzellen in einem ständigen Informationsaustausch. Dabei sind die Kontaktstellen zwischen den Nervenzellen, die Synapsen, entscheidend. Autobiografische Erinnerungen und das Gedächtnis für Fakten sind somit über die gesamte Großhirnrinde verteilt.

Nervenzellen als Lernagenten
Präsentiert sich also derselbe Reiz öfter oder üben wir etwas regelmäßig, kann es zunächst im Hippokampus zu einer Verstärkung spezifischer Synapsen kommen – ein Phänomen, das als Langzeitpotenzierung bezeichnet wird. Die Zellen erinnern sich sozusagen an den ankommenden Reiz, er genießt gewissermaßen ein »Vorfahrtsrecht«, wenn er zusammen mit einem anderen Ereignis eintritt. Man spricht von assoziativem Lernen, da zwei Ereignisse miteinander verknüpft werden. Ein einfacher Fall: Lernt ein Hund, dass es beim Ertönen einer Glocke immer Futter gibt, genügt nach einigen Übungen allein der Glockenton, um seinen Speichelfluss in Vorfreude auf das Futter anzuregen. Wenn wir als Erwachsene den typischen Geruch von Turnmatten wahrnehmen, kommen schnell die Gefühle, die wir als Kind beim Schulsport erlebten, hoch – z. B. Unwohlsein bei den Unsportlichen angesichts der damaligen Niederlagen. Erinnerungen sind somit weitverzweigte Aktivierungen verschiedener neuronaler Strukturen und deren Verknüpfung zu einem Netzwerk. Der entscheidende Parameter, der hier reguliert wird, ist die Synapse, ein 1/20 millionstel Meter großer Graben zwischen den Nerven-

zellen, dessen Botengang chemische Neurotransmitter übernehmen (Abb. 7). In der Symphonie des Erinnerns sorgen sie für die Kommunikation zwischen den Instrumenten.

Ein solches Netzwerk von Nervenzellen kann man sich vorstellen wie ein Fußballfeld, das aus lauter kleinen Glühbirnen (= Nervenzellen) besteht. Von jeder Glühbirne gehen 1000 bis 10000 Drähte zu anderen Glühbirnen. Zwischen den Glühbirnen sind verstellbare Widerstände (Synapsen) eingebaut. Hat ein Strom von ausreichender Stärke diese Stelle einmal passiert, so bleibt der Widerstand für eine Weile niedrig. Werden jetzt von vielen Eingabestellen elektrische Impulse in dieses große Netz geschickt, kann man den Weg eines jeden Impulses verfolgen. So erhält man eine Spur aufleuchtender Glühbirnen. Diese Spur ist bestimmt durch den Weg, den sie beschreibt, und die Aufleuchtrate der Glühbirnen. Die Höhe der Widerstände zwischen den Glühbirnen legt jetzt fest, wohin der Impuls weiterfließt. Auf diese Weise kanalisieren die Widerstände den Weg einer bestimmten Erregung. Ein einmal gemachter Weg wird für Signale gleichen Typs in Zukunft leichter zu beschreiten – er bleibt im Netzwerk eingeschrieben. Dies ermöglicht es beispielsweise, ein bekanntes Gesicht aus jedem Blickwinkel, selbst wenn es sich über die Lebensjahre stark verändert hat, wiederzuerkennen.

Auf der Basis dieser zellulären Grundlagen von Lern- und Gedächtnisvorgängen überrascht es nicht, dass man Neues am einfachsten lernt, indem man es mit Bekanntem verknüpft – ein Teil des Erregungsmusters wird dann quasi schon mit den bekannten Informationen mitgeliefert. Neues Wissen lässt sich somit am einfachsten integrieren, wenn es mit bestehenden Bestandteilen eines Netzes von Nervenzellen in Kontakt tritt, so wie eine Spinne ihr Netz webt, indem sie neue Verstrebungen zwischen bestehenden Fäden webt. So richtig und wichtig es also ist, Kindern beizubringen, wo sie etwas nachschlagen können, wenn ihnen ein bestimmtes Detailwissen fehlt, ist es ein Mythos zu glauben, dass ihnen dieses Metawissen darüber, wo man Wissen erwerben kann, als Rüstzeug für das Leben ausreicht. Allein für eine kluge Suchstrategie muss man eine ganze Menge wissen.

Wer Kindern etwas erklären will, muss sie also da abholen, wo ihre Welt endet. Das neu zu Lernende muss bei ihren Erfahrungen, Erlebnissen, Beobachtungen und Wahrnehmungen ansetzen (genau diese Funktion können beispielsweise Metaphern übernehmen, die einen den Kindern bekannten Umstand mit einem neuen verbinden und damit nicht nur erklärlich, sondern auch erinnerlich machen). Die Verdrahtung der Nervenzellen ist so angelegt, dass Neues unter diesen Bedingungen besonders leicht abgespeichert wird. Die Gedächtniszentren im Gehirn haben sich im Laufe der Evolution derart entwickelt, dass wir uns am besten merken können, was wir mit Bekanntem in Beziehung setzen können und was emotional relevant ist. Ein weiterer Grund dafür, an bestehende Gedächtnisinhalte anzuknüpfen, liegt darin begründet, dass Informationen an vielen verschiedenen Stellen im Gehirn entsprechend ihren Assoziationen abgelegt werden. Umso wichtiger ist es, Knotenpunkte des Wissens zu schaffen. Je mehr Assoziationen man zu einem Gegenstand hat, umso leichter fällt es, ihn abzurufen. Je mehr Wege zu einem Ort führen, umso leichter kann er gefunden werden. Man darf sich also nicht scheuen, bestimmte Wissensinhalte als besonders wichtig zu deklarieren und diese in möglichst vielen Kontexten zu benutzen.

Gedächtnistraining
Das »Lernen lernen« und Übungen, die das Gedächtnis stärken, kommen in der Schule oft zu kurz. Umso wichtiger ist es, dass Eltern ihre Kinder hier unterstützen und beides mit ihnen trainieren. Die folgenden Punkte können Eltern dabei eine Hilfe sein:

a) Gehen Sie mit Ihrem Kind den Tag durch und finden Sie gemeinsam mit ihm heraus, zu welcher Uhrzeit sich Ihr Kind

Das kindliche Gedächtnis

am leistungsfähigsten fühlt (statistisch gesehen wird das wahrscheinlich morgens und am frühen Nachmittag sein).

b) Machen Sie Lernübungen mit Ihrem Kind und bekommen Sie heraus, mit Hilfe welcher Strategie es am besten Fakten behält. Dafür bietet sich die folgende Übung an: Um sich Zahlen zu merken, wird jede Zahl mit einem Symbol veranschaulicht (siehe »Die Lerntricks der Gedächtnismagier«, Seite 85). Oder man erfindet zu wichtigen Jahreszahlen je eine Geschichte, die wesentlich besser zu erinnern ist und auch mehr Spaß macht als das sture Auswendiglernen von Zahlen. Entscheidend dabei ist, dass das zu Merkende mit etwas Bekanntem kombiniert und damit die so wichtige assoziative Kraft des Gedächtnisses genutzt wird.

c) Sollen sich Kinder Abläufe oder eine Liste von Fakten merken, so erreicht man das am besten mit der Loci-Methode (lat.: *locus* Ort): Jeder Gegenstand, Lehrsatz, jedes Argument werden mit einem bestimmten Platz im Haus oder im eigenen Zimmer oder am eigenen Körper in Verbindung gebracht. So kann man etwa jedes Bundesland mit einem anderen Körperteil assoziieren und dabei gleich das Nord/Süd- und Ost/Westgefälle mit lernen.

d) Bestimmte Fakten und Geschichtszahlen lassen sich sehr gut mit Hilfe von Reimen lernen: »333 bei Issos Keilerei«; »nach l, n, r, das merke ja, steht nie tz und nie ck«.

Entscheidend bei all diesen Methoden ist, dass man sie üben muss. Sie einmalig auszuprobieren und dann wieder fallen lassen, ist wenig sinnvoll. Auch hier will das Gedächtnis in der Aufgabe geschult werden. Mit anderen Worten: Je mehr man diese Übungen in den Alltag einbaut, umso schneller können die Kinder sie in der Schule umsetzen. Der Spaß erhöht sich noch mal deutlich, wenn die Eltern zusammen mit ihren Kindern diese Mnemotechniken anwenden.

FAZIT

Zusammenfassend lässt sich festhalten: Will man, dass sich ein Kind eine englische Vokabel wie *broomstick* (Besenstiel) merkt, gelingt dies am besten in Form eines Frage-und-Antwort-Spiels oder einer kleinen Geschichte, die aus dem Leben des Kindes gegriffen ist. So wird der Wissensgegenstand in verschiedenen Kontexten dargeboten und kann leichter erinnert werden, als wenn man das Kind auffordert: »Das Wort musst du dir merken«.

In unserem Lebensalltag kodieren wir Informationen nicht auf rein explizite Art, vielmehr findet eine natürliche Auslese statt. Was wir bereits wissen, determiniert, was wir auswählen und kodieren. Wenn Dinge also Bedeutung für uns haben, lösen sie spontan jene Prozesse aus, die es erleichtern, sich später daran zu erinnern. Wenn ein Kind dagegen den Gedächtnisautopiloten eingeschaltet hat und nicht im Detail auf die Umgebung achtet, bezahlt es in der Regel damit, dass es sich nur schemenhaft erinnern kann. Ein gutes Beispiel sind hier Münzen und Geldscheine. Obwohl wir täglich mit ihnen umgehen, fällt es uns schwer, uns daran zu erinnern, welche Personen oder Gegenstände darauf dargestellt sind. Für die Wiedererkennung reicht jedoch eine nur sehr oberflächliche Kodierung von Größe und Farbe.

Erinnerungen verändern die Verschaltungseigenschaften in unserem Gehirn. Mit Hilfe des Gedächtnisses versucht das Gehirn wiederum, der Umwelt eine Ordnung aufzuerlegen. Kinder erinnern sich entsprechend umso leichter an Dinge, die sie mit etwas in Beziehung setzen können, also vor allem Dinge, die sie kennen. Assoziationen sind der Königsweg, um Gedächtnisleistungen zu verbessern. Wie leicht Kinder Neues lernen, hängt also nicht zuletzt davon ab, was sie bereits an Erfahrungen gesammelt haben und über welche Kenntnisse sie verfügen. Wer viel weiß, lernt umso leichter Neues! Und wer in einer positiven Lernatmosphäre lernt, lernt leichtfüßiger. Das heißt: Der Kontext des Lernens ist ganz entscheidend daran beteiligt, wie gut Kinder neues Wissen abspeichern und mit welcher Begeisterung sie lernen.

ANREGUNGEN FÜR ELTERN

■ Kinder lernen am schnellsten durch Nachahmung. Entsprechend ist die einfachste Methode, ihnen etwas beizubringen, es richtig vorzumachen: sei es bei Ernährungsgewohnheiten, Umgangsformen und im sprachlichen Ausdruck. Hierbei kommt dem impliziten Gedächtnis eine überragende Bedeutung zu.

■ Kinder brauchen ausreichend Schlaf, damit sich tagsüber Gelerntes nachts konsolidieren kann.

■ Neues Wissen muss an bestehendes Wissen anknüpfen, wenn es möglichst dauerhaft gespeichert werden soll. Eltern sollten ihren Kindern erklären, warum das neue Wissen relevant ist. Fakten, die in Geschichten oder Frage-Antwort-Spielen verpackt werden, werden besser von Kindern erinnert als reine Sachinformationen.

■ Lernen hat mehr unbewusste als bewusste Komponenten. Entsprechend ist es wichtiger, die Lernatmosphäre und den Kontext des Lernens stimmig zu gestalten, als an die Kinder zu appellieren, fleißig zu lernen.

■ Je kleiner die Kinder sind, umso spielerischer muss das Lernen erfolgen. Kinder sollten bestimmen dürfen, wann sie was und wie lernen wollen. Wer gerade den Sternenhimmel erklärt und eine Frage des Kindes nach der Funktionsweise eines Kühlschranks abblockt, da es nicht zur Sache (also der Agenda der Erwachsenen) beiträgt, gefährdet den natürlichen Wissensdrang von Kindern.

Die sieben Säulen des kindlichen Lernens

■ Im heutigen Informationszeitalter kommt es nicht mehr darauf an, dass Kinder sich alles merken. Wichtiger ist, die richtigen Lernstrategien zu entwickeln und zu lernen, Wichtiges von Unwichtigem zu trennen. Hierbei sind die Eltern gefragt, ihren Kindern vor allem die unterschiedlichen Lernstrategien, die es gibt, aufzuzeigen. Aus dem Lernangebot auswählen müssen die Kinder selbst – es gibt nichts Individuelleres als lernen. Die Werte zur Skalierung dieses Wissens müssen sie aber von uns vermittelt bekommen, wenn aus Faktenwissen Bildung werden soll.

■ Auswendiglernen ist ein gutes Gedächtnistraining, aber es hält nur das implizite Gedächtnis fit. Ähnlich wie bei motorischen Abläufen sind wir dann zwar imstande, automatisiert etwas Bestimmtes wiederzugeben, aber wir können nur schwer benennen, wie es funktioniert. Es gelingt uns nicht, mit dem erpaukten Wissen zu arbeiten, es zum Beispiel auf andere Wissensgebiete zu übertragen bzw. zu anderen Wissensbereichen in Beziehung zu setzen. Weil wir dem Wissen keine Bedeutung gegeben haben, werden wir an Transferaufgaben scheitern.

■ Zum Lernen gehört zum einen das Verstehen des Lernstoffes (sinnstiftendes Lernen), zum anderen die Automatisierung, eine Leistung des impliziten Gedächtnisses. Dem Üben eine nur geringe Bedeutung beizumessen, ist also falsch. Es gilt die Dinge zu verstehen *und* auswendig zu lernen, da der Prozess der Automatisierung von Wissen eine wichtige Voraussetzung für das Verstehen ist. Die Automatisierung trägt dazu bei, das Arbeitsgedächtnis zu entlasten und so freie Kapazitäten für problemlösendes Denken zu nutzen. Für beides braucht man schlichtweg Zeit.

- Machen Sie »Lernen lernen«-Übungen mit Ihren Kindern, um deren Gedächtnisleistungen zu verbessern (siehe auch »Die Lerntricks der Gedächtnismagier«). Aber auch Mnemotechniken wollen trainiert sein – etwas Geduld müssen Sie schon mitbringen. Beginnen Sie mit Geschichten, die aus Symbolen bestehen, die jeweils für eine bestimmte Zahl stehen.

Die Lerntricks der Gedächtnismagier

Hier sollen einige Mnemotechniken vorgestellt werden, deren Eltern sich zusammen mit ihren Kindern bedienen können, um sich Zahlen und Zusammenhänge besser zu merken. Ganz abgesehen davon erfährt man dabei viel über das eigene Lernen und das eigene Gedächtnis. Und zu guter Letzt ist es ein Training, von dem sowohl Eltern als auch Kinder profitieren. So schaffen diese Übungen ein ebenso vergnügliches wie nützliches gemeinsames Lerngefühl. ☞ *siehe nächste Seite*

1. Loci-Technik

Diese bereits in der Antike bei frei gehaltenen Reden angewendete Methode versucht bekannte Orte (lat. loci) mit den zu merkenden Redewendungen, Fakten, Gegenständen und anderen Wissensinhalten zu verknüpfen. Hierzu eignet sich z. B. das eigene Kinderzimmer, in dem man an unterschiedlichen Punkten des Zimmers die 16 Bundesländer ablegen kann oder die längsten Flüsse der Erde, die größten Städte oder alle Kontinente. Oder man gliedert ein frei gehaltenes Referat in mehrere Unterthemen, denen man Orte im eigenen Haus zuweist: Die Einleitung legt man an die Eingangstür, das erste wichtige Argument oder zu beschreibende Experiment in die Diele usw. Beim Referathalten geht man dann in Gedanken die Stationen im Haus ab und findet vor dem geistigen Auge die zu berichtenden Themen und Argumente.

2. Körperroutentechnik

Diese Abwandlung der Loci-Methode benutzt den eigenen Körper, um Wissensinhalte mit bestimmten Körperteilen zu verknüpfen. So kann ein Grundschüler sich die sieben Wochentage merken, indem er die Tage über den Körper verteilt und sich dazu Sätze merkt wie diese: Die Sonne scheint auf dem Kopf (Sonntag), der Mond verdeckt den Hals (Montag), das Herz tut seinen Dienst in der Brust (Dienstag) etc. Oder wenn es darum geht, die letzten zehn Präsidenten der USA aufzuzählen: »Die Sohle des Schuhes ist aus Eisen (Eisenhower); dieses Knie kennt man (Kennedy); Mr. Johns hat seinen Sohn beim Fußballspielen am Oberschenkel verletzt (Johnson); eine Nixe beisst den Schwimmer in den Po (Nixon); auf den Bauch war ein Auto tätowiert (Ford)... bis hin zu Obama, der oben auf dem Kopf sitzt.

3. Eselsbrücken

»753 – Rom kroch aus dem Ei« ist der Klassiker unter den Eselsbrücken, die sich am besten jeder selber baut, je besser die Reime, umso fester sitzt die Erinnerung. Andere Beispiele:
Für Physik: Halt den Löffel konkav, bleibt die Suppe brav; halt ihn konvex, macht die Suppe klecks.

Für Geografie: Iller, Lech, Isar, Inn fließen rechts der Donau hin. Wo Werra sich und Fulda küssen, sie ihren Namen büßen müssen. Und hier entsteht durch diesen Kuss, deutsch bis zum Meer der Weser-Fluss.
Für Deutsch: Doppel-a, das ist doch klar, sind in Waage, Haar und Paar! Wenn »wider« nur »dagegen« meint – dann ist das »e« dem »i« stets Feind!
Dabei kann man selbst erfinderisch sein oder aber sich von Internetseiten (z. B. www.pohlw.de/lernen/kurs/eselsbru.htm) inspirieren lassen.

4. Verrückte Geschichten
Je unwahrscheinlicher und verrückter eine Geschichte ist, umso besser können wir sie uns merken. Dazu sollte die Geschichte noch emotional aufgeladen sein (lustig, gruselig, eklig oder traurig). Allerdings funktioniert das nur, wenn man sich die Geschichte selbst ausdenkt und zu ihr einen Bezug hat. Die Methode eignet sich gut, um z. B. Vokabeln zu lernen: *to beckon* heisst im Englischen »winken« – wer sich jetzt eine Geschichte ausdenkt, wie der Fußballer David Beckham einem zuwinkt, hat den Kern für eine stabile Erinnerung gelegt.

4. Zahlen merken mit Bildern und Geschichten
Jahreszahlen lassen sich wunderbar in Form von Bildern merken:

0 = Ei	1 = Kerze	4 = Kleeblatt	7 = sieben Zwerge
	2 = Schwan	5 = Hand	8 = Sanduhr
	3 = Dreizack	6 = Elefant	9 = Luftballon

Bastelt man aus diesen Symbolen Geschichten, um sich wichtige Zahlen aus Geschichte und Geografie einzuprägen, und übt diese einige Male, kann man sich spielend alle notwendigen Zahlen merken (dies gilt auch für PIN-Nummern).
1964 wäre dann z. B.: Eine brennende Kerze bringt den Luftballon zum Platzen, was den Elefant so erschreckt, dass er ein Kleeblatt zertritt. Richtige Gedächtnisprofis merken sich für die ersten 100 Zahlen für jede Zahl ein Symbol. Wer das einmal intus hat, kann jeder längere Zahlenkolonne von 100 und mehr Stellen abspeichern.

2.3 Intelligenz und Wissen

Was ist Intelligenz? – Evolution der Klugheit – Macht Musik schlau? – Wie intelligent sind IQ-Tests? – Multiple Intelligenz – Blitzgescheite Gehirne – Reifung und Entwicklung – Sechs Jahre und ein bisschen weise – Kann man die Intelligenz von Kindern fördern? – Geschwister: je jünger, desto dümmer? – Wissen schlägt IQ – Fazit – Anregungen für Eltern

> *»Wo steht eigentlich geschrieben, dass wir Intelligenztests benötigen, um festzustellen, ob jemand intelligent ist oder nicht?«*
>
> HOWARD GARDNER (Professor für Psychologie und Erziehungswissenschaften an der Harvard-Universität, Boston)

Schon im Alter von drei Jahren fing Wolfgang Amadeus Mozart damit an, auf dem Klavier Melodien zu improvisieren. Mit fünf Jahren komponierte er bereits. Als er acht war, konnte er ein ihm unbekanntes Musikstück beim ersten Lesen sofort fehlerfrei und flüssig spielen. Dies gelang ihm auch später noch bei Stücken, die er nur einmal gehört hatte. Mozart war einer der produktivsten Komponisten aller Zeiten, kurz: ein echtes Wunderkind.

Thomas Alva Edison war ein äußerst erfolgreicher und kreativer Erfinder: Er nannte über 1000 Patente sein Eigen, von der Glühbirne bis zum Plattenspieler. Bereits als Kind war er ein begeisterter Experimentator und hatte ein eigenes Chemielabor im Keller seiner Eltern – auch er gilt als Wunderkind. Seine Spezialbegabung waren technische Kreativität und Erfindungsreichtum. Im sprachlichen Bereich dagegen hatte er Schwierigkeiten und dadurch einige Schulprobleme.

William James Sidis konnte bereits mit zwei Jahren lesen, im Alter von zehn Jahren beherrschte er sechs Sprachen. Mit acht Jahren erfand er eine neue Logarithmustabelle. Mit elf Jahren wurde er Student an der Elite-Universität Harvard. Mit 16 schloss er sein Mathematikstudium ab. Bis dahin war er von seinem Vater so angetrieben und zu Hochleistungen angespornt worden, dass er sich danach total verweigerte. Er verlor sein Interesse an Mathematik, nahm einen Verwaltungsberuf an und blieb zeitlebens ein kleiner Angestellter. Seine Freizeit verbrachte er damit, ein Buch über die Klassifikation von Straßenbahnfahrkarten zu schreiben. Sidis führte ein zurückgezogenes Leben.

Dass Kim Peek ein fantastisches Gedächtnis hat, fiel zum ersten Mal auf, als er im Kindesalter nach dem Besuch eines Gottesdienstes die gesamte Weihnachtsgeschichte von Lukas, Kapitel 2, Wort für Wort richtig rezitieren konnte. Wie ein Computer kann er Daten aus 14 Wissensgebieten speichern, darunter die Baseballergebnisse der letzten 40 Jahre. Fragen wie »Welcher Tag war der 16. Juni 1923?« bereiten ihm keine Schwierigkeiten. Er muss nicht einmal über die Antwort nachdenken. Er ist imstande, Kalenderdaten 4000 Jahre zurückzurechnen. Auch Multiplikationen vierstelliger Zahlen kann er schneller vornehmen, als man sie in einen Taschenrechner eingeben kann. Er liest bis zu zehn Stunden am Tag Sachbücher, bisher über 12 000. Allerdings ist Kim Peek kein Wunderkind. Er ist Autist und lieferte das Vorbild für die Figur des autistischen Raymond Babbitt, dargestellt von Dustin Hoffman in dem Film »Rain Man«. Peek ist ein sogenannter Inselbegabter, der erstaunliche Fähigkeiten hat, aber weder allein über die Straße gehen kann noch eine einfache Kindergeschichte versteht.

Vier Lebensgeschichten, vier Schicksale, viele offene Fragen: Was ist Intelligenz? Wie entwickelt sie sich? Welche Faktoren machen menschliche Gehirne so intelligent? Kann man Intelligenz fördern, oder ist die Höhe des Intelligenzquotienten (IQ) Schicksal? Wie entwickelt sich Intelligenz bei Kindern? Wie kann man verhindern, sein Kind zu überfordern, sodass es, wie bei William Sidis geschehen, die Lust am Lernen und die Leistungsbereitschaft verliert? Können Wissenschaftler eine Grenze ziehen zwischen intelligent und nicht intelligent?

Was ist Intelligenz?

Bei Umfragen wird regelmäßig ermittelt, dass auf der Rangliste der für einen selbst gewünschten Eigenschaften Intelligenz ganz oben steht – und zwar an zweiter Stelle hinter Gesundheit. Eine Allensbacher Erhebung hat ermittelt, was deutsche Bürger unter Intelligenz verstehen. Am häufigsten genannt wurden: Vernunft, Redegewandtheit, Einfühlungsvermögen, Verantwortungsbewusstsein und Schlagfertigkeit. All dies sind Eigenschaften, die sich nur schwer in Intelligenztests messen lassen. Generell gilt, dass Intelligenz ein schillernder Begriff ist, ähnlich wie Bewusstsein oder Geist. Es ist ein Begriff, der sich nur schwer definieren lässt und in verschiedenen Kontexten unterschiedlich benutzt wird.

Eine brauchbare Umschreibung hat der berühmte französische Entwicklungspsychologe Jean Piaget gegeben. Er definierte Intelligenz als das, was man benutzt, wenn man nicht weiter weiß. Man könnte auch sagen: Intelligent ist jemand, der in einer neuen Situation eine richtige Annahme macht. Dies beinhaltet das Finden einer Lösung für ein komplexes Problem oder das Treffen einer richtigen Vorhersage über das, was als Nächstes geschieht. Intelligenz schließt Voraussicht und Kreativität ein. Vor allem dieser letztgenannte kreative Aspekt von Intelligenz wird gerne übersehen, auch weil er nur schwer in einem Intelligenztest gemessen werden kann. Typische Alltagssituationen verdeutlichen, was gemeint ist: Wie lässt sich aus den Lebensmitteln, die noch im Kühlschrank sind, ein mehrgängiges Menü zaubern? Eine Kombination von Zutaten, die jeder kennt, auf eine Art und Weise, die neu ist? Eine Kunst, die Chefköche üblicherweise beherrschen. Ein Beispiel aus Kindersicht ist ein Rollenspiel, das aus einem Zahnstocher (Ritter), kleinen Kugeln und Papierschnipseln (geisterhafte Gegner) entwickelt wird samt einer Geschichte zu diesen »Figuren«.

Intelligenz und Wissen

Evolution der Klugheit
Eine andere Möglichkeit, die menschliche Intelligenz zu fassen, besteht darin, sich die evolutionären Aspekte von Intelligenz anzusehen. Der amerikanische Hirnforscher William Calvin vertritt die These, dass eine Spezialisierung im menschlichen Gehirn in Form bestimmter Gehirnareale, die Aufgaben wie Sprechen, Tanzen oder Bewegungen planen und übernehmen, zur menschlichen Intelligenz geführt hat. Menschliche Intelligenz ist demnach die Fähigkeit, mentale Objekte, also Gedanken, endlos miteinander kombinieren zu können, z. B. wenn man Geschichten erzählt oder Zusammenhänge erklärt. Hier ergibt sich nun eine interessante Parallele zu vemeintlich einfachen Handlungen wie einen Ball einem anderen zuwerfen zu wollen. Diese ballistische Bewegung bedarf einer genauen, vorausschauenden und sequenziellen Planung. Hat man einmal angefangen, sie auszuführen, kann man sie oft nicht mehr stoppen. Dem Gehirn wird hierbei ein enormes Maß an Planung abverlangt, da der letzte Teil der Bewegung (nur etwa 1/8 einer Sekunde) nicht mehr über Feedback-Schleifen korrigiert werden kann. Feedback-Schleifen sind Regelkreise, bei denen das Messglied (z. B. ein Thermostat an der Heizung) den Sollwert (die gewünschte Temperatur) so lange einstellt, bis Messwert und Sollwert übereinstimmen. Das Gehirn muss alles im Voraus planen, andernfalls passiert das, was fast jeder von uns schon einmal schmerzlich zu spüren bekommen hat: nämlich dass der Hammer auf den Daumen zurast, ohne dass man die Bewegung noch stoppen kann. Oder: Der Ball fliegt so weit, dass er im Garten des Nachbarn landet.

Komplizierte Bewegungen planen zu können, hilft nicht nur beim Beutefang mit Speeren und Steinen, sondern auch auf abstrakter Ebene: beim Denken. Und zwar, wenn Gedanken zu Ketten verknüpft werden und damit komplexe Handlungen vorausgeplant werden – wie eine nicht ausgeführte Bewegungssequenz. Um eine Wurfbewegung genau und zeitlich präzise ausführen zu können, bedarf es vieler Nervenzellen, die letztendlich die Muskelansteuerung präzise planen müssen. Doch die Nervenzellen arbeiten alle mit einer gewissen zeitlichen Ungenauigkeit; sie können aber im Mittelwert präzise sein, wenn viele Zellen eine Aufgabe kodieren. Darüber hinaus existieren in unserem Bewegungsgedächtnis für jede Bewegung alternative Vorstellungen. Wirft man auf ein neues Ziel, muss man verschiedene »alte« Wurflösungen miteinander kombinieren, die zudem miteinander konkurrieren. Übertragen auf Gedankenassoziationen heißt das: Viele mentale Objekte wetteifern miteinander um die richtige Lösung, ähnlich wie die Sänger eines Chors, die jeweils ein eigenes Lied singen, was zusammengenommen aber einen harmonischen Gesang ergibt wie bei Händels »Hallelujah«.

Macht Musik schlau?
In der Tat existiert eine zumindest kurzfristige Wechselwirkung zwischen Musik, die ja aus einer mitunter komplizierten Sequenz von Noten besteht, und Intelligenz. Führt man einen Intelligenztest durch, nachdem die Probanden z. B. Musik von Mozart gehört hatten, so fallen die Testergebnisse um vier Prozentpunkte besser aus als bei den Versuchspersonen, die vorher keine Musik gehört hatten. Daraus schlossen einige Forscher und viele Eltern: Kinder, die häufig klassische Musik hören, werden klüger. Allerdings ist diese Leistungssteigerung nur von kurzer Dauer, so als sei Musik eine gute Lockerungsübung, wenn man schnell Probleme lösen oder Sprache rasch verarbeiten will. Erklären lässt sich der Effekt damit, dass Sprache und Musik sich in Bezug auf das Analysieren von Sequenzen sehr ähnlich sind.

Es ist also ein Mythos, dass Musikhören dauerhaft die Intelligenz von Kindern steigert. Musik erhöht kurzfristig die kognitiven Fähigkeiten der meisten Menschen. Im Unterschied zum Musikhören hat Musizieren aber einen bleibenden positiven Einfluss auf die Intelligenz. Man vermutet, dass die Verschaltungen zwischen den beiden Großhirnhemisphären durch das Musikmachen besonders effektiv ausgebildet werden. Bei Testverfahren, bei denen es vor allem auf Geschwindigkeit ankommt, trägt dies maßgeblich dazu bei, die Kombinationsfähigkeit des Gehirns zu verbessern. Dieser Einfluss ist dauerhaft, wenn Kinder in sehr frühen Jahren mit dem Musikunterricht beginnen. Vor allem Klavierspielen und Trommeln, also Tätigkeiten, bei denen man beide Hände mit unterschiedlichen Rhythmen bewegen muss, sind förderlich, da sie ein hohes Maß an Training für große Teile des Gehirns bedeuten und eine intensive Art des Gehirnjoggings darstellen.

Wie intelligent sind IQ-Tests?
Wo steht eigentlich geschrieben, dass wir Intelligenztests benötigen, um festzustellen, ob jemand intelligent ist oder nicht? So fragt der Harvard-Psychologe und Intelligenzforscher Howard Gardner. Die Antwort ist einfach: Nirgendwo. Intelligenz ist eine vielschichtige Fähigkeit. Sie erlaubt uns, neue Gesetzmäßigkeiten in bestehenden Abläufen zu erkennen, ebenso wie kreativ zu sein und zu Problemlösungen zu kommen. Des Weiteren spielt in Intelligenz die Geschwindigkeit mit hinein, mit der das Gehirn logische Verknüpfungen herstellen kann, Wahrnehmungen verarbeitet oder Wortanalogien findet. Ein Aspekt, der sich leicht quantifizieren lässt und daher auch in Intelligenztests gemessen wird: z. B. wenn Testpersonen in einer bestimmten Zeit Rechenaufgaben lösen müssen – und das möglichst richtig. Aus der Zahl der gelösten Aufgaben entsteht dann ein Zahlenwert für die Intelligenz. Aber vermag eine einzige Zahl auszudrücken, was ein Mensch zu leisten vermag? Wohl kaum. Trotzdem genießt der Intelligenzquotient (IQ) einen enorm hohen, fast mystischen Stellenwert. So hat Marilyn vos Savant als angeblich klügste Frau der Welt mit einem IQ von 230 über viele Jahre hinweg Kolum-

nen für eine New Yorker Zeitung geschrieben, in denen sie unter anderem auf Fragen nach dem Wesen von Glück und Liebe antwortete. Aufgrund ihres hohen IQs traute man ihr zu, Rat in allen Lebenslagen zu erteilen. Wäre Intelligenz lediglich das, was Intelligenztests messen, hätten sich die Menschen vielleicht zu Recht an Frau vos Savant gewandt. Aber IQ-Tests messen vor allem eines: wie gut und wie schnell jemand IQ-Tests ausfüllen kann. Auch ein Blick auf das Zustandekommen dieses extrem hohen IQ-Werts ist lohnend: Als zehnjähriges Mädchen hat Frau vos Savant einen IQ-Test absolviert, in dem sie Ergebnisse erreichte, wie sie normalerweise für Erwachsene mit knapp 23 Jahren üblich sind. Nach der Formel »Intelligenzalter (23) mal 100 geteilt durch ihr Lebensalter (10)« hat sich ein Wert von 230 ergeben. Dieses Verfahren zur Messung von Intelligenz ist heute allerdings nicht mehr gebräuchlich.

Aktuell ergibt sich der IQ-Wert daraus, welchen Wert ein Mensch innerhalb einer Normalverteilung erreicht, wie er also innerhalb der Bevölkerung positioniert ist (Abb. 8). Mit Klugheit oder Weisheit haben die Ergebnisse von Intelligenztests jedoch wenig zu tun. Das Aufgabenspektrum reicht vom Vervollständigen von Wortketten und Ergänzen von Bildern über das Finden von Mustern in Figuren bis zum Fortführen von Zahlenfolgen und dem Erkennen von Gleichheit zwischen räumlich verdrehten Objekten. Faktoren wie Kreativität und praktisches Wissen – etwa das schnelle Erkennen bei einer Klausur, welche Aufgabe man sinnvollerweise zuerst bearbeitet, welche man getrost weglassen kann und bei welcher es weniger um Wissen als um das Erraten eines Ergebnisses geht – werden nicht erfasst. Auf der anderen Seite sind Intelligenztests in der Tat gute Verfahren, um analytische und verbale Fähigkeiten zu testen.

Die Frage, ob sich menschliche Fertigkeiten mit einer einfachen Zahl wiedergeben lassen, verneint Howard Gardner. Er geht davon aus, dass es »die« menschliche Intelligenz nicht gibt, sondern nur multiple Fähigkeiten unabhängiger Komponenten.

Intelligenz und Wissen

Eine mathematische Intelligenz ist unabhängig von sprachlicher oder Bewegungsintelligenz, genauso wie es eine Intelligenz für räumliches Vorstellungsvermögen und musikalische Begabung gibt. Andere Psychologen dagegen halten einen generellen Faktor (»g«-Faktor) für wahrscheinlicher, der an der Intelligenz maßgeblich mitwirkt – und zwar in vielen verschiedenen Bereichen. Diesen Faktor kann man mit Hilfe von Intelligenztests messen und quantifizieren.

Der IQ ist ein faszinierender – und wissenschaftlich reichlich erforschter – Aspekt von Intelligenz, aber er sollte keineswegs mit ihr gleichgesetzt werden.

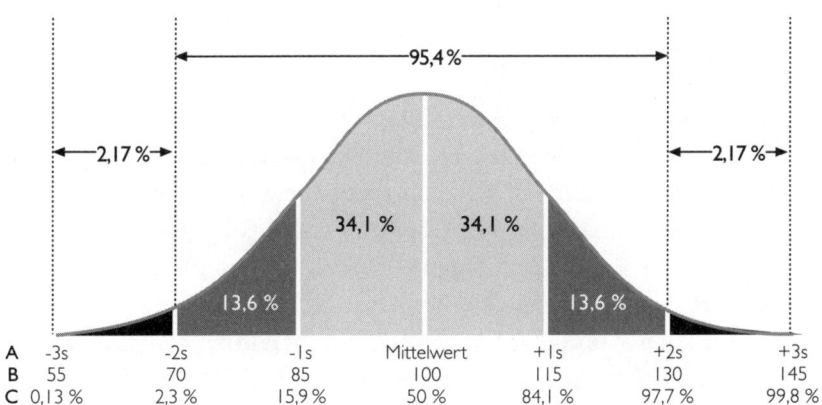

Abbildung 8: Normalverteilung der IQ-Werte
Aufgetragen ist die Verteilung des IQ-Wertes nach Standard-Intelligenztests über die Bevölkerung. Diese Art der glockenförmigen Verteilung bezeichnet man als Gauss-Kurve. A) Standardabweichung, B) getesteter IQ-Wert, C) prozentualer Anteil der Bevölkerung. Hieraus ergibt sich, dass jemand, der ein IQ-Testergebnis erreicht, das zwei Standardabweichungen (s) besser ist als der Mittelwert, einen IQ von 130 hat. Das bedeutet: In der Bevölkerung weisen 97,7 % einen IQ-Wert von unter 130 auf.

Multiple Intelligenz

In seinem berühmten Buch *Frames of Mind* beschrieb der Harvard-Psychologe Howard Gardner 1983 erstmals seine Theorie der multiplen Intelligenz (MI-Theorie). Derzufolge gibt es keine »singuläre« Intelligenz, sondern verschiedene Befähigungen für verschiedene Tätigkeiten. Gardner unterschied ursprünglich sieben voneinander abgrenzbare Intelligenzen:
> sprachliche Intelligenz
> logisch-mathematische Intelligenz
> räumliche Intelligenz
> musikalische Intelligenz
> körperlich-kinästhetische (Bewegungs-)Intelligenz
> intrapersonale Intelligenz: verschiedene Gefühle zu unterscheiden und diese zum Verständnis des eigenen Verhaltens zu nutzen
> interpersonale Intelligenz: Unterschiede in den Stimmungen, dem Wesen und den Absichten anderer Individuen zu erkennen.

In den letzten Jahren hat Gardner diese noch um die Intelligenz für die Natur (exemplarisch wäre hier Charles Darwin zu nennen) und die Existenzintelligenz (Fähigkeit, Grundfragen nach dem Ursprung des menschlichen Daseins zu stellen) ergänzt.

Eine eigenständige Intelligenz definiert Gardner als »ein psychobiologisches Potenzial zur Lösung von Problemen oder zur Gestaltung von Produkten, die in zumindest einem kulturellen Kontext wertgeschätzt werden«.

Damit eine Intelligenz als autonom angesehen werden kann, müssen laut Gardner möglichst viele der folgenden Merkmale erfüllt sein: Die spezifische Intelligenz sollte durch eine Schädigung im Gehirn isoliert werden können, z. B. kommt es zu Ausfällen im räumlichen Vorstellungsvermögen, wenn der Scheitellappen geschädigt ist, andere Fertigkeiten werden jedoch nicht davon beeinträchtigt. Es muss Individuen geben, die eine Spezialbegabung auf einem Gebiet haben, in anderen Gebieten aber eher durchschnittlich begabt oder sogar retardiert sind (Inselbegabungen). Außerdem muss sich eine Evolutionsgeschichte nachweisen lassen. Und die Intelligenz muss durch ein eigenes System von Symbolen kodiert sein, wie z. B. Noten, Buchstaben oder mathematische Formeln.

Blitzgescheite Gehirne

Um es vorwegzunehmen: Was das Gehirn von Einstein, Goethe oder Mozart auf ihren jeweiligen Gebieten intelligent gemacht hat, vermögen auch Hirnforscher und Psychologen nicht zu sagen. Was sie jedoch untersuchen können, ist, was Gehirne beim Absolvieren eines Intelligenztests leisten und welche Faktoren dazu beitragen, dass der Proband gut abschneidet. Dazu zählen:
> eine hohe Leitungsgeschwindigkeit der Axone (faserartiger Fortsatz einer Nervenzelle)
> eine effiziente Verdrahtung zwischen Gehirnarealen
> ein großer Arbeitsspeicher (sich viele Dinge für wenige Minuten merken zu können)
> flexible Synapsen, die schnell und zuverlässig neue Informationen speichern.

Je besser und sorgfältiger die Axonen durch eine dichte Myelinschicht aus Gliazellen (von den Neuronen abgrenzbare Zellen im Nervengebwebe) isoliert sind, desto höher ist die Leitungsgeschwindigkeit des Gehirns. Und diese geht einher mit einer höheren Rechenleistung des Gehirns. Natürlich ist Geschwindigkeit nicht das alleinige Intelligenzkriterium, aber bei IQ-Tests ist sie ein wichtiger Faktor. Den Gliazellen kommt hier also eine überraschend wichtige Rolle zu, obwohl sie lange Zeit in der Hirnforschung so behandelt wurden, wie eine Übersetzung ihres Namens nahelegt: als Klebstoff (griech. *glia*: Leim), Füllmasse. Dass sie aber wesentlich bedeutender sind, ergibt sich aus folgenden Beobachtungen: Zum einen hat sich beim Menschen im Gegensatz zu Tieren im Laufe der Evolution nicht nur die Zahl der Nervenzellen erhöht, sondern auch das Verhältnis von Glia- zu Nervenzellen. Während es bei den meisten Tieren bei 1:1 bis 3:1 liegt, ist das Verhältnis beim Menschen 10:1. Zum anderen vermochten Wissenschaftler, die nach dem Tod von Albert Einstein dessen Gehirn näher untersuchten, zwar nicht sein Genie in den fixierten und klein geschnittenen Hirnwindungen zu lokalisieren. Aber sie entdeckten, dass das Verhältnis von Glia- zu Nervenzellen im Scheitellappen, der insbesondere für das räumliche Vorstellungsvermögen verantwortlich ist, erhöht war. Mit einer hohen Effizienz Informationen verarbeiten zu können ist Intelligenz. Es bedeutet, dass Aufgaben mit einem Minimum an Gehirnressourcen bearbeitet werden können. In der Tat hat man mit Hilfe von bildgebenden Verfahren herausgefunden, dass Menschen mit einem hohen IQ beim Nachdenken über komplexe Probleme weniger Gehirnareale beanspruchen – hier ist weniger also mehr. Mit anderen Worten: Menschen mit einem hohen IQ müssen sich buchstäblich weniger anstrengen, um eine komplexe Aufgabe zu lösen, als andere, die einen weniger hohen IQ haben. Ihr Gehirn verbraucht beim Lösen von Problemen weniger Energie, weil die Verschaltung zwischen den Gehirnarealen effektiver ist.

Reifung und Entwicklung
Wie aber wird die Effektivität eines Gehirns festgelegt? Kann ein Kind lernen, effektiv über Probleme nachzudenken, oder bestimmen genetische Faktoren eine effizientere Verschaltung? Ist uns die Intelligenz also in die Wiege gelegt, und haben dementsprechend intelligente Eltern auch intelligente Kinder? Auch dieser Aspekt der kindlichen Entwicklung ist weder ausschließlich eine Frage der Gene noch der Umwelt. Die kognitive Entwicklung eines Kindes ist immer ein Produkt aus Gehirnentwicklung und Erfahrung. Kinder sind weder Marionetten ihrer Gene noch Marionetten des Erziehungsstils ihrer Eltern. Aber sie werden von beidem maßgeblich beeinflusst. Dies hat der deutsche Psychologe Dietrich Dörner treffend formuliert: »Der Ballon ist

Intelligenz und Wissen

die erbliche Anlage und die Luft, die hineingeblasen wird, die Umwelt, die die Veranlagung erst zur Entfaltung bringen muss.« Diese Metapher gilt vor allem und gerade auch für die Intelligenz, respektive intelligentes Verhalten, denn ob es »die« Intelligenz gibt, ist wie schon beschrieben umstritten.

Allein im ersten Lebensjahr verdreifacht das Gehirn durch genetisch vorgegebene Wachstumsprogramme sein Gewicht von 250 auf 750 Gramm. Es ist also kein Wunder, dass die Intelligenz von Kindern in diesem ersten Lebensjahr sprunghaft steigt. Gehirngröße und kognitive Fertigkeiten korrelieren hier stark. Das bedeutet aber nicht, dass das größere Gehirn eines erwachsenen Menschen generell leistungsfähiger ist. Die Korrelation zwischen Gehirngröße und IQ beträgt im Erwachsenenalter nur 0,35 und ist damit eher gering: Bei absoluter Übereinstimmung wäre der Wert eins, gäbe es überhaupt keinen Zusammenhang, läge der Wert bei null. Es scheint also eine leichte Tendenz zu geben, dass größere Gehirne bessere Chancen haben, auch leistungsfähiger zu sein. Ob sie diesen kleinen Vorteil aber tatsächlich einlösen, hängt von der Übermacht anderer Faktoren ab. Unzweifelhaft ist jedenfalls, dass die Zunahme des Gehirnvolumens der geistigen Heranreifung des Kindes vorangeht. Aber das allein ist nicht ausschlaggebend. Denn bereits im Alter von fünf Jahren hat das kindliche Gehirn das Volumen und Gewicht eines erwachsenen Gehirns erreicht. Es besitzt aber noch lange nicht dessen Leistungsfähigkeit. Kindergehirne arbeiten langsamer und weniger effizient als die Gehirne von Erwachsenen. Selbst mit fünf Jahren verfügen Kinder noch über zu viele Leitungsbahnen, mit denen sie gleiche Informationen verarbeiten. Das ist zwar nützlich, da noch viele Wege befahren werden können, aber eben wenig effizient.

Die Reifung des Gehirns geht entsprechend vor allem mit dem Zurückziehen nicht benötigter Axone und Dendriten sowie der Myelinisierung von Axonen einher (gemeint ist eine Ummantelung von Axonen mit fettreichen Membranen zur besseren Isolierung dieser elektrischen Fortleitungskabel). Letzteres steigert vor allem die Verarbeitungsgeschwindigkeit. Obwohl bei einem Säugling die elektrischen und chemischen Signale eigentlich nur sehr kurze Wege zurücklegen müssen, dauert die Verarbeitung eines Reizes etwa dreimal so lange wie bei einem Erwachsenen. Berücksichtigt man die Zunahme der Körpergröße bis ins erwachsene Alter hinein, dann bedeutet eine dreifach schnellere Verarbeitung als Erwachsener eine 16-fache Steigerung der kindlichen Leitungsgeschwindigkeit. Erst mit dem zwölften Lebensjahr erreicht die Leitungsgeschwindigkeit der Nervenfasern das Niveau eines erwachsenen Gehirns.

Trotzdem benötigen zwölfjährige Kinder fast doppelt so viel Zeit, um eine kognitive Aufgabe zu lösen, wie Erwachsene. Erst mit 15 Jahren, wenn eine weitere Effizienzsteigerung stattgefunden hat und das Arbeitsgedächtnis leistungsfähiger geworden ist, erreichen sie deren Geschwindigkeit. Die größere Effizienz ab dem 15. Lebensjahr hängt mit der Verschaltung verschiedener Gehirnareale zusammen, während der größere Arbeitsspeicher es erlaubt, mit mehreren mentalen Objekten gleichzeitig zu operieren. Letzteres geht einher mit der sehr späten Reifung bestimmter Regionen im Stirnlappen. Die Aufbauphase dieser Bereiche dauert noch bis in die Pubertät hinein an. Es wird vermutet, dass die Umbaumaßnahmen in diesem Teil des Gehirns maßgeblich für Probleme wie mangelnde Emotionskontrolle und die Unfähigkeit, langfristige Ziele zu verfolgen, verantwortlich sind, die pubertierende Kinder – und die Eltern mit ihnen – haben (siehe Kapitel 4, »Hat mein Kind eine Lernstörung?«). Im Stirnlappen erreichen die Synapsen erst ab dem siebten Lebensjahr ihre höchste Dichte (zum Vergleich: die Sehrinde ist schon nach zwölf Monaten so weit). Anschließend werden die effizienten von den nutzlosen Verbindungen getrennt, und erst zwischen dem 12. und 14. Lebensjahr wird das Erwachsenenniveau erreicht. Auch das Einwachsen von Nervenfasern in den Stirnlappenbereich, die den Botenstoff Dopamin ausschütten, geht nur sehr zögerlich voran. Ihre Myelinisierung wird noch bis in das 20. Lebensjahr hin andauern. Wie wir bereits gesehen haben, kommt dem Dopamin eine immense Bedeutung für Motivation und Konzentration zu sowie für den Umfang des Arbeitsspeichers und die Kreativität (siehe auch Kapitel 2.1, »Motivation und Konzentration«).

Sechs Jahre und ein bisschen weise
Weit vor der Pubertät kommt es zu einem entscheidenden Leistungssprung in der kognitiven Entwicklung. Er findet um das sechste Lebensjahr herum statt. In diesem Alter scheint die Vernunft in den Kindern langsam zu erwachen. Nicht umsonst werden Kinder in diesem Lebensjahr eingeschult, und definitionsgemäß endet hier die frühe Kindheit. Im sechsten Lebensjahr vereinigen sich bei den meisten Kindern einzelne kognitive und motorische Fertigkeiten zu einem harmonischen Ganzen, welches es dem Kind ermöglicht, zielgerichtet zu lernen. So sind in diesem Alter die Fertigkeiten von Malen, Gedächtnis und Sprachverständnis weit entwickelt. Auch bei den für die Schule entscheidenden Fähigkeiten wie Aufmerksamkeit, emotionale Kontrolle und Selbstbewusstsein ist zu diesem Zeitpunkt ein großer Sprung zu verzeichnen. Nach einer Theorie von Jean Piaget entsteht jetzt das konkret-operationale Denken, d. h., ein Kind beginnt, Probleme mit Hilfe von logischen Operationen zu lösen. Erst ab dem sechsten Lebensjahr korreliert der IQ-Wert mit dem stabilen Wert eines Erwachsenen, während Vorschul-IQ-Tests möglicherweise vergnügliche, aber wenig aussagefähige Ergebnisse produzieren.

Dieser Entwicklungssprung um das sechste Lebensjahr herum ist als Produkt der Gehirnreifung übrigens kulturunabhängig – überall auf der Welt treten Kinder in diesem Alter in eine neue Lebensphase ein. Jetzt haben sich einige Teile der Großhirnrinde so weit entwickelt, dass sie effektiver miteinander verschaltet werden können. Auch der Stirnlappen ist nun so weit gereift, dass er erste rudimentäre Funktionen übernehmen kann. Ein wichtiges

Teilgebiet des Stirnlappens ist der präfrontale Kortex. Er kommt einer Vorstandsetage gleich, wo alle Informationen aus den Gefühlszentren und von den Sinnesorganen zusammenlaufen, bewertet und dann über eine Aktivierung der motorischen Areale die Handlungen koordiniert werden – sei es durch Sprache oder Bewegung. Hier werden komplexe Abläufe geplant, und hier ist auch der Sitz des Arbeitsgedächtnisses. Zielgerichtetes Handeln hat nicht nur etwas mit der richtigen Reihenfolge der geplanten Abläufe zu tun. Es erfordert vor allem, dass ablenkende Aktivitäten verhindert werden. Entsprechend liegt eine der wesentlichen Aufgaben des präfrontalen Kortex nicht nur in der Planung von Handlungen, sondern vor allem in der Hemmung spontaner Impulse oder konkurrierender Aktivitäten. Insbesondere das Unterdrücken von ablenkender Tätigkeit setzt bei Sechsjährigen dank der Reifung des Stirnlappens erstmals ein. Die Kinder werden in ihren Aktivitäten weniger sprunghaft und damit zielorientierter. Sie sind jetzt erstmals imstande, einigermaßen still auf einem Stuhl zu sitzen und Sachverhalten zu folgen.

Aber es wird noch eine weitere Gehirnregion bei Sechsjährigen zugeschaltet: der *Gyrus cinguli,* eine Region, die genau in der Mitte des Gehirns am Rande der inneren Fläche der Großhirnrinde liegt (siehe Abb. 6, Seite 66). Diese zum limbischen System gehörende Struktur ist aktiv bei der Gefühlswahrnehmung, bei Konflikten zwischen konkurrierenden Zielen und bei der Aufrechterhaltung von Aufmerksamkeit über einen längeren Zeitraum hinweg. Bildgebende Verfahren haben gezeigt, dass der *Gyrus cinguli anterior* umso aktiver wird, je schwieriger die zu lösende Aufgabe ist. Ist eine Aufgabe eingeübt, sinkt seine Aktivität wieder.

Mit sechs Jahren sind also alle elementaren Gehirnareale, die für das Lernen im Schulkontext entscheidend sind, ausgebildet. Die Reifung des Gehirns ist damit natürlich noch lange nicht abgeschlossen. Sie hat aber einen wichtigen Bauabschnitt erreicht: Der Rohbau steht.

Kann man die Intelligenz von Kindern fördern?

Intelligenz ist bis zu 50 Prozent erblich – also haben Eltern die Hälfte der Arbeit bereits in der Zeugungsnacht getan. Auf der anderen Seite sind die 50 Prozent, mit der die Umwelt auf die Entfaltung der Intelligenz einwirkt, ebenfalls nicht unerheblich. Gefragt ist aber vor allem der Einfluss der Eltern darauf, wie Kinder ihre Intelligenz bestmöglich nutzen können. All diese Einflüsse beginnen sehr früh, nämlich im Säuglingsalter, wenn Kinder noch vollständig von ihren Eltern abhängig sind. Die Vorbereitung auf das Schulleben beginnt nicht erst mit dem Überreichen der Schultüte am ersten Schultag.

Aber welches sind die wichtigen und richtigen Bedingungen, damit der Intellekt eines Kindes ungestört heranwächst und bestmöglich gefördert wird? Oft ist ein subtiler Unterschied entscheidend oder der richtige Zeitpunkt, ob eine entsprechende Stimulation förderlich ist oder unbemerkt verstreicht.

Eine Frage, die sich in diesem Zusammenhang vielen Eltern – und auch Psychologen – stellt, ist die, ob und inwiefern es dem Kind in der kognitiven Entwicklung schadet, wenn man alleinerziehend ist oder beide Eltern berufstätig sind. Studien aus verschiedenen Ländern zeigen hier übereinstimmend, dass diese Umstände allein noch keinen negativen Einfluss auf die kognitive Entwicklung des Kindes ausüben. Dies gilt aber nur, wenn die verbleibende Zeit, die man mit den Kindern hat, intensiv genutzt wird. Dabei ist nicht die Anzahl der Stunden, die ein oder beide Elternteilen mit dem Kind verbringen, entscheidend. Vielmehr zählt, was man in der gemeinsamen Zeit macht: viel mit dem Kind reden, spielen, etwas gemeinsam unternehmen, vor allem ein Gespür für die Bedürfnisse des Kindes zu entwickeln. Gerade bei Vorschulkindern, die tagsüber von anderen Bezugspersonen betreut werden, haben sich Tagesstätten (Kindergarten, Krabbelgruppen) als geeigneter erwiesen als Babysitter, bei denen die Kinder in Einzelbetreuung sind. Der Besuch einer Vorschule in diesem Alter trägt allerdings nicht zur Erhöhung des IQs bei.

Wichtiger scheint in dieser Zeit das Spielen mit anderen Kindern zu sein, denn dies fördert die Sprachfähigkeit und die motorische Entwicklung am effektivsten.

Von überraschend großer Bedeutung für die kognitive Entwicklung des Kindes ist der Erziehungsstil der Eltern. Fürsorglichkeit, gepaart mit Körperkontakt, vor allem im Säuglingsalter, gibt den Kindern einen Startvorteil, den ihnen niemand mehr nehmen kann. Kinder aus Familien, die Geborgenheit vermitteln, erreichen in IQ-Tests regelmäßig bessere Ergebnisse als Kinder, die in gefühlskälteren Familien aufwachsen. Nicht autoritäre oder antiautoritäre Erziehungsmethoden, sondern ein autoritativer Stil hat sich für das Aufwachsen der Kinder als ideal entpuppt. Autoritative Eltern erlauben ihren Kindern relativ viel. Sie räumen ihnen viele Freiheiten ein (was die Eigenverantwortung stärkt) und geben ihren Kindern bei Problemen immer das Gefühl, hinter ihnen zu stehen. Aber sie kommunizieren auch klar die einzuhaltenden Regeln, und sie vermitteln ihrem Kind, dass sie viel von ihm erwarten. Immer wieder versuchen sie, den Ehrgeiz des Kindes zu wecken, und machen ihre Erwartungshaltung deutlich. So weiß das Kind immer, welche Anforderungen an es gestellt werden, aber es spürt auch, dass es Rückhalt hat, wenn etwas mal nicht so gut klappt. Kinder, die in Familien aufwachsen, die einen autoritativen Erziehungsstil pflegen, erreichen unabhängig von allen anderen Faktoren im Mittel deutlich bessere Ergebnisse in IQ-Tests als Kinder aus Vergleichsgruppen.

Geschwister: je jünger, desto dümmer?

Das Elternhaus beeinflusst also maßgeblich die Intelligenz. Viele der Studien, die dazu durchgeführt worden sind, haben die Familie als homogene Einheit behandelt und durchaus interessante Korrelationen gefunden, etwa die, dass Geborgenheit die kognitive Entwicklung fördert. Aber auch, dass man von Kindern, die

Intelligenz und Wissen

in einer behüteten Atmosphäre aufwachsen, durchaus etwas fordern kann. Kinder sollen keine Versagensängste haben müssen, sie dürfen aber durchaus spüren, dass man sich bestimmte Dinge von ihnen erhofft.

Neuere Studien belegen, dass die Förderung, die ein Kind statistisch erfährt, auch von seiner Stellung innerhalb der Familie abhängt – und zwar zum Nachteil der jüngeren Geschwister. Erstgeborene liegen bei IQ-Tests zum Zeitpunkt der Einschulung um ca. 3,5 IQ-Punkte über dem des nächstjüngeren Geschwisterkindes. Bei jedem weiteren Kind nimmt der durchschnittliche IQ sogar noch weiter ab. Je enger die Kinder aufeinander folgen, umso größer der IQ-Abstand zugunsten des Erstgeborenen. Ein Grund für dieses überraschende Ergebnis scheint zum Teil in der Aufmerksamkeit zu liegen, die Eltern ihren Kindern zuteil werden lassen. Dies wirkt sich vor allem auf die kognitive Entwicklung der ersten Jahre aus, die die kritischsten für die weitere Entwicklung eines Kindes sind. Je mehr Kinder, umso geteilter die Aufmerksamkeit. Aber die ungeteilte Aufmerksamkeit ist nicht der einzige Faktor, der sich auf den IQ eines Kindes auswirkt. Denn: Einzelkinder haben durchschnittlich einen weniger hohen IQ-Wert als Erstgeborene mit Geschwistern. Dieser Sachverhalt führt zu einem weiteren wichtigen Umstand hin: Die älteren Geschwister sind in ständiger sozialer und emotionaler Interaktion mit ihren jüngeren Geschwistern. Ihre Rolle bringt es mit sich, dass sie oft diejenigen sind, die den Jüngeren etwas vormachen und bereits Gelerntes an sie weitergeben. Damit verstärken sie erworbenes Wissen effizient und stärken ihr Selbstbewusstsein. Und beides wirkt sich positiv auf ihre kognitive Entwicklung aus. Gerade für Einzelkinder dürften Krabbelgruppen und Kindergärten daher sehr förderlich sein.

Wissen schlägt IQ

Wie wichtig die Umgebung für ein heranwachsendes Kind ist, belegt unter anderem eine Studie des neuseeländischen Psychologen James Flynn. Er untersuchte die Daten von normierten Intelligenztests aus 14 Ländern über das gesamte 20. Jahrhundert hinweg (vor allem Westeuropa, Japan, USA). Dabei zeigte sich, dass der IQ in all diesen Ländern durchschnittlich alle zehn Jahre um drei bis fünf Punkte gestiegen ist. Dieses Phänomen, das als Flynn-Effekt bekannt ist, wirft die Frage auf, woran es liegt, dass wir immer klüger werden. Die Gene scheiden als Antwort aus, dafür ist die Entwicklung viel zu schnell. Also bleiben nur Umwelterfahrungen, die die dramatische Zunahme des IQ erklären könnten. Dass diese nicht schon früher aufgefallen ist, hängt damit zusammen, dass IQ-Tests immer auf die Durchschnittsleistung aller getesteten Kinder eines Jahrgangs normiert werden.

Wenn man aber die Leistungsfähigkeit der Kinder von heute auf 1960 zurückrechnet, würde ein durchschnittliches Kind heute zu den besten 25 Prozent der Kinder gleichen Alters von damals zählen! Deutlicher kann man kaum zeigen, wie lohnend eine gute Erziehung, entsprechende Ernährung und ein ordentliches Schulsystem sind – und zwar für jedes Kind. Das Ergebnis macht aber auch deutlich, dass Gene, auch wenn sie einen langen Schatten haben, bei Weitem nicht alles dominieren und für alles verantwortlich gemacht werden können. IQ-Tests messen nur einen Anteil von Intelligenz, und zwar den, der die größte genetische Komponente hat (50 Prozent). Und selbst hier kann Erziehung aus einem unterdurchschnittlichen Kind eines machen, das in das Mittelfeld gelangt, und aus einem Mittelfeld-Kind kann ein überdurchschnittlich intelligentes Kind werden. Unsere Gehirne reagieren in einem gewissen Sinne wie Muskeln auf Training: Sie steigern ihre Leistungsfähigkeit, wenn sie nur genügend trainiert werden.

Der Flynn-Effekt erlaubt aber noch eine weitere Aussage, die quasi die andere Seite der Medaille ist: Ein hoher IQ, eine

Intelligenz und Wissen

schnelle Auffassungsgabe und ein gutes Gedächtnis allein reichen nicht aus, um in Schule und Beruf erfolgreich zu sein. Zu einer Erziehung, die dem Kind viele Anregungen gibt und ihm viel Aufmerksamkeit schenkt, müssen außerdem Ausdauer, Fleiß, Anstrengungsbereitschaft und Motivation beim Kind selbst hinzukommen. Dies belegen auch die Arbeiten des Mentors der deutschen Bildungsforschung, Franz Weinert vom Max-Planck-Institut für psychologische Forschung in München. Er konnte zeigen, dass für schulische Leistungen und Lernfortschritte vor allem das zu Beginn eines Schuljahrs verfügbare Wissen verantwortlich war – und zwar nahezu unabhängig von der Intelligenz der Schüler. So ergab sich z. B. für die Mathematikleistung in der elften Klasse ein sehr enger Zusammenhang mit den Leistungen in der Grundschule und dem dort erworbenen mathematischen Wissen. Der Zusammenhang zwischen beidem war sehr viel enger als der Intelligenzquotient und die mathematischen Fähigkeiten dieser Schüler. Diese Resultate belegen, dass man sich über Jahre hinweg intensiv mit einer Disziplin beschäftigen muss, will man in diesem Gebiet wirklich gut sein. »Wissen, nicht Intelligenz, ist der Schlüssel zum Können. Defizite in der Intelligenz können durch Vorwissen offensichtlich wettgemacht werden. Defizite im Vorwissen hingegen nicht«, so fasst die Psychologin Elsbeth Stern von der ETH Zürich diese Studienergebnisse zusammen. An dieser Stelle sei noch mal daran erinnert, dass es auch dabei natürlich nicht nur um reine Fakten geht, sondern um Bildung, also das Wissen über geschichtliche Zusammenhänge, das Wissen darum, woher unser Wissen kommt, mathematisches Verständnis und den Umgang mit Sprache. Je mehr ein Schüler weiß, umso leichter kann er Assoziationen zu bestehendem Wissen in seinem Gehirn herstellen und sich Fakten und Zusammenhänge merken. Nur wer Wissen mit Intellekt paart, schöpft seine Intelligenz voll aus.

FAZIT

Zu den Mythen, die sich rund um die Intelligenz ranken, gehört, dass sie sich mit Hilfe von IQ-Tests vollständig messen lässt und erblich sei. Beides ist aber nur in Teilen richtig: In der Tat werden in modernen IQ-Tests wichtige Aspekte von Intelligenz erhoben, aber eben längst nicht alle. Auch die von den Eltern ererbten Gene haben einen gewissen Einfluss, der jedoch nicht allumfassend ist. Darüber hinaus wirkt sich eine ganze Reihe anderer, ebenso wichtiger Faktoren auf den schulischen wie beruflichen Erfolg von Kindern aus. Wer viel weiß und gute Lernstrategien hat, ist »fauler Intelligenz« immer voraus. Wer eine hohe persönliche bzw. emotionale Intelligenz besitzt, sich also gut in andere Menschen einfühlen kann und eine gute Selbstbeobachtung hat, hat die besten Aussichten, auch als Erwachsener erfolgreich zu sein. Das ändert nichts daran, dass der Intelligenzquotient ein sinnvolles wissenschaftliches Instrument bleibt, um verschiedene kognitive Leistungsfähigkeiten des Menschen zu messen. Natürlich beeinflusst Intelligenz den Erfolg in der Schule und im Beruf. Allerdings ist sie nur zu einem Teil »angeboren«, zu einem erheblichen Teil können Eltern sie von Geburt an fördern.

ANREGUNGEN FÜR ELTERN

■ Eltern, die hohe Erwartungen an ihre Kinder, aber gleichzeitig auch ein offenes Ohr für ihre Bedürfnisse haben, fördern ihre Kinder am besten. Sie fordern ihre Kinder immer wieder durch Ermutigung, Unterstützung und Zuneigung heraus, niemals aber allein durch Zwang.

■ Auf jüngere Geschwister muss man ein besonderes Augenmerk haben, um zu verhindern, dass sie »Startnachteile« haben. Umso wichtiger ist es, sie z. B. in Spiele und Gespräche mit einzubeziehen. Sie sollten nicht nur Fragen stellen dürfen, sondern auch immer wieder selber Fragen beantworten müssen.

■ Eltern sollten jedes Kind als Individuum anerkennen, und zwar mit all seinen Stärken und Schwächen. Kinder unterscheiden sich in ihren kognitiven Fähigkeiten. Auch wenn der Einfluss der Gene nicht übermächtig ist, so ist er doch vorhanden. Nur die richtige Dosierung von Anspruch und Erwartung führt zu einer optimalen Förderung.

■ Fürsorglichkeit und Körperkontakt, vor allem bei kleinen Kindern, fördern die kognitive Entwicklung.

■ Ein Musikinstrument zu erlernen fördert die Intelligenz von Kindern, wenn ihnen Musizieren Freude bereitet. Von allen Umweltfaktoren, die mit Lernen in Zusammenhang stehen, ist Musikmachen bislang der Faktor, bei dem am stärksten nachgewiesen werden konnte, dass er die Intelligenz eines Menschen positiv beeinflusst und seine Gehirnstruktur verändert.

■ Steht ein IQ-Test für Ihr Kind bei einem Psychologen an, erkundigen Sie sich danach, wann der Test entwickelt wurde. Er sollte nicht älter als zehn Jahre sein, um eine gewisse Aussagefähigkeit zu gewährleisten.

2.4 Emotionale Intelligenz fördern

EQ schlägt IQ – Gefühle und ihre Bedeutung – Wie entstehen Gefühle im Gehirn – Amygdala: Türöffner der Gefühle – Wahrnehmung der eigenen Gefühlswelt – Entwicklung der emotionalen Bausteine des Gehirns – Temperament und Persönlichkeit – Formbarkeit des limbischen Systems – Gefühle bei Mädchen und Jungen – Eltern mit EQ – Was Kinder stark macht – Fazit – Anregungen für Eltern

> »Wir sollten uns davor hüten, den Intellekt zu unserem Götzen zu machen. Er hat ohne Zweifel kräftige Muskeln, aber es fehlt ihm an Persönlichkeit.«
> ALBERT EINSTEIN

Aus Sicht der Kinder muss der Test, den Walter Mischel, Professor an der Stanford-Universität in Kalifornien, durchgeführt hat, grausam gewesen sein. Er legte direkt vor den Augen der Kinder ein Marshmallow ab mit dem Versprechen, sie bekämen ein zweites, wenn sie die unmittelbar vor ihnen liegende Süßigkeit so lange nicht anrührten, bis der Experimentator zurückkam. Dieser verließ den Raum und kehrte erst 20 Minuten später wieder zurück. Eine lange Zeit für ein gerade mal vierjähriges Kind, das ein Marshmallow vor Augen, allein im Raum, sich unbeobachtet fühlend, warten soll. Viele der Testkinder konnten der Versuchung nicht widerstehen: Sie aßen das Marshmallow entweder sofort oder hielten es nur wenige Minuten aus zu warten. Andere hingegen schafften es, die begehrte Süßigkeit nicht anzurühren, und wurden in der Tat mit einem zweiten Marshmallow belohnt. In den Momenten, in denen der Wunsch nach der Süßigkeit übermächtig zu werden drohte, wanden und krümmten sich diese Kinder, sangen sich Lieder vor, versuchten, sich schlafen zu legen, oder hielten sich schlicht die Augen zu. Sie wollten partout der Versuchung widerstehen – für ein höheres Ziel: ein zweites Marshmallow, was für jedes amerikanische Kind eine äußerst erstrebenswerte Sache ist.

Was diesen Test so bemerkenswert macht, ist seine Vorhersagekraft für den späteren Schulerfolg dieser Kinder: Vierzehn Jahre später schnitten nämlich jene Kinder, die die beste Impulskontrolle hatten und dem Wunsch, das Marshmallow sofort zu essen, nicht nachgaben, auch in Intelligenz- und Hochschulexamenstests besser ab als die Kinder, die ihren Impuls nicht kontrollieren hatten können. Vor allem was den späteren beruflichen Erfolg anging, war der Ausgang des »Marshmallow-Tests« ein wesentlich besserer Indikator als der bei den Kindern gemessene IQ: Er war doppelt so gut. Darüber hinaus waren diejenigen, die als Vierjährige eine größere Selbstbeherrschung zeigten, auch mit 18 Jahren sozial kompetenter, durchsetzungsfähiger und konnten mit Frustrationen und selbst mit Situationen, in denen sie unter Druck gesetzt wurden, besser umgehen. Sie nahmen Herausforderungen leichter an. Auch als junge Erwachsene waren sie besser in der Lage, eine Belohnung aufzuschieben, um ein Ziel zu erreichen, als diejenigen, die schon im Alter von vier Jahren nicht der Versuchung widerstehen konnten, eine Belohnung sofort einzulösen.

Wie aber kann es sein, dass ein so einfacher Test bei vierjährigen Kindern eine mehr als doppelt so gute Aussage darüber erlaubt, wie leistungsfähig ein Kind einmal werden wird, als das Resultat eines Intelligenztests? Wie sind solche Ergebnisse zu interpretieren? Und was können Eltern daraus lernen?

EQ schlägt IQ
Zunächst einmal entspricht dieser Test einer Erkenntnis, auf die Albert Einstein schon in seiner Autobiografie hingewiesen hat: »Wir sollten uns davor hüten, den Intellekt zu unserem Götzen zu machen. Er hat ohne Zweifel kräftige Muskeln, aber es fehlt ihm an Persönlichkeit.« Wenn Eltern sich fragen, was für ein

Mensch ihr Kind später einmal sein wird, denken sie natürlich nicht allein an die Intelligenz ihres Kindes. Genauso machen sie sich darüber Gedanken, wie es mit anderen Menschen umgehen, ob es einen guten Charakter entwickeln und in der Lage sein wird, seine Talente auszuschöpfen und optimal einzusetzen. Für alle diese Fähigkeiten ist der IQ, auf den Einstein hier anspielt, nicht entscheidend, denn er ist zwar ein Maß dafür, wie schnell man neue Aufgaben schlussfolgernd bewältigen kann, aber wie gut man sich und andere in ihren Absichten und Fähigkeiten einschätzen kann, misst er nicht. Und selbst da, wo man meinen könnte, dass der IQ wichtige Aussagen über schulische und berufliche Aussichten macht, ist sein diagnostischer Wert umstritten. So hatten bereits in den 40er Jahren des vorherigen Jahrhunderts Psychologen damit begonnen, über viele Jahre hinweg den IQ-Wert von Harvard-Studenten zu verfolgen und ihn mit ihrem beruflichen Erfolg in Bezug zu setzen. Dabei stellte sich heraus, dass ein hoher IQ-Wert nur begrenzt etwas über den späteren Erfolg vorhersagen konnte. Weder legten die Absolventen mit den besten Intelligenztestergebnissen eine größere Zufriedenheit mit ihrem Leben an den Tag, noch waren ihre familiären oder freundschaftlichen Beziehungen glücklicher oder besser als die ihrer Kollegen, die ein schlechteres IQ-Ergebnis erzielt hatten. Ein hoher IQ ist also noch lange kein Garant für beruflichen Erfolg, Wohlstand und persönliche Zufriedenheit.

Der beschriebene Marshmallow-Test dagegen erlaubte eine wesentlich zuverlässigere Aussage über den Erfolg, den die Kinder im Laufe ihres Lebens haben würden. Denn er ermittelt eine übergeordnete Kategorie (Metafähigkeit) menschlichen Handelns: die emotionale Intelligenz.

Was verbirgt sich hinter diesem Begriff, der in den letzten Jahren in mancher Hinsicht zu einem Modewort avanciert ist? Das Konzept für diese Art von Intelligenz wurde 1990 von zwei amerikanischen Psychologen, Peter Salovey und John Mayer, entwickelt. Aber erst fünf Jahre später machte der *New York Times-*

Reporter Daniel Goleman mit seinem Bestseller *Emotionale Intelligenz* den Begriff populär. Von ihm stammt auch das Kürzel EQ, eine Anspielung auf den IQ. Diese Form der Intelligenz umfasst ein ganzes Bündel von emotionalen Fähigkeiten, deren wichtigste Komponenten sind:

> der Zugang zu eigenen Gefühlen und die Fähigkeit, zwischen verschiedenen Gefühlsregungen sehr genau unterscheiden zu können
> Emotionen angemessen kontrollieren zu können
> Emotionen in den Dienst eines Ziels zu stellen, z. B. indem man in der Lage ist, auf eine große Belohnung zu warten und dafür auf eine kleinere, sofort verfügbare, zu verzichten
> Empathie, d. h. gut einschätzen zu können, was andere Menschen fühlen (Menschenkenntnis)
> Umgang mit den Emotionen anderer Menschen (Familie, Freunde, im Beruf Chefs, Kollegen oder Angestellte) und das Lösen von Konflikten.

In der Terminologie Howard Gardners beinhaltet emotionale Intelligenz sowohl interpersonale Intelligenz, also die Fähigkeit, Emotionen anderer zu deuten und entsprechend zu reagieren bzw. die Emotionen anderer richtig einschätzen zu können, als auch intrapersonale Intelligenz, also die Begabung, eigene Gefühle gut ausdrücken, aber auch gut regulieren und kontrollieren zu können (Affektbeherrschung).

Bei dem oben erwähnten Marshmallow-Experiment an vierjährigen Kindern wurde ein wichtiger Aspekt der intrapersonalen Intelligenz ermittelt: die Impulskontrolle.

Gefühle und ihre Bedeutung

Howard Gardner beschrieb die Bedeutung von inter- und intrapersonalen Intelligenz folgendermaßen: »Viele, die einen IQ von 160 haben, arbeiten für Leute mit einem IQ unter 100, weil sie selber über eine geringe, der Vorgesetzte jedoch über eine hohe interpersonale Intelligenz verfügt. Wer kein gutes Einfühlungsvermögen hat, trifft in seinem Leben immer wieder die falsche Wahl – sei es nun beim Lebenspartner oder im Beruf.«

Dies gilt auch für Schulkinder. Ein hoher IQ und ein gutes Gedächtnis allein führen nicht automatisch zu guten Noten. Streit mit den Mitschülern, Furcht vor dem Lehrer, Ablenkenlassen durch Unwichtigkeiten oder mangelnde Motivation lassen die Früchte der Klugheit gewissermaßen am Baum verderben. Schlau sein ist also noch lange nicht alles. Wer ein gutes Gedächtnis hat und perfekt Mathematikaufgaben lösen kann, ist zwar ein helles Köpfchen, aber das bedeutet weder, dass er auch seine kognitiven Ressourcen effektiv nutzt, noch, dass er sich gut durchsetzen kann oder ein besonders respektierter Mitschüler ist: z. B. wenn er meint, wenig lernen zu müssen, sich in seiner Leistungsfähigkeit unterschätzt (wie dies gerade oft bei Mädchen der Fall ist) oder sich zu sehr als altkluger Besserwisser gibt.

Welche Bedeutung Gefühle für das menschliche Leben haben, wird durch das folgende Beispiel des amerikanischen Philosophen Daniel Dennett deutlich: Ein Roboter erhält die Information, dass in der Flugzeughalle, in der er sich befindet, eine Bombe explodieren wird. Als die Bombe explodiert, ist der Roboter noch mitten in seinen Überlegungen; er kommt gerade zu der Schlussfolgerung, dass das Sichentfernen mit dem Fahrzeug aus der Flugzeughalle die Teepreise in China nicht verändern würde. Wie das Beispiel zeigt, sind rationale Vorgänge wie das Abwägen einer und Entscheiden über eine Situation ohne die Beteiligung von Gefühlen ineffektiv, und schlimmer noch, sie verfehlen sogar das Ziel des Nachdenkens (nämlich eine Entscheidung zu treffen, die das Überleben sichert). Hätte der Roboter angesichts des bevorstehenden Ereignisses Angst, also eine Emotion, empfunden, er hätte sich umgehend in Sicherheit gebracht. Das Beispiel zeigt aber auch, dass Denken, Abwägen und Entscheiden kein rein rechnerischer Vorgang sind. Entgegen der oft vertretenen

Meinung, dass Gefühle beim Nachdenken stören, ist das Gegenteil richtig: Gefühle behindern uns nicht im Denken, sie sind im Laufe der Evolution überhaupt erst entstanden, um die Entscheidungsfindung zu beschleunigen. Emotionen besitzen also eine »eigene Intelligenz«, wie der berühmte Neurologe und Buchautor Antonio Damasio es ausgedrückt hat.

Wie oft stellt uns die Welt vor eine kaum überschaubare Anzahl von Wahlmöglichkeiten. In diesen Fällen vereinfachen Emotionen Entscheidungen, indem sie viele Optionen einfach ausschließen und andere hervorheben. Emotionen lenken also maßgeblich unser Handeln, auch das, welches wir für rational halten. Schon im Wortstamm des Wortes »Emotion« wird dies deutlich: Es leitet sich von dem lateinischen Verb ab, was für »bewegen« steht, und mit dem Präfix »e« zu »hinwegbewegen« wird. Damit wohnt jeder Emotion eine Tendenz zum Handeln inne.

Anders als die Wörter einer Sprache, die sich von Kultur zu Kultur ändern, sind Emotionen eher mit dem Atmen zu vergleichen: Die meisten sind universell in allen menschlichen Kulturen vorhanden. Zu diesen elementaren Gefühlen, die sich in spezifischen menschlichen Gesichtsausdrücken niederschlagen, gehören Freude, Trauer, Ekel, Kummer und Überraschung, aber auch Liebe, Eifersucht, Zorn, Rachsucht, Scham, Neid, Angst und eine Vielzahl von Mischformen.

Wie entstehen Gefühle im Gehirn?
Selbst Emotionen aufzubauen sowie Gefühle bei anderen Menschen wahrzunehmen, sind wichtige Funktionen des Gehirns. Gefühle werden im limbischen System hervorgerufen und verarbeitet. Das limbische System (siehe Abb. 6, Seite 66) ist eine ringartige Ansammlung von Hirnkernen, bestehend aus Amygdala, Hippokampus, Hypothalamus und dem *Gyrus cinguli* – Strukturen, die vielfältig mit der Großhirnrinde verbunden sind. Sie können das gesamte Gehirn in seiner Funktion beeinflussen.

Das limbische System liegt direkt unterhalb des Großhirns und bezieht auch einige Strukturen der Großhirnrinde selbst mit ein. Der untere Bereich (Amygdala, Hippokampus, Hypothalamus) ist für den körperlichen Ausdruck von Gefühlen verantwortlich. Er kodiert universelle und genetisch vorgegebene Gefühlsäußerungen wie Herzrasen, Gesichtsmimik, Schwitzen der Handflächen, Aufrichten der Hauthaare genauso wie weiche Knie. Mit anderen Worten: Er sorgt für den berühmten Adrenalinschub. Dagegen ist der obere Teil mit dem limbischen Kortex für die Wahrnehmung und das Bewusstwerden von Gefühlen von entscheidender Bedeutung. Hier werden auch die Gefühle selbst einer Bewertung unterzogen und kontrolliert. Je nach kulturellem Umfeld und persönlicher Affektkultur des Individuums, je nachdem, wie gehemmt oder impulsiv ein Mensch also ist, werden in diesem Teil des limbischen Systems Gefühle abgeschwächt oder verstärkt. Wird ein Schüler an die Tafel gerufen, so wird dabei immer seine Amygdala sehr aktiv sein. Wie der Schüler dann mit der Stresssituation umgeht, bestimmen die Kontrollinstanzen im oberen Teil des limbischen Systems, die eine emotionale Bewertung vornehmen und die Aktivität der Amygdala überwachen.

Amygdala: Türöffner der Gefühle
Von besonderer Bedeutung für unseren emotionalen Haushalt – das gilt für Erwachsene wie für Kinder – ist also die Amygdala, der sogenannte Mandelkern. Er liegt paarig umgeben vom Großhirn jeweils an der Innenseite der Schläfenlappen. Wird er z. B. bei einer Hirnblutung geschädigt, kann es bei den betroffenen Patienten zu einer »Gefühlsblindheit« kommen, sowohl was die eigenen Gefühle betrifft als auch die Wahrnehmung von Gefühlen anderer, vor allem bezüglich Furcht, Angst und Aggression. Die Betroffenen empfinden selbst dann noch keine Angst, wenn man ihnen eine Pistole an den Kopf hält. Wird die Amygdala

funktionsuntüchtig, sind keine normalen menschlichen Beziehungen mehr möglich. So vermuten Forscher auch bei Autisten, die große Schwierigkeiten haben, mit anderen zu kommunizieren, eine Schädigung des Mandelkerns.

Aufgrund ihrer anatomischen Lage ist die Amygdala bestens in der Lage, alle Ereignisse emotional zu begleiten und zu bewerten. Sie ist hierbei nicht nur mit dem Hypothalamus als wichtigster Schaltzentrale für die Ausschüttung von Stresshormonen, sondern auch in vielfältiger Weise mit der Großhirnrinde verbunden. Hier kann sie schon auf der Wahrnehmungsebene beeinflussen, was wir wahrnehmen und wie wir die Welt im wahrsten Sinne des Wortes erleben: Je nach Anschauung kann ein zur Hälfte gefülltes Glas als halb voll oder als halb leer angesehen werden. Aber nicht nur das: Bestimmte Sinnesreize bekommt die Amygdala sogar früher zugespielt als die Großhirnrinde. Dies bewirkt, dass wir manchmal in einem ersten Schritt Gefühlsregungen wie Wut, Freude, Angst oder Schreck empfinden, bevor in einem zweiten Schritt in Abstimmung mit der Großhirnrinde überprüft wird, ob diese Reaktionen einer kritischen Kontrolle standhalten. Neben diesen Funktionen orchestriert sie die Kampf-oder-Flucht-Reaktion *(fight or flight)* des vegetativen Nervensystems, also das Verhalten, das ein Schüler etwa an den Tag legt, wenn der Lehrer ihn nach vorne an die Tafel bittet. Dabei aktiviert die Amygdala den Hypothalamus, der eine gewaltige Hormonkaskade in Gang setzt: Das Herz beginnt zu rasen, der Blutdruck steigt, die Haut wird blasser, man beginnt zu schwitzen, und die Pupillen weiten sich.

Diese weitverzweigten Verbindungen der Amygdala erklären, warum Gefühle fast jeden Aspekt unseres Denkens und Handelns prägen. Zusammen mit dem Hippokampus bezeichnet man die Amygdala aber auch als eine wichtige Flaschenhalsstruktur für Lern- und Gedächtnisvorgänge. Schließlich spielen Gefühle nicht zuletzt beim Lernen eine entscheidende Rolle, gegen die man nur schwer angehen kann. Was emotional aufwühlt, wird leichter im

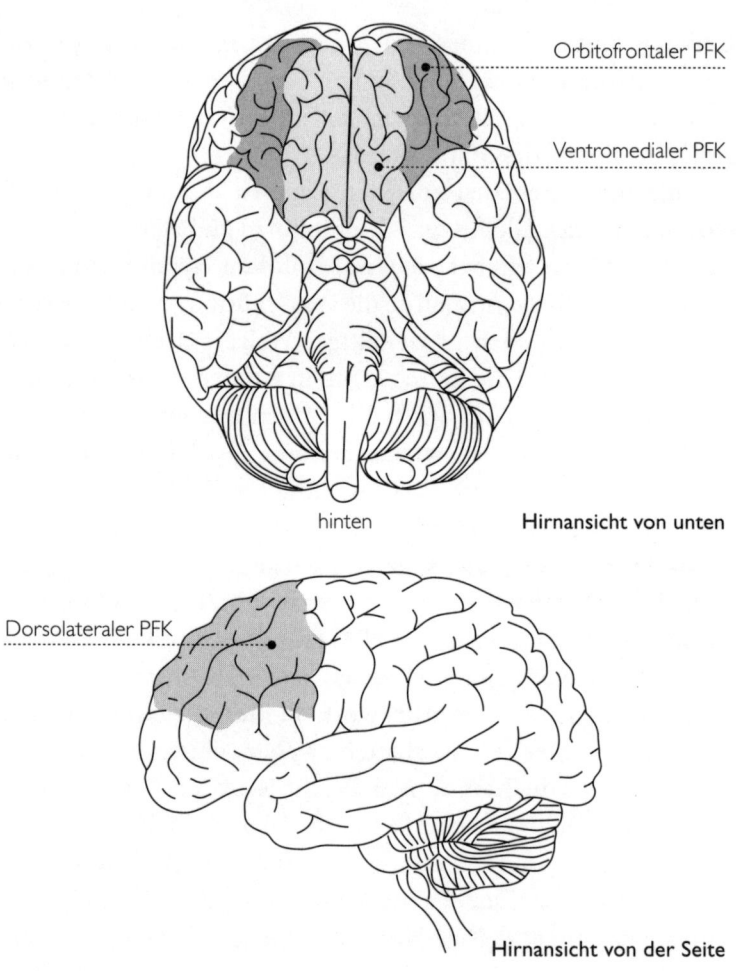

Abbildung 9: Stirnlappen
Die Steuerungszentrale im Gehirn ist der präfrontale Kortex. Wie wir Gefühle anderer wahrnehmen und eigene Gefühle regulieren, steuern große Hirngebiete im Stirnlappen, die Bestandteil des präfrontalen Kortex' (PFK) sind. Der PFK ist wiederum in viele Areale unterteilt: orbitofrontaler, ventromedialer und dorsolateraler PFK.

Gedächtnis abgespeichert als neutrale Sachverhalte. Eine negative gefühlsmäßige Einstellung gegenüber dem Lernstoff dagegen behindert die Abspeicherung: etwa die Ablehnung eines Lehrers, Mobbing in der Klasse oder die Abneigung gegen ein bestimmtes Schulfach.

Wahrnehmung der eigenen Gefühlswelt

Die Aufgabe der Amygdala besteht also vor allem darin, Gefühle zu erzeugen und zu verarbeiten sowie die Hormonsignale in den Körper hinein zu kontrollieren. Wahrgenommen werden die Gefühle jedoch in der Großhirnrinde. Hier erst erleben und empfinden wir Glück, Leid, Trauer, Ekel, Rachlust oder Liebe. Insbesondere der präfrontale Kortex (Abb. 9), ein Bestandteil des Stirnlappens, und der *Gyrus cinguli,* der ganz tief innen in der Großhirnrinde in der Mitte der Hirnhälften verborgen liegt, sind dafür verantwortlich, die emotionalen Informationen aus der Amygdala und anderen Gefühle verarbeitenden Zentren zu interpretieren und zu bewerten. Schädigungen in diesen Bereichen wirken sich maßgeblich auf die emotionale Grundstimmung aus. So führt ein Defekt im orbitofrontalen PFK etwa zu einem eingeschränkten sozialen Urteilsvermögen (Abb. 9). Die betroffenen Personen werden impulsiv und verlieren jede Hemmung. Ein Funktionsverlust im *Gyrus cinguli* dagegen verursacht einen Verlust der Antriebskraft. Selbst Menschen, die eigentlich ehrgeizig sind, werden dann unmotiviert und körperlich inaktiv. Diese Beispiele sollen zeigen, wie komplex der uns so natürlich erscheinende Vorgang in Wahrheit ist: Ein Schüler geht morgens in die Schule, hört sechs Stunden lang Menschen zu und versucht das zu verstehen und zu behalten, was gesagt wird. Die in der Schule stattfindenden Lernprozesse werden natürlich von einer ganzen Reihe von Faktoren beeinflusst: Ernährung, körperliches Wohlbefinden, Erinnerungsfähigkeit und Intelligenz. Aber vor allem die emotionale Grundstimmung ist eine maßgebliche Säule für den Schulerfolg: Sie kann die Leistungsfähigkeit jeder kognitiven Kompetenz entscheidend beflügeln oder behindern.

Für diese Gefühle und Stimmungen, in der Kinder sich befinden, sind also neben der Amygdala auch Strukturen in der Großhirnrinde verantwortlich, vor allem solche die die Amygdala kontrollieren. Die emotionale Kontrolle übernimmt in erster Linie ein mächtiger Faserstrang, der den Stirnlappen mit der Amygdala verbindet. Er ist dafür verantwortlich, die Stärke der emotionalen Reaktion der Amygdala zu modulieren, die uns sonst ständig zu schnellen Affekten bewegen würde. Die Faserverbindung ist eine der letzten, die sich im Laufe der natürlichen Reifung des kindlichen Gehirns entwickeln. Das macht es Dreijährigen auch so schwer, ihre jähzornigen Ausbrüche trotz vielfachen Ermahnens zu kontrollieren: Ihnen fehlt schlichtweg die Kontrollinstanz von der Großhirnrinde zur Amygdala. Genau diese Verbindung war es auch, die in dem Marshmallow-Test dafür verantwortlich war, dass einige der vierjährigen Kinder mit früh entwickeltem Stirnlappen die Süßigkeit nicht sofort gegessen haben. Diese Kontrollinstanz im Stirnlappen lässt sich jedoch trainieren – etwa damit ein Kind sein vor allem genetisch bedingtes Temperament zu beherrschen lernt. Dies ist eine äußerst wichtige Erkenntnis für Eltern. Im Folgenden werden Sie sehen, welche Möglichkeiten es gibt, diese Kontrollinstanz positiv zu beeinflussen und zu stärken.

Ähnlich wie dies für eine Reihe von kognitiven Fähigkeiten gilt, werden auch Gefühle nicht auf gleiche Art und Weise von der linken und rechten Hirnhemisphäre prozessiert. So wird der emotionale Gehalt von Sprache sowohl bei der Sprachproduktion als auch beim Hören von Sprache in der rechten Hemisphäre verarbeitet. Für eine ganze Reihe von emotionalen Fähigkeiten besteht eine rechtsseitige Hemisphärendominanz; so ist z. B. die von der rechten Gehirnhälfte kontrollierte linke Gesichtshälfte ausdrucksstärker. Im Gehirn ist alles über Kreuz verschaltet: Die linke Hemisphäre fühlt und agiert in der rechten Seite der Welt, für die rechte Hirnhälfte gilt das Umgekehrte. Entsprechend kann das linke Ohr auch besser emotionale Nuancen in der Sprache erkennen als das rechte, ebenso wie der für die Bewertung und Kontrolle von Gefühlen so wichtige *Gyrus orbitofrontalis* rechts größer ist als links. Aber ähnlich wie bei kognitiven Fähigkeiten ist die Hemisphärendominanz nicht absolut. So ist auch die linke Großhirnhälfte entscheidend am Gefühlshaushalt beteiligt; sie vermittelt vor allem die positiven Gefühle, während die rechte Hemisphäre die negativen Gefühle (Ärger, Kummer, Furcht) verarbeitet. Warum den negativen Gefühlen mehr Platz eingeräumt wird, ist nicht bekannt.

Für Eltern ist interessant zu wissen, dass die Hemisphären unterschiedlich schnell wachsen und es sein kann, dass während der Entwicklung mal die eine, mal die andere Hemisphäre vorne liegt. Das erklärt auch, warum aus einem schwierigen Vierjährigen plötzlich ein entzückender werden kann und umgekehrt, je nach dem, ob die eher die positiven Gefühle verarbeitende Hemisphäre stärker ist oder die die negativen Gefühle verarbeitende.

Entwicklung der emotionalen Bausteine des Gehirns

Motorische Meilensteine von Kindern werden gerne in Kindertagebüchern und auf vielen Metern von Videoaufnahmen dokumentiert. Obwohl die frühe Kindheit durchaus als emotionale Achterbahnfahrt beschrieben werden kann – für Kinder und Eltern –, geht die Entwicklung der Gefühle oft unbemerkt vonstatten und wird als selbstverständlich angenommen. Dabei ist auch dies ein Prozess, der parallel zur Reifung des Gehirns stattfindet und ein Produkt aus Genen und Umwelterfahrungen ist. In der Tat entfalten sich bestimmte Komponenten des Gefühlslebens nicht, wenn dem Kind nie Einfühlungsvermögen, Zuwendung und Aufmerksamkeit zuteil werden. Fehlt die emotionale Bindung, sind massive und leider auch dauerhafte Veränderungen im Gehirn zu beobachten.

Der emotionale Apparat in Kinderköpfen beginnt seine Funktionstätigkeit zunächst im unteren Teil des limbischen Systems, dem Hauptsitz unserer Emotionen. Dieser ist früher entwickelt als der obere Teil des limbischen Systems, in dem die eigenen Gefühle wahrgenommen und kontrolliert werden. Insbesondere die Amygdala mit all ihren Verbindungen zum Hypothalamus, der die vegetativen Gefühlsreaktionen steuert, ist bei der Geburt bereits voll ausgebildet.

Mit der Entwicklung des oberen Teils des limbischen Systems lässt sich das Gehirn mehr Zeit, deshalb beginnt die Gefühlskontrolle und Bewertung von Emotionen erst mit fünf bis sechs Lebensjahren. Vor allem die Entwicklung des *Gyrus orbitofrontalis* nimmt mehrere Jahre in Anspruch, bis sie vollständig abgeschlossen ist. Erst wenn die Verbindung vom Stirnlappen zur Amygdala myelinisiert wird, was erst nach der Pubertät vollständig beendet ist, kann der PFK effektiv Emotionen kontrollieren. Erst dann ist diese Verbindung in der Lage, die starken emotionalen Reaktionen der Amygdala zu dämpfen. Die Reifung des Stirnlappens bewirkt, dass Gefühle nicht nur vom limbischen System erzeugt werden, sondern jetzt auch in höheren Arealen wahrgenommen werden können. Erst jetzt kann ein Kind eigene Gefühle mit Ereignissen der Umwelt in Einklang bringen. Es wird das Wissen nun erstmals nutzbringend anwenden, z. B. indem es die Aufmerksamkeit der Eltern auf sich lenkt, um ihnen dann genau darüber Auskunft zu geben, ob es gerade müde, hungrig oder frustriert ist. Auf der anderen Seite erwacht aber auch die Empathie. So beginnen Kleinkinder in dieser Phase beispielsweise damit, Kekse, die sie selber mögen, auch anderen anzubieten. All dies beginnt schon vor dem sechsten Lebensjahr, aber richtige Kontrolle über die eigenen Gefühlsausbrüche bekommen Kinder erst nach dem sechsten Lebensjahr.

Man könnte behaupten, dass der Weg zum Erwachsenwerden mit einer allmählichen Reifung des präfrontalen Kortex, einem riesigen Gebiet im Stirnlappen, zusammenfällt – dies beinhaltet kognitive Komponenten, aber vor allem die emotionale Reifung und die Kontrolle über Gefühle.

Auch eine Metafähigkeit, wie sie die emotionale Intelligenz darstellt, ist in erster Linie eine Eigenschaft der Regionen direkt hinter unserer Stirn. Die Dendriten (die fein verzweigte Inputregion einer Nervenzelle) in diesen Stirnlappengebieten brauchen zwei Jahre, um sich auszubilden, dann erst beginnt das Aussortieren von brauchbaren zu ungunsten von nutzlosen Synapsen, die bis in die Pubertät hinein anhält. Aber bis dahin ist es noch ein langer Weg, denn Neugeborene werden zunächst nur mit einer kleinen, aber effektiven Grundausstattung an emotionaler Ausdrucksfähigkeit (Freude, Lachen, Ekel) geboren. Darüber hinaus können sie Gesichtsausdrücke von Zufriedenheit, Traurigkeit und Überraschung erkennen und nachahmen. Die Imitation anderer Menschen in ihren Gefühlsausdrücken ist also schon früh angelegt und eine wichtige Voraussetzung für die spätere Empathie, die Fähigkeit, sich in die Empfindungen anderer Menschen einzufühlen. Schon ein Baby weint häufiger, wenn es nur ein anderes Kind weinen sieht. Es scheint also, dass wir von der Geburt an die Fähigkeit besitzen, Sinnesinformationen über den Gemütszustand eines anderen Menschen mit den unteren limbischen Mechanismen, die in uns selbst Gefühle verursachen, in Einklang zu bringen. Autistischen Kindern fehlt die Neigung, andere zu imitieren, und es gibt Untersuchungen, die die Vermutung nahelegen, dass hier die limbischen Strukturen zur Bewertung eigener und Gefühle anderer Menschen nicht richtig ausgebildet sind.

Temperament und Persönlichkeit

Die charakteristische Art und Weise, wie Menschen mit Emotionen umgehen, wird als Temperament bezeichnet. Es ist eine vor allem genetische Mitgift, die von der Persönlichkeit eines Menschen unterschieden wird. Der Begriff Temperament umschreibt,

Die sieben Säulen des kindlichen Lernens

wie reizbar ein Mensch, wie groß sein Wunsch nach körperlicher Aktivität, wie gesellig, aufgeschlossen oder schüchtern er ist. Zwar bestimmt das Temperament die Persönlichkeit mit, aber es regiert nicht allein. Persönlichkeit wird als gleichberechtigte Mischung aus Temperament und individueller Erfahrung definiert.

Insgesamt weiß man wenig darüber, inwiefern die neuronalen Grundlagen das Temperament und die Persönlichkeit ausmachen. Einzige Ausnahme ist hier die Neigung, auf Unbekanntes aufgeschlossen oder zurückhaltend zu reagieren. So sind 15 Prozent aller Kleinkinder sehr stark gehemmt (also extrem schüchtern). Ebenfalls 15 Prozent sind stark ungehemmt. Sie lassen ihren Gefühlen freien Lauf und zeigen in neuer Umgebung keine Angstreaktionen. Jerome Kagan, ein in Harvard lehrender Psychologe, stellte bereits in den 80er Jahren des 20. Jahrhunderts die Hypothese auf, dass gehemmte Kinder von Natur aus ängstlicher sind und entsprechend eine stärkere Aktivierung der Amygdala aufzeigen, während ungehemmten Kinder umgekehrt eine nur schwache Aktivierbarkeit der Amygdala aufweisen. In der Tat konnte man mittlerweile bei sehr stark gehemmten Kindern eine höhere Aktivierung des vegetativen Nervensystems registrieren, die die Kampf-oder-Flucht-Reaktion einleitet, ebenso wie eine vermehrt aktive Amygdala. Hinzu kommt, dass gehemmte Kinder oft rechtsdominant sind, d. h., ihr rechter Stirnlappen lässt eine stärkere Aktivität erkennen. Ungehemmte Kinder hingegen sind linksdominant. Diese Dominanz ist schon mit zehn Lebensmonaten in EEG-Experimenten sichtbar und scheint damit genetisch vermittelt.

Die entscheidende Frage, die sich für Eltern hieraus ergibt, ist die, inwiefern individuelle Erfahrungen des Kindes diese Tendenz verstärken oder abschwächen können. Ist es möglich, aus einem scheuen Kind, das sich nur ungern auf neue Situationen wie einen anderen Lehrer oder eine neue Schule einlässt, ein kontaktfreudiges, schnell für alles Neue zu begeisterndes Kind zu formen?

Emotionale Intelligenz fördern

Formbarkeit des limbischen Systems
Für die Überlegungen hinsichtlich der Formbarkeit des limbischen Systems ist der Begriff der Persönlichkeit entscheidend. Denn sie lässt sich viel eher durch die Umwelt beeinflussen als das Temperament. Letzteres ist weitgehend eine Eigenschaft des unteren limbischen Systems (vor allem der Amygdala), während die Persönlichkeit vom langsam reifenden Stirnlappen gesteuert wird, der stark von Umwelterfahrungen geprägt wird. Etwa denen der Eltern, die im täglichen Miteinander durch ihre emotionalen Reaktionen und sozialen Interaktionen Kindern ein Beispiel geben, welches diese nachahmen. Und dies beeinflusst auch ihre sich entwickelnden emotionalen Schaltkreise. Zu den Merkmalen einer Persönlichkeit gehören Emotionalität (und damit das Temperament), Geselligkeit, Gewaltbereitschaft, Vorsicht oder Traditionalismus. Die sensible Phase für die emotionale Erziehung und Ausbildung der Persönlichkeit dauert beim Menschen etwa bis zum dritten Lebensjahr, wobei die ersten sechs Lebensmonate die bedeutsamsten sind, wie vor allem Untersuchungen an sozial isoliert aufwachsenden Affen belegt haben. Diese zeigten im präfrontalen Kortex Nervenzellen mit weniger synaptischen Kontakten. Darüber hinaus hatten sie einen dauerhaft niedrigeren Noradrenalinspiegel. Noradrenalin ist einer der Botenstoffe im Gehirn, die das limbische System und die Großhirnrinde in ihren Aktivitätsmustern maßgeblich beeinflussen können. Der niedrige Noradrenalinspiegel beeinträchtigt den Aufbau und die Stabilisierung limbischer Nervenbahnen, deshalb können diese Tiere sehr schlecht mit Stress umgehen. Gleiches gilt auch für Kinder, die keine stabile Bezugsperson haben und dadurch zu keinem Menschen eine stabile Bindung eingehen konnten. Extrembeispiele machen die Wirkung deutlich: Misshandelte und sozial deprivierte Kinder zeigen ein um bis zu 30 Prozent kleineres Gehirn. Vor allem lassen sich Störungen im linken Stirnlappen nachweisen, wo angenehme Gefühle wahrgenommen werden. Bei diesen Kindern ist

der für das Faktenwissen und für Erinnerungen an Erlebnisse so wichtige Hippokampus verkleinert und in seiner Funktionsfähigkeit eingeschränkt. Kindesmissbrauch hinterlässt also auch im Gehirn Narben – und das vielleicht für immer! Solchermaßen misshandelte Kinder wachsen in einer Welt aus Angst und Schmerz auf. Die so wichtige Bindung zu einer Bezugsperson wird ihnen vorenthalten, und die dabei entstehenden Narben in ihrer Psyche entfalten ihre Wirkung ein Leben lang.

Wie wirkt sich die emotionale Atmosphäre, in der ein Kind aufwächst, auf die Hirnentwicklung aus? Hier wieder ein Extrembeispiel zur Verdeutlichung: Kinder, die bei depressiven Müttern aufwuchsen, zeigten schon als Kleinkinder bei freudigen oder traurigen Ereignissen eine andere Aktivierung des Stirnlappens: Bei ihnen ist der rechte Stirnlappen aktiver, d. h., die negativen Gefühle gewinnen gegenüber den positiven; Angst regiert über Freude und Hoffnung. Dies macht deutlich, dass sich die emotionale Umgebung, in der ein Kind groß wird und in der sich das Gehirn entwickelt, entscheidend auf diese Hirnstrukturen auswirkt. Dieser Einfluss kann dauerhaft und irreparabel sein.

Gefühle bei Mädchen und Jungen

Nicht nur bei kognitiven und motorischen Fähigkeiten unterscheiden sich Mädchen und Jungen voneinander. Auch die Verarbeitung und Wahrnehmung von Gefühlen verläuft bei ihnen jeweils anders. So sind Mädchen schneller bereit, ihre Gefühle verbal zu äußern oder mimisch zu zeigen. Sie lesen die Gefühlslage anderer Menschen besser. Mit anderen Worten: Ihre interpersonale Intelligenz ist höher als die der Jungen. Dies erklärt vielleicht auch, warum bereits kleine Mädchen eine größere Empathie empfinden. Jungen dagegen legen häufig eine speziellere Art von Emotion an den Tag: Aggression. Dies ist möglicherweise dem Umstand geschuldet, dass die Amygdala, die aggres-

Emotionale Intelligenz fördern

sives Verhalten initiiert, bei Männern größer ist als bei Frauen. Entsprechend ist sie weniger leicht durch präfrontale Stirnlappenareale kontrollierbar. Bei Frauen hingegen ist eine höhere Ruheaktivität im orbitofrontalen Kortex des Stirnlappens (der Teil des Stirnlappens, der direkt oberhalb der Augenhöhle liegt) erkennbar, dadurch können sie die Impulse der Amygdala besser kontrollieren. Aus diesem Grunde sind Jungen, gerade wenn es um impulsive Aggressivität geht, wesentlich anfälliger als Mädchen. Sie zeigen auch eine asymmetrische Aktivität im limbischen System, und zwar mit einer Dominanz der rechten Seite, die vor allem negative Gefühle verarbeitet.

Es gibt also eine angeborene Tendenz, dass Jungen und Mädchen anders fühlen und ihre Gefühle unterschiedlich gut kontrollieren können. Die meisten Eltern und Lehrer beklagen, dass Jungen im Allgemeinen mehr raufen, weniger sensibel mit ihren Mitschülern umgehen und gefühlskälter auf Schulnoten oder Tadel reagieren. Insbesondere der Neigung von Jungen zu Aggressivität sollte man entgegenwirken. Halten Sie sie immer wieder dazu an, auch über die Gefühle anderer nachzudenken und die emotionalen Folgen ihres Handelns zu bedenken. Leider ist aber der Einfluss der Eltern auf die emotionale Reifung der Kinder nur eingeschränkt möglich, aber immerhin! Denn die Art und Weise, wie die Geschlechtshormone die Entwicklung des Gehirns beeinflussen, dürfte mit dafür verantwortlich sein, dass Jungen weniger emotional und insgesamt streitbarer reagieren. Es lohnt sich, auf die überschießende Amygdalaaktivität regulierend einzuwirken. Schulen Sie regelmäßig mit einer Art Emotionstraining die Wahrnehmungsfähigkeit für die Gefühle anderer. Denn: Aktivitäten von Nervenzellen lassen sich meist nur durch stetes Üben ändern. Dies gilt auch für die emotionale Intelligenz. Ein einfaches »Nun sei doch mal netter zu deiner Schwester« ist dabei als Anreiz zu schwach.

Eltern mit EQ

Aus den oben beschriebenen Beispielen und Erklärungen ergibt sich, dass der Schlüssel zu einer ausbalancierten kindlichen Psyche in einem einfühlsamen Verhalten der Eltern liegt. Vor allem was die Aufmerksamkeit anbelangt für die Signale, die ein Kleinkind aussendet; in raschen und angemessenen Reaktionen der Eltern auf die Bedürfnisse nach Essen, Schlaf, Trost und Zuwendung des Kindes. Wichtig für die emotionale Entwicklung eines Kindes ist, dass es sich akzeptiert und respektiert fühlt, selbst wenn man mit ihm schimpfen muss. Ab dem dritten Lebensjahr kann man auch damit beginnen, mit seinen Kindern über Gefühle und Beziehungen von Menschen zueinander zu reden. All diese Maßnahmen fördern die Entwicklung der emotionalen Intelligenz.

Wer sich einen Eindruck vom Stand der emotionalen Intelligenz seiner Kinder verschaffen will, kann sich mit folgender Frageliste einen Überblick verschaffen:

> Wie gut kann mein Kind seine Gefühle zeigen und ausdrücken?
> Erkennt es, was andere Kinder fühlen?
> Wie versucht das Kind, seine Ziele zu erreichen?
> Kann das Kind warten, bis es ein bestimmtes Ziel erreicht hat? Wie gut geht es dabei mit Frustrationen um?
> Wie löst das Kind im Kindergarten, in der Schule oder unter Geschwistern bzw. Freunden Probleme?

Um diese Punkte genauer zu analysieren, kann man Kinder beispielsweise beim gemeinsamen Ansehen von Fernsehsendungen befragen, was diese und jene Figur aus ihrer Sicht wohl gerade empfindet; oder beim Reden über Konflikte versuchen herauszufinden, wie das Kind oder einer seiner Spielkameraden sich in dieser oder jener Situation gefühlt haben mag. Üben Sie mit Ihrem Kind doch einmal »Gesichter schauen«. Schneiden Sie aus Zeitschriften beliebige Gesichter von Menschen mit den unterschiedlichsten Gefühlsregungen aus und fragen Sie Ihr Kind: Was erkennst du?

Was glaubst du, fühlt dieser Mensch gerade? Wie könntest du reagieren? Was würdest du ihm sagen? Gerade für Jungen kann dies eine wichtiger Beitrag zu ihrer emotionalen Erziehung sein, denn in Kontrolle, Wahrnehmung und Differenzierung von Gefühlen sind sie einfach von Natur aus benachteiligt.

Wie erfolgreich Erziehung in der Beziehung sein kann, lässt sich an Studien über extrem schüchterne Kinder belegen, bei denen verlässliche Daten erhoben wurden: Obwohl ihr rechter Stirnlappen noch im ersten Lebensjahr sehr häufig von starker Furcht überschwemmt wird, können, entsprechende Erziehung und Hilfestellung der Eltern vorausgesetzt, immerhin 40 Prozent dieser Kinder ihre extreme Schüchternheit bereits im Kindergarten verlieren. Eltern können extrem schüchternen Kindern ganz konkret helfen, selbstbewusster zu werden, indem sie sie sanft herausfordern und ermutigen, sich ihren Ängsten zu stellen. So lernen sie, mit Stress umzugehen, nicht, ihn zu vermeiden. Und nur so lassen sich auch die Nervenverbindungen der linken Stirnseite stärken. Eltern, die ihren schüchternen und zurückhaltenden, ängstlichen Kindern immer alle unangenehmen »Steine« aus dem Weg räumen, würden ihnen damit eine wichtige Lernerfahrung vorenthalten.

Darüber hinaus ist es wichtig, ihnen die Fähigkeit zu vermitteln, Belohnungen aufschieben zu können, um erst einmal ein Zwischenziel zu erreichen oder den Gewinn zu erhöhen (wie im Marshmallow-Test). Unsichere Kinder tun sich schwerer damit, auf Belohnungen zu warten, und zwar aus Angst, dass ihnen diese schließlich entgeht. Gibt man diesen Kindern mehr Sicherheit und Zutrauen, lernen sie auch, ihre Affekte besser zu kontrollieren. Es ist also sinnvoller, wenn Eltern nicht jede Art von Stress von den Kindern fernhalten, sondern ihnen zeigen, wie sie mit Konflikten oder neuen, unübersichtlichen Situationen fertig werden.

Aus dieser Erkenntnis lässt sich für die Erziehung von Kindern, egal ob schüchtern oder nicht, eine generelle Schlussfolgerung ziehen: Zu viel Aufmerksamkeit, Ängstlichkeit und Zuwendung können schädlich für die emotionale Entwicklung sein. Es hemmt die Unabhängigkeit der Kinder sowie ihre Fähigkeit, ihre eigenen Gefühle zu steuern und mit Frustrationen umzugehen. Kinder müssen auch lernen, mit ihren eigenen Ängsten fertig zu werden, und sich in neuen Situationen allein zurechtzufinden. Das kann und sollte man ihnen nicht abnehmen. Hier ist die Kooperation der Eltern gefragt, nicht das Einmischen der Erwachsenen in alle Unternehmungen des Kindes!

Darüber hinaus gilt: Emotionale Intelligenz kann man nicht lehren wie Faktenwissen in der Schule. Nur wenn man seine Emotionen zeigt und sie dem Kind in konkreten Situationen erklärt, kann man einen EQ vermitteln. Sozialkompetenz und emotionale Kontrolle sind lernbar, aber nur schwer lehrbar. Dementsprechend ist es vor allem das Vorbild und kein spezieller Unterricht, mit dem Eltern auf die kognitive und emotionale Entwicklung ihres Kindes Einfluss nehmen. Sie selbst sollten Impulskontrolle vorleben, möglichst auch in Stresssituationen, und wenn dies nicht gelingt, ihre Gefühle, auch die explosiven, erklären, genau wie die Umstände, die zu einem Verlust der Kontrolle geführt haben. Den Kindern die emotionalen Spitzen zu nehmen ist unnötig. Wichtig ist, ihnen zu zeigen, wie man auch in stressigen Situationen seine Emotionen regulieren kann.

Was Kinder stark macht
Neben den verschiedenen Intelligenzen, den kognitiven und emotionalen Fähigkeiten, die man bei seinem Kind fördern möchte, gibt es noch etwas anderes, Übergeordnetes, was man seinen Kindern mitgeben möchte: Rückgrat, im Fachterminus »Resilienz«. Gemeint ist damit die Elastizität, Stärke und Widerstandskraft von Kindern. »Kinder sollen lernen, Herausforderungen aktiv und mutig anzupacken und sich auch von Widrigkeiten und Niederlagen nicht umwerfen zu lassen«, so hat der Erziehungs-

experte Hans Grothe in einem Satz das wichtigste Erziehungsziel beschrieben. Wie aber lässt es sich erreichen? Untersuchungen von Kindern, die selbst kritische Familiensituationen gut überstanden haben, haben ergeben, dass für das charakterliche Rückgrat der Kinder mindestens eine feste Bindungsperson vonnöten ist – eine Person, zu der man immer gehen kann, die zuhört, tröstet, das Kind in den Arm nimmt, aber auch mit ihm spielt. Kurzum, eine Person, die da war, wenn das Kind sie brauchte. Andere Studien haben gezeigt, dass es für die Kinder gut ist, wenn sie nicht nur die Eltern als Bezugspersonen haben, sondern darüber hinaus ein soziales Netz, bestehend aus Großeltern, Paten, Onkeln und Tanten, Freunden der Familie – kurzum: anderen Menschen, die Kontakt zu den Kindern halten. Sie spielen vor allem dann eine Rolle, wenn es Stress im Elternhaus gibt. Darüber hinaus zeigen sie den Kindern, dass neben den Eltern noch andere Menschen wichtig sind. Das stärkt ihr Selbstbewusstsein.

Weitere Untersuchungen an Kindern, die selbst schwierigste persönliche Situationen gut gemeistert hatten, konnten dokumentieren, dass es ihnen geholfen hat, in der Familie so früh wie möglich (entsprechend ihren Fähigkeiten) Verantwortung zu übernehmen. So können Kinder spätestens ab dem dritten oder vierten Lebensjahr beim Tischabräumen oder Tischdecken, bei der Essenzubereitung oder beim Aufräumen ihres Zimmers mithelfen. Kinder werden sich dauerhaft an diesen Tätigkeiten beteiligen, wenn es gelingt, ihnen zu vermitteln, dass ihre Hilfe notwendig ist und das sie gemachte Fehler auch selbst wieder ausbügeln können, wie z. B. den Fruchtsaft aus einem umgestoßenen Becher selbst aufwischen oder fehlende Besteckteile selbst an den Mittagstisch holen. Alles Dinge, die Vater oder Mutter mit links erledigen könnten. Was aber würde es dem Kind anderes signalisieren, als dass seine Tätigkeit doch nicht zwingend notwendig ist? Insofern Finger weg von diesen Effektivitätsreflexen! Genauso sollten Kinder das Gefühl haben, dass man ihnen zuhört und ihren Worten oder Taten auch Gewicht beimisst. Kurzum, dass sie die Chance haben, etwas zu bewirken. Deshalb sollte man Kinder so oft wie möglich in Gespräche von Erwachsenen mit einbeziehen und ihre Sichtweisen dabei ernst nehmen.

Noch ein Letztes: Das beste Mittel für Kinder ist, sie in die Lage zu versetzen, sich bei Problemen selbst Hilfe zu holen. Dies kann man unterstützend begleiten, indem man Kinder besonders lobt, wenn sie sich in einer schwierigen Situation an Freunde, Eltern, Geschwister gewandt haben.

FAZIT

Der Psychologe Howard Gardner sagt über Erziehung: »Wir sollten weniger Zeit darauf verwenden, die Kinder nach ihren Leistungen einzustufen, und ihnen stattdessen helfen, ihre natürlichen Kompetenzen und Gaben zu erkennen und diese zu pflegen.« Dies ist leichter gesagt als getan. Aber Gardner gibt einen wichtigen Anstoß in die richtige Richtung: nämlich die Stärken und Schwächen seiner Kinder genau zu beobachten und vor allem zu respektieren. Ein Kind, das sich respektiert fühlt, ist selbstsicherer und der Welt und anderen Menschen gegenüber neugieriger und offener. Emotionale Intelligenz entsteht im Alltag – und nicht in theoretischen Unterrichtsstunden. Umgang mit Emotionen ist eine Ganztagsbeschäftigung für Eltern wie für Kinder.

Keiner kann seinen Kindern in drei Schritten zu einem möglichst hohen EQ verhelfen. Wer seine Kinder liebt und ihnen das auch mitteilt, tut mehr für deren Metafähigkeiten, von denen der EQ eine der wichtigsten ist, als es viele spezielle Übungen vermögen, die die kognitive Kompetenz der Kinder erweitern.

ANREGUNGEN FÜR ELTERN

■ Zeigen Sie Ihrem Kind Ihre Emotionen, aber achten Sie dabei darauf, sie auch verbal zum Ausdruck zu bringen. Erklären Sie diese immer wieder, damit Ihr Kind lernt, die Gefühle anderer Menschen zu verstehen.

■ Bringen Sie Ihrem Kind anhand von konkreten Situationen bei, wie man Konflikte löst. Emotionale Intelligenz kann man nur vorleben, nicht theoretisch erklären.

■ Meiden Sie Konflikte nicht. Im Gegenteil: Zeigen Sie den Kindern, wie man sie lösen kann – durch Gedankenaustausch, nicht durch abwehrende Worte. Negative Gefühle sind wenig hilfreich beim Lösen von Problemen.

■ Wer seine Kinder in stressigen Situationen beruhigen möchte, muss dabei selbst ruhig bleiben – und gleichzeitig ein gutes Beispiel für hohe emotionale Intelligenz geben. Körpersprache und Ton der Stimme verraten oft mehr über die inneren Gefühle als das Gesagte selbst. Entsprechend vorsichtig muss man sein, keine widersprüchlichen Signale an die Kinder zu senden.

■ Für eine stabile Bindung der Kinder an die Eltern ist es wichtig, Zeit miteinander zu verbringen. Das Kind muss sich dabei geborgen und respektiert fühlen.

■ Ab dem vierten Lebensjahr sollte man Kindern beibringen, Gefühle aus verschiedenen Blickwinkeln zu sehen, etwa durch Rollenspiele oder indem man den Kindern immer wieder mitteilt, was man selber fühlt oder was Geschwister/

Freunde in dieser und jener Situation wohl gefühlt haben. Diese Übungen sind insbesondere für Jungen wichtig.

■ Weisen Sie ihrem Kind Aufgaben zu, die es regelmäßig erfüllen muss, aber geben Sie sich und ihrem Kind genügend Zeit dafür. Hören Sie ihrem Kind zu, wenn es einen Vorschlag macht. So wird ihm klar, dass es selbst als Person wichtig ist und von Ihnen ernst genommen wird.

■ Eine gemeinsame Mahlzeit am Tag ist ein wichtiger Ort der familiären Kommunikation und könnte mit Ritualen der Beruhigung und der Abgrenzung vom Tagesgeschäft beginnen (Kerzen anzünden u. ä.).

2.5 Mit Stress gut umgehen

Was ist Stress? – Gehirn und Hormone – Wenn Kortisol das Kommando übernimmt – Stress und Lernen – Narben der Kindheit – Das »L«-Wort – Kinder im Stress – Belastung durch volle Terminkalender – Ein bisschen Stress darf sein – Fazit – Anregungen für Eltern

> *»Ich krieg die Krise.«*
> HENRI KORTE, 3 Jahre

Guido hat nur eine Minute nicht aufgepasst. Er ist ein strebsamer, ehrgeiziger Schüler, wenn da nur nicht die Angst vor Prüfungen und dem Reden vor der Klasse wäre. Und jetzt auch noch das. Der Lehrer, heute ausnahmsweise etwas misslaunig, nimmt einige Schüler dran, die, während er eine Frage zur Inquisition und Reformation gestellt hat, geschwatzt haben. Nun ist Guido an der Reihe, unverhofft für ihn wird auch er gefragt. Er hat seine Hausaufgaben gemacht, zu Hause hat er alle mit seinem Wissen beeindruckt. Wenn doch jetzt seine Mutter neben ihm stünde, um das zu bestätigen...

Sein erster Antwortversuch ist ein hilfloses Stottern. Der Lehrer hakt nach, eine Bemerkung über seinen roten Kopf gibt Guido den Rest. Er weiß nichts mehr, und was noch schlimmer ist, er sucht auch gar nicht mehr nach der Antwort, will nur noch weglaufen, dem »Rampenlicht« entkommen. Er sagt schnell, wie ein Schwimmer, der das rettende Ufer erreichen will: »Ich weiß es nicht«, was zwar nicht stimmt, denn er hätte es durchaus gewusst, aber so ist die schreckliche Situation wenigstens beendet.

Jetzt ist Maria an der Reihe: Auch sie bekommt einen roten Kopf, hatte sie doch nur halb zugehört und sich mehr mit den Hausaufgaben für die nächste Stunde beschäftigt, als auf die Frage des Lehrers zu achten. Aber Maria reagiert schnell und keineswegs kopflos, indem sie ihrerseits fragt, ob der Lehrer seine Frage noch mal stellen könne, und um Verzeihung bittet, nicht besser zugehört zu haben. Der Lehrer wiederholt etwas ungeduldig die Frage, dadurch hat Maria Zeit gewonnen. Für sie selbst überraschend fallen ihr einige Details zu Luther, dem Bauernaufstand, den Wiedertäufern, der Rolle der Inquisition und dem Konflikt zwischen Papst und Kaiser sowie über die Lehensvergabe ein. Sogar die Jahreszahlen, die sie nennt, stimmen ungefähr. Marias Antwort ist nicht perfekt, aber das Mädchen strahlt Ruhe aus, obwohl auch ihr Herz rast, die Pupillen sich geweitet haben und die Muskeln angespannt sind. Mittlerweile ist ihre Stressreaktion allerdings bereits am Abflauen, denn sie hat die Situation für sich gerettet. Der Lehrer ergänzt noch schnell die Punkte, die Maria nicht erwähnt hat, und wendet sich zufrieden dem neuen Stoff der Stunde zu.

Situationen wie diese gehören zum normalen Schulalltag. Marias Eltern werden sich über die gute Note ihrer Tochter bei der mündlichen Abfrage freuen, Guidos Eltern hingegen werden die Welt nicht mehr verstehen. Ihr Sohn lernt fleißig, weist beim Überprüfen des Gelernten zu Hause keine Lücken auf und versagt dennoch. Sind Maria und Guido unterschiedlich intelligent oder fähig, Wissen abzuspeichern? Nicht unbedingt, wahrscheinlich verfügen sie aber über eine verschieden ausgeprägte Stresskompetenz, die Fähigkeit, in belastenden Situationen entsprechend zu reagieren. Würden Guidos Eltern ihrem Sohn nach der misslungenen Abfrage Vorwürfe machen, seine Verzweiflung ignorieren, ihn gar bestrafen und drohen, dass beim nächsten Patzer das neue Fahrrad vom Weihnachtswunschzettel gestrichen würde, beginnen sie einen großen Fehler. Sie würden den Druck auf das Kind nur noch erhöhen, ohne ihm zu helfen, mit der Herausforderung fertig zu werden. In der Folge würde die Situation für Kind und Eltern auf Dauer gleichermaßen enttäuschend wie prägend sein.

Was aber geht in solchen Momenten im Kopf eines Guido oder einer Maria vor sich? Was passiert in ihren Körpern, wenn dieser unverhofft unter Stress gerät? Welche Kaskade biochemischer Vorgänge läuft in einem Kind ab, wenn das Wissen von einer Sekunde auf die andere wie weggeblasen ist? Was genau sind Denkblockaden, und wie kann man lernen, mit Angst und Stress besser umzugehen?

Was ist Stress?

Der Begriff »Stress« kommt aus dem Englischen und kann mit Druck oder Beanspruchung übersetzt werden. Er wurde 1936 von dem Mediziner und Biochemiker Hans Selye geprägt und bezeichnet eine Reaktionskette physiologischer Anpassungen an unspezifische innere und äußere Reize, die als »körperlicher Ausdruck einer allgemeinen Mobilmachung der Verteidigungskräfte im Organismus« (Selye) verstanden werden können. Verletzungen, emotionale Belastungen (z. B. Angst), Kampf- und Fluchtverhalten sowie Krankheiten aller Art lösen eine Stressreaktion aus. »Stress« kann sowohl eine Situation beschreiben als auch einen Zustand. Entsprechend unterscheidet die Stressforschung zwischen »Stressor« (die Situation, der Umstand oder Gedanke, der einem Menschen Stress bereitet) und dem Stress, den ein Mensch empfindet. Dabei ist zu berücksichtigen, dass man Stress nicht auf einer objektivierbaren Skala darstellen kann. Stress hängt einzig und allein von der Bewertung eines jeden einzelnen Menschen ab. Dies gilt auch für Kinder: Nur sie allein können angeben, was ihnen Stress bereitet und was nicht. Längst nicht alles, was bei Eltern Stress verursacht, löst auch bei Kindern eine Überlastungsreaktion aus, und umgekehrt. Kinder können eine Situation als starke Belastung empfinden, etwa wenn sie sich alleine anziehen oder festgelegte Zeiten einhalten sollen, während Erwachsene noch nicht einmal ansatzweise daran denken, dass sie sich überfordert fühlen könnten. Aber man kann sich durchaus vorstellen, dass die Forderung des Chefs, in zwei Tagen eine komplexe Präsentation für den Vorstand zu erarbeiten, die über das Wohl oder Wehe eines Auftrags entscheiden kann, selbst einem Profi einige Schweißtropfen auf die Stirn treibt. Allgemein gilt folgende Grundregel: Situationen, die Kinder nicht beeinflussen können, empfinden sie als stressiger als solche, auf die sie Einfluss nehmen können.

Gibt eine stressige Situation Anlass zur Diskussion, gilt es immer die individuelle Perspektive des Handelnden einzubeziehen. Ein leichtfertig dahingesagtes »Das kann doch nicht so schwer sein!« einer Mutter, die entnervt die mühsamen Rechenbemühungen ihres Zweitklässlers beobachtet, ist für das Kind alles andere als hilfreich.

Es ist so viel über Krankheiten, die durch Stress induziert werden, geschrieben worden, dass man sich fragen kann, wozu die Stressreaktion im Laufe der Evolution wohl entwickelt wurde. Man muss sich nur Guido bei der Befragung durch den Lehrer vergegenwärtigen, um zu sehen, was durch Stress induzierte Denkblockaden bewirken können. Worin liegt also der adaptive Vorteil von Stressreaktion? Dies lässt sich am einfachsten anhand einer konkreten Situation erklären: Wenn ein Mensch von einem Raubtier gejagt wird, müssen beide versuchen, in dieser konkreten Situation all ihre Energieressourcen bereitzustellen. Dabei läuft in beiden Lebewesen die gleiche Stressreaktion ab. Man bezeichnet sie auch als Kampf-und-Flucht-Reaktion des Körpers. Diese Reaktionskette im Körper ist auf kurzfristige physische Aktivität ausgerichtet. In unserer heutigen Zeit kann sie aber, dadurch dass Stress auch psychologisch ausgelöst werden kann, zu einer belastenden Dauersituation werden, die nicht in eine physische Aktivität mündet. Etwa wenn wir während eines Staus regungslos im Auto sitzen oder ein Schüler während der Abfrage starr auf seinem Stuhl im Klassenzimmer verharrt. Vor der ganzen Klasse Rede und Antwort zu stehen, aber nicht weglaufen zu können, ist eine Stresssituation. Der moderne Mensch rennt nicht um sein Leben, sondern sitzt still und stresst sich. Wie man am Eingangsbeispiel der Schülerin Maria gesehen hat, gilt jedoch auch heute noch, dass Stress in der richtigen Dosierung und wenn man mit ihm umzugehen gelernt hat, die Denkfähigkeit aktivieren kann. Stress ist keineswegs zu jeder Zeit etwas Schlechtes, in entsprechendem Maß und auf kurze Zeitintervalle beschränkt, ist er sogar gesund und fördert das Denken.

Gehirn und Hormone

Stressreaktionen werden also auch wenn Kinder vor etwas Angst haben, etwas Ungewöhnliches passiert oder ihnen etwas fremd vorkommt, ausgelöst. Diese vor allem von Hormonen in Gang gesetzte Stressachse wird vom Gehirn gesteuert. Die Nervenzellen, die unseren Hormonhaushalt regieren, liegen in einer Region tief im Innern des Gehirns. Oberste Schaltzentrale ist der etwa erbsengroße Hypothalamus, der viele autonome Reaktionen des Körpers lenkt. Wenn die Großhirnrinde der »Salon« des Hauses ist, dann ist der Hypothalamus quasi das Dienstbotenzimmer, das durch einen Lieferanteneingang (Afferenzen) Informationen aus den Körperorganen erhält, diese aber umgekehrt auch mit Aufträgen versorgt. Er fungiert wie eine Art Miniaturcomputer des inneren Milieus und reguliert Appetit, Durst, den Energiehaushalt, den Schlaf – und vor allem das Aufwachen –, die Körpertemperatur, Herzschlag und Blutdruck. Darüber hinaus steuert er den Hormon- und Gefühlshaushalt, genauso wie unser sexuelles Verhalten. Kurzum, er sorgt dafür, dass unser Körper im Gleichgewicht (Homöostase) bleibt. Zudem reguliert er mit chemischen und elektrischen Signalen die einzige Drüse des Gehirns, die Hirnanhangsdrüse (Hypophyse). Deren Signale sind es vor allem, die die Stressreaktionen des Körpers organisieren.

Der Hypothalamus übersetzt also die Sprache der Nervenzellen in die Sprache der Hormone, was zum Teil mit Hilfe sogenannter Releasing Hormone (RH) geschieht, die ihrerseits auf die Hypophyse einwirken. Von der Hypophyse wiederum freigesetzte Hormone haben dann direkten Einfluss auf bestimmte Körperorgane oder wirken sich auf körperliche Hormonfabriken wie die Nebennieren (kleine Drüsen oberhalb der Nieren), Keimdrüsen (Hoden, Eierstöcke) und die Schilddrüse aus.

Signalisiert die Amygdala beispielsweise Gefahr, setzt der Hypothalamus eine gewaltige Hormonkaskade in Gang, die eine Kampf-oder-Flucht-Reaktion organisiert. Gleichzeitig fängt das Herz an zu rasen, dadurch steigt der Blutdruck, die Haut wird blass, man fängt an zu schwitzen und die Pupillen weiten sich. Das Stresssystem ist dabei ein weitverzweigtes Netz, welches die Energiereserven bei seiner Aktivierung neu verteilt. Man unterscheidet zwei unterschiedlich schnelle Reaktionen:

Diese schnelle Körperreaktion ruft der Hypothalamus hervor, indem er das sympathische Nervensystem (Sympathikus) beeinflusst, welches dann seinerseits aus dem Nebennierenmark Adrenalin freisetzt. An dieser schnellen, elektrisch übermittelten Reaktion des Stressnetzes sind der blaue Kern im Hirnstamm und der Vagusnerv beteiligt.

Die langsamere Verzweigung des Stressnetzes wird von Hormonen der Hirnanhangsdrüse koordiniert. Sie erhält Signale vom Hypothalamus, der das Corticotropin-Releasing-Hormon (CRH) und je nach Stärke der Stressreaktion auch das Peptidhormon Vasopressin freisetzt. Vasopressin verstärkt hierbei die Wirkung des CRH. Beide Neuropeptide stimulieren die Freisetzung von ACTH (adrenocorticotropes Hormon) aus dem Hypophysen-Vorderlappen. Die Freisetzung von ACTH in die Blutbahn bewirkt wiederum in den Nebennierenrinden die Freisetzung von Steroidhormonen wie den Glukokortikoiden, von denen das Stresshormon Kortisol das wichtigste ist. Auf diese Weise wird der Organismus in Verteidigungs- oder Kampfbereitschaft versetzt. Eine der wesentlichen Aufgaben des Kortisols ist es, Energie für die Muskeln bereitzustellen, indem die Menge an Glukose (Traubenzucker) im Blut erhöht wird.

Wenn Kortisol das Kommando übernimmt

Kortisol ist ein sehr effektives und wirkungsvolles Hormon, das im Normalfall auch seine eigene Abschaltung reguliert: Zirkuliert viel Kortisol im Blut, bewirkt dies, dass der Hypothalamus weniger CRH produziert und die Hypophyse weniger ACTH. Ist diese Kontrolle und Regulation gestört, steigen die Kortisolwerte extrem an. Irgendwann ist das System dann so defekt, dass die Kortisolwerte auch ohne Stress hoch sind, und dies führt zu schädlichen Effekten für das Gehirn, die Blutgefäße und andere Zellen. Das Gehirn ist also nicht nur der Wächter unserer Gedanken, Emotionen, Motivationen, sondern es ist auch die oberste Hormondrüse, die unsere Stressreaktionen steuert. Der Kortisolgehalt im Blut ist dabei tageszeitlichen Schwankungen unterworfen: Während frühmorgens vermehrt Kortisol ausgeschüttet wird (weil wir Aufwachenergie benötigen), geschieht dies abends nur noch vermindert. Allerdings führt Dauerstress zu einer lang anhaltenden erhöhten Kortisolausschüttung, was mit einer Reihe von negativen Effekten einhergeht: So unterdrückt dauerhaft erhöhtes Kortisol die Aktivität von Immunzellen oder die Verdauungstätigkeit. Zusätzlich führt eine Überschwemmung des Gehirns mit Kortisol und anderen Steroiden (Lipide, die sich vom Cholesterin ableiten) langfristig zu einer Schädigung von Nervenzellen, vor allem im Hippokampus, der so wichtig für Lern- und Gedächtnisvorgänge ist.

In geringen Mengen jedoch wirkt sich Kortisol (in Verbindung mit anderen Hormonen) positiv auf die Fähigkeit der Neuronen aus, Informationen zu speichern. Adrenalin in richtiger Dosierung erhöht die Durchblutung des Gehirns. Somit kann Kortisol zusammen mit Adrenalin eine leistungssteigernde Wirkung auf das Gehirn haben; sie führen zu einer moderaten Erregungserhöhung, die man als leichten Stress bezeichnen könnte.

Stress und Lernen
Erst bei höherer Konzentration bewirken Glukokortikoide, dass Nervenzellen ihre Arbeit reduzieren und keine Informationen mehr speichern. Vor allem der Hippokampus kann komplett seine Arbeit einstellen, sodass nichts mehr gespeichert wird und auch das Abrufen von gespeicherten Fakten und Ereignissen unterbunden werden kann. Es kommt zum berühmten »Blackout«, wie Guido ihn in der am Anfang des Kapitels beschriebenen Situation erlebt hat. Denkblockaden sind also die Folge einer unkontrollierten Stressreaktion des Körpers, bei der, weil das Gehirn mit Stresshormonen überschwemmt wird, der Hippokampus seine Tätigkeit einstellt.

Vor allem Fremdes und Unbekanntes verursachen Stress. Diese Reaktion in nicht vertrauten Situationen hat sich im Laufe der Evolution bei vielen Tieren manifestiert. Schließlich ist es für den Organismus wichtig, bei der Begegnung mit Fremden in unbekanntem Gelände darauf vorbereitet zu sein, schnell zu reagieren – mit Flucht oder Kampf. Innerhalb der ersten Schrecksekunden, die solche Situationen unweigerlich hervorrufen, können auch zu viele Stresshormone ausgeschüttet werden, das führt dann zu einer Denkblockade statt zu einer schnellen Reaktion. Egal ob der Schreck durch einen äußeren Reiz oder einen Gedanken ausgelöst wird – psychologischer Stress und Stress durch eine reale, äußere Gefahr kann der Körper nicht unterscheiden.

Eine Gegenmaßnahme, die man ergreifen kann, wenn man merkt, dass ein Kind Neues als bedrohlich empfindet, besteht darin, an das anzuknüpfen, was Kinder bereits wissen. Das gilt sowohl für die Wahl der Beispiele als auch für die Sprache, die so wenig abstrakt wie möglich sein sollte. Nur so kann man kindliche Neugierde wecken. Und die vertreibt Stress, da es die Dopaminfreisetzung im Gehirn fördert. Das wiederum bewirkt, dass der Körper seine Stressreaktion auf Unbekanntes schnell wieder herunterreguliert. Man könnte auch sagen: Dopamin gewinnt gegen Adrenalin, Neugierde überwindet Angst. Auch in der zu

Beginn dieses Kapitels beschriebenen Situation können die Eltern diesen dem Stress gegenläufigen Mechanismus vorbereiten: z. B. indem sie ruhig darauf hinweisen, dass es für jeden eine Stresssituation ist, vor der Klasse zu sprechen – auch für den Lehrer. Das darf man sich durchaus eingestehen, es kommt darauf an, damit dann positiv umzugehen. Allein das Aufzeigen, dass es für alle in gewisser Hinsicht Stress bedeutet, Fragen des Lehrers zu beantworten, sollte den Kindern helfen. Eltern könnten das gemütliche Abfragen zu Hause auch unterbrechen und das Kind bitten, sich auf einen Stuhl zu stellen und von dort die Fragen zu beantworten. Oder aber sie halten eine kleine Belohnung parat, die das Kind aber nur bei richtiger Beantwortung der Fragen in kürzester Zeit erhält. Und auch hier gilt: Eltern sollten über diese und andere klar ersichtliche Stressübungen mit dem Kind sprechen.

Narben der Kindheit
Neben einer akuten Stressreaktion in der Schule oder bei familiären Konflikten ist vor allem die Frage wichtig, welchen Einfluss (über Wochen oder Monate anhaltender) Dauerstress auf die Entwicklung eines Kindes hat. Kann Stress die Reifung des kindlichen Gehirns stören, und kann es so zu dauerhaften Schäden kommen? Hier sind die Forschungsergebnisse eindeutig: Was einem Kind bereits Dauerstress bereitet, führt dazu, dass es als Jugendlicher und Erwachsener noch stressempfindlicher wird. Die Stresskompetenz eines Erwachsenen ist mehr oder weniger eine Folge seines emotionalen Haushalts in der Kindheit.

Stressempfinden und Gefühle stehen hierbei in einem engen Zusammenhang: Angstgefühle können zu Stressreaktionen führen ebenso wie Trauer – eine der größten Stresssituationen im Leben eines jeden Menschen. Auf der anderen Seite kann Freude Stress mindern. Entsprechend eng sind die Fähigkeit der Stressverarbeitung und die Entwicklung der Strukturen, die in Kindergehirnen Gefühle verarbeiten, miteinander verknüpft (siehe Abb. 6, Seite 66). Dabei ist auch die Reifung der Gehirnareale, die Gefühle verarbeiten und Stressreaktionen regulieren, ein Produkt aus Genen und Umweltbedingungen. Lange nahmen Gehirnforscher an, dass gerade die »Untergeschosse« des Gehirns sich allein nach einem genetisch vorgegebenen Plan entwickeln. Neuere Forschungsergebnisse, unter anderem von der Magdeburger Hirnforscherin Sabine Braun, belegen jedoch, dass Umwelteinflüsse, wie Aufmerksamkeit und Fürsorglichkeit der Eltern, einen nachhaltigen, dauerhaften und starken Einfluss auf die Gehirnentwicklung von Amygdala und Hypothalamus hat. Sie bestimmen, wie sich neuronale Schaltkreise auch in diesen Teilen des limbischen Systems etablieren. Bestimmte Komponenten unseres Gefühlslebens entwickeln sich in der Tat nicht, wenn ein Kind Erfahrungen wie Einfühlungsvermögen, Zuwendung und Aufmerksamkeit nie erlebt. Fehlen diese Komponenten, sind massive und leider auch dauerhafte Veränderungen in der Regulation von Stressreaktionen zu beobachten.

Wegweisend waren hier Untersuchungen des amerikanischen Psychoanalytikers René Spitz. Er nahm in den 1940er Jahren eine Langzeitstudie an damaligen Waisenkindern vor. Damals wurden Waisenhäuser sehr spartanisch ausgestattet und nach fragwürdigen pädagogischen Konzepten geführt. Vor allem handelte man entsprechend der Auffassung, dass Kinder so wenig wie möglich umsorgt werden sollten. Die Folge war, dass es den in solchen Institutionen aufwachsenden Kindern nicht nur an einer intellektuellen Förderung, sondern vor allem an emotionaler Zuwendung fehlte. Dies zog irreversible Schäden nach sich: Jedes zehnte von Spitz untersuchte Kind koppelte sich von seiner Umwelt ab und war in seiner psychischen Entwicklung enorm zurückgeblieben. Darüber hinaus waren die Konzentrationen der Stresshormone wie Kortisol um ein Vielfaches dauerhaft erhöht.

Fehlende Bindung, mangelhafte Zuwendung oder erhöhter Stress haben einen negativen Einfluss auf die Selektion der

Synapsen in den gefühls- und stressregulierenden Arealen des Gehirns: Auch nach der Geburt werden im limbischen System noch Synapsen auf- und wieder abgebaut, indem sich die Verschaltungen an die Umweltbedingungen anpassen, denen ein Kind ausgesetzt ist. Das Janusgesicht dieses Vorgangs ist, dass sich das Gehirn dabei an gute wie an schlechte Umweltbedingungen anpasst. Eine traumatische Erfahrung mit mangelnder emotionaler Zuwendung prägt sich hierbei genauso dauerhaft in das Gehirn ein wie Liebe und Fürsorge. So manifestieren sich Verschaltungsfehler im limbischen System bereits im Laufe der Kindheit, die im Erwachsenenalter zu Verhaltensstörungen, ja sogar zu psychischen Erkrankungen führen können. Eine besonders kritische Phase für die emotionale Entwicklung eines Kindes ist die zwischen dem 8. und 18. Monat, wie rumänische Waisenkindern gezeigt haben, die dort in den 1970er Jahren unter dem Ceaușescu-Regime aufgewachsen sind. Sie waren in extremer sozialer und gefühlsmäßiger Isolation groß geworden, ohne Zuwendung, Wärme und Bindung zu anderen Menschen. Selbst nach intensiver Therapie fiel es ihnen noch als Erwachsenen schwer, die Gefühle anderer Menschen durch deren Mimik oder Tonfall richtig einzuschätzen, was wiederum zu einer massiven Beeinträchtigung der interpersonalen Intelligenz sowie zu einem schlecht angepassten Stressnetz im Körper führt. Auch zu ihren neuen Pflegeeltern konnten die 12- bis 15-Jährigen nur schwer eine emotionale Bindung aufbauen, auf Fremde dagegen gingen sie angstfrei zu. Diese Kinder zeigten massive Stoffwechselabnormalitäten in bestimmten, für die Gefühlsentstehung beteiligten Regionen des Scheitellappens – die auch als Erwachsene noch deutlich vorhanden waren. Vor allem konstatierte man einen Aktivitätsmangel im vorderen limbischen System dieser Kinder. Aus Tierexperimenten kann man schlussfolgern, dass das »Ausjäten« von Synapsen in der frühen Kindheit unter sozialem Stress, Isolation und mangelnder emotionaler Zuwendung bzw. fehlender Bindung an Bezugspersonen nicht funktioniert. Unter diesen Umständen gerät nicht nur das Gleichgewicht zwischen erregenden und hemmenden Synapsen durcheinander, sondern es verändern sich auch bestimmte Subtypen von Andockstellen (Rezeptoren) auf der Oberfläche von Nervenzellen, z. B. für die Rezeptoren von Dopamin und Serotonin.

Es bleibt festzuhalten, dass die unsichtbaren, aber dauerhaften Narben der Kindheit im Gehirn liegen.

Das »L«-Wort
Diese und andere Studien weisen auch auf einen entscheidenden Punkt hin, nämlich dass die Bindung eines Kindes an einen festen Bezugspartner für die Reifung des Gehirns, gerade wenn es um Gefühle und die Fähigkeit, mit Stress umzugehen, geht, förderlich ist. Mit anderen Worten: Kinder brauchen Liebe.

Dass liebevolle Zuwendung, die man seinen Kindern gibt und die diese vor allem in Situationen erfahren, in denen sie sich unter Druck fühlen, extrem wichtig für die kindliche Entwicklung sind, hat sich auch an Experimenten mit Affenbabys gezeigt. Haben hungrige Affenbabys beispielsweise die Wahl zwischen einer Drahtpuppe oder einer flauschigen Puppe, die ihnen Futter gibt, entscheiden sie sich eindeutig für Letztere. Genauso weiß man aus Tierexperimenten, dass sich Dauerstress in gleicher Weise negativ auf das Körperwachstum und die Gehirnreifung auswirkt.

Auch eine Studie an Kindern belegt die Bedeutung von Liebe und Zuwendung für das Heranwachsen von Kindern exemplarisch. Sie ist ein Zufallsprodukt der Nachkriegsjahre in Deutschland, bei dem ungeplant die Daten von zwei Waisenhäusern verglichen wurden, die in allen Eckpunkten genau gleich waren. So waren beide Häuser vom Staat getragen, es gab das gleiche Essen, die gleiche Anzahl von ärztlichen Untersuchungen und das gleiche Betreuungsverhältnis zwischen Betreuern und Kindern. Beide Waisenhäuser wurden hauptamtlich von jeweils einer Leiterin geführt – die aber unterschiedlicher nicht hätten sein können. Frau Grün war eine warmherzige und zärtliche Mutterfigur, spielte viel mit den Kindern, umarmte sie häufig, sang gerne und brachte sie zum Lachen. Frau Schwarz aus dem anderen Waisenhaus dagegen hatte ihren Beruf komplett verfehlt: Sie mied jeden Kontakt mit den Kindern, kritisierte diese, wo es nur ging, und stellte mit Vorliebe einige Kinder vor der gesamten Gruppe bloß. Aufgrund der ärztlichen Untersuchungen lagen nun für beide Häuser in gleicher Regelmäßigkeit Daten über die Wachstumsraten und die kognitive Entwicklung der Kinder vor. Sie zeigten, dass die von Frau Schwarz betreuten Kinder – trotz gleicher äußerer Bedingungen – wesentlich langsamer wuchsen und in kognitiven Tests schlechter abschnitten als die Kinder, für die Frau Grün verantwortlich war. Durch einen bürokratischen Zufall kam es zu einem Tausch zwischen den beiden Heimleiterinnen – ein Kontrollexperiment, wie man es besser nicht hätte planen können. Nun verhielten sich die Wachstumsraten prompt genau umgekehrt: Die Kinder, die vorher von Frau Schwarz betreut worden waren, wuchsen in der Obhut von Frau Grün auf einmal wesentlich schneller und erreichten fast Normalwerte, während die Kinder, die bislang unter der Obhut von Frau Grün gewesen waren, vom Tag des Wechsels ein gegenteiliges Verhalten zeigten und langsamer wuchsen.

Neben einer großen Zahl anderer Befunde zeigt diese Studie auch, dass es nicht reicht, Liebe verbal auszudrücken, um Stress zu mindern, sondern dass vor allem direkter Körperkontakt, z. B. in Form von Umarmungen, die Bindung steigert und sich positiv auf die Gehirnreifung und das Körperwachstum insgesamt auswirkt. Untersuchungen am Karolinska-Institut in Stockholm konnten belegen, dass Massagen und herzlicher Körperkontakt die Ausschüttung eines ganz bestimmten Hormons aus der Hirnanhangsdrüse fördert. Das auch als Liebeshormon bezeichnete Oxytocin ist ein äußerst vielfältiger und für unser Gefühlsleben entscheidender Wirkstoff. Dieses kleine Hormon, das sich nur für kurze Zeit im Blut nachweisen lässt, reguliert nicht nur die Wehen bei der Geburt und die kleinen Muskelkontraktionen beim Orgasmus, sondern es wirkt auch im Gehirn Angst reduzierend, Stress abbauend und ermöglicht generell tiefe emotionale Bindungen zwischen Menschen.

Kinder im Stress
Stress, egal ob durch fehlende Zuneigung, Überforderung oder terminliche Überlastung erzeugt, kann für Kinder zu einer Dauerbelastung werden. Umso bedenklicher ist der Befund, dass heute bereits jedes vierte Grundschulkind über Kopf- oder Bauchschmerzen, Schlafstörungen oder Appetitlosigkeit klagt. Als häufigste Ursache wird Stress angegeben.

Im Lichte der Evolution stellt Stress in einer konkreten Konfrontation, in der über Flucht oder Kampf entschieden werden muss, eine Anpassungsleistung dar, die den Organismus aktiviert. Auf eine bedrohliche, feindliche Situation eine Stressreaktion zu zeigen ist also erst einmal ein natürliches Verhalten. Kritisch wird es, wenn etwas als beständige Bedrohung wahrgenommen wird (z. B. Klausuren, bestimmte Fächer, die Schule generell, Hausaufgaben). Dauerstress erhöht die Anfälligkeit für Krankheiten und schädigt die Entwicklung des kindlichen Gehirns. Entscheidend ist hier, welche Erfahrung Kinder in der Bewältigung oder eben in der Nichtbewältigung von Stress gemacht haben. Dabei gilt es zwei Ebenen der Bewertung einer Situation zu unterscheiden: Beim Erleben eines Ereignisses, z. B. wenn das Kind vom Lehrer überraschend eine Frage gestellt bekommt, ist zunächst die primäre Bewertung wichtig: Wird die Situation sofort als unangenehm empfunden? Beginnen seine Hände zu schwitzen? Spürt es Angst? Neben dieser ersten Einstufung erfolgt in einem nächsten Schritt die sekundäre Bewertung, d. h. die Einschätzung, ob man glaubt mit einer Situation fertig zu werden oder nicht. Diese

Bewertung wird auch genannt. Traut sich das Kind eine Kontrolle der stressigen Situation zu, weil es z. B. denkt: »Gestern ist auch nichts Schlimmes bei der Klausur passiert« oder »Ich habe eigentlich alles gelernt«, so dämpft dies die erste heftige Reaktion. Die Belastungssituation wird zu einer Herausforderung, die sogar Freude machen kann. Eben diese sekundäre Bewertung verlief in dem eingangs geschilderten Beispiel bei Maria positiver als bei Guido. Und genau diesen Anteil einer Stressreaktion kann jedes Kind – zusammen mit den Eltern – trainieren. Das ist die positive Nachricht. Trainieren Schüler diese zweite Bewertung einer Stresssituation, erleichtert ihnen das im späteren Leben den Umgang mit Stress, dem sie immer wieder ausgesetzt sein werden, ob im Beruf oder im Privatleben. Dagegen hilft es nicht, generell Stresssituationen zu meiden – der Lerneffekt tritt dann nicht ein. In vielen Fällen, z. B. wenn eine Klausur ansteht oder das Kind mit einem Lehrer nicht so gut auskommt, kann man belastenden Situationen ohnehin nicht aus dem Weg gehen. Das Vermeiden von Stresssituationen ist auch deshalb nicht empfehlenswert, da es das Kind daran hindert, seine eigenen Leistungsgrenzen kennenzulernen und sein Potenzial auszuschöpfen. Vielmehr gilt: Wer Herausforderungen nicht annimmt, weil er Angst hat zu versagen, verbaut sich das Erlebnis, neue Erfahrungen zu machen und damit das eigene Selbstvertrauen zu steigern! Denn eine einmal gemeisterte Situation vermittelt dem Kind das Zutrauen, auch das nächste bedrohliche Erlebnis meistern zu können. Das Gefühl, auf eine Situation gar keinen Einfluss nehmen zu können, ist schließlich der größte erwiesene Stressfaktor.

Stress wird dann bedenklich, wenn das Kind in einer als bedrohlich wahrgenommenen Situation die vorhandenen Bewältigungsmöglichkeiten als niedrig einschätzt, d. h., wenn es Stress empfindet, ohne Aussicht die Situation zu kontrollieren oder einen Ausweg zu finden. Letzteres kann für die Entwicklung des Kindes tatsächlich schädlich sein. Umso mehr sollte man versuchen, sekundäre Bewertungen durch Übung in eine Stress

abbauende Reaktion umzumünzen. Dabei können Eltern Bewältigungsstrategien auf verschiedenen Ebenen anwenden:
› Personale Stressbewältigung: Indem Eltern ihre Kinder ermuntern, z. B. durch »Das schaffst du«, geben sie ihrem Kind Selbstvertrauen und stärken das Potenzial, das dem Kind selbst zur Verfügung steht.
› Soziale Stressbewältigung: Nehmen Sie Ihr Kind bei schlechten Leistungen in den Arm, statt es mit Schuldzuweisungen zu überschütten.
› Problemlösende Bewältigung: Versuchen Sie der Versagensangst Ihres Kindes in einer Klausur durch eine gute Vorbereitung zu begegnen, auch indem Sie Ihre Hilfe beim Lernen für die Arbeit anbieten.
› Stressmanagement: Entspannungstechniken, wie etwa bestimmte Atemtechniken anzuwenden, Geschichten vorzulesen oder bei Stress positive Gedankenassoziationen zu aktivieren, stärkt die Stresskompetenz der Kinder.

Entspannungsübungen sind emotionsregulierende Strategien, die vor allem dann Anwendung finden können, wenn eine Situation für ein Kind nicht kontrollierbar ist, etwa bei einer Klassenarbeit, der ein Schüler nun mal nicht ausweichen kann. Mit hypernervösen Kindern Entspannungsübungen zu machen, damit sie sich bei Beginn einer Klassenarbeit besser im Griff haben, kann da sehr hilfreich sein. Allerdings funktionieren sie nicht unter Zwang, und man muss sie mit den Kindern des Öfteren wiederholen.

Ein Kind sollte zusammen mit seinen Eltern also über eine ganze Palette von Stressbewältigungsstrategien verfügen. Diese müssen situationsgerecht sein, je nachdem, ob es um eine Klausur geht oder eine mündliche Befragung durch den Lehrer, und auf das Kind abgestimmt werden.

Mit Stress gut umgehen

Belastung durch volle Terminkalender
Noch eine Kindergeneration zuvor war Freizeit in der Tat Zeit zum Spielen und terminfreie Erholung. In heutiger Zeit haben selbst Grundschulkinder schon einen vollen Terminkalender mit Aktivitäten wie Sport, Musik oder Fördermaßnahmen jeglicher Art. Natürlich gibt es eine Reihe von Kindern, die damit kein Problem haben. Im Gegenteil, sie freuen sich auf die Tätigkeiten, und jede für sich fördert das Kind in seiner Entwicklung. Aber man muss auch die Kinder im Auge behalten, die es als Überforderung empfinden, ihre Freizeit vollständig verplant zu sehen. Heute wollen Eltern ihren Kindern in der Absicht, sie optimal zu fördern, möglichst viele Angebote machen. Aber Angebote sind eben Angebote, auf die man bei einer Überbelastung des Kindes gegebenenfalls verzichten sollte. Und zwar bereits zu Beginn der beobachteten Belastung, noch bevor einem Kind eine Tätigkeit verleidet wurde, weil es sie als Stress empfindet. Versuchen Sie Alternativen zu finden. Da Kinder oft noch in einer Suchphase sind, was Freizeitbetätigungen angeht, sollte das nicht allzu schwierig sein. Kinder wollen und sollen viel ausprobieren dürfen, aber Eltern müssen dann regulierend eingreifen, wenn es zu viele Aktivitäten sind, die das Kind eher belasten, als ihm Freude machen. Gerade Freizeit sollte von Kindern auch als solche empfunden werden und Freiräume für unverplantes Spielen enthalten.

Ein bisschen Stress darf sein
Bei allen negativen Aspekten, die Stress haben kann, sollte man aber nicht vergessen, dass diese im Tierreich so weit verbreitete und wirksame Reaktion des Körpers auch positive Aspekte hat. Denn zunächst ist die Stressreaktion eine Aktivierungsfunktion und wirkt damit leistungssteigernd. Die Reaktionsbereitschaft steigt ebenso wie die Sauerstoffversorgung und die Konzentrationsfähigkeit. Bis zu einem mittleren Erregungsniveau eines Kindes steigert dies die Leistungsfähigkeit uneingeschränkt (Abb. 10).

Erst wenn die empfundene Belastung zu hoch wird, nimmt die Leistung wieder ab.

Will man dagegen versuchen, Stress für Kinder positiv zu werten und dessen durchaus vorhandene förderliche Wirkung zu nutzen, so müssen die Kinder lernen, ihr optimales Leistungspotenzial zu erreichen. Darüber hinaus gilt es, den Kindern Bewältigungsmaßnahmen an die Hand zu geben für den Fall, dass dieses Aktivierungsniveau überschritten wird. Übungen zur Stressbewältigung kann man bereits mit sechs Jahren beginnen. Aber gerade Kinder am Beginn ihrer Schulzeit muss man noch beim Umgang mit Stress unterstützen, indem man beispielsweise die Anforderungen reduziert oder ihnen Bewältigungsmöglichkeiten aufzeigt. Ab dem Zeitpunkt, wo sie aufs Gymnasium oder auf eine andere weiterführende Schule wechseln, sollten Kinder in der Lage sein, Stresssitua-

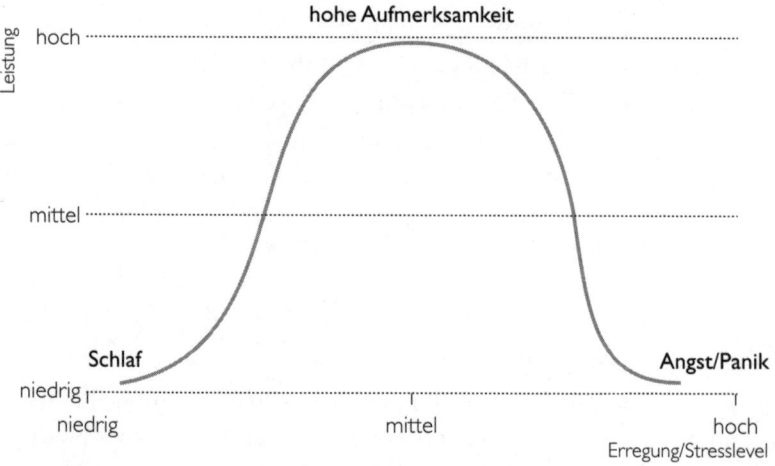

Abbildung 10: Stresskurve
Erregungsniveau und Leistungsfähigkeit: Es gibt ein optimales Maß an Anspannung und damit Erregung (Stresslevel), das zu einer vermehrten Leistungsfähigkeit führt. Nur wenn dieses Maß überschritten ist, stört Stress kognitive Funktionen des Gehirns.

tionen allein meistern zu können, d. h. den Problemlöseprozess (mit Problemdefinition, Lösungssuche, Erprobung von Lösungen und Bewertung der Lösung) eigenständig durchzuführen.

Um Kindern bei der Überwindung von Stresserlebnissen zu helfen, muss man sich in die Gedanken- und Sprachwelt eines Kindes einfinden. Eine von den Entwicklungspsychologen Arnold Lohaus und Johannes Klein-Heßling vorgeschlagene Methode besteht darin, mit den Kindern eine Stresswaage zu malen oder zu bauen. Auf die eine Waageseite kommen die Situationen, die Kindern Stress bereiten. Die andere Waagschale enthält die Methoden, mit deren Hilfe Stress bewältigt werden kann. So lernen Kinder schon im Grundschulalter, sich selbst zu beobachten, Stress zu erkennen und diesen den Eltern mitzuteilen (Abb. 11).

Abbildung 11: Stresswaage
Hier ist eine kleine Übung abgebildet, wie man mit Kindern Stresswahrnehmung und -bewältigung trainieren kann. Vor allem kleine Kinder lernen hier, sich selbst zu beobachten und bei stressbehafteten Situationen einen Ausweg zu suchen.

FAZIT

Stress, egal ob durch Versagensängste, Überforderung oder terminliche Überbelastung erzeugt, kann für Kinder zu einer Dauerbelastung werden. Dabei ist entscheidend, welche Erfahrung Kinder in der Bewältigung von Stress gemacht haben. Es gilt zwei Ebenen der Bewertung einer Situation zu unterscheiden. Beim Erleben eines Ereignisses, z. B. wenn das Kind vom Lehrer überraschend eine Frage gestellt bekommt, ist zunächst die primäre Bewertung wichtig: Wird die Situation sofort als unangenehm empfunden? Neben dieser ersten Einstufung erfolgt in einem nächsten Schritt die sekundäre Bewertung, d. h. die Einschätzung, ob man glaubt mit einer Situation fertig zu werden oder nicht. Traut sich das Kind eine Kontrolle der stressigen Situation zu, weil es z. B. denkt: »Ich habe eigentlich alles gelernt«, so dämpft dies die erste heftige Reaktion. Eine Belastungssituation wird immer dann bedenklich, wenn das Kind das Gefühl hat, nichts dagegen tun zu können. Dieses sich Hilflos-ausgeliefert-fühlen macht den Stress erst zu einer negativen Belastung. Und hier können Eltern wie Lehrer einem Kind effektiv helfen. Zunächst sollte man gemeinsam nach den Ursachen fahnden. Die Selbstreflexion ist eine Methode, Stresssymptome an sich zu spüren, dann zuzulassen und mit Hilfe erlernter Strategien richtig darauf zu reagieren. Dies können Atemtechniken, Yoga, Achtsamkeitsübungen oder kognitive Bewältigungsstrategien sein.

ANREGUNGEN FÜR ELTERN

- Ein Kind, das von seinen Eltern vermittelt bekommt, dass es auch dann noch geliebt und gemocht wird, wenn es in einer stressigen Testsituation »versagt«, wird die nächste stressige Testsituation leichter meistern.

- Schuldzuweisungen gegenüber Kindern gilt es unbedingt zu vermeiden. Dadurch entzieht man den Kindern in Situationen des Versagens nicht nur das Verständnis der Eltern, sondern verstärkt das Misserfolgserleben noch genauso wie den Stress.

- Kinder sollten das Gefühl haben, Stress bewältigen zu können. Hierbei können Entspannungsübungen eine Unterstützung sein. Vor allem aber müssen Kinder lernen, mit den Stressreaktionen des eigenen Körpers umzugehen. Eine Neubewertung von Situationen, z. B. eine Anforderung als Herausforderung zu sehen, hilft diese zu »entstressen«.

- Wissen über Stressbewältigung kann nur situationsorientiert in der Praxis gezeigt und vorgelebt werden. Entsprechend sollten Eltern versuchen, sich über ihr eigenes Stresserleben Rechenschaft abzulegen und dieses dem Kind offenzulegen, z. B. bei den Hausaufgaben – einer der häufigsten Stresssituationen zwischen Eltern und Kindern. Auch die Schaffung einer entspannenden Atmosphäre ist als Stress regulierende Maßnahme hilfreich, für alle Beteiligten.

- Einen wichtigen Einfluss auf das Verhalten der Kinder hat das Vorbild der Eltern. Wenn Kinder nie erleben, wie ihre Eltern mit Stresssituationen umgehen, werden auch sie sich mit der Stressbewältigung schwertun. Kinder imitieren in erster Linie Verhalten, das gilt auch für die Stressbewältigungstechniken ihrer Eltern.

- Entscheidend für die Anforderungen an das Kind ist die Passung, also die Übereinstimmung von dem, was das Kind unter optimaler Anregung leisten kann, und dem Zeitpunkt, ab dem es überfordert ist. Wenn ein Kind also durch Überforderung an Stress leidet, ist die beste Stressbewältigungsstrategie oft ein schnelles Herunterfahren der Anforderungen. Dabei kann es sinnvoll sein, Aktivitäten zunächst zu unterbrechen, mit dem Kind eine mehrwöchige Auszeit zu vereinbaren und dann neu zu überlegen, ob die Aktivität wieder aufgenommen werden soll oder nicht.

■ Stresssituationen von Kindern völlig fernzuhalten, ist wenig sinnvoll. Eine generalisierte Vermeidungsstrategie verhindert, dass Kinder positive Erfahrungen mit ihren Ängsten machen, z. B. die, wie sie Ängste überwunden haben. Ein solches Erlebnis stärkt das Selbstvertrauen, erlaubt neue Erfahrungen und gibt Kindern das Gefühl, in stressigen Situationen nicht die Kontrolle zu verlieren.

■ In welchem Maße ein Kind durch eine Situation belastet wird, hängt ganz individuell von seinem Temperament und seinen individuellen Erfahrungen ab. Es kann deshalb keine allgemeingültige Standardstrategie zur Bewältigung von Stress bei Kindern geben.

■ Addieren sie die fest verplanten Wochenstunden ihres Kindes (Schule, freiwillige AGs, Musik, Sport, Nachhilfe etc.). Kommen Sie auf mehr als 40 Stunden (das läge bereits über der Belastung eines normal Werktätigen) ist die Grenze der Verplanbarkeit überschritten. Die Aktivitäten Ihres Kindes sollten reduziert werden. Denn, um es mit Robert Musil zu sagen: »Sie litten alle unter der Angst, keine Zeit für alles zu haben, und wussten nicht, dass Zeit haben nichts anderes heißt, als keine Zeit für alles zu haben.« *(Der Mann ohne Eigenschaften)*

2.6 Kernkompetenz Sprache

Die Sprachexplosion – Wir sprechen links – Sensible Phase für den Spracherwerb – Weltsprache oder Muttersprache? – Herkulesaufgabe Spracherwerb – Bitte vorlesen! – Fremdsprachen lernen: Nutzen und Kosten – Asymmetrien zwischen den Großhirnhemisphären – Zweisprachigkeit: Zwei Fliegen mit einer Klappe? – Zweisprachigkeit muss kein Kinderspiel sein – Fazit – Anregungen für Eltern

> »Schreiben ist leicht. Man muss nur die falschen Wörter weglassen.«
> MARK TWAIN

»Mein Mama datt etten totten!« Der vierjährige Sebastian ist entzückt. Er ist stolz auf seine Mama, die ihm Nudeln mit Tomatensoße gekocht hat. Sein Lieblingsessen, logisch. Dass außer seiner Mutter niemand versteht, was er überhaupt sagen möchte, stört weder ihn noch die Mutter. Man versteht sich doch, oder? Und süß ist die kleine Eigenart auch. Und sprechen nicht Eltern zeitweilig in einer eigenen Eiteitei-Dutzi-Dutzi-Sprache? Oder läuft doch etwas völlig verkehrt bei Sebastian?

Eltern neigen dazu, die Fähigkeiten ihrer Kinder zu vergleichen. Der Kleine von nebenan ruft schon lauthals Mama, Papa, Auto, Arm. Ein anderes Kind sagt mit zwölf Monaten noch keinen Pieps, während die kleine Anna ihre Wünsche mit 15 Monaten fast perfekt formuliert: »Ein Keks Anna, bitte.« »Das wächst sich aus« – mit dieser lapidaren Parole beruhigen sich die meisten Eltern. Das trifft aber nicht immer zu, denn wenn man eine Phase verpasst, in der die Korrektur einer Sprachstörung oder die Förderung der Sprachkompetenz leicht möglich gewesen wären, entstehen nachhaltige Defizite. Kinder beim Richtigsprechen-Lernen zu unterstützen ist eine der besten Förderungen, die Eltern ihrem Kind angedeihen lassen können. Sprachkompetenz ist nicht nur für den Deutschunterricht wichtig, nein, sie spielt auch eine herausragende Rolle für andere Fächer wie Geschichte, Erdkunde, Politik und den Erwerb von Fremdsprachen. Sie ist der Nährboden, auf dem gute Noten trefflich gedeihen, sich das Denken differenzierter ausbildet und mit dem sich Argumente stichhaltiger formulieren lassen.

Sprechen, Lesen, Schreiben, so zeigt eine Vielzahl von Studien übereinstimmend, sind *die* Schlüsselkompetenzen – nicht nur für den Erfolg in der Schule, sondern auch im Beruf. Wie aber entwickeln sich Sprache und damit das Denken vom ersten Wort bis zum ersten Aufsatz in der Schule? Welche sind die wichtigsten Schritte dabei? Wo sollte man versuchen einzugreifen, wo es den Kindern selbst überlassen, das Tempo zu bestimmen? Wie steht es mit dem Erwerb einer zweiten Sprache? Gibt es Phasen, in denen Alles-oder-nichts-Entscheidungen für die Kindesentwicklung gefällt werden?

Die Sprachexplosion
Nicht alle Menschen lernen alles gleich gut oder gleich schnell oder zum gleichen Zeitpunkt. Und auch während der Kindheit lernen Kinder bestimmte Fertigkeiten in definierten Zeitfenstern besser als in anderen. Es sind Phasen, die dafür reserviert sind, dass die Kinder Fähigkeiten, wie motorisches Geschick, dreidimensionales Sehen oder Sprache, besonders gut erlernen können. Diese in der Tat »kritischen« Phasen sollte man nicht verpassen, im Gegenteil, man sollte sie nutzen, um diese Anlagen optimal zu fördern. Sie verlaufen allerdings bei jedem Kind individuell und zu einem anderen Zeitpunkt, sodass normalerweise kein Anlass zur Sorge besteht, wenn das Nachbarkind den einen oder anderen Monat früher oder später zu laufen oder zu sprechen lernt – und selbst Entwicklungsunterschiede von sechs Monaten müssen noch nicht besorgniserregend sein.

Fest steht aber: Kinder haben beim Erlernen ihrer Muttersprache eine Herkulesaufgabe vor sich. Sie müssen lernen, die

Kernkompetenz Sprache

dahinrasenden Laute einer normalen Unterhaltung – rund 15 bis 20 pro Sekunde – als Wörter und dann als Sätze zu verstehen. Sie müssen auch den symbolischen Charakter von Sprache erkennen, den Plural bilden und unregelmäßige Verben beugen können. Letztlich müssen sie die kompletten Grammatikregeln einer Sprache begreifen, ohne dass diese Regeln je explizit ausgesprochen wurden.

Am Ende des zweiten Lebensjahres beherrschen die meisten Kinder etwa 50 bis 200 Wörter, als 16-Jährige verstehen sie oft 60 000 Wörter oder mehr. Von Geburt an hat ein Mensch damit mehr als zehn Wörter am Tag gelernt, bis zu 20 Laute formte er pro Sekunde und wählte dabei aus Zehntausenden von Wörtern die sinnstiftenden richtigen aus. Über 200 Muskeln – fünf Muskeln im Kehlkopf, 200 in Hals und Brustkorb – werden dabei auf die Millisekunde genau angesteuert. All das lernen Kinder in wenigen Jahren, ohne Vokabelkasten und ohne über den Erwerb der Sprache nachdenken zu müssen! Bis zum Beginn des Erwachsenenalters haben Kinder damit alles in allem etwa 40 bis 50 Millionen Wörter gesprochen.

Ein Kind beginnt dann mit der Sprachproduktion, wenn sich die entsprechenden neuronalen Strukturen im Gehirn entwickelt haben. Dabei fördern sich das Sprechen sowie das Hören der eigenen Sprachlaute und die Entwicklung des Gehirns in den Spracharealen gegenseitig durch eine positive Verstärkungsschleife. Ein Kind erlernt Sprache sowohl durch eigenes Sprechen als auch durch Zuhören.

Zu Beginn des Spracherwerbs hat das Gehirn übrigens die höchste Synapsendichte, die es je erreichen wird. Die dann folgenden Umbaumaßnahmen sind gigantisch. Während das gesprochene Wort, das ein Kind im Alter von 13 Monaten hört, noch Nervenzellen in beiden Gehirnhemisphären aktiviert, hat sich die Sprache durch die Interaktion von genetisch bedingter Gehirnreifung und individueller Erfahrung gegen Ende des zweiten Lebensjahres bereits auf eine Großhirnhemisphäre spezialisiert. Bei den meisten Menschen wird sie vor allem von der linken Großhirnhälfte übernommen. Diese Spezialisierung findet nicht statt, wenn der Sprachinput fehlt. Es ist also vor allem die individuelle Erfahrung und Übung, die die Reifung des Gehirns entscheidend beeinflusst. Diese Sprachexplosion, die zwischen dem ersten und dritten Lebensjahr ihren Höhepunkt hat, fördert in wenigen Monaten die intellektuelle Entwicklung des Kindes mehr als jeder andere Stimulus.

Wir sprechen links
Nicht nur, dass ein Kleinkind aus unseren grammatikalisch oft nicht richtig zusammengebauten Sätzen einen Sinn herstellen muss, es muss auch noch die einzelnen Wörter herauskristallisieren. Dies ist, selbst wenn Eltern die Kleinkindsprache benutzen, keine ganz einfache Leistung für das Kind, da es die Hörinformation nur etwa halb so schnell verarbeiten kann wie ein Erwachsener. Das macht es Kleinkindern besonders schwer, sprachliche Laute von Hintergrundgeräuschen zu unterscheiden, zumal sie nur einen eingeschränkten Hörbereich haben. Umso erstaunlicher ist, dass Kleinkinder schon bei der Geburt ihre Muttersprache von Fremdsprachen unterscheiden können.

Spracherwerb ist ein angeborener Instinkt wie Schlafen und Essen. Der amerikanische Linguist Noam Chomsky konnte zeigen, dass es so etwas wie eine Universalgrammatik gibt, d. h., alle von Menschen gesprochenen Sprachen (es sind weltweit etwa 6000, allerdings mit sinkender Tendenz, da viele Sprachen aussterben) sind sich in ihren grammatikalischen Regeln sehr ähnlich, was den Schluss nahelegt, dass diese Regeln angeboren sind. Dafür spricht auch, dass bei 90 Prozent aller Menschen das Sprachzentrum in der linken Hirnhälfte lokalisiert ist – selbst bei den meisten Linkshändern. Dennoch wird unser Sprechen nicht ausschließlich von der linken Seite des Gehirns gesteuert. Sprache ist in weiten Teilen des Gehirns lokalisiert, und für einige Aspekte, vor allem den emotionalen Gehalt von Sprache, die Modulation und den Sprachrhythmus, spielt auch die rechte Hemisphäre eine wichtige Rolle. Wenn wir sprechen, sind viele Gehirnareale daran beteiligt. Einige davon sind aber absolut essenziell für die Sprachproduktion und Sprachverarbeitung:

› Das *Broca-Areal* im Stirnlappen ist vor allem für die motorische Sprachproduktion (Bewegung von Zunge, Gesicht, Kiefer und Kehlkopf) wichtig, es nimmt aber auch eine schnelle grammatikalische Vorverarbeitung der Muttersprache vor. Das Broca-Areal wird aktiv, wenn beispielsweise zwei Sätze miteinander verglichen werden sollen, die sich in der Wortfolge unterscheiden, oder wenn die Bedeutung und Korrektheit von Wortfolgen erkannt werden muss. Es fragt einen Satz gewissermaßen danach ab: Wer tut was mit wem?

› Das *Wernicke-Areal* an der Grenze von Scheitel- und Schläfenlappen sorgt für die Sprachwahrnehmung. Es hilft uns, Wort- und Satzbedeutungen zu begreifen, und ist aktiv, wenn es um das Verständnis einzelner Wörter geht. Es ist quasi unser geistiges Wörterbuch. Weiter gilt, dass Substantive im Schläfen-Scheitellappen verarbeitet werden, Verben hingegen im Stirnlappen.

Obwohl Broca- und Wernicke-Areal durch einen dicken Nervenfaserstrang miteinander verbunden sind (den *Fasciculus arcuatus*, siehe Abb. 12), existiert eine neuronale Trennung zwischen Bedeutung (Semantik) und Satzbau (Grammatik). Dies ist insofern bedeutsam für die Sprachentwicklung bei Kindern, die zunächst nur in der Lage sind, einzelne Wörter zu benutzen und zu verstehen, als der Scheitel- und auch Schläfenlappen früher reifen als der Stirnlappen, in dem sich das Broca-Zentrum befindet. Erst mit dem Ende des dritten Lebensjahres bringen Kinder komplette, grammatikalisch richtige Satzkonstruktionen hervor, genau dann, wenn das Broca-Zentrum »online« geht. Untersuchungen haben hier ergeben, dass die Anzahl der Synapsen im Wernicke-Areal ihren Höchststand zwischen dem 8. bis 20. Monat erreicht. Im

Broca-Zentrum hingegen ist die größte Synapsendichte erst zwischen dem 15. bis 24. Monat feststellbar. Entsprechend finden auch die Myelinisierung und die korrekte Zellschichtung dort erst später statt, sie erfolgen ab dem vierten Lebensjahr. Dieser Ablauf der Hirnreifung – Wernicke-Areal vor dem Broca-Areal – legt den Spracherwerb fest. Die Kinder sprechen zunächst einzelne Worte, aus diesen werden Zweiwortsätze, bevor komplexere, grammatikalisch richtige Sätze formuliert werden können. Diese Entwicklung ist kulturunabhängig und geschieht überall auf der Erde zwischen dem ersten und vierten Lebensjahr.

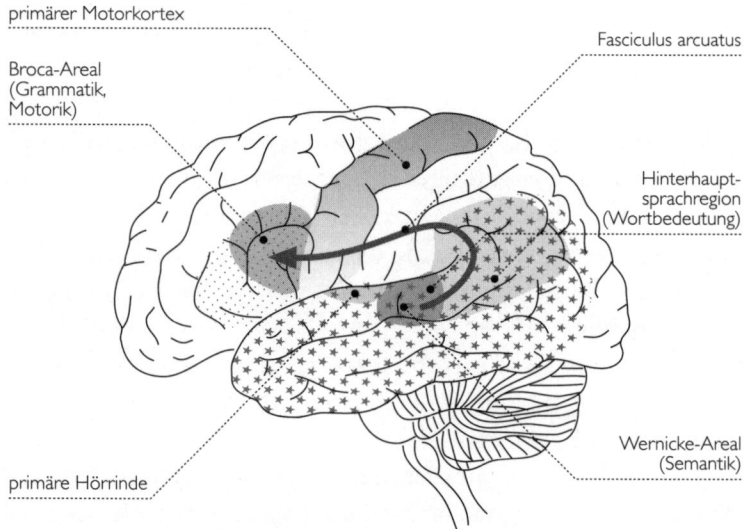

Abbildung 12: Sprachverarbeitung im Gehirn
Zu den wichtigen Regionen der Sprachverarbeitung in der linken Hirnhemisphäre zählen insbesondere das Wernicke-Zentrum, welches zusammen mit umliegenden Regionen aus Schläfen- und Scheitellappen die Wortbedeutung erkennt, und das Broca-Zentrum, welches die Sprachmotorik steuert und eine schnelle grammatikalische Analyse vornimmt. Der *Fasciculus arcuatus* verbindet die beiden Areale.

Kernkompetenz Sprache

Das Gehirn ist dabei von Anfang an auf Sprache eingestellt. So ist das *Planum temporale*, ein breites Dreieck zwischen Schläfen- und Scheitellappen, welches auch das Wernicke-Areal mit einschließt, schon ab dem sechsten Schwangerschaftsmonat linkshemisphärisch größer als rechts. Noch vor der Geburt ist die linke Seite des Gehirns also auf Sprache vorbereitet. Da die Hörnerven zur anderen Seite hin kreuzen, ist es nicht verwunderlich, dass Forscher herausgefunden haben, dass Kleinkinder besser auf Sprache reagieren, wenn man in ihr rechtes Ohr spricht, auf Musik hingegen, wenn man in ihr linkes Ohr singt. Entsprechend lautet der Vorschlag für Eltern: Sprechen Sie Koseworte lieber ins rechte Ohr, und singen Sie »Gutenachtlieder« in das linke.

Sensible Phase für den Spracherwerb

Bis zu einem gewissen Grad ist die Sprachentwicklung also nichts anderes als die Konsequenz der Gehirnreifung, der Vernetzung von Wernicke- und Broca-Areal und der Feinabstimmung der Verbindungen zwischen ihnen. Aber auch Umwelterfahrungen prägen den Spracherwerb entscheidend. So wie beim Akt des Sehens die Schaltkreise der visuellen Wahrnehmung vervollständigt werden, sorgen Hören und Gebrauch von Sprache für die Feinabstimmung jedes Bestandteils im großen Netzwerk der Sprachverarbeitung im Gehirn. Und diese Verschaltungen können nur in einem bestimmten zeitlichen Fenster hergestellt werden: in der kritischen Phase oder sensiblen Periode.

Sogenannte Wolfskinder, die ohne sprachlichen oder kulturellen Einfluss aufgewachsen sind – etwa der berühmte, wenn auch umstrittene Fall des Kaspar Hauser – belegen, dass eine sensible Phase für die Sprachentwicklung existiert. Dies gilt vor allem für das Erlernen des Satzbaus (Grammatik) einer Sprache. Einzelne Wörter konnten auch Wolfskinder ganz gut lernen, wobei ihre Lauterzeugung stark beeinträchtigt war; eine richtige Grammatik entwickelten sie nie. Das kennt auch jeder, der eine Fremdsprache erst nach dem zehnten Lebensjahr erlernt hat, und sich sicher daran erinnern kann, dass ihm die Grammatik und die Aussprache dabei die meisten Probleme bereiteten. Hier gilt, dass man zwar seinen Wortschatz ein Leben lang erweitern kann, aber die Fertigkeit, grammatikalische Regeln zu lernen, wird bereits im frühen Kindesalter festgelegt. Diese »Festlegung« ist im Gehirn wohl im Broca-Zentrum lokalisiert. Erlernt man eine Sprache erst nach dem zehnten Lebensjahr, werden die neuen grammatikalischen Regeln nicht mehr im Broca-Areal verarbeitet, sondern auf der anderen Hirnhemisphäre.

Studien an taubstummen Kindern haben wichtige Ergebnisse geliefert, was das Ende dieser sensiblen Phase der Sprachentwicklung betrifft, da sie oft erst sehr spät in Kontakt mit Gebärdensprache kommen und diese nicht richtig beherrschen, wenn sie sie nicht spätestens zwischen dem siebten und zehnten Lebensjahr erlernen. Sie haben gezeigt, dass die Veranlagung, Sprache zu lernen, danach bis zur Pubertät weiter rapide abnimmt. Das Sprachfenster ist geschlossen. Entsprechend sollte man die Hörfähigkeit von Kindern sehr bald kontrollieren lassen, um frühestmöglich eventuelle Hörschäden feststellen zu können.

Wie kommt es aber, dass ein junges Gehirn Sprache so viel besser lernt als ein älteres Gehirn nach der Pubertät? Gehirne lernen, indem sie ihre Synapsen und Dendriten umstrukturieren. In kindlichen Gehirnen erreichen die Synapsen ihre höchste Zahl zwischen dem zweiten und fünften Lebensjahr. In dieser Zeit haben sie die beste Möglichkeit, optimale Nervenbahnen für die Verarbeitung von Sprache auszuwählen. Diese ungeheure Plastizität des kindlichen Gehirns, d. h. seine strukturelle Anpassungsfähigkeit, zeigte sich auch an Kindern, denen die gesamte linke Hemisphäre entfernt werden musste (wie es bei manchen, sehr seltenen Erkrankungen üblich ist). Diese Kinder erlernten ihre Muttersprache mit der rechten Gehirnhälfte, die normalerweise sprachunbegabt ist.

Kernkompetenz Sprache

Weltsprache oder Muttersprache?
Phoneme sind die kleinsten Lautbausteine einer Sprache, von denen jede Sprache etwa 40 hat. Babys können diese kleinsten sprachlichen Elemente bereits überraschend gut kategorisieren und erkennen. Und sie sind imstande, noch weitaus mehr sprachliche Laute wahrzunehmen, als ein Erwachsener dies kann. Sie sind sozusagen »Weltbürger«. So können japanische Babys den Unterschied zwischen l und r hören, während ihre Eltern diese Fähigkeit schon lange verloren haben. Bereits mit dem sechsten Lebensmonat beginnt diese Begabung aber zu schwinden, ab dem zehnten Monat haben dann die Phoneme unserer Muttersprache in der Sprachverarbeitung absolut Vorfahrt. Der Verlust, andere Phoneme zu hören als die, die um einen herum gesprochen werden, geht einher mit der wachsenden Sensibilität für die Muttersprache: Immer wenn ein Baby ein bestimmtes Phonem hört, erweitert diese Erfahrung seine Wahrnehmungskategorie für diesen Laut auf Kosten benachbarter Laute mit ähnlichen physikalischen Eigenschaften. Die Ausschaltung aller zusätzlichen Kategorien hilft dem Baby, jeden sprachlichen Laut, den es regelmäßig hört, schneller zu identifizieren – glücklicherweise unabhängig davon, wie unsauber oder sauber er ausgesprochen wird. Phonemwahrnehmung kann man als ein weiteres Beispiel der neuronalen Grundregel begreifen: Was nicht gebraucht wird, wird beseitigt – in diesem Fall die Wahrnehmung anderer Laute als die der Muttersprache.

Ein wichtiger Schritt beim Spracherwerb ist das Lallen. Die Aneignung der Phoneme geschieht sowohl über das Hören als auch über eigenes Üben, was in der Lallphase einem gymnastischen Training gleichkommt. Meist starten Babys im zweiten Monat mit »Oooohs« und »Aaaaahs«, ab dem fünften Monat kommen die Laute b, d, m, n, w und j dazu, bis zum zehnten Monate wiederholen Babys Konsonanten und Vokale (a, i, e, o, u) zu längeren Sequenzen wie »bababababa« oder »mama«. Bis zum zwölften Monat beherrschen Babys die meisten Vokale und die Hälfte aller Konsonanten. Die Entwicklung des Lallens wird begleitet von der Reifung des Stimmapparates, die richtige Form von Kehle, Mund und Zunge muss sich erst noch ausbilden. Das Lallen kann durch eine Reaktion der Eltern auf die Lautäußerungen des Kindes verstärkt werden. Man sollte es also keineswegs ignorieren, denn Babys versuchen ihre Übungen an das anzupassen, was sie hören. Bereits ein 15-minütiges Training, bei dem man langsam und deutlich mit dem Kind spricht, genügt, um die Aussprache der Vokale zu verändern.

Herkulesaufgabe Spracherwerb
Kinder müssen lernen, Gegenstände der äußeren Welt mit ganzen Worten zu bezeichnen. Und auch hierfür bringen sie schon ein gehöriges Maß an Wissen mit auf die Welt. Ein Kindergehirn scheint ohne Vorerfahrung davon auszugehen, dass sich Wörter auf ganze Objekte beziehen, dass sie Gattungen bezeichnen und nicht einzelne Angehörige einer Gattung und dass Objekte immer nur einen Namen haben. Schon an ihrem ersten Geburtstag verstehen die meisten Kinder bis zu 70 Wörter, sprechen können sie indes höchstens sechs. Gerade in diesem Alter sind die Entwicklungsdifferenzen zwischen einzelnen Kindern manchmal riesengroß: Manche Kinder können mit 20 Monaten erst drei Wörter sagen, andere bereits 500. Der Durchschnitt liegt bei 170, wie Linguisten in verschiedenen Ländern beobachtet haben. Zwischen dem zweiten und achten Lebensjahr lernen die Kinder jeden Tag acht neue Wörter – das entspricht einem Wort alle zwei Stunden, die ein Kind wach ist! Mit sechs Jahren versteht ein Kind bereits bis zu 13 000 Wörter. Wie jeder erwachsene Mensch auch benutzt es aktiv aber viel weniger, als es versteht.

Auf die Lernexplosion einzelner Wörter folgt ein rasantes Grammatik-Lernprogramm. Das grammatikalische Verständnis eines Kindes entwickelt sich bis zum vierten Lebensjahr so weit, dass die grundlegenden Regeln des Satzbaues beherrscht werden. Die Schwierigkeit der Grammatik besteht darin, dass die Bedeutung einer Aussage entweder durch die Wortstellung oder die Veränderung der Flexionsformen entsteht. Letzteres geschieht durch das Hinzufügen von Suffixen oder Präfixen (je nach Sprache) oder indem ein Wort gebeugt wird (deklinieren oder konjugieren).

Bereits 19 Monate alte Kinder können eine durch die Wortfolge ausgedrückte Bedeutung erkennen. Zum Beispiel: »Bibo kitzelt das Krümelmonster« versus »Das Krümelmonster kitzelt Bibo«. Die ersten Sätze, die ein Kind spricht, sind in der Wortfolge korrekt, aber es fehlen Beugungsformen und Funktionswörter wie Artikel, Hilfswörter und Präpositionen. Entsprechend bezeichnet man dies als Telegrammstil. Bei ihren ersten Sprachschritten verwenden Kinder Sätze wie »Mama Hause kommen« oder »Lea Zähne putzen«. Sehr bald entsteht aber auch die Endung der dritten Person Singular »Baby weint«. Tatsächlich erkennen Kinder von Anbeginn des Spracherwerbs an Regeln und plappern nicht einfach drauflos. Die Irrtümer, die ihnen zweifellos unterlaufen, sind oft Übergeneralisierungen, die insbesondere bei den vielen unregelmäßigen Verben im Deutschen zuweilen haarsträubend klingen, wie gangte, gingte oder singte. Sie sind darauf zurückzuführen, dass Kinder konsequent und intuitiv alles generalisieren, was sie an Regeln herausfiltern können. Dabei entstehen bei den unregelmäßigen Verben noch über einige Sprachjahre hinweg Fehler, die sich aber bei fast allen Kindern von selber ausgleichen. Entsprechend brauchen Kinder keinen speziellen Sprachunterricht, um ihre Muttersprache korrekt zu lernen – sie wächst ihnen regelrecht zu. Aber: Ohne vielfältigen Sprachinput lernen auch die klügsten Kinder nicht die Sprache! Dafür genügt, wenn Eltern mit ihnen reden – und das sollten sie ausgiebig und möglichst korrekt tun. Bei auffälligen sprachlichen Entwicklungsverzögerungen sollte man allerdings sachkundige Hilfe zurate ziehen.

Sprachbegabung ist nur zu 50 Prozent erblich bedingt. Schulische Fähigkeiten wie Lesen und korrektes Schreiben nur zu

20 Prozent. Hier sind also Erfahrungen und Lernen von klein an der Schlüssel zum Erfolg. Sprachgewandtheit, Ausdrucksfähigkeit und die Lust am Formulieren kann man seinen Kindern durchaus nahebringen und mit ihnen üben. Es lohnt sich für das ganze weitere Leben, nicht nur für die Schulzeit. Und wenn der Sprössling kaum spricht, sollte man sich keineswegs mit oberflächlichen Erklärung wie »Onkel Ernst war auch immer so mundfaul« zufriedengeben, sondern handeln und den Kinderarzt nach möglichen diagnostischen Verfahren für eine Sprachstörung befragen (ohne zu diesem frühen Zeitpunkt einem Kind das Gefühl zu geben, es könnte mit ihm etwas nicht stimmen).

Bitte vorlesen!
Bei allen Untersuchungen über Schulleistungen und berufliche Qualifikationen haben sich zwei Faktoren als besonders bedeutsam erwiesen: zum einen eine sozial-emotionale Komponente, also die Bindung der Kinder an das Elternhaus, umschrieben mit Liebe, Wärme und Zusammenhalt; und zum anderen die Lesekompetenz. Und die kann man trainieren und verbessern, denn Lesefähigkeit und Leseverständnis sind nur zu 20 Prozent genetisch bedingt. Sie hängen im Wesentlichen von elterlichen Einflüssen ab, und weniger von der Schule. Kinder lesen dann viel und gut, wenn
> die Eltern ihnen regelmäßig vorlesen
> das Anfangsinteresse für Bücher schon vor dem Kindergarten geweckt wurde
> sie vor dem zwölften Lebensjahr anfangen, selber Bücher zu lesen.

Gerade deshalb ist es bedauerlich, dass heutzutage so wenig vorgelesen wird. Während 1992 in Deutschland immerhin 50 Prozent aller Eltern ihren Kindern vorgelesen haben, machten sich dies 2007 nur noch 25 Prozent aller Eltern zur Aufgabe. Mit anderen Worten: In drei von vier Haushalten wird Vorlesen nicht als wichtig erachtet! Entsprechend wenig überrascht denn auch die Tatsache, dass sich der Anteil derjenigen, die täglich lesen, in den letzten zehn Jahren halbiert hat. Wie die PISA-Studie herausgefunden hat, kommt jeder vierte 15-jährige Schüler beim Lesen über das elementare Niveau nicht heraus. Jeder zehnte Schüler hat Schwierigkeiten, die Information eines Satzes zu beschreiben und den Hauptgedanken zu benennen. Umgekehrt konnte in der PISA-Studie gezeigt werden, dass wer ein gutes Leseverständnis hat, auch in anderen Schulqualifikationen überdurchschnittlich gut abschneidet. Lesen zählt also zu den Kernkompetenzen eines Schülers, das in viele andere Fächer hineinwirkt. Die größten Konkurrenten für das Lesen sind Fernsehen, Computer und Spielkonsolen, die anders als vorgelesene und gelesene Geschichten weder die Konzentrationsfähigkeit noch die Fantasie beflügeln.

Wie wichtig die Lesekompetenz für Kinder ist und wie unentbehrlich Eltern neben der Rolle der Schule in der Vermittlung der Lesefähigkeit und des Leseinteresses für Kinder sind, kann gar nicht genug betont werden. Entsprechend sei an dieser Stelle auf eine ebenso interessante wie lohnenswerte Aktion zur Förderung der (Vor-)Lesekultur hingewiesen:
»Wir lesen vor« der Stiftung Lesen
www.wir-lesen-vor.de; Tel.: 06131/28 89 00 oder:
www.deutschland-liest-vor.de

Fremdsprachen lernen: Nutzen und Kosten
Der sechsjährige Daniel beherrscht vier Sprachen. Er lebt in der Nähe von Brüssel, im flämischsprachigen Teil Belgiens. Seine Mutter spricht Deutsch mit ihm, sein Vater Englisch, in der Schule wird auf Flämisch und Französisch unterrichtet. Nach anfänglicher Sprachverwirrung redet Daniel ohne Probleme akzentfrei und manchmal, je nach Gesprächspartner, in ständi-

gem Wechsel alle vier Sprachen. Er ist also bestens gerüstet für die globalisierte Zukunftswelt.

Die Forderung an die Eltern und das Schulsystem ist klar: Jeder soll mindestens zwei Sprachen lernen, möglichst früh, möglichst umfassend, möglichst von selbst. Gute Schulen und engagierte Eltern sind auf die Zweisprachigkeit ihrer Kinder programmiert. Fest steht: Wer eine zweite Sprache nicht spätestens zwischen dem achten und zehnten Lebensjahr erlernt, erwirbt in dieser nur selten die volle Sprachkompetenz auf dem Niveau der Muttersprache. Aus diesem Grund starten Schulen in einigen Bundesländern bereits in der ersten oder dritten Klasse mit dem Fremdsprachenunterricht.

Hirnstudien mit bildgebenden Verfahren haben gezeigt, dass eine Fremdsprache, die ein Mensch erst im Laufe der Pubertät oder später erlernt, vor allem in der rechten Hemisphäre verarbeitet wird (immer bezogen auf Rechtshänder). Im Unterschied dazu werden bei zweisprachig aufgewachsenen Kindern beide Sprachen in der linken Hemisphäre prozessiert. Dies bedeutet, dass die akzentfreie Aussprache vor allem im Broca-Areal vorbereitet wird. Dieses Areal nimmt für beide Sprachen schon während des Hörens von Sätzen eine schnelle Voranalyse vor und beschleunigt dadurch die Sprachverarbeitung (siehe Abb. 12, Seite 162). Im Wernicke-Areal, wo unser Wortschatz mit allen Wortbedeutungen seinen Sitz hat, liegen bei Bilingualen beide Lexika eng nebeneinander. Sowohl im Broca- als auch im Wernicke-Areal ist die Sprachverarbeitung und Sprachproduktion bei zweisprachig aufgewachsenen Kindern beschleunigt. Diese Kinder können also auf die von der Natur vorgesehenen Gehirngebiete zurückgreifen und damit effizienter mit Sprache umgehen. Wer eine zweite Sprache erst nach der kritischen Phase für den Spracherwerb lernt, muss auf andere Hirnareale zurückgreifen, die nicht mit gleicher Präzision und Geschwindigkeit Sprache verarbeiten. Zwar ist das Erlernen von Fremdsprachen noch möglich, sie funktioniert dann aber vor allem über Areale im Gehirn, die Gedächtnisinhalte speichern und verarbeiten. Dies bringt eine Verlangsamung der Sprachprozesse mit sich im Gegensatz zu den Automatismen der Sprachareale.

Bei Kindern, die in der sensiblen Phase nicht einer zweiten Sprache ausgesetzt waren, kommt erschwerend hinzu, dass sie die Fähigkeit verlieren, die Laute (Phoneme) einer fremden Sprache richtig zu hören. Die meisten Aussprachefehler in einer Fremdsprache lassen sich also darauf zurückführen, dass einige Laute gar nicht mehr richtig gehört werden können. Babys werden zwar als Weltbürger geboren und sind imstande, jeden menschlichen Sprachlaut zu hören und deshalb auch zu erlernen. Aber diese Veranlagung verliert sich sehr schnell und ist schon nach wenigen Lebensjahren nicht mehr trainierbar.

Damit ist die Sachlage eindeutig: Kinder sollten, wenn irgendwie möglich, schon vor dem zehnten Lebensjahr in Kontakt mit Fremdsprachen kommen. Natürlich kann man das Gehirn auch nach der Pubertät noch mit einer Fremdsprache vertraut macht – aber mit Einschränkungen: Aussprache und Grammatik bereiten hierbei die meisten Schwierigkeiten. Aber selbst unter diesen Umständen lernen viele, sich verständlich in einer zweiten und oft sogar in einer dritten Sprache auszudrücken. Und wenn sich Schüler erst in einer weiterführenden Schule nach dem zehnten Lebensjahr eine neue Sprache bewusst erarbeiten, so hat dies auch Vorteile. Fremdsprachenerwerb ist also nicht eine Frage des Alles-oder-Nichts.

Asymmetrien zwischen den Großhirnhemisphären

Zwischen den Großhirnhälften (Hemisphären) gibt es kleine, aber wichtige Asymmetrien, die man Lateralität nennt. Bestimmte Verarbeitungsaspekte sind also nicht gleichmäßig über die beiden Großhirnhemisphären verteilt. Im Unterschied dazu sind die meisten Funktionen wie das Abschätzen von Entfernungen bilateral angelegt.

Verschiedene Versuche kamen zu dem Ergebnis, dass bei Rechtshändern die Sprachverarbeitung vor allem in der linken Hirnhemisphäre erfolgt, während die rechte Hemisphäre zuständig ist für Musikalität, das Erkennen komplexer Muster, für Teil-zum-Ganzen-Beziehungen, räumliche Orientierung und das Wahrnehmen von Emotionen und deren Äußerung (Gesichtererkennung). Die linke Hirnhälfte ist somit für die Sprachbegabung zuständig, sie kategorisiert die Welt, führt mathematische Kalkulationen durch, plant komplexe motorische Aufgaben und ist analytisch (Abb. 13).

Beide Hemisphären kommunizieren aber ständig miteinander, sodass man die Funktionsaufteilung zwischen beiden nicht allzu statisch betrachten sollte. Die Hemisphären arbeiten zusammen, und die meisten Funktionen werden auch in der anderen Hirnhälfte ausgeführt. So ist es unsinnig, davon zu sprechen, es gäbe eine »weibliche« rechte und eine »männliche« linke Hirnhälfte. Selbst die so stark lateralisierte Fähigkeit der Sprache wird nicht ausschließlich linksseitig verarbeitet. So nehmen z. B. Patienten mit einer rechtsseitigen Hirnschädigung alles wörtlicher und können nicht mehr alle Konnotationen eines Wortes verstehen. Der Effekt auf die Sprache ist viel subtiler als der auf der linken Hirnseite, dennoch ist er vorhanden.

Funktionen, die nicht gleich über beide Hemisphären verteilt sind (für Rechtshänder):

Linke Hemisphäre	Rechte Hemisphäre
analytische Aufgaben	Wahrnehmung und Zuordnung komplexer Muster
Kategorisieren	Teil-zum-Ganzen-Beziehungen
Kalkulationen	räumliche Orientierung
logische Organisation	Musikalität
Sprache	emotionale Expression
komplexe Motoraufgaben	Erkennung von Emotionen

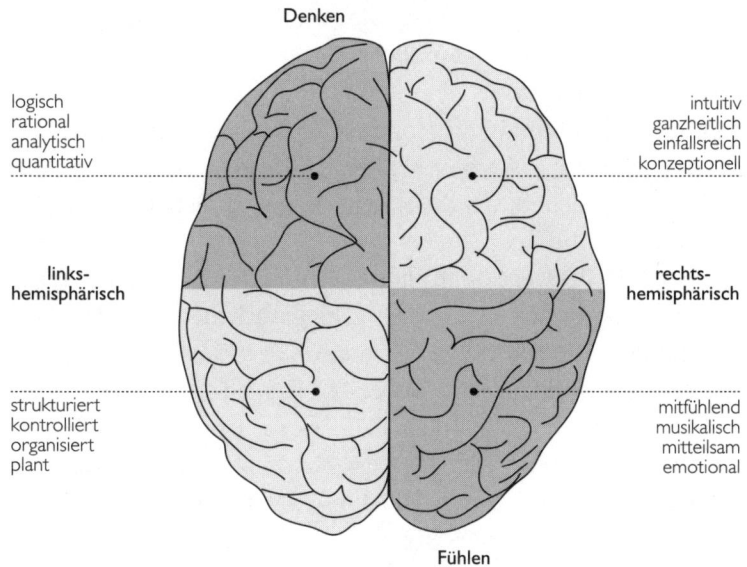

Abbildung 13: Funktionen der Großhirnhälften
Grobschematische Aufteilung der Funktionen der linken und rechten Großhirnhemisphäre

Zweisprachigkeit: Zwei Fliegen mit einer Klappe?

Der Erwerb einer zweiten Sprache ist sicher wünschenswert, aber alles andere als einfach. In den meisten Fällen muss zusätzlicher Lernaufwand von Seiten der Eltern und der Schule aufgebracht werden. Kinder lernen zwei Sprachen nur dann wie selbstverständlich, wenn beide Eltern verschiedene Sprachen sprechen, sagen wir Französisch und Deutsch, jeder Elternteil aber strikt bei »seiner« Sprache bleibt. Oder wenn sie in einem Land aufwachsen, in dem eine andere Sprache gesprochen wird als die Elternsprache. Das Zuhause ist dann z. B. mit Deutsch besetzt, in der Schule und mit Freunden dagegen wird Französisch geredet. Aber hier muss nicht zwangsläufig alles problemlos verlaufen: In vielen Fällen entscheiden sich die Kinder nach wenigen Jahren für eine Sprache – in den allermeisten Fällen für die Sprache des Landes, in dem sie leben, und damit gegen die Sprache der Eltern. Viele Studien belegen, dass Zweisprachigkeit nichts Statisches ist. Zwar erwerben Kinder eine hohe Grundkompetenz in beiden Sprachen, die sie erlernt haben, sprechen werden sie aber oft nur eine.

Es gilt also, zwei Situationen voneinander zu unterscheiden: Entweder ergibt sich Zweisprachigkeit natürlicherweise durch die Umstände, oder die Kinder lernen unter »künstlichen« Bedingungen die zweite Sprache. Bei Ersterem wird oft behauptet, dass Zweisprachigkeit dem Kind schade, es zu Sprachkonfusion und zu einer nur halb entwickelten Sprachkompetenz in beiden Sprachen komme: Dies hat sich jedoch nicht bestätigt. Wer mit Eltern aufwächst, die zwei verschiedene Sprachen sprechen, nimmt weder geistigen Schaden, noch erwirbt er die Sprachen nicht richtig. Im Gegenteil, es hat sich gezeigt, dass sowohl Sprachkompetenz als auch Sprachverständnis in beiden Sprachen über dem Durchschnitt liegen und Zweisprachigkeit auch für die generelle Intelligenz förderlich ist. Hinzu kommt, dass solche Kinder in zwei Kulturräumen zu Hause sind. Aber auch in diesem optimalen Fall gilt es, den Spracherwerb der Kinder genau zu beobachten und zu begleiten. Meistens verläuft der bilinguale Spracherwerb in drei Phasen:

1. In der ersten Phase ist der Wortschatz der Kinder nicht nach Sprachen getrennt. Für die Dinge ihrer Welt lernen sie jeweils nur ein Wort. Benutzt werden alle Wörter, als entstammten sie nur einer Sprache. Fast immer beginnt Zweisprachigkeit mit einem Sprachgemisch, und es gibt keinen Grund, darüber besorgt zu sein. Wichtig ist hier, dass die Eltern bei ihrer Zweisprachigkeit bleiben bzw. dass deutsche Eltern im Ausland Deutsch beibehalten. Die Kinder werden die Sprachen bald voneinander trennen können. In dieser Phase stellt sich auch die Frage der Grammatik noch nicht, da die Kinder nur Ein- und Zweiwortsätze erzeugen.

2. In Phase zwei, in der die ersten kurzen Sätze auftauchen, wird den Kindern bewusst, dass ihre Eltern verschiedene Sprachen sprechen und dass das nun auch von ihnen erwartet wird. Interessanterweise färbt die Aussprache von der einen Sprache fast nie auf die andere Sprache ab. Im Unterschied dazu gibt es in dieser Phase noch Mischformen in der Wortbildung, Wortstellung und im Satzbau. Die in der einen Sprache erworbenen Bedeutungen werden hier und da in der anderen Sprache mit benutzt. Auch hier heißt es Geduld bewahren, denn das Kind wird in den allermeisten Fällen keine Hybridsprache sprechen.

3. In der dritten Phase trennen sich die beiden Sprachen fast immer vollständig. Am Ende der Ein- und Zweiwortphase, also etwa mit zwei Jahren, wird den Kindern klar, dass nicht nur von ihnen erwartet wird, zwei Sprachen zu sprechen, sondern dass sie zwei verschiedene Wortschätze beherrschen. Diese Erkenntnis markiert den Wendepunkt: Beide Sprachen grenzen sich immer mehr voneinander ab. Mit etwa drei Jahren ist dieser Prozess abgeschlossen. Kinder wissen jetzt genau, wann und wem gegenüber welche Sprache erwartet wird.

Zweisprachigkeit muss kein Kinderspiel sein
Selbst wenn die Zweisprachigkeit von Anbeginn an zu Hause erlernt wird, weil die Eltern unterschiedliche Muttersprachen haben, sollten Eltern sehr genau darauf achten, ob das Kind wirklich beide Sprachen annimmt. Hier gilt: Zwingen Sie das Kind zu nichts, im besten Fall verleiden Sie ihm eine der Sprachen, im schlimmsten Fall kann es unter Umständen zu Halbsprachigkeit, also zu weniger stark ausgeprägter Sprachkompetenz, in beiden Sprachen kommen. Nicht zuletzt hängt der Erfolg zweisprachiger Erziehung sehr von persönlichen Variablen wie Sprachbegabung, Temperament und Motivation ab. Zweisprachigkeit ist nicht für jedes Kind ein »Kinderspiel«.

Noch schwieriger wird es, wenn beide Eltern dieselbe Sprache sprechen, sagen wir Deutsch, und die Kinder zudem in Deutschland aufwachsen. Wie und wo soll ein Kleinkind dann mit einer zweiten oder gar dritten Fremdsprache konfrontiert werden? Möglichkeiten bieten zweisprachige Kindergärten und Schulen mit bilingualen Klassen, in denen möglichst Erzieher und Lehrer arbeiten, die eine andere Muttersprache als Deutsch haben. Festzuhalten bleibt aber auch, dass es noch keine Studien gibt, die den Erfolg dieser Strategie bestätigen.

Generell gilt: Gehen Sie behutsam vor, wenn Sie Ihre Kinder zweisprachig erziehen wollen. Eine Sprache, die ein Kind gegen seinen Willen und unter Zwang lernt, wird es nur in den seltensten Fällen annehmen. Sich selbst und die Kinder unnötig unter Druck zu setzen, ist wenig sinnvoll. So kann es in manchen Fällen besser sein, ein Kind lernt in der Schule zu einem späteren Zeitpunkt eine zweite Sprache, die es dann zwar mit Akzent, aber gerne spricht, als dass es nie wieder Freude am Erwerb einer neuen Sprache hat. So wenig wie man einem Kind das Musizieren gegen seinen Willen beibringen kann, so wenig kann man ihm gegen seinen Willen eine zweite Sprache aufdrängen.

FAZIT
Die beste Unterstützung für eine optimale Sprachkompetenz geben Eltern ihren Kindern, indem sie schlicht häufig mit ihnen Gespräche führen und ihnen zuhören. Gleich mehrere Untersuchungen haben gezeigt, dass Kinder umso besser sprechen konnten und in IQ-Tests höhere Ergebnisse erzielten, je häufiger die Eltern mit ihnen sprachen. Positives Feedback ist hierbei besser als negatives. Eltern, die Negativaussagen auf ein Minimum beschränkten (ganz ohne Verbote geht es natürlich nicht!) und durch eine positive Reaktion häufig auf die Äußerungen ihrer Kinder eingingen, förderten ihre Sprachkompetenz am besten.

Diese Kinder beherrschten selbst in der dritten Schulklasse noch besser Rechtschreibung, Lesen und Sprechen und hatten ein besseres Hörverständnis als die Kinder, mit denen deutlich weniger geredet wurde. So können Eltern Kindern ein dauerhaftes Fundament verschaffen, das auch dann noch nachwirkt, wenn der Einfluss der Eltern auf die Kinder naturgemäß nur noch eingeschränkt möglich ist.

ANREGUNGEN FÜR ELTERN

■ Der Umfang des Sprachtrainings mit Kindern ist entscheidend für die spätere Sprachfertigkeit und sollte frühzeitig beginnen. Je mehr Wörter ein Kind zu hören bekommt, desto größer wird sein Wortschatz sein – hier zählen vor allem Worte, die direkt an das Kind gerichtet werden. Dabei sollte man die Babys ansehen, damit sie auch die Lippenbewegungen genau beobachten können.

■ Sprachtraining bereits im Mutterleib ist wirkungslos.

■ Fernsehen ist kein angemessener sprachlicher Umgang – selbst Sendungen wie die »Sesamstraße« oder »Die Sendung mit der Maus« sind erst im Vorschulalter sinnvoll, um die Zusammenhänge dieser Welt genauer zu verstehen und die Fantasie der Kinder anzuregen. Ein Baby kann Sprache nur dann begreifen, wenn sie sich auf konkrete Personen und Gegenstände seiner alltäglichen Erfahrung bezieht.

■ Die Sprache, die wir an kleine Kinder richten, muss möglichst einfach, klar und im Tonfall positiv stimulierend sein: höherer Tonfall, melodische Sprechweise, langsames

Tempo mit klarer Aussprache. Allerdings ist ein übermäßiger Babytalk kontraproduktiv. Grammatikalisch und in der Benennung der Dinge sollte die verwendete Sprache schon korrekt sein.

- Ein Trick, um Sprache für kleine Kinder einfach zu halten, ist der, viele Wiederholungen zu benutzen.

- Eltern sollten aufmerksam zuhören, was das Kind sagt, um aus den ersten gesprochenen Silben den Sinn zu erfassen und entsprechend positiv verstärkend zurückwirken zu können.

- Eine gute Förderungsmöglichkeit der kindlichen Sprachkompetenz besteht darin, dass Eltern ein Sprachstadium vorwegnehmen und mit den Kindern trainieren, bevor diese selbst so weit sind, indem sie z. B. komplette Sätze bilden, wenn die Kinder noch dabei sind, Zwei- bis Dreiwortsätze zu sprechen. Kinder, die auf diese Weise trainiert wurden, schnitten auch später in der Grundschule noch besser ab als die Kinder, die nicht in der Weise trainiert worden waren. Und zwar sogar in Bereichen, die per se nichts mit Sprache zu tun hatten.

- Jede Möglichkeit, dem Kind bereits vor dem zehnten Lebensjahr eine zweite Sprache beizubringen, sollte genutzt werden. Aber es sollte nie unter Zwang geschehen. Nur Spiel, Spaß und Neugierde des Kindes führen zum Ziel.

- Negatives Feedback ist schädlich für den Spracherwerb. Generell gilt, dass positives Feedback (Verstärkung des richtigen Sprechens) bis zum elften Lebensjahr wichtiger und effektiver ist als die Fehlerkontrolle. Entsprechend sollte man sich mit Verbesserungsvorschlägen zurückhalten. Über Fehler braucht man sich nicht den Kopf zu zerbrechen, die allermeisten erledigen sich mit dem Abschluss der »Bauarbeiten« im Broca- und im Wernicke-Zentrum des Gehirns von selbst.

■ Sprachtraining sollte lustig sein – am besten lernen Kinder durch Spiele und Bilderbücher. Das Vorlesen von Geschichten ist ein unersetzlicher Sprachtrainer – Gehirne sind evolutiv darauf angelegt, Geschichten zu hören und zu verarbeiten, zu erzählen und zu erfinden! Kinder, denen vorgelesen wurde, haben deshalb einen Vorsprung in der Sprachentwicklung, der bis ins späte Vorschulalter hineinreicht.

Zusammengenommen und auf eine einfache Regel gebracht: Wenig Fernsehen, stattdessen viel Vorlesen oder Geschichtenerzählen und Gespräche bereits mit Kleinkindern führen, sind die beste Voraussetzung für eine gute Sprachkompetenz. Am einfachsten lässt sich dies über mindestens eine gemeinsame Mahlzeit am Tag organisieren. Wenn alle um einen Tisch in entspannter Atmosphäre sitzen, entwickelt sich leicht eine Gesprächskultur. Dies gilt für Kinder in jedem Alter. Vor allem in der Pubertät lieben es Jugendliche zu diskutieren, zu argumentieren und die Eltern rhetorisch versiert zu überzeugen. Was vielleicht manchmal nervenaufreibend ist, stellt dennoch die beste Schule für das Denken dar, die man seinen Kindern zu Hause bieten kann (siehe auch Kapitel 3.4, »Elternliebe und Bildungsklima«).

2.7 Individualität versus Geschlecht

Statistische Unterschiede zwischen den Geschlechtern – Mathematische Begabung und Selbstbewusstsein – Als Männer noch Wild jagten ... – Von der Entwicklung der Geschlechter – Was Mädchen und Jungen so im Kopf haben – Was Eltern glauben und hoffen – Jungen als die zukünftigen Verlierer im Geschlechterkampf? – Fazit – Anregungen für Eltern

> *»Das Individuum konstituiert sich in einer beständigen Auseinandersetzung genetischer Programme mit der Umwelt... Diese Wechselwirkungen wollen von Fall zu Fall genau ergründet sein. Aus starren Verhaltensprogrammen sind beim Menschen Verhaltensvorschläge geworden – aber unsere Freiheit ist nicht unbegrenzt, wir lernen nicht alles, und nicht alles gleich leicht.«*
>
> D. E. ZIMMER
>
> (Übersetzer, Buchautor und Publizist)

Der Blick in ein gemischtgeschlechtliches Spielzimmer lässt unwillkürlich den Eindruck aufkommen, es könnte ein Gen für das »Puppenspielen« geben genauso wie eines für »Fahr den Laster gegen die Wand« bzw. »Tritt gegen einen Ball und triff das Tor«. Die Mutter, von Beruf Tischlerin, schaut verdrießlich auf die Barbiepuppenküche ihrer Tochter; während in einer anderen modernen Familie der Versuch gestartet wird, die Geschlechterrollen aufzulösen, indem es für die Jungen Puppen und für die Mädchen Autos zum Spielen gibt. Allerdings finden Jungen allzu oft Puppen langweilig und Mädchen Autos schlichtweg doof.

Bei wissenschaftlichen Vorträgen zu Geschlechtsunterschieden im Denken und Verhalten sind Eltern häufig diejenigen, die noch am wenigsten ideologisch voreingenommen sind und am ehesten akzeptieren, dass es deutliche Differenzen im geschlechtstypischen

Individualität versus Geschlecht

Verhalten gibt. Dabei ist die Frage, inwiefern menschliches Verhalten maßgeblich vom Erbgut, von der Kultur, der direkten Umwelt und der Gesellschaft, in der Kinder leben, bestimmt wird, so alt wie der Forschungsgegenstand selbst. Dennoch erlauben es die Forschungsergebnisse der letzten Jahre, einige zuverlässige Aussagen zu dem Thema zu machen: z. B. dass Jungen durchschnittlich anders lernen als Mädchen, wohl vor allem aufgrund von unterschiedlichen Interessen. Oder dass die Gehirne von Mädchen und Jungen in einigen Aspekten anders organisiert sind und es wenig Zweck hat, Geschlechtsunterschiede umziehen zu wollen. Diese Erkenntnisse basieren zwar auf Studien an Gruppen von Jungen und Gruppen von Mädchen, aber auf der individuellen Ebene kann es durchaus Ausnahmen geben, d. h. Mädchen und Jungen, die sich nicht dieser Geschlechtstypologie gemäß verhalten. Zunächst stellt sich jedoch die Frage, worin genau die Verhaltens- und Denkunterschiede zwischen den Geschlechtern bestehen.

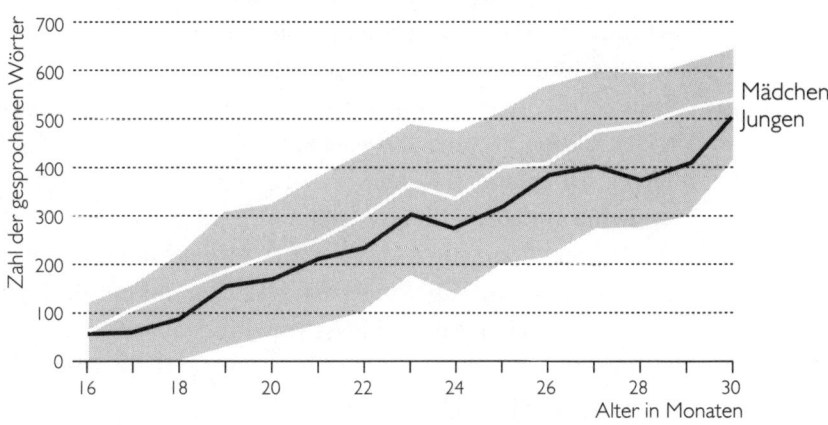

Abbildung 14: Entwicklung des Wortschatzes bei Mädchen und Jungen
Mädchen erwerben Sprache schneller als Jungen und entwickeln auch schneller einen größeren Wortschatz. Der Überlappungsbereich ist jedoch groß, wie die grau hinterlegte Streuung der Daten zeigt.

Statistische Unterschiede zwischen den Geschlechtern
Einig sind sich die Forscher – und dies sei gleich vorab gesagt – darin, dass sich die Geschlechter zwar in einigen spezifischen kognitiven Fähigkeiten unterscheiden, die Gesamtintelligenz (meist gemessen in IQ-Tests) von Männern und Frauen aber gleich ist. Ein dümmeres oder klügeres Geschlecht gibt es nicht, selbst wenn ein Dr. Möbius dies in seinem Buch *Über den physiologischen Schwachsinn des Weibes* vor etwas mehr als 100 Jahren, zu wessen Gunsten dürfen Sie raten, für gesichert gehalten hat. Dennoch konnten in kognitiven und motorischen Tests einige subtile geschlechtliche Unterschiede belegt werden. Etwa dass Frauen...

› ...im Vergleich zu Männern über eine höhere Wahrnehmungsgeschwindigkeit verfügen.
› ...besser zusammengehörende Objekte erkennen können.
› ...bei Aufgaben, die einem Memory-Spiel ähneln, das bessere Ortsgedächtnis aufweisen und sich zuverlässiger an markante Punkte entlang eines Weges erinnern können.
› ...in sprachlichen Tests besser abschneiden, d. h., fließender sprechen und sicherer lesen. Sie können schneller Wörter erkennen, die einer bestimmten Bedingung genügen (assoziatives Wortgedächtnis), etwa solche, die mit dem gleichen Buchstaben anfangen (lesen–lieben). Darüber hinaus erwerben sie die Sprache schneller (siehe Abb. 14, Seite 181).
› ...bestimmte manuelle Aufgaben mit höherer Präzision erledigen, wie z. B. Stifte in vorgegebene Löcher auf ein Brett zu stecken. Dies lässt Rückschlüsse auf ihre motorische Feinkoordinierung zu.
› ...außerdem schneller Kopfrechnen.
› ...in Gesichtern anderer, auch unbekannter Menschen schneller und eindeutiger Emotionen erkennen.

Männer hingegen...
› ...sind in Tests befähigter, die räumliches Vorstellungsvermögen erfordern. Zum Beispiel können sie sich präziser die

Individualität versus Geschlecht

Rotation von dreidimensionalen Objekten mental vorstellen oder die Position von Löchern in einem unterschiedlich gefalteten Papier bestimmen oder die Lage des Wasserspiegels in einem Glas angeben.
> … sind begabter beim Einsatz zielgerichteter motorischer Fähigkeiten, z. B. Pfeile werfen oder das Auffangen von Gegenständen.
> … sind im mathematischen Schlussfolgern besser.
> … finden schneller einen Weg, ohne Landmarken zu benutzen. Ihre geographische Orientierung ist demnach sicherer.
> … verfügen über ein besseres mechanisches Verständnis.

Alles in allem sind die Ausprägungen dieser Unterschiede jedoch relativ gering. Und es gibt viele individuelle Ausnahmen, sowohl was die Sprachfähigkeit als auch die räumliche Orientierung angeht. Manchmal ist die Leistungsfähigkeit beider Geschlechter sogar gleich, aber es werden verschiedene kognitive Fähigkeiten benutzt. So sind Frauen imstande, Wege und Ziele ebenso schnell zu finden wie Männer, aber sie orientieren sich dabei überwiegend an Landmarken und nicht an geografischen Koordinaten.

Auffällig ist ein weiterer Unterschied zwischen den Geschlechtergruppen: Bei vielen kognitiven Fähigkeiten verteilen sich die Leistungen der Jungen über ein wesentlich breiteres Spektrum, als dies bei Mädchen der Fall ist. Das gilt sowohl für das obere wie das untere Ende der Verteilungskurve. Die Breite einer Verteilung nennt man in der Wissenschaft Varianz, und diese ist bei Jungen größer als bei Mädchen. Am Beispiel der Körpergröße erläutert heißt das: Wenn in einer Gruppe von Schülern die Körpergröße in einer Klasse zwischen 1,70 m und 1,80 m schwankt, in einer zweiten Gruppe aber zwischen 1,60 m und 1,90 m, so ist die Varianz in der zweiten Gruppe größer. Wenn diese Streuung dadurch zustande kommt, dass es von 30 Schülern zwei gibt, die 1,60 m groß sind, und fünf, die 1,90 m groß sind, so sind in beiden Klassen die meisten Schüler ähnlich groß; sie unterscheiden sich nur in den Randbereichen der Körpergrößenverteilung.

Mathematische Begabung und Selbstbewusstsein

In den USA wird alljährlich eine Art bundeseinheitlicher Eignungstest durchgeführt, um Studenten auf ihre sprachlichen und mathematischen Fähigkeiten zu testen. Dieser Test wird seit 1970 auch bei 12- bis 13-Jährigen durchgeführt, um frühzeitig auf mathematisch hochtalentierte Schüler und Schülerinnen aufmerksam zu werden. Auffällig an dem Ergebnis dieses Tests ist, dass die Jungen im mathematischen Teil besser abschneiden als die Mädchen. Je schwieriger die Aufgaben werden, umso größer wird der Abstand zwischen den Geschlechtern, bis am oberen Ende der Skala 13 Mal mehr Jungen als Mädchen vertreten sind. Aber nicht nur in der Spitzengruppe finden sich mehr Jungen als Mädchen. Zu den schlechtesten Teilnehmern, also den Kindern, die beim Rechnen große Schwierigkeiten haben, gehörten wesentlich mehr Jungen als Mädchen. Der Großteil der Teilnehmer erreichte übrigens unabhängig vom Geschlecht einen mittleren Leistungswert.

Spannend war die Studie auch deshalb, weil die Eltern und Lehrer der teilnehmenden Kinder nach ihrem Umgang mit deren mathematischer Begabung befragt wurden. Interessanterweise wurden keine Einflüsse festgestellt, die darauf schließen ließen, dass die Jungen in der Spitzengruppe durch ihre Umwelt bevorzugt und die Mädchen weniger gefördert wurden. Insofern scheint mathematische Begabung in der Tat in hohem Maße genetisch veranlagt zu sein. Der einzige soziale Faktor, der sich mit auf das Resultat auswirkte, war das Selbstbewusstsein: Der Test förderte zutage, dass selbst mathematisch hochbegabte Mädchen sich in ihren mathematischen Fähigkeiten weniger zutrauten als ihre männlichen Klassenkameraden. Und sie ergriffen später auch weniger häufig mathematische Berufe, als dies bei Jungen der Fall ist. Diese Ergebnisse wurden durch andere Studien bestätigt, in denen man Studierende über mehrere Jahre hinweg bat, ihre Noten bei diversen Abschlussarbeiten vorherzusagen. Während sich die weiblichen Studenten regelmäßig etwas unterschätzt hatten, lagen die männlichen Studenten im Durchschnitt etwas unter ihrer Einschätzung. Andere Befragungen ergeben, dass Selbstvertrauen durchaus einen positiven Einfluss auf die Leistungsfähigkeit hat: Die Testpersonen erreichten dann häufiger Höchstleistungen, wenn sie sich leicht überschätzten, und zwar unabhängig vom Geschlecht! Ein Umstand, den Eltern immer im Blick haben sollten. Ein wenig mehr Selbstvertrauen in die eigenen Fähigkeiten – selbst wenn es objektiv nur zum Teil gerechtfertigt ist – kann durchaus leistungssteigernd sein.

Auffällig ist, dass Jungen öfter Linkshänder und Allergiker sind, statistisch gesehen häufiger an einer Lese-Rechtschreib-Schwäche leiden oder Konzentrationsschwierigkeiten (wie beim Aufmerksamkeitsdefizitsyndrom, ADS) haben. Auch Autismus, eine Störung der Wahrnehmungs- und Kommunikationsfähigkeit, tritt öfter bei Jungen auf, ebenso wie die abgeschwächte Form des Autismus, das Asperger Syndrom. Diese Fakten veranlassten Wissenschaftler, nach einer gemeinsamen Ursache für diese Auffälligkeiten zu suchen. Schnell kam die Vermutung auf, dass ein spezifisches Hormon dafür verantwortlich sein könnte: das männliche Geschlechtshormon Testosteron. Bereits in der sechsten Entwicklungswoche produziert ein männlicher Fötus dieses männliche Geschlechtshormon in weitaus höherer Menge als ein weiblicher Fötus, der in der Tat ebenfalls Testosteron produziert, wenn auch in sehr geringen Mengen. Offenbar beeinflusst das Hormon die Entwicklung des Gehirns also schon während der Schwangerschaft. Dies weiß man über genetische Veränderungen in der Testosteronproduktion, darüber dass es Testosteronrezeptoren im Gehirn gibt, deren Aktivierung man sichtbar machen kann, und durch tierexperimentelle Studien, in denen man durch Manipulation des Testosteronspiegels Strukturveränderungen im Gehirn beobachten konnte. Testosteron scheint aber nicht nur für bestimmte Hirnleistungen förderlich zu sein, es beinhaltet auch gefährliche Aspekte für das Gehirn, wenn man an die genannten Störungen denkt. Die Gründe hierfür verstehen Wissenschaftler noch nicht genau.

Angesichts dieser Ergebnisse sei erneut daran erinnert, dass Gruppenunterschiede rein gar nichts über die Fähigkeit eines einzelnen Menschen aussagen! Um einem Kind optimale Unterstützung geben zu können, muss man seine Interessen genauso wie seine Schwächen erkennen. Nur so lassen sich diese beheben und die Stärken des Kindes fördern. Im Gruppendurchschnitt heißt dies, bei Jungen schon in frühen Jahren die Sprachentwicklung zu fördern ebenso wie die emotionale Kontrolle, bei Mädchen das Interesse an Fakten, die keine sozial-emotionale Komponente haben, und an technischen Gegenständen.

Als Männer noch Wild jagten ...
Die statistischen Unterschiede zwischen den Geschlechtern sind also wenig strittig, die Ursachen dagegen sind Gegenstand heftiger – meist ideologisch gefärbter – Diskussionen. Arbeitet der Verstand bei Männern und Frauen unterschiedlich, weil sie verschiedenen hormonellen Einflüssen ausgesetzt sind, oder sind diese Unterschiede eine Folge der Sozialisation und damit das Ergebnis kindlicher Erfahrungen?

Biologisch argumentierende Evolutionspsychologen gehen davon aus, dass der Unterschied zwischen den Geschlechtern bereits im Erbgut festgelegt ist und sich als eine Art Anpassung an das steinzeitliche Leben entwickelte. Männer auf der Jagd mussten weite Wege finden und gehen. Damit lag ein hoher evolutionärer Druck auf ihnen, über ein möglichst gutes visuell-räumliches Vorstellungsvermögen und ein gutes geografisches Gedächtnis zu verfügen. Das Gleiche galt für Wurf- und Schleuderbewegungen, die spezielle motorische Programme voraussetzen. Frauen dagegen waren durch häufige Schwangerschaften und den immensen Aufwand, den die menschliche »Brutpflege« erforderte, zu einem Leben in der Nähe der Lagerstätte gezwungen. Für sie waren für die Suche nach Nahrung in Form von Wurzeln und kleinen Beeren eine gute motorische Feinabstimmung sowie eine hohe Wahr-

Individualität versus Geschlecht

nehmungsleistung sinnvoll verbunden mit der Fähigkeit, viele Details ausmachen zu können. Noch bedeutsamer für die Erhaltung der Art und das Gedeihen der Nachkommen erwies sich allerdings eine höhere emotionale Sensibilität für soziale Signale anderer Gruppenmitglieder, vor allem der eigenen Kinder. Mütter, die schnell realisierten, was ihr Baby braucht und wie es ihm geht, dürften in der rauen Steppe durchaus einen Vorteil gehabt haben gegenüber gefühlsärmeren Frauen. Kein Wunder, dass sich bei Frauen im Laufe der viele Hunderttausend Jahre währenden Entwicklungen des *Homo sapiens* bestimmte Fähigkeiten anders spezifizierten als bei Männern. Mit diesem evolutionären Erbe leben wir heute noch, auch wenn Männer einen Vaterschaftsurlaub antreten, die Rolle des Hausmanns übernehmen und Kinder alleine aufziehen. Im Zeitraster der Evolution gesehen sind diese neuen Tendenzen aber allenfalls ein Wimpernschlag. Unser Erbgut hatte mitnichten die Chance, sich den veränderten Umweltbedingungen anzupassen. Dies würde wiederum einige Hunderttausend Jahre dauern.

Die Schwäche solcher evolutionspsychologischer Theorien besteht darin, dass man sie nicht überprüfen kann; man kann höchstens ihre Plausibilität akzeptieren oder eben nicht. Entscheidender für den modernen *Homo sapiens* ist, ob molekulare Untersuchungen belegen können, wie Geschlechtshormone in heutiger Zeit überhaupt auf das Gehirn einwirken. Auf der anderen Seite vermögen psychologische Untersuchungen aber nachzuweisen, dass schon Kinder geschlechtstypische Verhaltensweisen zeigen, und zwar bevor sie selbst zwischen den Geschlechtern unterscheiden können – was ihnen erst zwischen dem 18. und 30. Lebensmonat möglich ist.

In der Tat gibt es aufschlussreiche Befunde, die auf angeborene und durch die Hormonwirkung auf das Gehirn vermittelte Unterschiede hindeuten: So sind Mädchen vom ersten Lebenstag an weniger impulsiv als Jungen, während Jungen dafür schwerer zu beruhigen sind und emotional leichter aufdrehen. Bereits mit sechs Monaten ist es männlichen Kleinkindern wichtiger, sich durchzusetzen als ihren weiblichen Wiegengenossinnen, und sie fangen bereits ab diesem Alter damit an, anderen Kindern Spielzeug wegzunehmen. Statistisch gesehen spielen Mädchen bereits mit einem Jahr lieber mit Puppen, während Jungen sich gerne mit all den Dingen beschäftigen, die irgendwie »funktionieren«. Auch hat sich gezeigt, dass Jungen bereits früher Regeln brechen und miteinander raufen. Kurzum, sie sind von Anfang an sozial schwieriger, und man fragt sich, wie die minimalen Unterschiede im Chromosomensatz so große Auswirkungen haben können.

Von der Entwicklung der Geschlechter
Hormone, so glauben Wissenschaftler heute, prägen das kindliche Gehirn schon in der Gebärmutter. Sie beeinflussen aber auch später im Erwachsenengehirn noch das Denken und Fühlen.

Frauen besitzen in jeder Körperzelle zwei X-Chromosomen, Männer ein X- und ein Y-Chromosom – der Unterschied zwischen den Geschlechtern scheint also der kleine fehlende Arm am Y-Chromosom zu sein. Nur ein einziges Gen von den etwa 30 000 Genen, die der Mensch insgesamt besitzt, schaltet dabei die Frühentwicklung der Keimdrüsen von weiblich auf männlich um. Die Keimdrüsen bestimmen ihrerseits die hormonelle Umgebung des sich entwickelnden Embryos. Die für bestimmte Hormone empfänglichen Organe und Gewebe reagieren jedoch nur in bestimmten Zeitfenstern der Entwicklung auf hormonelle Signale.

Die weiblichen Sexualhormone heißen Östrogene, nach ihrem prominentesten Vertreter, dem Östrogen, benannt; die männlichen Sexualhormone, deren prominentester Vertreter das Testosteron ist, werden als Androgene bezeichnet. Androgene und Östrogene gibt es sowohl im weiblichen wie im männlichen Organismus. Nur ist das Verhältnis zueinander unterschiedlich:

Männer produzieren etwa 15 bis 20 Mal mehr Testosteron als Frauen, die ihrerseits mehr Östrogene erzeugen.

Damit Hormone ihre Wirkung im Organismus – in der Haut, den Muskeln und im Gehirn – entfalten können, brauchen sie Andockstellen, sogenannte Rezeptoren. Diese sitzen auf den Zellen ihres Wirkungsortes, wie den Gewebebereichen, die die primären und sekundären Geschlechtsmerkmale ausbilden. Brustdrüsenzellen in der weiblichen Brust sind z. B. reichlich mit Östrogenrezeptoren bedeckt. Testosteron und seine biochemischen Abkömmlinge wirken sich eher auf die Muskelmasse und den Knochenbau aus. Bemerkenswert ist, dass man auch im Gehirn Andockstellen für die Geschlechtshormone entdeckt hat. Allerdings kam es dabei für die Wissenschaftler zunächst zu einer irritierenden Überraschung: Ein amerikanisch-kanadisches Forscherteam hat nämlich herausgefunden, dass Testosteron zwar mit dem Blut das Gehirn erreicht, aber hier in Östrogen umgewandelt wird. Beide chemischen Moleküle sind nahe miteinander verwandt, sodass es nur einer enzymatischen Reaktion bedarf, um das eine in das andere umzuwandeln. Diese Situation scheint insofern paradox, als auch dem weiblichen Embryo Östrogen mehr als genug zur Verfügung steht, und zwar ohne den Umweg über das Testosteron. Die Lösung des Rätsels besteht darin, dass Östrogen an ein Eiweißmolekül im Blut gebunden ist. Dieses Alpha-Feto-Protein verhindert indirekt, dass Östrogen in das Gehirn eindringen kann, indem dieses große Protein von der Blut-Hirn-Schranke zurückgehalten wird. Diese Blut-Hirn-Schranke ist als selektive Barriere zwischen dem Blutgefäßsystem und dem Gehirn zu verstehen. Sie verhindert den unkontrollierten Übertritt von Blutbestandteilen oder im Blut gelösten Substanzen in das Gehirn. Anders als Östrogen ist Testosteron nicht an das Alpha-Feto-Protein gebunden und kann die Barriere zum Gehirn leicht passieren. Erst an den Nervenzellen wird es dann zu Östrogen umgewandelt und kann so das Gehirn strukturell verändern. Das weibliche Embryogehirn wird demnach durch das Alpha-Feto-Protein vor einer Vermännlichung geschützt.

Welches sind nun die Effekte einer Maskulinisierung in Bezug auf das Gehirn? Eine Region, in der man zuerst Unterschiede fand, ist der Hypothalamus. Hier waren einige Kerngebiete innerhalb des Hypothalamus deutlich größer, als dies bei Frauen im statistischen Mittel der Fall war. Er steuert maßgeblich das Sexualverhalten und reguliert auch die einzige Hormondrüse des Gehirns, die nur kirschkerngroße Hirnanhangsdrüse. Diese übergeordnete Drüse des Körpers gibt viele Signalstoffe ins Blut ab und steuert so verschiedene Körperfunktionen. Unter anderem kontrolliert sie die Hormonfreisetzung an Hoden und Eierstöcken.

Überraschend ist vor allem die Entdeckung, dass die Andockstellen (Rezeptordichte) für Geschlechtshormone auch in der Amygdala, im Mittelhirn und im Rückenmark besonders hoch sind. Die Amygdala wird hierbei vor allem mit der Stärke impulsiver Aggression in Zusammenhang gebracht, die bei Männern in einem Verhältnis von 10:1 gegenüber Frauen zu mehr Gewalttaten führt; mit anderen Worten: Auf zehn durch impulsive Aggressivität von Männern verübte Verbrechen kommt eines durch Frauen. Eine interessante Korrelation ist hier, dass die Amygdala beim Mann größer ist als bei der Frau. Darüber hinaus hat man auch Andockstellen in der Großhirnrinde gefunden, vor allem im präfrontalen Kortex und im cingulären Kortex, die beide mit für die emotionale Kontrolle und die Regulation unserer Emotionen verantwortlich sind.

Geschlechtshormone steuern also zu einem gewissen Teil die intellektuellen und emotionalen Fähigkeiten unserer Kinder. Diese Prägung des Gehirns geschieht allerdings lange bevor wir dies als Eltern ahnen. Jeder Versuch, diesen Prozess beeinflussen zu wollen, ist demnach absurd, auch weil kein Hirnforscher dieser Welt wüsste, welche Folgen dies nach sich ziehen würde. Mit den Auswirkungen der geschlechtsspezifischen Verhaltensprägung leben wir, ob dies nun in unser ideologisches Konzept passt oder nicht. Natürlich ließe sich an dem ein oder anderen Verhalten auch etwas ändern, etwa bei der Bewertung typisch weiblicher und typisch männlicher Fähigkeiten. Denn hier gibt es ein klares Ungleichgewicht zugunsten der Männer – für das die Biologie keine Entschuldigung liefert –, was sich unter anderem in der Bezahlung und in Aufstiegschancen bemerkbar macht. Auch Kultur und Tradition scheinen Nuancen im Begabungsprofil biologisch bedingter Unterschiede zu sichtbaren Tendenzen zu verstärken, bis hin zu dem Umstand, dass in einer Elektrotechnikvorlesung kaum Frauen zu finden sind.

Was Mädchen und Jungen so im Kopf haben

Verschiedene Untersuchungen haben ergeben, dass Testosteron die Entwicklung der rechten Großhirnhälfte fördert, die linke Seite aber in der Entwicklung hemmt. So ist ein männliches Gehirn durchschnittlich 1450 Gramm schwer, während das einer Frau etwa 1350 Gramm wiegt. Damit haben Männer durchschnittlich ein um acht Prozent größeres Gehirn als Frauen. Selbst wenn man die durch Körpergröße und -umfang bedingten Unterschiede einrechnet, sind Männergehirne immer noch schwerer als Frauengehirne. Dieser Unterschied tritt allerdings erst nach dem dritten Lebensjahr zutage. Bis dahin sind die Gehirne von Jungen und Mädchen etwa gleich groß und gleich schwer. Erst dann wächst das männliche Gehirn schneller. Bereits im sechsten Lebensjahr erreicht das Gehirn sein endgültiges Gewicht. Zwar sind zu diesem Zeitpunkt noch nicht alle Reifungsprozesse im Gehirn abgeschlossen, aber ab da hält sich die Zunahme des Verzweigungsgrades von Nervenzellen die Waage mit den Reifungsprozessen derselben. Dazu gehört auch die Reduktion ihrer Verzweigungen, die für eine effektivere Informationsverarbeitung notwendig ist.

Anatomisch besteht der größte Unterschied zwischen männlichem und weiblichem Gehirn darin, dass bei Männern die rechte Hemisphäre größer ist als bei Frauen. Bei Frauen wiederum sind beide Hemisphären anatomisch und funktionell wesentlich symmetrischer. Dies gilt auch für das gesamte *Planum temporale*, einen Bereich des Großhirns an der Grenze von Scheitel- zu Schläfenlappen, der maßgeblich an der Verarbeitung von Sprache beteiligt ist. Anders als das Gehirn ist das *Planum temporale* bei Frauen rechts wie links hemisphärisch größer als bei Männern. Und es enthält mehr und größere Nervenzellen. Darüber hinaus sind die beiden Großhirnhälften bei Frauen deutlich besser miteinander vernetzt. Besonders der Balken, der die beiden Großhirnhälften mit über 200 Millionen Nervenfasern verbindet, ist stärker ausgeprägt und sorgt so für einen besseren Nachrichtenfluss zwischen den Großhirnhälften. Selbst innerhalb der Gruppe der Frauen gilt: Je größer der Balken, desto besser die Sprachleistungen.

Aus Platzersparnisgründen scheint es eine Aufgabenverteilung zwischen den Hirnhälften zu geben (siehe Abb. 13, Seite 173): Sprache wird vornehmlich links verarbeitet, räumliches Vorstellungsvermögen dagegen rechts. Dementsprechend ist es durchaus möglich, dass die durchschnittlich bessere Leistungsfähigkeit von Jungen in diesen rechtshemisphärischen Gehirnfähigkeiten mit ihrer größeren rechten Hirnhemisphäre zusammenhängt. Auch von Computern weiß man, dass grafisch orientierte Programme wesentlich mehr Rechenkapazität erfordern als textverarbeitende Programme. Und die besseren Leistungen von Männern bei Fang- und Wurfbewegungen lassen sich ebenfalls über die unterschiedliche Gehirnorganisation der Geschlechter erklären. Bei Tätigkeiten wie diesen muss das Gehirn Informationen über den Ort des Ziels mit Richtung und Geschwindigkeit der Bewegung von Händen, Armen und dem gesamten Körper berechnen und koordinieren. Je schneller ein Objekt fliegt, desto schneller muss die räumliche Analyse erfolgen, und es könnte sein, dass die größere rechte Hirnhälfte bei Männern hier von entscheidendem Vorteil ist.

Auf der anderen Seite ist umstritten, ob die Größenunterschiede zwischen weiblichen und männlichem Gehirn wirklich so bedeutsam sind. Denn die Differenz von etwa 100 Gramm zwischen dem Gehirngewicht eines Mannes und dem einer Frau entspricht ziemlich genau dem Unterschied, den Forscher feststellen, wenn sie die Gehirne einer Gruppe großer Männer (1,90 m) mit der kleinerer Männer (1,60 m) vergleichen; und hier gibt es keine Hinweise auf Unterschiede in der visuell-räumlichen Verarbeitung. Dennoch werfen kleinere Männer mit einem kleineren Gehirn im statistischen Mittel besser als große Frauen; und auch für das räumliche Vorstellungsvermögen gilt: kleine Männer sind besser als große Frauen. An der Stelle scheint der Testosteronspiegel entscheidend zu sein. Interessant in diesem Zusammenhang ist, dass ein Mehr an Testosteron zwar bei Frauen zu besserem räumlichen Vorstellungsvermögen führt, für Männer umgekehrt aber gilt: Selbst Männer mit niedrigen Testosteronspiegeln (der immer noch um ein Vielfaches höher ist als der einer Frau) schneiden bei allen Aufgaben zu mathematischen Fertigkeiten und zum räumlichen Vorstellungsvermögen grundsätzlich besser ab als Frauen.

Männliche Gehirne sind also größer und von der Organisation her besser darauf vorbereitet, räumliche Informationen zu verarbeiten, während weibliche Gehirne in der Sprachverarbeitung und der motorischen Feinkoordinierung gewisse Vorteile haben. Dies sagt in der Tat etwas darüber aus, wie verschiedene Formen von Intelligenz durch unterschiedlich organisierte Gehirne zustande kommen. Über die Ursachen dieser Unterschiede verrät die Hirnstruktur, die im Wechselspiel von Genen und Umwelterfahrungen entsteht und prinzipiell plastisch (d. h. formbar und durch Umwelteinflüsse veränderbar) ist, jedoch nichts. Auch Umwelterfahrungen können sich in der Struktur des Gehirns widerspiegeln, wie die Nervenfasern des Balkens zeigen, der sich als besonders plastisch erwiesen hat. Vor allem motorische Tätigkeiten, die die Koordination zwischen den Hemisphären erfordern, bewirken eine Veränderung in der Anzahl an Verbindungen (Axonen) zwischen den Hemisphären. Die unterschiedliche Balkengröße bei den Geschlechtern bedeutet deshalb nicht automatisch, dass das Erbgut oder der direkte Einfluss von Hormonen dafür verantwortlich ist. Sie kann genauso von unterschiedlichen Verhaltensweisen und individuell unterschiedlichen Erfahrungen herrühren. So wird das Spielverhalten in der Tat von Geschlechtshormonen beeinflusst; während es bei Mädchen aber das Wachstum des Balkens fördert, wirkt es sich bei Jungen, die eine andere Art zu spielen haben, eher auf die Entwicklung der rechten Hemisphäre aus.

Was Eltern glauben und hoffen
Muss man aus all dem schließen, dass die Interessen und Neigungen der Kinder eine Sache der Gene, der Hormone und der Umwelteinflüsse sind? Müssen Eltern von Jungen damit rechnen, dass ihre Sprösslinge nur schwer Sprachen lernen, Gefühle weder zeigen noch bei anderen gut erkennen können? Sind Mädchen ganz klassisch in Mathematik und naturwissenschaftlichen Fächern keine Leuchten, dafür aber sprachlich umso sicherer? Diese Aussagen überstrapazieren die Daten genauso wie viele populärwissenschaftliche Bücher zu dem Thema. Alle in diesem Kapitel beschriebenen geistigen und motorischen Fähigkeiten werden mit isolierten Testbatterien gemessen. Damit unterscheiden sie sich doch erheblich von Alltagssituationen, für die wir immer eine ganze Palette an Fähigkeiten benötigen. Beim Einparken, einem ganz klassischen Beispiel, werden eben nicht nur räumliche Orientierung und Vorstellungsvermögen gebraucht, sondern auch manuelles Geschick (Feinmotorik) und Wahrnehmungsleistungen. Darüber hinaus sind die Differenzen innerhalb einer Geschlechtsgruppe wesentlich größer als zwischen den Geschlechtern. Entsprechend kann die Beurteilung einer Fähigkeit immer nur individuell erfolgen. Die Geschlechtszugehörigkeit allein ist also kein guter Indikator

für die zukünftigen Interessen, Neigungen und Leistungen eines Kindes – anders als die vorurteilslose Beobachtung. Und dabei haben Eltern oft falsche Vorstellungen von der eigenen Objektivität. Zwar konnte gezeigt werden, dass Töchter und Söhne im Deutschland des 21. Jahrhunderts in vielen Aspekten erfreulich gleich behandelt werden, etwa wenn es um die Intensität der Interaktion, Kommunikation, Lob und Zuwendung geht. Aber viele psychologische Studien haben auch belegt, dass Eltern bestimmte geschlechtsspezifische Spiele und Verhaltensweisen fördern. Unbemerkt bekommen Mädchen etwa weniger Zuspruch, wenn sie mit Autos spielen. Selbiges gilt für Jungen, die mit Puppen spielen. Auf der anderen Seite wird ein gelungener Schuss oder Wurf eines Jungen mehr gewürdigt, als dies bei einem Mädchen der Fall ist. Entsprechendes ist mit umgekehrten Vorzeichen bei einer schönen Zeichnung zu konstatieren: Ein Mädchen wird dafür gemeinhin mehr gelobt als ein Junge.

Solche subtilen Verstärkungsmuster fördern die angeborenen Unterschiede zwischen den Geschlechtern. Der außerfamiliäre Einfluss durch Spielkameraden, Kindergarten, Schule und Fernsehen spielt dabei eine immens große Rolle. Kinder haben ein großes Bedürfnis nach Anerkennung und Bestätigung, vor allem dann, wenn es um die Akzeptanz durch ihre Spielkameraden geht.

Welche Bedeutung die Sozialisation haben kann, zeigt sich insbesondere während der Pubertät: Jungen zeigen hier im IQ eine Steigerung um zwei Punkte, während er bei Mädchen sogar um einen Punkt sinkt. Beides ist eigentlich nicht zu erwarten, da der IQ über die Lebensspanne hinweg eher konstant bleibt. Es ist aber nicht auszuschließen, dass in der Pubertät Faktoren, wie z. B. das Selbstbewusstsein, eine Rolle spielen und die intellektuelle Leistung beeinflussen können. Generell ist der Druck auf pubertierende Jugendliche, die versuchen, sich an die Geschlechterrollen der Erwachsenen anzupassen, sehr groß. Wie aber gleich mehrere psychologische Studien gezeigt haben, wird dieser Druck vor allem von Mädchen als besonders stark empfunden.

Jungen als die zukünftigen Verlierer im Geschlechterkampf?
Aus all dem bisher Beschriebenen würde man eines nicht erwarten: dass sich insgesamt die Schulleistung zwischen den Geschlechtern unterscheidet, schon gar nicht, dass Jungen häufiger die Schule abbrechen und im Durchschnitt schlechtere Noten haben. Aber genau das ist in den letzten Jahren eingetreten. Während bis Mitte der 90er Jahre Jungen häufiger Abitur gemacht, weniger häufig die Schule abgebrochen haben und im Durchschnitt die besseren Noten als Mädchen hatten, hat sich dieser Trend mit Beginn des neuen Jahrtausends umgekehrt. Die Frage, die sich hier stellt, ist, ob diese Entwicklung biologische Ursachen hat oder kulturelle. Es könnte sein, dass Frauen bei schulischen Leistungen die kognitiv Überlegenen sind, da sie im Mittel auf der einen Seite sprachbegabter und disziplinierter sind und auf der anderen Seite sozial kompetenter und in ihren Wahrnehmungsleistungen präziser. Ebenso wäre es aber möglich, dass im Zuge der Gleichberechtigung Mitte der 90er Jahre Lehrer und Lehrerinnen in der Schule zu unterrichten begannen, die mit wesentlich weniger Vorurteilen den Geschlechtern gegenüber lehren und benoten. Entsprechend wäre der bessere Notendurchschnitt der Mädchen schlichtweg eine Folge der Gleichberechtigung. Diese Argumentation sollte man ernst nehmen. Schon der französische Psychologe Alfred Binet, der an der Entwicklung der ersten Intelligenztests mitgewirkt hat (siehe auch Kapitel 2.3, »Intelligenz und Wissen«), hatte anfänglich höhere IQ-Werte für Frauen gemessen und seinen Test dann so abgewandelt, dass Männer und Frauen gleich gut abschnitten (zu Recht übrigens, denn der IQ-Wert soll vom Mittelwert der gesamten Bevölkerung ausgehen).

Christian Pfeifer, Leiter des Kriminologischen Forschungsinstitutes Niedersachsen, vermutet dagegen, dass Computerspiele und vor allem die insgesamt geschlechtsspezifische Mediennutzung den dramatischen Notenabfall der Jungen erklären könnten. So fällt der Abwärtstrend der Schulleistungen von Jungen in der Tat mit dem flächendeckenden Aufkommen von Computerspielen

Individualität versus Geschlecht

und Spielkonsolen zusammen. Insbesondere sogenannte Ballerspiele werden vor allem von Jungen gespielt (zu über 80 Prozent), und dies bereits von 12- bis13-Jährigen mehrere Stunden am Tag (siehe auch Kapitel 3.5, »Mediennutzung«). Dies hat für einen Teil der Jungen (etwa 20 Prozent der Vielspieler) massive Konsequenzen: Da sie sich weniger bewegen, wird ihre haptische Geschicklichkeit nicht trainiert, und auch ihre Konzentrationsfähigkeit wird außerhalb der virtuellen Bildschirmwelten kaum gesteigert. Sie lesen weniger und laufen dadurch Gefahr, ihre Sprachkompetenz nicht weiterzuentwickeln, was vor allem vor dem Hintergrund der besseren Sprachkompetenz der Mädchen zu einem Schulproblem werden kann. Nicht zu vernachlässigen ist das Risiko der sozialen und psychischen Isolation durch die genannten Faktoren.

Es muss an dieser Stelle offenbleiben, welche der hier beschriebenen Korrelationen kausale Ursachen für den Schulleistungsabfall bei Jungen darstellen und was reine Korrelationen sind. Die Forschungen sind hier im vollen Gange. Unser Bildungssystem sollte auf jeden Fall offen sein für Schulkonzepte und Experimente, die bestimmte technisch-naturwissenschaftliche Fächer in reinen Mädchenklassen unterrichten sowie Sprachen in reinen Jungenklassen. Lehrer sollten bei der Aufgabenstellung z. B. in einer Mathematikarbeit, darauf achten, dass zur Lösung der (Text-) Aufgaben nicht mehr sprachliche als mathematische Fähigkeiten vonnöten sind. Festzuhalten bleibt, dass es eben doch biologisch bedingte Unterschiede zwischen Schülern und Schülerinnen gibt. Gleichberechtigung darf nicht heißen, alle Kinder mit den exakt gleichen, vor allem sprachlich dominierten Lehrmethoden zu unterrichten und zu bilden. Vielmehr müssen Eltern und Lehrer hier so individuell wie möglich auf geschlechtsspezifische Interessen und Begabungsprofile eingehen. Vor allem für Eltern aber gilt es, die Mediennutzung ihrer Kinder genau zu beobachten und zeitlich zu begrenzen. Dies ist eine entscheidende, aber ebenso einfache Maßnahme, die vor allem Jungen schützt und die Eltern selbst gut kontrollieren können.

FAZIT

Die meisten psychologischen und neurobiologischen Ergebnisse deuten darauf hin, dass Mädchen und Jungen mit unterschiedlichen kognitiven, emotionalen und motorischen Stärken und Schwächen ins Leben treten, was die Wahrnehmungsleistung, das räumliche Vorstellungsvermögen und die Sprachfertigkeit ebenso wie motorische Fähigkeiten betrifft. Ihre Sozialisation im Elternhaus, bei Freunden, im Kindergarten und in der Schule verstärkt diese geschlechtsbedingten Unterschiede, ruft sie aber nicht hervor. Natürlich ist das Geschlecht nicht unwesentlich für die weitere Entwicklung des Kindes – umso mehr sollten Eltern diese mit wachen Augen begleiten. Dazu gehört nicht zuletzt, für Überraschungen offen zu sein. Ist ein Junge ein guter Zeichner und bekommt bessere Noten in Kunst als in Sport, widerspricht er damit nicht einem Naturgesetz. Kann sich ein Mädchen für Physik und Chemie begeistern, ist es deshalb keine Streberin, die alles, was weiblich ist, verabscheut. Die genaue Beobachtung und die individuelle Förderung, losgelöst vom elterlichen Erwartungsdenken und der sozialen Rollenverteilung, sind die besten Garanten dafür, dass ein Kind – ob Junge oder Mädchen – seine eigene Balance aus Begabung, Lernfähigkeit, Spaß und Zufriedenheit findet. Kurzum, Jungen und Mädchen sind in ihren kognitiven Fähigkeiten nicht gleich. Die Überlappung zwischen den Leistungsfähigkeiten der Geschlechter ist allerdings so groß, dass die Zugehörigkeit zu einem Geschlecht nicht festlegt, wie gut man in Mathe und Deutsch, Englisch, Kunst oder Sport abschneiden und welchen Beruf man ergreifen wird.

ANREGUNGEN FÜR ELTERN

■ Eltern fördern unbewusst geschlechtsspezifische Verhaltensweisen, wie z. B. die unterschiedliche Art des Spielens. Hier gilt es, sich selbst zu beobachten und jedem Kind die Entfaltungsmöglichkeit zu geben, die es braucht.

■ Entsprechend müssen Eltern im Auge behalten, welche Verhaltensweisen ihrer Kinder sie verstärken, welche sie abschwächen, vielleicht sogar unterdrücken wollen. Dazu gehört auch die Einsicht, selber nicht geschlechtsneutral beobachten zu können.

■ Wenn es bei Mädchen einen Umstand gibt, der sie in ihrem Weiterkommen in Schule und Beruf hindert, ist es mangelndes Selbstbewusstsein, und das nicht nur in mathematisch-technischen Fragen. Hier gilt es als Eltern das Selbstbewusstsein zu steigern und zu fördern, indem man *alle* erbrachten Leistungen, egal auf welchem Gebiet, anerkennt. Natürlich sollte man als Eltern all seinen Kindern Zuspruch geben, aber in der Entwicklung der Mädchen spielt er eine ganz besonders entscheidende Rolle.

■ Jungen sind sozialen Störungen gegenüber empfindlicher. Sie bedürfen in familiären Stresssituationen der besonderen Fürsorge.

3 Die sieben Säulen für den Schulerfolg

»*Erfolg hat nur der, der etwas tut, während er auf den Erfolg wartet.*«
THOMAS ALVA EDISON (*Erfinder*)

Papier ist geduldig. Sie haben viel gelesen und erfahren über die Mechanismen des kindlichen Gehirns, darüber, wie Ihr Sohn und Ihre Tochter lernen, welche Faktoren sie anspornen oder hemmen. Die Anregungen am Ende der vorangegangenen sieben Kapitel sollten Ihnen eine Hilfestellung sein, um einige Aspekte des kindlichen Lernens besser verstehen und einordnen zu können. In den nun folgenden Kapiteln sollen ganz praktische Schlüsse gezogen werden, die Sie zum Mitarbeiten anregen wollen, denn ganz einfach gesagt gilt: Nur über das Fach Latein oder Englisch zu reden hilft wenig. Konjugationen, Fälle und Vokabeln muss man schlicht üben. Genau um dieses Üben geht es hier. »Die sieben Säulen für den Schulerfolg« vermitteln ein Basiswissen, das Sie in ihrer Familie tagtäglich anwenden können. Dazu gehören die Rahmenbedingungen, die Kinder brauchen, um mit Freude und erfolgreich die Schulzeit zu durchlaufen, aber auch der kompetente Rat bei Konflikten. Und da muss man ehrlich sein: Die ein oder andere problematische Situation werden Sie auf jeden Fall mit Ihrem Kind durchstehen müssen.

Die folgende Geschichte illustriert gut, worum es geht: Der Maler Pablo Picasso soll einmal in Paris von einer Frau gebeten worden sein, von ihr ein Porträt zu malen. Sie versprach ihn dafür angemessen zu entlohnen. Picasso zeichnete innerhalb von drei Minuten ein Bild und verlangte dafür 500 000 Francs, was heute einer Summe von etwa 75 000 Euro entspricht. Die junge Dame beschwerte sich über den hohen Preis, indem sie argumentierte, das Porträt sei ja innerhalb nur weniger Minuten entstanden. »Nein«, soll Picasso geantwortet haben, »es hat 40 Jahre gedauert.«

Steht Ihr Kind mit dem Abschlusszeugnis der Haupt- oder Realschule oder dem Gymnasium nach zehn oder zwölf Schuljahren vor Ihnen, dann dürfen Sie getrost Picassos Argumentation verwenden. Es ist ein langer – und eben manchmal auch beschwerlicher – Weg, bis ein Schüler ins Berufsleben tritt, aber er ist die Basis für sein weiteres Leben. Viele Jahre Lernen und Üben ermöglichen ihm, gezielt weiterzulernen und sein Können wie den Erfolg zu genießen. Den wenigsten fliegen Können und Erfolg ohne Mühe zu. Die meisten brauchen Zuspruch und sehr oft konkrete Unterstützung.

In den nächsten Kapiteln will ich Ihnen die Basis für diese konkrete Unterstützung in Form von Vorschlägen an die Hand geben. Es wird um die richtige Ernährung, das seelische Gleichgewicht, die Organisation des Lernens, Elternliebe und Bildungsklima, eine gute Balance zwischen Lob und Tadel, Mediennutzung und das deutsche Schulsystem gehen.

Vielleicht werden Sie jetzt denken: »Was soll ich denn noch alles tun?« Zwischen Beruf, Partnerschaft und persönlichen Sorgen scheint es uns Eltern oft unmöglich, auch in Bildungsfragen alles richtig zu machen. Keine Angst. Viele Dinge, die ich hier anspreche, werden Sie ganz automatisch bereits bedenken und auch ohne viel Nachdenken berücksichtigen. Aber ich weiß aus vielen Podiumsdiskussionen, dass Eltern oft sehr konkrete Fragen haben, weil sie unsicher sind. Sie möchten keine elementaren Fehler machen, wollen ihr Handeln überprüfen und suchen deshalb nach fundierten Informationen und kompetentem Rat. Wie lange darf mein Kind am Computer sitzen? Wie bringe ich mein Kind dazu, ein Buch zu lesen? Bin ich zu streng? Überfordere ich mein Kind? Helfe ich meinem Kind zu häufig, und wird es so unselbstständig? Ist Nachhilfe gut? Erkenne ich rechtzeitig, wenn mein Kind psychische Probleme hat? Soll ich meinem Kind Vitamindrinks geben? Und wie beginne ich ein Gespräch mit einem Lehrer? Auf diese und andere Fragen werden die folgenden Kapitel versuchen Antworten zu geben.

3.1 Ernährung und Bewegung

Kann man Klugheit essen? – Warum Zucker die Aufmerksamkeit dämpft – Schokolade für Jugendliche – Flüssigkeitsversorgung: Trinken, trinken, trinken – Hüpfen und balancieren

Unsere Ernährung beeinflusst, wie alt wir werden, wie gesund wir bleiben, wie leistungsfähig wir sind und wie wohl wir uns fühlen. Dasselbe gilt für die Bewegung. Anders als Kinder wissen wir Erwachsenen um diese elementaren Zusammenhänge. Ob wir danach handeln, ist eine andere Frage. Deshalb gehört es auch zur Erziehung unserer Kinder, ihnen beizubringen, wie man gesund isst und ausreichend Sport treibt. Das sind wir ihnen schuldig. Denn diese beiden Säulen bilden eine breite und stabile Basis für Gesundheit, Zufriedenheit und – ja auch – Erfolg. Sieben- bis zehnjährige Jungen benötigen 1900 Kilokalorien (kcal) pro Tag, bei Mädchen sind es 1700 Kilokalorien. Ein Nutellabrötchen (ca. 240 kcal), eine Portion Pommes frites (ca. 320 kcal), 100 Gramm Butterkekse (ca. 480 kcal), ein halber Liter Cola (ca. 305 kcal), 100 Gramm Vollmilch-Nuss-Schokolade (ca. 560 kcal) und eine Käsepizza (ca. 800 kcal) – für manche Jugendliche ein typischer täglicher Speiseplan – machen insgesamt etwa 2700 Kilokalorien! Dies ist nur ein kleines Beispiel, das zeigt, wie wichtig es ist, die Ernährungsgewohnheiten von Kindern und Jugendlichen im Blick zu haben.

Und das sind die Fakten: Zehn bis 20 Prozent der Schulanfänger sind zu dick, etwa fünf Prozent sogar fettleibig. Sie essen zu viel Zucker und zu viel Wurst, Fleisch, aber nicht ausreichend Obst, Gemüse und hochwertige Kohlenhydrate, wie sie z. B. in Vollkornprodukten enthalten sind. Ernährungsexperten halten folgende Ernährungsgewohnheiten pro Tag für einen Drittklässler ideal: 4 Portionen Salat, Obst oder Gemüse; 1 Portion Fleisch, Fisch oder Eier; 3 Portionen Milchprodukte wie Milch, Joghurt,

Käse; 5 Portionen Kohlenhydrate wie Brot, Nudeln, Reis, Kartoffeln oder Müsli; 2 Esslöffel Fette. Doch jedes dritte Kind mag kein Gemüse, ergeben Umfragen. Da haben es Eltern nicht leicht, die angemessene Grundversorgung zu sichern. Die späteren Geschmacksvorlieben werden bereits vor der Geburt im Mutterleib gelegt. Die Geschmacksknospen bilden sich im dritten Lebensmonat des Fötus aus und werden aber auch nach der Geburt im Säuglingsalter noch weiter geprägt. Trainieren Eltern mit einem leckeren, vielfältigen Speiseplan bei ihren Kindern die Lust auf Neues, sind diese später auch schneller für »gesundes« Essen zu begeistern. Dabei sind manchmal durchaus Tricks angesagt: Die pürierte Gemüsesuppe, in der das vielleicht verabscheute Gemüse nicht zu sehen ist, oder die Obsthappen, die schön zurechtgeschnitten ganz nebenbei in einer Lernpause weggefuttert werden – statt Schokolade. Die permanente Ermahnung »Iss doch was Gesundes« dagegen dürfte selten den gewünschten Effekt erzielen.

Ähnliches gilt für die Bewegung. »Jetzt mach doch mal Sport!« ist eine Aufforderung, die schnell vergessen ist. Wenn man aber ein gemeinsam gestaltetes Familien-Fitness-Programm auflegt, stehen die Chancen, dass das Kind gerne Sport treibt, deutlich besser, da Bewegung verbunden ist mit Spaß und sozialen Aktionen. Experten und Sportlehrer beklagen permanent die mangelnde Leistungsfähigkeit unserer Kinder. Etwa 30 Prozent aller Schulanfänger zeigen motorische Auffälligkeiten, 35 Prozent sind nicht imstande, zwei oder mehr Schritte auf einem drei Zentimeter breiten Balken entlangzubalancieren, und 43 Prozent erreichen bei der Rumpfbeuge nicht die Zehenspitzen. Zwischen 50 und 65 Prozent der Acht- bis 18-Jährigen weisen Haltungsschwächen auf. Die Ursachen sind schnell aufgezählt: Die Kinder werden zur Schule, zu den Nachmittagsaktivitäten gefahren, der Sportunterricht fällt oft aus – Untersuchungen zufolge an Gymnasien jede vierte Stunde –, und wenn er stattfindet, bewegt sich jedes Kind höchstens acht bis zehn Minuten in einer

45-Minuten-Sportstunde. Das ist zu wenig, auch wenn jedes zweite Kind darüber hinaus einmal pro Woche in einem Verein aktiv ist. Denn das stundenlange nachmittägliche Spielen und Herumtoben in der Natur, das Ausdauer und Gleichgewichtssinn trainiert, fehlen. Vor dem PC oder dem Fernseher sitzend, bleiben die Muskeln der Kinder inaktiv.

Kann man Klugheit essen?
Die Antwort ist eindeutig: ja, man kann. Allerdings wurden die Effekte, die das Essen auf das Gehirn und seine Leistungsfähigkeit hat, lange Zeit von der Wissenschaft vernachlässigt. Man glaubte, solange die Grundversorgung gesichert sei, also kein Mangel nachzuweisen ist, funktionierten die 100 Milliarden Nervenzellen in unserem Kopf prima. Erst vor wenigen Jahren begannen Forscher in Studien zu überprüfen, ob durch ein Plus an bestimmten Nährstoffen die Denkleistung zu steigern sei. In Kanada etwa untersuchte man Fünftklässler und konnte zeigen, dass die Ernährung sehr wohl Fähigkeiten wie Lesen und Schreiben beeinflussen. Obst und Gemüse, aber auch ungesättigte Fette, wie sie in Fisch zu finden sind, haben einen positiven Effekt. Vor allem ein Stoff namens Docosahexaensäure – im weiten Sinne gehört er zu den Omega-3-Fettsäuren – scheint eine große Rolle spielen. Obwohl der Körper ihn nicht selbst bilden kann, benötigt er ihn für die Ummantelungen der Nervenzellen und für den Signaltransport zwischen den Hirnzellen. Omega-3-Fettsäuren liefert Seefisch. Aber auch Rapsöl ist eine gute Quelle. In Großbritannien verabreichte man 100 Schulkindern sechs Monate lang Fischölkapseln, um ihre Lernfähigkeit zu verbessern. Noch stehen die Ergebnisse aus. Fest steht aber, dass es sinnvoll ist, sein Schulkind ausgewogen zu ernähren. Die folgende Liste kann einige Anhaltspunkte liefern, worauf Eltern besonders achten sollten.

Nahrungsbestandteile / Nährstoffe und ihre Wirkungen

Name	Funktion	Gute Quellen aus der Nahrung
Vitamin D (Calciferol)	fördert die Calcium- und Phosphataufnahme im Darm, ist wichtig für die Knochenbildung, die Bildung von Hautzellen und die Steigerung des Immunsystems	Butter, Eigelb, fetter Fisch; bei normalem Sonnenlicht wird Vitamin D in ausreichenden Mengen in der Haut gebildet.
Vitamin E	fördert die Zellerneuerung, steigert die geistige Leistungsfähigkeit	Keimöle, Nüsse, Himbeeren, Papaya, Mais, Weizenkeime, Sellerie, Spargel, Lauch, Hülsenfrüchte, Kürbis, Schwarzwurzeln, Avocado, Spinat
Vitamin B1 (Thiamin)	Bestandteil zahlreicher Enzyme, Kohlenhydratstoffwechsel, vor allem in Nervenzellen wichtig, verbessert die Weiterleitung des Aktionspotenzials	Schweinefleisch, Leber, einige Fischarten (Scholle, Thunfisch), Vollkornerzeugnisse, v. a. Haferflocken, Hülsenfrüchte, Kartoffeln, Soja, Naturreis, Sonnenblumenkerne
Vitamin B2 (Riboflavin)	Bestandteil zahlreicher Enzyme, wichtig für Nervenzellen, Augen, Haut, Nägel, Haare	Eier, Fisch, Käse, Milch, Mandeln, Fleisch, Pfirsiche, Papaya, Erdbeeren, Erbsen, Karotten, Brokkoli

Name	Funktion	Gute Quellen aus der Nahrung
Vitamin B6 (Pyridoxin)	wichtig für den Eiweißstoffwechsel, verbessert die Reizweiterleitung im Gehirn und die Bildung von Antikörpern	Kohl, grüne Bohnen, Feldsalat, Linsen, Hühner- und Schweinefleisch, Fisch, Kartoffeln, Bananen, Vollkornprodukte, Weizenkeime, Soja, Avocado, Walnüsse, Erdnüsse
Folsäure	wichtig für Aminosäuren- und DNA-Synthese	Weizenkeime, Sojaprodukte, Gemüse (z. B. Tomaten, Spinat, Gurken, Sellerie, Lauch, Spargel, dunkelgrüne Blattgemüse, Brokkoli), Orangen, Weintrauben, Äpfel, Kiwi, Kirschen, Himbeeren, Nüsse, Vollkornbrot, Kartoffeln, Fleisch, Milchprodukte
Vitamin B12 (Cobalamin)	Bestandteil vieler Enzyme, wichtig für die Bildung von Blutzellen und die DNA-Synthese; bei Mangel auch Störungen des Nervensystems möglich	Fisch, Bierhefe, Leber, Eier, Milch, Käse
Vitamin C (Ascorbinsäure)	stärkt das Immunsystem, die Eisenaufnahme, die Wundheilung, sowie die Bildung von Bindegewebe, Radikalfänger	Gemüsepaprika, Brokkoli, Kohl, Tomaten, schwarze Johannisbeeren, Stachelbeeren, Fenchel, Bananen, Mango, Sanddorn, Zitrusfrüchte, Kartoffeln (ge-

Name	Funktion	Gute Quellen aus der Nahrung
		ringerer Gehalt, aber wegen der größeren Verzehrmengen dennoch eine gute Quelle)
Kalzium und Phosphor	zusammen mit Vitamin D wichtig für die Festigung der Knochen und Zähne	Michprodukte, Fisch, Fleisch, grünes Gemüse
Eisen	Sauerstoffaufnahme im Blut	Fleisch, Fisch, grünes Blattgemüse
Jod	wichtig für die Bildung von Schilddrüsenhormonen (Antriebssteuerung!)	Seefisch, Meeresfrüchte, jodiertes Speisesalz
Selen	Mangel könnte sich ungünstig auf die Aktivität der Nervenzellen auswirken	Innereien, Nüsse, Getreide, Fisch, Fleisch
Omega-3-Fettsäuren/Docosahexaensäure (DHA)	Signalübermittlung der Nervenzellen	fetter Fisch (Lachs, Hering, Makrele), Öle, Leinsamen
Cholin	Wachheit, Lernfähigkeit, Gedächtnis	Soja, Eier, Huhn, Erdnüsse, Rindfleisch

Name	Funktion	Gute Quellen aus der Nahrung
Phenylalanin	wandelt der Körper in Tyrosin um; das macht munter	proteinreiche Nahrung
Tryptophan	Baustoff des modulatorischen Neurotransmitters und »Glückshormons« Serotonin	Fleisch, Fisch, Eier, Milchprodukte, Hülsenfrüchte
Flavonoide	fangen schädliche Stoffe wie Radikale ab, steigern die Zellerneuerung	grüner Tee (wegen des darin enthaltenen Koffeins nur für Kinder über 14 Jahren geeignet), blaue Weintrauben, Beeren

Um z. B. ein zwölfjähriges Kind ausreichend mit Vitaminen zu versorgen, genügen zweimal 250 Gramm Gemüse und Obst am Tag, bei 15- bis 18-jährigen Jungen sind es je 350 Gramm. Angemerkt sei, dass für eine ausgewogene Ernährung bei heranwachsenden Kindern keine Nahrungsergänzungsprodukte nötig sind. Allerdings ist darauf zu achten, dass Kinder genügend Vitamin D in Kombination mit Kalzium und Phosphor bekommen, das wichtig für den Knochenaufbau ist. Für das Gehirn ist vor allem Vitamin B1 (Thiamin) entscheidend, da es nicht nur Bestandteil von vielen für die Nervenzellfunktion wichtigen Enzymen ist, sondern auch die elektrische Weiterleitung in Nervenfasern fördert. Vitamin B1 ist vor allem in Sonnenblumenkernen, Schweinefleisch und Getreide zu finden. Ebenfalls förderlich für die elektrische Weiterleitung ist Vitamin B6, welches vor allem in Bananen, Nüssen, Fisch, Hefe und Vollgetreide enthalten ist. Noch bis zum 16. Lebensjahr werden in vielen Hirnarealen die Nervenfasern mit Fetthüllen aus Gliazellen ummantelt, die für eine Isolierung sorgen und dadurch die Leitungsgeschwindigkeit erhöhen. Dass Kinder bei vielen Aufgaben langsamer sind als Erwachsene oder in ihren Bewegungen wackliger, geht auf diesen Umstand zurück. Unser Gehirn erreicht seine höchste Verarbeitungsgeschwindigkeit erst mit etwa 16 Jahren, entsprechend ist es bis dahin förderlich, darauf zu achten, dass das Kind Vitamin B1- und B6-reiche Nahrung aufnimmt.

Warum Zucker die Aufmerksamkeit dämpft
Kinder lieben Süßes. Das ist verständlich. Auch unser Gehirn benötigt als Energielieferant Traubenzucker. Weil das Gehirn keine Energie speichern kann, ist es ständig auf Nachschub aus dem Blut angewiesen. Entscheidend ist jedoch, in welcher Form die Energie angeliefert wird. Eine Tafel Traubenzucker vor einer Prüfung lässt zwar kurzfristig den Blutzuckerspiegel in die Höhe schnellen und steigert dadurch sicherlich die Konzentration, aber schon nach kurzer Zeit sinkt der Spiegel wieder. Traubenzucker ist keine langfristige Energiequelle. Um Zucker in die Zellen zu schleusen, produziert unsere Bauchspeicheldrüse vermehrt Insulin. Danach fällt der Insulinspiegel jedoch rasch wieder ab. Die Folge: Man bekommt erneut Heißhunger auf Süßes. Zudem empfindet man Müdigkeit und Erschöpfung. Besser reguliert der Körper die Balance zwischen Zucker und Insulin, wenn die Zuckerquelle aus langkettigen Kohlenhydraten wie Getreide, Obst und Gemüse stammt. Daraus muss erst Glukose, also Traubenzucker, gewonnen werden, die dann ins Gehirn geschleust wird. Bananen sind zum Beispiel ein guter Energielieferant. Sie enthalten zudem noch Kalium, Magnesium und Serotonin, die die Konzentration und die Stimmung positiv beeinflussen können. So lernt es sich besser als mit Schokolade!

Schokolade für Jugendliche

Die Zahlen sprechen eine klare Sprache: 20 Prozent aller Kinder sind dauerhaft übergewichtig, unter Jugendlichen sind es sogar 30 Prozent. Tendenz steigend. Übergewicht erhöht das Risiko für Diabetes, Herz-Kreislauf-Erkrankungen und Arthrose im späteren Leben und ist – natürlich – für die geistige Entwicklung des Kindes alles andere als förderlich.

Dennoch dürfen Kinder durchaus Schokolade essen, sofern sie einen Kakaoanteil von mindestens 70 Prozent hat und damit weniger Zucker enthält als Schokolade mit einem niedrigeren Kakaogehalt. Zum einen gewinnt der Körper aus Schokolade erst nach und nach Energie. Damit ist Schokolade ein dauerhafterer Energielieferant als Traubenzucker, der Kindern zwar hilft, kurzfristig eine Krise zu überwinden, aber die so gewonnene Energie verpufft schnell. Zum anderen führt Schokolade dem Gehirn Tryptophan zu, eine Aminosäure, die wichtig für den Serotoninstoffwechsel des Gehirns ist. Serotonin ist ein wichtiger Neurotransmitter im Gehirn, der entscheidend am Antrieb eines Menschen und an der Regulation seines Gefühlshaushalts beteiligt ist. Serotonin gehört zum sogenannten Belohnungssystem des Gehirns und verstärkt positive Gefühle. Wie in erst kürzlich durchgeführten Untersuchungen gezeigt wurde, ist Schokolade allerdings weniger nützlich, negative Gefühle zu vertreiben. Zur Frustbekämpfung ist Schokolade also weniger gut geeignet.

Flüssigkeitsversorgung: Trinken, trinken, trinken

2,15 Liter Flüssigkeit sollten Kinder zwischen 9 und 13 Jahren idealerweise täglich trinken. Aber das tun sie nicht. Die meisten nehmen nur zwischen 1,6 und 1,8 Liter aus Nahrung und Getränken zu sich. Das ist deutlich zu wenig. Die Folgen sind Kopfschmerzen, Verstopfung, Kreislaufbeschwerden und Müdigkeit, was wiederum zu Konzentrationsschwächen führt. Etwa 12 Prozent der Schulkinder trinken nichts zum Frühstück, und 24 Prozent geben an, in den Unterrichtspausen »selten« oder »nie« zu trinken. Ein derart unter Flüssigkeitsmangel leidendes Gehirn lernt und arbeitet in der Schule nicht gut. Und das gilt auch für die Hausaufgaben am Nachmittag. Dabei lässt sich der Mangel an Flüssigkeitszufuhr leicht beheben. Viele Schulen stellen Wasserspender auf, einige erlauben mittlerweile sogar das Trinken während des Unterrichts. Eltern sollten ihren Kindern zum Pausenbrot immer eine Trinkflasche mitgeben. Wenn nachmittags noch Sport auf dem Stundenplan steht, darf es ruhig ein ganzer Liter sein. Am besten eignen sich Mineralwasser, Leitungswasser und Früchtetees. Es ist nicht ratsam darauf zu vertrauen, dass sich der Schüler am Kiosk ein Getränk besorgt. Mal bleibt keine Zeit, mal hat er das Geld vergessen, mal ist die Warteschlange zu lang. Eltern und Lehrer sollten Kinder daher immer wieder daran erinnern, genügend zu trinken.

Hüpfen und balancieren

Der positive Einfluss körperlicher Bewegung auf die motorische und die geistige Entwicklung eines Kindes wird oft unterschätzt. In dem Moment, wo Kinder laufen gelernt haben, stehen sie in einem größeren Radius mit der Welt in Kontakt. Und das ermöglicht ihnen einen regelrechten Reifungsschub des Gehirns. Das Kind kann nun selbst agieren und nimmt die Welt dreidimensional wahr. Es tritt mehr als handelndes denn als reagierendes Wesen auf. Dies hat einen positiven Einfluss auf das Lernen, denn je mehr Lernvorgänge mit eigenem Handeln verbunden werden, desto leichter lernt es sich. Nicht von ungefähr kommt das Wort »begreifen« von »greifen« und »zupacken« und entspringt dem eigenen Handlungsimpuls.

Auch Lesen und Schreiben sind wichtige Bewegungsabläufe, die ein Kind lernen muss. Es sind rhythmisch gegliederte Vorgänge, die durch rhythmische und musikalische Aktivität beim

Singen, Spielen und Tanzen als eine Art Reifungshilfe vorbereitet bzw. begleitet werden können. Besonders gut eignen sich Fingerspiele. Die Kombination von Wort und Bewegung, aber auch die Gliederung des Textes durch Pausen und Fingerwechsel sind ideale sprachunterstützende Fördermöglichkeiten. Gerade in der mittleren Kindheit (vier bis sechs Jahre) steht das Erlernen motorischer Fertigkeiten wie Radfahren, Schwimmen, Rollschuhlaufen, Fußballspielen usw. im Vordergrund. Kinder dieses Alters zeigen eine hohe Bewegungslust. Gleichgewichtssinn und Bewegungskoordination, Geschicklichkeit und rhythmische Bewegungsfähigkeit werden so bereits zum Ende des Vorschulalters gut ausgebildet. Im Alter von sechs bis acht Jahren werden Bewegungsspiele ziel- und wettbewerbsorientierter durchgeführt. Die Bewältigung einer Aufgabe sowie deren soziale Aspekte (besser sein als das Team; als Einzelperson mit Konkurrenzsituationen umgehen können) kommen also gleichermaßen zum Tragen.

Die Bewegung und die damit einhergehende Motorkoordination dürfen Eltern nicht allein als Training des Bewegungsapparates ansehen. Gerade die Integration von Sinnesreizen mit der Planung und Durchführung von Bewegungsabläufen ist ein ganzheitlicher Entwicklungs- und Reifungsprozess für das Gehirn. So können bei Leistungs- und Lernstörungen psychomotorische Behandlungsangebote ratsam sein ebenso wie Ergotherapien, um spezielle motorische Probleme von Kindern zu beheben.

Insbesondere bei älteren Kindern sollte man vermehrt darauf achten, dass sie ihren natürlich vorhandenen Bewegungsdrang nicht zugunsten von Fernsehen und Computer verlieren. Kondition und Ausdauer nützen sowohl der Gesundheit als auch dem Gehirn. So hat man erst in den letzten Jahren herausgefunden, dass ein Mensch, wenn er sich bewegt, nicht nur die Muskeln besser durchblutet, sondern auch das Gehirn. Bei 40 Prozent der Maximalleistung bedeutet dies eine um 25 Prozent vermehrte Blutzufuhr zum Gehirn. Die besser versorgten Bereiche liegen vor allem in der Großhirnrinde, die für alle Langzeiterinnerungen von hoher Bedeutung ist. Neben der verbesserten Sauerstoffversorgung werden dem Gehirn durch den vermehrten Blutstrom Botenstoffe zugespült, die die Schmerzschwelle heben und für Hochgefühle (Euphorie) sorgen können. Diese körpereigenen Opiate, die sogenannten Endorphine, treten nicht nur mit den Nervenzellen in der Großhirnrinde in Wechselwirkung, sondern auch und vor allem mit Arealen des limbischen Systems, welches von herausragender Bedeutung für das emotionale Befinden ist. Es spielt aber auch für Motivation und Antrieb – essenzielle Komponenten jeden Lernens – eine wichtige Rolle. Insofern haben Sportvereine in vielerlei Hinsicht eine positive Wirkung auf die kindliche Entwicklung: Sie fördern die Kondition und die motorischen Fähigkeiten und führen zu einem regelmäßigen Training, zu vorgegebenen Zeiten in einem kommunikativen Rahmen. Damit leisten sie auch einen Beitrag zur Ausbildung von emotionaler und sozialer Intelligenz. Die Bewegung trägt dazu bei, den stattfindenden Muskelaufbau zu stärken und die Sauerstoffversorgung aller Organe zu verbessern.

Generell gilt, dass Bewegung direkt über die motorischen Areale im Gehirn, aber auch indirekt über Endorphine und andere Substanzen die Reifung des Gehirns fördert. Hingegen werden Faktoren, die stressbedingt das heranwachsende Gehirn schädigen könnten, durch Bewegung gehemmt bzw. abgebaut. 2008 ergab eine Studie der Hochschule Aalen an 3000 Kinder in den Klassen eins bis zehn, dass die Fähigkeit der Kinder, das Gleichgewicht zu halten, Einfluss auf ihre Noten hat. Schüler mit Gleichgewichtsdefiziten waren in Mathematik um 0,6 Notenstufen schlechter als Kinder, die gute Balancierfähigkeiten zeigten (in Deutsch waren es 0,7 Notenstufen). Ein gezieltes Gleichgewichtstraining kann demnach durchaus zu besseren Noten führen.

Überhaupt sitzen Kinder viel zu viel und viel zu ruhig: in der Schule, vor dem Computer, dem Fernseher, im Auto. Deshalb empfehlen Experten, sogenannte Kippelstühle anzuschaffen. Kinder haben ein erhöhtes Bewegungsbedürfnis, das sie heute kaum mehr ausleben können. Sie ändern z. B. alle 60 bis 90 Sekunden ihre Haltung. Moderne Schulmöbel sind entsprechend darauf ausgerichtet. In vielen Schulen hat man bereits eine »bewegte Pause« eingeführt, die den Kindern vielseitige Möglichkeiten der Bewegung bietet. Bewegung fördert nicht nur die Durchblutung und schult den Gleichgewichtssinn. Sie reduziert auch Stress, fördert die Konzentration und schärft die Wahrnehmung.

Umso trauriger, dass ausgerechnet der Wandertag, den die Ministerien der Bundesländer den Schulen vorschreiben, oft nicht mehr als solcher genutzt wird, sondern die Schüler ins Kino, zum Gokartfahren oder gar zum Shoppen in die Stadt gehen. Ein Wandertag beinhaltet – wie das Wort bereits sagt – Bewegung und Gehen in freier Natur. Das ist überall möglich, und deshalb gilt es, an alle Lehrer zu appellieren, diese Tage auch im Sinne des Erfinders zu gestalten. Wandern ist ein geradezu idealer Kontrast zu unserer virtuellen Computerwelt. Gelingt es den Lehrern, daraus auch noch einen Erlebnistag mit Fantasie und Abenteuer zu machen, kann der Tag für die Kinder zu einer unvergesslichen Erinnerung werden: Höhlenwanderungen, Selbstversorgerhütten und nächtliche Exkursionen im Team zu viert – mit einem Handy und 5 Euro ausgestattet. Das kombiniert Bewegung und Erleben und bringt jede Hirnzelle auf Trab.

3.2 Psyche: Glücklich und gut gelaunt

Wenn die Seele aus dem Gleichgewicht gerät – Ist mein Kind verhaltensauffällig? – Handeln in konkreten Situationen – Stress und Prüfungsangst abbauen – Mobbing: Opfer und Täter – Die virtuelle Gefahr: Cyber-Mobbing

Die drei großen Zs sind für das psychische Wohlbefinden eines Kindes ausschlaggebend: Zeit, Zuneigung, Zärtlichkeit. Das ist die Grundregel elterlicher Erziehung. Den Alltag mit Freude und einer Portion Gelassenheit zu genießen, ist sicher ein wichtiger Baustein für eine gute Entwicklung. Aber er ist kein Garant. Ein Kind kann sich – ganz unabhängig von der Liebe der Eltern und einem guten Bildungsklima – in der Schule nicht wohlfühlen: weil es überfordert ist, keine Lust auf Schule hat oder ihm der Stoff nicht liegt. Oder weil es die falschen Lernstrategien benutzt, der Tagesablauf zu unruhig für das Kind ist, es sich selbst unter Druck setzt oder mit dem Unterrichtsstil der Lehrer nicht klarkommt. Darüber hinaus kann es eine Lernstörung entwickeln, angefangen bei einer Lese-Rechtschreib-Schwäche bis hin zu Konzentrationsstörungen. Die Ursachen dafür zu erkennen ist alles andere als einfach, erst recht für Eltern. Ein Außenstehender – am besten ein Profi – sieht deutlicher, was uns als direkt Betroffene unerklärlich scheint. Er erkennt auch, wann und ob ein Kind und die Familie professionelle Hilfe benötigen. Anlaufstellen sind Familien- oder psychologische Beratungsstellen, Familien- oder Kindertherapeuten und Schulpsychologen.

Wenn die Seele aus dem Gleichgewicht gerät
Das Versagen in der Schule kann aber auch einen seelischen Ursprung haben, wenn das Kind psychisch krank ist. Ursachen hierfür können genetische Veranlagungen sein, wie sie bei Schi-

zophrenien und Depressionen vorliegen, oder auch mit der familiären Situation zusammenhängen. Eine Scheidung oder der Tod einer wichtigen Bezugsperson können ein Kind für viele Wochen und Monate emotional aus der Bahn werfen. Die Studie zur Kinder- und Jugendgesundheit des Robert-Koch-Instituts (KIGGS) 2007 ergab, dass etwa 15 Prozent aller Jugendlichen psychische Auffälligkeiten zeigen, z. B. Probleme im Umgang mit Gleichaltrigen, emotionale Krisen oder Hyperaktivität. So kämpft jeder fünfte Pubertierende mit Nervosität, Erschöpfungszuständen und Unzufriedenheit. Viele Gehirnareale durchlaufen in dieser Zeit nochmals eine Art Neuorganisation, die Jugendliche und Eltern in tiefe Verzweiflung stürzen kann. Reifungs- und Entwicklungsprozesse verlangen eine Neudefinition der Gefühle und Bindungen – bei Eltern und Kindern.

Jede länger andauernde psychologische Krise, Ängste, Konflikte oder Familienprobleme bedeuten für Kinder Dauerstress, und der führt zu ähnlichen Symptomen, wie wir sie von überarbeiteten Managern kennen: Schlafstörungen, Konzentrationsschwächen, Kopf- und Magenschmerzen. Achtzig Prozent der 11- bis 17-Jährigen klagten, so die KIGGS-Studie, in einem Zeitraum von drei Monaten über Kopf-, Bauch oder Rückenschmerzen. Jeder zehnte Schulanfänger leidet bereits regelmäßig unter Schlafstörungen, fanden Kinder- und Jugendpsychiater der Universität Köln 2009 heraus. Eine Zahl, die man nicht ignorieren darf.

Experten schätzen, dass bis zu eine Million Schüler an einer Form von Schulangst leidet, die meist aufgrund von Leistungsdruck, Angst vor Lehrern, Mitschülern oder Misserfolgen auftritt. Ess-Brech-Sucht (Bulimie) und Magersucht (Anorexie) gehören als Essstörungen mittlerweile zu den häufigsten psychischen Störungen im Jugendalter, immer häufiger bereits im Kindesalter. Auch Aggressionen gegen sich selbst oder andere zu richten, erscheint mehr und mehr Jugendlichen als Ausweg aus einer psychischen Krise. Über 20 Prozent der Jugendlichen hatten laut Drogen- und Suchtbericht 2009 in den vergangenen 30 Tagen

Psyche: Glücklich und gut gelaunt

vor der Befragung mindestens einmal mehr als fünf Gläser alkoholische Getränke zu sich genommen. Damit ist das exzessive Rauschtrinken weit verbreitet. Fast jeder Zehnte im Alter von 12 bis 17 Jahren weist einen gefährlich hohen Alkoholkonsum auf. Auch dies ist Ausdruck zunehmender Verunsicherung. Mobbing in der realen Welt der Schüler sowie im Internet und Gewalt unter Schülern haben zugenommen. Bei einer Online-Befragung unter 2000 Kindern und Jugendlichen durch die Universität Koblenz-Landau berichtete jeder Zweite, innerhalb von zwei Monaten einmal direkt attackiert worden zu sein. Schätzungsweise verhalten sich zwischen fünf und zehn Prozent der Jugendlichen regelmäßig aggressiv. Häufig kommen diese Kinder aus Familien, in denen ein emotional kaltes Klima herrscht und kaum klare Erziehungsregeln aufgestellt werden, vermutet der Psychologe Friedrich Lösel von der Universität Erlangen. Nach der Polizeistatistik ist der Anteil der Mädchen unter den gewalttätigen Jugendlichen von 1987 bis 2007 um 60 Prozent gestiegen.

Und noch eine Tatsache sollte uns alle wachrütteln: Jedes Jahr nehmen sich in Deutschland etwa 240 Jugendliche unter 20 Jahren das Leben. Das entspricht etwa einem jungen Menschen an jedem Wochentag, der den psychischen Druck nicht mehr erträgt und glaubt, nur noch im Selbstmord einen Ausweg finden zu können. Davon sind zwei Drittel Jungen. Und auf einen Suizid kommen zehn fehlgeschlagene Versuche. Hier sind doppelt so viele Mädchen betroffen, erklärt der Stuttgarter Psychiater Elmar Etzersdorfer.

Der bewusste Umgang mit Konflikten, ohne dabei Probleme zu verharmlosen – und das gilt für Eltern ebenso wie für Lehrer –, ist die beste Chance, allen Beteiligten zu helfen. Anti-Aggressionstrainings, Streitschlichterprogramme und Anti-Mobbing-Projekttage in Schulen sind gute Möglichkeiten, das Bewusstsein für bestimmte Problemfelder zu schärfen.

Ist mein Kind verhaltensauffällig?

Bei persönlichen Problemen eines Kindes sollten Eltern zunächst das Gespräch mit der Schule suchen, am besten zuerst mit dem Klassenlehrer, der meist am besten über Verhaltensauffälligkeiten eines Schülers informiert ist. Natürlich kommt es vor, dass ein Kind in so einer schwierigen Situation eine Reserviertheit dem Klassenlehrer gegenüber verspürt und lieber möchte, dass die Eltern einen anderen Lehrer zurate ziehen. In diesem Fall sollten die Eltern sich zunächst an einen Fachlehrer oder den Vertrauenslehrer wenden – und dann aber auch an den Klassenlehrer. Es ist ratsam, sich als Eltern auf das Gespräch über die Verhaltensauffälligkeiten des eigenen Kindes gut vorzubereiten und dazu eine Liste mit Fragen zu erstellen:

› Welche Verhaltensauffälligkeiten hat der Lehrer festgestellt (z. B. Schuleschwänzen, aggressives Verhalten des Schülers gegenüber dem Lehrer und/oder seinen Mitschülern, apathisches Auftreten)? Gibt es konkrete Situationen, an denen das Problem festgemacht werden kann?
› Seit wann verhält sich das Kind auffällig? Schließlich können Verhaltensauffälligkeiten zeitlich mit persönlichen, entwicklungspsychologischen oder familiären Problemen zusammenhängen.
› Wo sieht der Lehrer die Hauptursache für die Verhaltensweise? Wie schätzt er den Klassenverband ein? Beurteilt er die Auffälligkeiten anders als die Eltern? Auf welche Weise und mit welchem Resultat hat er bereits versucht, mit dem Kind in Kontakt zu kommen und mit ihm darüber zu sprechen?

Gegebenenfalls kann diese Liste um ganz konkrete Nachfragen oder Zusatzfragen ergänzt werden. Es empfiehlt sich, diese Fragen vorher schriftlich zu formulieren und sich auch während des Gesprächs Notizen zu machen. Denn in einer emotional aufgewühlten Situation trügt das Erinnerungsvermögen häufig. Eltern, die den Verdacht haben, dass ihr Kind unter psychischen Problemen leidet, sollten dies unbedingt dem Lehrer mitteilen und diesen nach seinen Beobachtungen fragen. In jedem Schulsekretariat können Eltern auch Adressen von Schulpsychologen oder Kinder- und Jugendpsychiatern erfragen. In manchen Situationen kann sicherlich auch der Kinderarzt zurate gezogen werden.

Immer wieder gehen Verhaltensauffälligkeiten mit Notenproblemen einher bzw. bedingen sich gegenseitig. Wenn ein Kind stark in seinen Leistungen abfällt, versucht es diesen Leistungsabfall möglicherweise durch ein verändertes Verhalten zu kompensieren. Es wird z. B. zum Klassenclown, oder es macht sich aus Unsicherheit über eine schlechte Note in einer Klassenarbeit, die es gerade erhalten hat, lautstark lustig. Aber auch der umgekehrte Fall tritt ein: nämlich dass Verhaltensprobleme schlechtere Leistungen bewirken. Etwa wenn ein Kind ein Außenseiter in der Klasse ist und sich aus Angst vor den herablassenden Bemerkungen der Mitschüler nicht meldet oder aber absichtlich schlechte Leistungen erbringt, um nicht als Streber zu gelten.

Wie auch immer – eine differenzierte Problemanalyse ist der erste Schritt auf dem Weg zu einer geeigneten Therapie.

Handeln in konkreten Situationen
Ein Kind schwänzt die Schule, lügt die Eltern an, verheimlicht Arbeiten, verprügelt andere Kinder auf dem Pausenhof, bleibt sitzen und hat partout keine Lust, irgendetwas zu lernen. Das sind massive Problemsituationen, in denen Eltern verständlicherweise häufig verärgert reagieren, nach Erklärungen verlangen und mit Strafen drohen. Problemkinder brauchen aber genau das Gegenteil: unseren einfühlsamen Schutz, Halt, Orientierungshilfen und die richtigen Vorbilder. Herrscht in der ohnehin belasteten Situation nur noch Angst vor, wird ihr Selbstwertgefühl immer kleiner, die Angst immer größer; das Kind ist dann nicht mehr imstande, Hilfe anzunehmen.

Der Kinderpsychologe Wolfgang Bergmann beschwört aber noch ein anderes Problemfeld: die Autorität. Gute Autorität bedeutet: Kinder brauchen nicht noch mehr Grenzen, sondern Führung, Verlässlichkeit und liebevolle Fürsorge. Und genau das meint Erziehung. Regeln und Forderungen müssen präzise formuliert sein und Orientierung geben. Der Bonner Kinder- und Jugendpsychiater Michael Winterhoff warnt geradezu vor einer Laissez-faire-Erziehung, die unsere Kinder zu »Tyrannen« mache.

Einige Konzepte, z. B. die hier näher beschriebenen Elternprogramme, können helfen, den maßvollen Weg zwischen Freiheit und Autorität, Überbehüten und Bevormunden zu finden:

› »Freiheit in Grenzen« hat der Münchner Psychologe Klaus Schneewind sein Konzept überschrieben, das Kindern die Möglichkeit gibt, sich entsprechend ihren Neigungen zu entwickeln. Was aber heißt das für Eltern? Wie sollen sie sich in den täglichen Auseinandersetzungen und Erziehungsfragen verhalten? In der von seinem Forschungsteam interaktiv gestalteten DVD (www.freiheit-in-grenzen.org) zeigt Schneewind Handlungsperspektiven auf – eine Art Erziehungstraining per Mausklick. Es zielt darauf ab, eingefahrene Reaktionsmuster in der Erziehung bewusst zu machen und Alternativen zu durchdenken. Alle drei Bücher mit DVD sind für Eltern eine gute Hilfe in Alltagssituationen: *Freiheit in Grenzen – Set: Der interaktive Elterncoach: Kinder im Vorschulalter kompetent erziehen; Kinder im Grundschulalter kompetent erziehen; Jugendliche kompetent erziehen* von Klaus A. Schneewind und Beate Böhmer ist im Huber Verlag, Bern, erschienen.

› Triple P ist ein weiteres Beispiel für moderne Erziehungshilfen: Es handelt sich dabei um ein neu entwickeltes Elterntraining aus Australien, das Eltern helfen soll, den Alltag mit Kindern positiver zu gestalten. Triple P steht für »Positive Parenting Program« (Info-Telefonnummer 02 51/51 89 41, www.triplep.de), in dem man lernt, miteinander zu reden, neue Regeln aufzustellen und Forderungen zu diskutieren. Auch hier sind Lob und Zuneigung die Basis. Die Kurse werden für Eltern mit bis zu zwölfjährigen Kindern und älteren Jugendlichen angeboten. Informativ sind die verschiedenen Triple-P-Elternarbeitsbücher für verschiedene Altersstufen.

Psyche: Glücklich und gut gelaunt

> »Starke Eltern, starke Kinder« nennt sich seit 1985 das Elternangebot des Deutschen Kinderschutzbundes. Die Kurse (12 Mal zwei bis drei Stunden) vermitteln einen sogenannten anleitenden Erziehungsstil, der klare Grenzen setzt und die Selbstständigkeit des Kindes trotzdem unterstützt. Eltern lernen viel über ihre eigenen Erziehungsvorstellungen, wie man ohne Gewalt auskommt, richtig Lob und Anerkennung vermittelt und Konflikte in der Familie besser löst. Informationen erhalten Eltern über den Deutschen Kinderschutzbund und im Internet unter www.sesk.de. Zu empfehlen ist auch das Buch *Starke Kinder brauchen starke Eltern* von Paula Honkanen-Schoberth, das im Urania Verlag erschienen ist. Die Elternkurse werden auch in Österreich, der Schweiz und Tirol angeboten.

> STEP ist ein Weiterbildungskonzept für Eltern zum Thema Kindererziehung. Zentral ist eine demokratische Erziehung in respektvollem Miteinander. In zehn Gruppentreffen lernen Eltern, Verantwortungsbewusstsein und Kompetenz zu stärken sowie den Dauerstress im Erziehungsalltag zu reduzieren. Professor Klaus Hurrelmann, der die wissenschaftliche Evaluation des STEP-Programms an der Universität Bielefeld übernommen hat, betrachtet STEP als »ein zutiefst demokratisches und humanes Konzept. Es zielt darauf ab, Menschen unterschiedlicher Generationen feste und klar strukturierte Regeln für den Umgang miteinander an die Hand zu geben.« Kurse, Termine und weitere Infos sind unter www.instep-online.de und in den drei Büchern *Step – das Elternbuch* (Beltz-Verlag) zu finden, die für Kinder von der Geburt bis zum sechsten Lebensjahr, ab dem sechsten Lebensjahr und für Teens im Handel sind.

> »Erwachsen werden« dagegen ist ein Trainingsprogramm für Schulen. Mit diesen von den Lions Clubs gesponserten Präventivkursen (www.lions-quest.de) wurden bereits 50 000 Lehrer in Deutschland ausgebildet, die 10- bis 15-jährige Schüler unterrichten. Es ist eine Art Selbsthilfe, mit der Schüler und Lehrer lernen, wie sie die Konflikte in dieser Lebensphase bewältigen.

Viele unterschiedliche Programme unterstützen sowohl Eltern als auch Lehrer. Es kommt vor allem darauf an, überhaupt Hilfe zu suchen und sie anzunehmen. Ein allgemeines Klagen über den Werteverfall der Jugend und mangelnden Respekt ist keinesfalls eine Lösung. Eltern sollten die Angebote nutzen, die oft kostenlos sind oder allenfalls Kosten bis 300 Euro verursachen.

Stress und Prüfungsangst abbauen
Ein wenig Druck ist gut. Er erhöht dann die Konzentrationsfähigkeit, wenn man weiß, dass es um etwas geht. Das Aufmerksamkeits- und Stresshormon Adrenalin aus den Nebennieren wirkt im Gehirn wie ein Konzentrationsmittel. Geringe bis mittlere Adrenalinkonzentrationen wirken leistungssteigernd. Die Reaktionsbereitschaft steigt ebenso wie die Sauerstoffversorgung des Gehirns und die Konzentrationsfähigkeit (siehe Abb. 10, Seite 152). Erst wenn die empfundene Belastung zu hoch wird, nimmt die Leistung wieder ab. Dann sind Symptome einer Überforderung erkennbar, die nicht zu vergleichen sind mit der Anspannung vor einer Klassenarbeit, mit dem leichten Bauchgrummeln, bevor es losgeht. Letzteres sind hilfreiche Mechanismen des Körpers, um sich zu konzentrieren. Bauchschmerzen, Angstschweiß und Zittern dagegen sind Alarmsignale für tiefer liegende Probleme. Hier müssen die Ursachen geklärt werden.

Stress sollte keineswegs unterdrückt oder ignoriert werden. Er muss abgebaut werden, etwa zwischen einzelnen Lerneinheiten, damit die Kinder wieder aufnahmefähig für Neues werden. Therapeuten haben dafür viele unterschiedliche erfolgreiche Methoden entwickelt. Es mag auf den ersten Blick irritierend sein, dass man Kindern beibringen muss, wie sie sich am besten entspannen. Aber die veränderten Lebens-, Spiel- und Medienwelten erschweren vielen den natürlichen Zugang dazu. Eine gute Möglichkeit des Stressabbaus bietet der Sport. Joggen,

Psyche: Glücklich und gut gelaunt

Schwimmen, Tennisspielen regt die Durchblutung an und baut Stresshormone ab. Auch durch autogenes Training, eine Technik der konzentrierten Selbstentspannung, kann Stress reguliert werden. Mit Hilfe bestimmter Übungen ist es möglich, vom körperlichen Entspannungszustand in den psychischen autogenen Entspannungszustand überzugehen. Autogenes Training kann man erlernen. Kurse werden z. B. von Krankenkassen, Schulpsychologen oder Volkshochschulen angeboten. Alternative Entspannungstechniken sind Yoga-Übungen für Kinder, Atemtraining, Muskelentspannungstraining oder Achtsamkeitsübungen. Viele Lehrer haben diese Methode der Achtsamkeit und des Bewusstseins im Umgang mit unruhigen Klassen entdeckt. Achtsam zu sein bedeutet, die eigenen Gefühle zu erkennen, auch negative Gefühle zuzulassen, ohne sich als Opfer der Situation zu fühlen, sondern indem man sie bewältigt. Eine klassische Wahrnehmungsübung zur Achtsamkeit ist das Rosinenexperiment: Das Kind nimmt eine Rosine und schaut sie intensiv an, dreht sie zwischen den Fingern, schmeckt und riecht daran. Dies mag insbesondere Jugendliche zunächst lächerlich oder gar »uncool« anmuten, aber mit ein wenig Übung spüren sie schnell, wie sie sich entspannen.

Für all diese Techniken gilt allerdings: Man muss sie genauso wie die Muskeln beim Sporttraining üben. Dieser Vergleich leuchtet Kindern gewöhnlich sofort ein, schließlich lernt man Tennisspielen auch nicht in einer einzigen Trainerstunde.

Eine besondere Art des Stresses ist Prüfungsangst. Wer unter Stress steht, der kann sich nicht mehr richtig konzentrieren und wird nervös. Stresshormone blockieren den Gedankenfluss, lassen das Herz klopfen, den Blutdruck steigen und führen trotz Beherrschung des Lernstoffs zu einem Blackout während der Prüfung (siehe Kapitel 2.5, »Mit Stress gut umgehen«).

Prüfungsstress lässt sich dadurch abbauen, dass man sich besonders gut auf Prüfungen vorbereitet. Ein gutes Training sind Simulationen von Tests: Der Prüfling zeigt in einer möglichst

»echten« Situation vor Eltern und Freunden sein Wissen, hält sein Referat oder beantwortet Fragen. Noch besser ist allerdings, wenn er auf erlernte Entspannungsübungen vor der Prüfung, aber auch währenddessen zurückgreifen kann.

Mobbing: Opfer und Täter
»Mobbing« ist ein Thema, das sich zunehmend in der Gesellschaft und auch im Teilbereich Schule ausbreitet. Kinder mobben andere Kinder oder werden selbst gemobbt. Etwa dann, wenn Schüler mit anderen Schülern bewusst nicht sprechen und sogar andere Mitschüler dazu anhalten, einen bestimmten Schüler auszuschließen, ihn auslachen, sich über seine Nationalität lustig machen, ihn beschimpfen, ihm Schläge androhen, ihn erpressen oder ihm sogar körperliche Gewalt antun. In schweren Fällen müssen Eltern wie Lehrer offen über den Tatbestand einer Straftat diskutieren. Gegebenenfalls muss die Staatsanwaltschaft benachrichtigt werden.

Mobbing bereitet den Opfern oft unerträgliche Qualen. Sie tragen psychische wie physische Schäden davon oder reagieren mit psychosomatischen Symptomen wie Schlafstörungen, Hautausschlag, Unwohlsein und Appetitlosigkeit. Sie möchten einfach nicht mehr zur Schule gehen. Manche Schüler sind sogar so verzweifelt, dass sie über Selbstmord nachdenken. So weit darf es nicht kommen. Seit einigen spektakulären Zwischenfällen, die auch in den Medien ausführlich geschildert wurden, reagieren Schulen mit strengen Strafen auf Mobbing. Wichtig ist aber, dass die Mobbingopfer sich zunächst ihren Eltern und Lehrern anvertrauen. Ein vertrauensvolles Eltern-Kind-Verhältnis ist die beste Voraussetzung dafür. Deshalb sollten Eltern mit ihren Kindern über dieses Thema ganz bewusst sprechen und deutlich machen, dass ihr Kind in solchen Situationen nur durch unbedingte Offenheit Hilfe bekommen kann. Kindern, die gemobbt werden, sollten Eltern auch bei Gesprächen mit den Lehrern zur

Psyche: Glücklich und gut gelaunt

Seite stehen oder ihnen zumindest das Angebot machen, bei diesem Gespräch dabei zu sein. Häufig sind die betroffenen Kinder durch das Mobbing ihrer Mitschüler so verunsichert, dass sie Selbstzweifel haben und sich nicht trauen, ein Gespräch mit dem Lehrer zu führen. Lehrer sind aber auf die Informationen von Schülern oder Eltern angewiesen, weil die Mobbingattacken oft unbemerkt stattfinden. Sie geschehen in den seltensten Fällen während des Unterrichts, und wenn doch, dann nur versteckt. Meistens findet Mobbing in den Pausen oder vor und nach dem Unterricht statt.

Mobbing in der Schule ist nur durch gezielte Maßnahmen zu bekämpfen, die gemeinsam von Eltern und Lehrern in Gang gesetzt und durchgeführt werden müssen. In den meisten Fällen werden Schüler ohne eigenes Dazutun zu Mobbingopfern. Inzwischen haben Psychologen aber auch herausgefunden, dass Kinder mit einer bestimmten Persönlichkeitsstruktur – sie sind z. B. überangepasst oder sehr ängstlich – anfällig für Mobbing sind. Unter diesen Umständen gilt es Strategien zur Stärkung der Persönlichkeit der Opfer zu entwickeln. Viele Schulen haben seit einiger Zeit Beratungslehrer oder Streitschlichter, die sich mit solchen Problemen auseinandersetzen.

Oft sind Jugendliche, die Mitschüler mobben, selbst Opfer gewesen. So neigen Schüler, die im Elternhaus körperliche Gewalt erfahren haben, eher dazu, Mitschüler zu mobben. »Gewalt erzeugt Gegengewalt« – diese Redewendung trifft leider häufig zu. Sicher ist es für Eltern schlimm, wenn sie hören, dass ihr Kind andere Kinder ausgrenzt, beleidigt oder körperlich attackiert. Sie müssen das aber als Hilferuf des Kindes verstehen und ihm dann entsprechende Unterstützung bei der Bewältigung seines Problems geben. Einen Kinder- und Jugendpsychologen hinzuzuziehen, ist der professionellste Weg, sich Hilfe zu holen.

Die virtuelle Gefahr: Cyber-Mobbing

Experten halten Mobbing im Internet für ein ernst zu nehmendes Problem. Es kommt in allen Schulformen und Klassenstufen vor, vor allem jedoch bei 12- bis 17-jährigen Gymnasiasten, die mit ihren Freunden vielfach in sozialen Netzwerken wie Lokalisten, Schuelervz, Facebook oder MySpace kommunizieren. Sie stellen Bilder von sich auf diese Online-Kommunikationsplattformen, beschreiben ihre Vorlieben, Gedanken und tauschen sich aus. Fand Mobbing unter Schülern früher ausschließlich auf dem Schulhof oder im Verein statt, so geschieht das heute häufig im Internet und für jeden sichtbar. Etwa wenn zerstrittene Freunde plötzlich sogenannte Hassgruppen gründen und sich gegenseitig beschimpfen. 2006 trieb solch eine Mobbingkampagne auf der Internetplattform MySpace die 13-jährigen Megan Meier in den USA in den Selbstmord. Experten raten Eltern immer wieder, ihre Kinder über die Gefahren des Cyber-Mobbing zu informieren und aufzuklären. Sie brauchen eine Anlaufstelle, wenn sie mit Cyber-Mobbing oder anstößigen Kontaktversuchen via PC konfrontiert werden (siehe Kapitel 3.5, »Die richtige Mediennutzung«). Und das sollten zuallererst die Eltern sein.

3.3 Lernen braucht Organisation

Den Schultag richtig vorbereiten – Die richtige Heftführung – Aufgaben für die Schule zeitnah erledigen – Zeitmanagement – Der Wochenplan – Klassenarbeiten klug vorbereiten – Vertrauen versus Kontrolle – Schreibtisch mit Atmosphäre – Wann sollen Kinder Hausaufgaben machen? – Fragen, reden und melden – Wie lernt mein Kind am besten? – Nachhilfe: Hilfe oder Erziehung zur Faulheit?

Schüler und Eltern sind keineswegs hilflos der Lernsituation ausgeliefert. Gemeinsam können sie ungewohnte und schwierige Situationen meistern. Entscheidend ist, dass Eltern nicht generell Forderungen an ihr Kind stellen, es müsse mehr lernen, sich besser konzentrieren oder einfach mehr Einsatz zeigen, sonst würden Fernsehen, Computerspielen oder der Ausflug gestrichen. Wo Noten oder die gesamte Schulsituation verbessert werden sollen, helfen Vorwürfe nicht weiter, sondern nur die richtige wie konkrete Unterstützung. Vor der Hilfe steht jedoch die Analyse, wo die Schulprobleme herrühren, mit anderen Worten: wo sich Fehler im Lernverhalten eingeschlichen haben könnten.

Den Schultag richtig vorbereiten
Markus geht in die sechste Klasse des Gymnasiums. Jeden Morgen weckt ihn seine Mutter um 6.30 Uhr. Beim Frühstück fragt sie ihn eben noch mal die Hauptstädte Europas für den Test in der vierten Stunde ab und unterschreibt die Einverständniserklärung für den Wandertag. Leicht verspätet rennt Markus gegen 7.15 Uhr zum Bus, mit dem er dann eine halbe Stunde zur Schule fährt. Nach einem sechsstündigen Schulvormittag singt er noch eine Stunde im Schulchor und tritt dann die Heimreise per Bus an. Dort angekommen, isst er schnell zu Mittag, denn um 15.30 Uhr

beginnt sein Fußballtraining. Um 17 Uhr holt ihn seine Mutter wieder vom Training ab, anschließend macht er bis 19 Uhr Hausaufgaben. Danach übt er eine halbe Stunde für den Test in Geschichte. Jetzt ist es Zeit fürs Abendessen. Die Mutter erinnert Markus daran, im Bett noch die Vokabeln für Englisch zu lernen, aber er schaltet lieber den Fernseher an und schaut sich Musik-Videoclips an. Die Vokabeln – so denkt er sich – kann er ja auch am nächsten Morgen vor dem Frühstück lernen. Nach zweimaliger Ermahnung stellt der Sechstklässler gegen 21.30 Uhr den Fernseher aus und löscht das Licht. Ein 15-Stunden-Schülertag geht zu Ende.

Der Alltag eines Schülers beginnt im Prinzip mit dem Aufstehen und endet mit dem Zubettgehen. Wie ein Erwachsener, der einen Beruf ausübt, hat der Schüler neben der Schule noch andere Verpflichtungen, etwa das Training in einem Sportverein oder den Besuch der Musikschule. Gerade ein Kind muss aber neben all dem noch ein ausreichendes Maß an Freizeit zur Verfügung haben, einfach mit Freunden spielen oder nichts tun können. Um den verschiedenen Aktivitäten und dem Bedürfnis nach freier Zeit gerecht werden zu können, ohne dass die Schule zu kurz kommt, muss der Schulalltag geplant und organisiert werden. Viele Eltern werden jetzt spontan denken: Mein Kind ist aber ein Kind. Es kann doch nicht einen ähnlich verplanten Alltag wie ein Manager haben! Und haben nicht fast alle Eltern irgendwann in einem Ratgeber zu Erziehungsfragen gelesen, dass das Lernen in der Schule ausschließlich Spaß machen und möglichst frei sein und nicht reglementiert werden sollte?

Neueste Forschungsergebnisse haben jedoch bewiesen, dass die richtige Planung des Schulalltags und die damit verbundene Organisation letzten Endes zu einer wesentlich stressfreieren Bewältigung der Schule führen. Jede Mutter oder jeder Vater, der schon einmal bis spätnachts mit einem Kind für eine Klassenarbeit geübt oder vor den Zeugnissen um die Versetzung gebangt hat, kennt Beispiele für wirklichen Schulstress. Wie viel Stress hat eine Mutter/ein Vater zu bewältigen, wenn er oder sie am Sonntagabend dabei helfen muss, ein Religionsreferat über den Buddhismus zu erstellen oder ein Projekt über Astrophysik zu realisieren, das vor drei Wochen als Gruppenarbeit für sechs Schüler aufgegeben wurde und das eigentlich zwölf Gruppentreffen erfordert hätte? Sicher, man wächst über sich hinaus, wenn man die mit Tränen gefüllten Kinderaugen sieht, und versucht, das Ganze zusammen mit dem Kind schnellstmöglich zwischen 18 Uhr und dem Beginn des Sonntagskrimis zu erledigen (wenn man es denn kann!). Allerdings steigt der Adrenalinspiegel durch solche Aktionen enorm, und nicht selten hängt anschließend der Haussegen schief. Ob ein Kind in solchen Extremsituationen wirklich etwas lernt, ist fraglich. Vielleicht lernt es aber auch das Falsche, nämlich dass alles irgendwie zu schaffen ist, was aber wenig mit richtigem Lernen zu tun hat.

Die folgenden Überlegungen sollen dazu beitragen, den Schulalltag stressfreier zu gestalten und durch effektivere Arbeit die Schulleistungen zu verbessern.

Zunächst einmal ist es für Kinder enorm wichtig, so früh aufzustehen, dass die Zeit vor der Schule ohne Hektik ablaufen kann. Ein Kind, das schon morgens hinter dem Bus herläuft oder zu spät zur Schule kommt, wird die erste Stunde kaum entspannt und konzentriert verbringen können. Ein gesundes Frühstück vor der Schule ist ebenfalls wünschenswert.

Um morgens nicht unnötig Zeit zu verlieren, sollte die Schultasche vom Schüler selbst bereits am Vorabend gepackt werden. Das klingt selbstverständlich, ist aber häufig nicht der Fall. Oft sind es die Eltern, die ihren Kindern bis in die Mitte der Sekundarstufe I herein die Schultasche packen. Vergessene Hefte fallen dann nicht in die Eigenverantwortung des Schülers, sondern werden den Eltern angelastet. »Meine Mutter hat mir das Heft nicht eingepackt«, ist eine gern vorgebrachte Ausrede. Dabei sollten in der Grundschule, wo es deutlich weniger Fächer gibt als in der Sekundarstufe I und II, nicht alle Bücher und Hefte jeden Tag in der Tasche bleiben. Im Gymnasium ist das schon allein wegen des Umfangs der Materialien (Bücher und Hefte) nicht möglich. Deshalb bietet es sich an, von Anfang an jeden Abend die gesamte Schultasche zu leeren und dem Stundenplan entsprechend nur die Hefte und Bücher aus dem Bücherschrank oder Regal einzupacken, die am nächsten Tag gebraucht werden. Idealerweise sollte auf dem Stundenplan vermerkt sein, wie viele Unterrichtsmaterialen pro Fach vonnöten sind. Das können im Fach Erdkunde drei Teile sein, z. B. das Erdkundebuch, das Heft und der Atlas, oder im Fach Englisch fünf Teile, z. B. das Englischbuch, das Workbook, das Englischheft, ein Vokabel- und ein Grammatikheft.

Die richtige Heftführung

Ein wichtiger Grundsatz ist: Machen Sie Ihren Kindern von Anfang an klar, wie wichtig es ist, ein Schul- oder Hausaufgabenheft ordentlich, d. h. vollständig und regelmäßig, zu führen. Tafelbilder fassen oft den Inhalt der Stunde zusammen und müssen abgeschrieben werden. »Gute« Schüler schreiben in der Regel ab der Sekundarstufe I von allein wichtige Punkte mit, die im Unterricht behandelt werden. Das Mitschreiben im Unterricht wird nach kurzer Zeit zur Routine, es geschieht ganz »nebenbei«, ohne die Mitarbeit im Unterricht zu behindern. Die Fähigkeit, Ergebnisse im Unterricht schriftlich festzuhalten, kann man zu Hause üben, z. B. indem man sein Kind auffordert, wesentliche Punkte in einem Gespräch von zwei Leuten aufzuschreiben oder einige Notizen zu einer Kindersendung im Fernsehen zu machen. Bei in der Regel sechs Schulstunden pro Tag und einem großen Umfang an erlerntem Stoff sind diese Heftnotizen für das Erledigen der Aufgaben am Nachmittag sehr wertvoll. Ein Hausaufgabenheft ordentlich zu führen, wird von vielen Schülern, besonders wenn sie in der Mittelstufe oder noch weiter sind, heutzutage als »uncool« angesehen. Welche Hausaufgaben in welchem Fach zu machen sind, wird am liebsten gar nicht aufgeschrieben oder auf irgendwelchen fliegenden Zetteln notiert. Die Folge sind nachmittägliche Telefonate mit den Mitschülern, die auch nicht genau wissen, was eigentlich genau aufgegeben wurde.

Ein Hausaufgabenheft sollte von der ersten Klasse an fester Bestandteil der Schultasche sein. Es dient nicht nur dazu, die Aufgaben für zu Hause zu vermerken, sondern erinnert Eltern und Schüler auch an alle wichtigen Termine (z. B. Elternpflegschaftssitzungen) bzw. die Materialien, die für die Schule besorgt werden müssen (z. B. ein Zeichenblock).

Aufgaben für die Schule zeitnah erledigen

Viele Schüler tendieren dazu, die Aufgaben für die Schule dann zu erledigen, wenn es für sie am angenehmsten ist. Das führt in der Regel dazu, dass sie auf den letztmöglichen Termin verschoben werden. Ebenso wie die Vorbereitung auf eine Klassenarbeit oder Klausur gerne erst einen Tag vor der Arbeit erfolgt. Die meisten Eltern haben natürlich eine andere Vorstellung davon, wann der richtigen Zeitpunkt fürs Hausaufgabenmachen ist. Aber sie geben aus Bequemlichkeit oft nach und gehen damit den Weg des geringsten Widerstands. Als Eltern sollte man sich jedoch die negativen Konsequenzen vor Augen halten, die diese »Aufschieberitis« hat:

› Lerninhalte werden nicht direkt nach dem Erlernen vertieft und eingeübt, sondern erst nach einigen Tagen. Bei Fächern mit nur zwei Wochenstunden, z. B. am Donnerstag und Freitag, kann im Extremfall fast eine Woche zwischen dem Erlernen und dem Vertiefen des Unterrichtsstoffs liegen. Das Wissen um den erlernten Stoff bleibt so meistens unvollständig und diffus.

› Aufgaben nach hinten zu verschieben bedeutet eine unregelmäßige Verteilung der Arbeitsbelastung. Es gibt dann Tage ohne Hausaufgaben und Tage, an denen bis spätabends gearbeitet werden muss.

› Das menschliche Gehirn kann nicht unbegrenzt neues Wissen aufnehmen und im Langzeitgedächtnis speichern, was durch »Mammut-Hausaufgabentage« aber notwendig wird. Besonders beim Lernen unter Stress, der durch Zeitdruck verursacht wird, vermögen Schüler Lernstoff nur kurzfristig zu behalten.

Folgende Maßnahmen können dieser Form von Stress entgegenwirken:

› Nach einer angemessenen Mittagspause sollte man feste Zeiten für das Erledigen der Aufgaben (Hausaufgaben, Projekte, Vorbereitung von Klassenarbeiten) einplanen. Es sollte nur dann später erfolgen, wenn wichtige außerschulische Termine dagegensprechen. Studien haben gezeigt, dass die Konzentration von Schülern am späten Nachmittag oder abends deutlich geringer ist als am frühen Nachmittag. Deshalb sollten Schüler so früh wie möglich ihre Hausaufgaben machen. Außerdem ist ein Kind beim Sport oder beim Spiel mit anderen Kindern entspannter, wenn die Hausaufgaben bereits hinter ihm liegen.

› Aufgaben für die Schule sollten bis auf wenige Ausnahmen (wichtige Termine oder zu umfangreiche Hausaufgaben an einem Tag) am gleichen Tag erledigt werden.

› Für Fächer, in denen die Schüler »nur« mündliche Hausaufgaben bekommen, sollten sie noch am gleichen Nachmittag kurze Notizen anfertigen. Das kann entfallen, wenn die Unterrichtsergebnisse bereits durch ein in der Schule abgeschriebenes Tafelbild festgehalten wurden. Für solche Notizen braucht man in der Regel nur wenige Minuten. Aber die Zeit ist gut investiert. Am Tag vor der nächsten Stunde genügt ein Blick darauf, um den Stundeninhalt zu wiederholen oder eine Wiederholungsfrage beantworten zu können.

› An dieser Stelle sollten Eltern noch einmal intensiv darüber nachdenken, ob ihre Kinder nicht zu viele außerschulische Termine haben. Manche Kinder der Primarstufe haben einen volleren Terminkalender als ein gut bezahlter Manager. Damit bleibt für die Schule einfach nicht mehr genug Zeit. Es ist einfach nicht realistisch, dass ein achtjähriges Kind pro Woche zweimal Tennisunterricht, an zwei Tagen Ballettunterricht und an zwei anderen Klavierunterricht hat und daneben noch genügend Zeit für die Schule sowie ein ausreichendes Maß an Freizeit. Leistungssport zu machen ist natürlich eine Ausnahme, aber fest steht auch: Wer sich für Leistungssport entscheidet, schränkt meistens seine »freie Spielzeit« erheblich ein.

Zeitmanagement
So wichtig es ist, Kindern Ruhe für die Erledigung einer Arbeit zu geben – denn nur so können sie Konzentration erlernen –, so wichtig ist es auch, ihnen zu vermitteln, mit der ihnen zur Verfügung stehenden Zeit zu »haushalten«. Für das Gelingen einer Klassenarbeiten ist gerade das richtige Zeitgefühl eine wesentliche Voraussetzung. Befragt man Schüler nach einer Klassenarbeit, wie es für sie gelaufen ist, so spielt für viele der Zeitfaktor eine maßgebliche Rolle. »Ich bin nicht fertig geworden« oder »Ich hatte zu wenig Zeit« wird meist als Grund für das Misslingen einer Arbeit angeführt. Es gibt viele Übungen, mit denen Kinder lernen, ein gutes Zeitgefühl zu entwickeln, z. B. indem man ihnen einen bestimmten Zeitrahmen für die Erledigung der Hausaufgaben gibt. So haben sie nicht unbegrenzt Zeit, eine Aufgabe zu erledigen, sondern müssen sie voll konzentriert und mit einem zeitlichen Limit zu Ende bringen, ohne einen Teil der Zeit mit etwas anderem zu vertun. Informationen darüber, wie viel Zeit ein Kind für eine Aufgabe benötigt, kann der Lehrer geben. Sie können aber auch den Lehrer bitten, in der Schule häufiger Zeitvorgaben zu machen: »Für diese Aufgabe habt ihr zehn Minuten Zeit.« Das hat den Vorteil, dass das Haushalten mit der Zeit nicht in einer Arbeit und damit in einer stressigeren Situation gelernt werden muss, sondern bereits vorher eingeübt wurde. Dieses automatisierte Wissen erleichtert es den Kindern, das Gelernte auch unter Druck in der vorgegebenen Zeit abzurufen. Schließlich ist

nichts enttäuschender für Kinder, als zu wissen, dass man alles gelernt und fehlerfrei beherrscht hat, aber in der Arbeit die letzten beiden Aufgaben einfach aus Zeitnot nicht mehr zu Ende bringen konnte.

Der Wochenplan
Um die Aufgaben für die Schule zu bewältigen, alle anderen anstehenden Termine wahrnehmen zu können und dabei auch noch Freizeit zu haben, ist es wichtig, einen Nachmittagsplan zu erstellen, der wiederum Bestandteil eines Wochenstundenplans sein kann. Dieser Plan sieht am besten feste Zeiten für die Hausaufgaben vor. Um den dafür nötigen Zeitrahmen zu ermitteln, kann man ein oder zwei Wochen lang einfach die Zeit addieren, die auf das Erledigen der Hausaufgaben verwandt wurde, um daraus einen Mittelwert je Tag zu berechnen. Da jedes Kind unterschiedlich schnell arbeitet und es auch altersgemäße und schulspezifische Unterschiede gibt, ist dies die zielführendste Lösung. Kommt man z. B. auf einen Durchschnittswert von 90 Minuten am Tag, sollte das Kind diese Zeit auch zum Lernen nutzen. Sind die Hausaufgaben bereits erledigt und ist noch Zeit übrig, kann für eventuell anstehende Leistungsüberprüfungen geübt werden. Der Wochenplan sollte über dem Arbeitsplatz des Kindes angebracht sein und alle wichtigen Termine enthalten. Steht ein Arztbesuch, ein Treffen mit Verwandten oder ein Kindergeburtstag an, muss er für den entsprechenden Tag oder die Woche neu erstellt werden. Diese Vorgehensweise hört sich sehr formalistisch an, sie wird aber schnell zur Routine. Damit verbunden ist nicht nur eine effektivere Vorbereitung für die Schule, sondern auch eine bessere Planung der Freizeit. Verabredungen mit Freunden können so viel besser und eigenverantwortlich getroffen werden. Eine Vorlage können Eltern kostenlos im Internet herunterladen unter www.focus-schule.de/wochenplan .

Exemplarisch dargestellter Wochenplan

Vormittag	Montag	Dienstag	Mittwoch	Donnerstasg	Freitag
8.00–8.45	Englisch	Mathe	Kunst	Deutsch	Erdkunde
8.50–9.35	Mathe	Englisch	Kunst	Musik	Sport
9.55–10.40	Deutsch	Physik	Religion	Musik	Englisch
10.45–11.30	Politik	Politik	Englisch	Mathe	Mathe
11.50–12.35	Religion	Biologie	Sport	Politik	Deutsch
12.45–13.20	Erdkunde	Deutsch	Biologie	Englisch	Physik

Nachmittag	Montag	Dienstag	Mittwoch	Donnerstag	Freitag
15.00	Klavierunterricht	Dr. Schmidt	Hausaufgaben	Hausaufgaben	Hausaufgaben
15.30					
16.00	Hausaufgaben	Hausaufgaben	Michaels Geburtstagfest	Üben: Deutsch	
16.30				Freizeit	Treffen für Religionsreferat
17.00					
17.30		Fußball		Fußball	
18.00	Freizeit				Freizeit
18.30			Rest der Hausaufgaben		
		Freizeit		Freizeit	
19.00					

| **Wichtig:** | Politiktest | 19.00 Elternabend | | | Deutscharbeit am Montag |

Klassenarbeiten klug vorbereiten

Wenn die Vorbereitung auf eine Klassenarbeit oder Klausur erst einen Tag vor der Arbeit beginnt, ist der Stoffumfang zu groß und die Wiederholung oder Übung, die für eine gute Note nötig wäre, nicht mehr zu leisten. Die Folge ist, dass der Schüler hektisch bzw. manchmal sogar panisch wird (»Das schaff ich nie bis morgen«). Am Tag der Arbeit ist der Schüler nervös, weil ihn naturgemäß und zu Recht das Gefühl beschleicht, nicht richtig vorbereitet zu sein. Die Gefahr eines Blackouts steigt, weil der Schüler unter Stress womöglich selbst das, was er gelernt hat, nicht mehr reproduzieren kann. Ein Schüler dagegen, der sich für seine Verhältnisse optimal auf die Arbeit vorbereitet hat, geht in aller Regel mit Problemen in einer Arbeit besser um.

Schüler in der Primarstufe und Sekundarstufe I werden in aller Regel spätestens eine Woche vorher über einen Klassenarbeitstermin informiert. Schüler der Sekundarstufe II bekommen meist zu Beginn eines Halbjahres einen Klausurplan. Anstatt erst am Tag vor einer schriftlichen Leistungsüberprüfung den Lernstoff noch einmal zu wiederholen, sollten regelmäßig Übungen stattfinden, die Bestandteil des Gesamtstundenplans für die Aufgaben sind. Die in Deutschland im Vergleich zu anderen Ländern wie Großbritannien und den USA geringere Anzahl von Leistungsüberprüfungen vergrößert den Zeitraum zwischen zwei Arbeiten und damit auch den Stoffumfang. Aus diesem Grunde müssen die in anderen Ländern üblichen wöchentlichen Tests über das bereits erlernte Wissen auf den Nachmittag und damit auf zu Hause verlegt werden. In Fremdsprachen können da z. B. Vokabeln vertieft werden, Übungen aus dem Buch wiederholt oder Texte zusammengefasst werden. In den Naturwissenschaften dienen Übungsaufgaben zur Wiederholung des Gelernten. Entscheidend ist, frühzeitig mit der Vorbereitung für eine Prüfung zu starten und einen klugen Zeitplan für das Lernpensum aufzustellen!

Vertrauen versus Kontrolle
Vertrauen in das eigene Kind ist eine wesentliche Voraussetzung für ein gutes Eltern-Kind-Verhältnis. Sie ist die Basis für die Liebe – auf beiden Seiten. Vertrauen schafft Selbstvertrauen. Wenn Eltern ihrem Kind einen Freiraum für eigene Entscheidungen und seine Entfaltung geben, zeigen sie ihm damit, dass sie bedingungslos an seine Ehrlichkeit glauben. Außerdem erziehen sie ihr Kind so zur Selbstständigkeit, weil sie ihm Eigenverantwortlichkeit zubilligen.

Die Devise »Vertrauen ist gut, Kontrolle ist besser« mag aus diesem Grund zunächst befremdlich klingen. Doch der Begriff »Kontrolle« birgt oft nur deshalb einen unangenehmen Beigeschmack, weil wir dazu neigen, Kontrolle als Bevormundung, Gängelei und Entmündigung zu interpretieren. Kontrolle meint für die Eltern-Kind-Beziehung aber vor allem: Hilfe, Anleitung und liebevolle Fürsorge.

Eltern müssen ihrem Kind schon zu Beginn der Schullaufbahn klarmachen, dass Kontrolle ihrerseits keine Strafe ist. Sie haben ein Bedürfnis, ein Recht und auch die Pflicht, sich über die schulische Entwicklung ihres Kindes zu informieren. Kinder sind minderjährig, und laut Gesetz obliegt ihren Eltern die Aufgabe der Erziehung. Prüfen die Eltern also nach, ob ihr Sprössling die Hausaufgaben ordentlich erledigt hat, oder fragen sie Vokabeln ab, um zu sehen, ob ihr Kind in den vergangenen zwei Stunden in seinem Zimmer hinter verschlossener Tür nicht nur Musik gehört hat, hat dies weniger mit bevormundender Kontrolle als mit Fürsorgepflicht zu tun. Es ist keine Strafe, sondern ein Beweis der Elternliebe, weil sie damit sagen: Ich kümmere mich um dich. Mir ist wichtig, dass du dich sicher fühlst. Ich zeige dir, dass ich mir die Zeit nehme, dir zu helfen.

Kontrolle bedeutet natürlich nicht, akribisch jedes Schulheft nach einem Eselsohr durchzusehen genauso wenig wie den Schulranzen nach versteckten Liebesbriefen durchzusuchen oder gar hinter dem Rücken des Kindes Informationen von Lehrern oder anderen Eltern einzuholen. Kontrolle heißt zunächst: miteinander reden und möglicherweise Probleme transparent machen. Der offene Umgang signalisiert: Ich kontrolliere deine Hausaufgabe nicht, weil ich befürchte, du hast sie nicht gemacht und mich angelogen, sondern weil ich Probleme erkennen und sie mit dir besprechen möchte.

Neben der Tatsache, dass Eltern im Rahmen der Erziehung das Recht haben, ihre Kinder zu kontrollieren, gibt es dafür auch ganz plausible Gründe. Machen wir uns nichts vor: Ein achtjähriges Kind darf kein Auto fahren, kann keine Operationen ausführen und genauso wenig Entscheidungen über seine eigene Zukunft treffen. Eltern verfügen in der Regel über mehr Wissen und mehr Erfahrung, um diese Entscheidungen für das Kind zu treffen.

Die Institution Schule respektiert das Recht auf elterliche Information, indem sie die Erziehungsberechtigten durch Sprechstunden, Elterngespräche und die sogenannten blauen Briefe über Fehlleistungen der Kinder informiert. Die blauen Briefe werden zehn Wochen vor der anstehenden Versetzung geschickt. Der Nachwarntermin liegt sechs Wochen vor der Versetzung. Zu diesem Zeitpunkt ist es in vielen Fällen und je größer die Defizite sind kaum noch möglich, die Versetzung zu schaffen. Um solche Überraschungen zu vermeiden, müssen Eltern wachsam sein und die Informationsangebote der Schule nutzen. Nur wenn Eltern über die schulischen Abläufe Bescheid wissen, z. B. die Anzahl der Klassenarbeiten, Termine von Elternsprechtagen oder sonstige Vereinbarungen zur Kontaktaufnahme kennen, wird ihnen auffallen, wenn sie Informationen von ihren Kindern manchmal nicht bekommen. Wissen Kinder um die absolute Notwendigkeit der Information ihrer Eltern über ihre schulische Entwicklung und werden sie bereits in der Grundschule angehalten, mit ihren Eltern über alles zu sprechen, wird nur wenig Kontrolle nötig sein.

Das setzt natürlich eine offene Kommunikation in der Familie voraus. Kinder berichten dann von selbst von ihren Problemen, wenn sie damit rechnen können, dass man ihnen zuhört, sie und ihre Probleme ernst nimmt und ihnen in jeder Lage beisteht. Nur eine vertrauensvolle Beziehung zwischen Eltern und Kindern ermöglicht eine angstfreie Erziehungsatmosphäre. Insofern gilt es einen vernünftigen Mittelweg zu finden zwischen völliger Eigenverantwortlichkeit des Kindes und totaler Kontrolle, die schnell als Vertrauensmissbrauch empfunden werden kann. Ein Patentrezept dafür gibt es sicher nicht. Der beste Rat ist: Reden Sie mit Ihren Kindern darüber, und legen Sie gemeinsam Regeln fest, die für alle akzeptabel und durchschaubar sind. Natürlich sind derartige Vereinbarungen flexibel: In einem monatlichen Familien-Jour-fixe lässt sich das Thema »Kontrolle« neu definieren und ausprobieren.

Schreibtisch mit Atmosphäre

Der Erfolg des Lernens hängt sehr stark von den Rahmenbedingungen ab, die das Lernen erleichtern oder aber erschweren können. Eine wesentliche Voraussetzung für erfolgreiches Lernen ist die Gestaltung des Arbeitsplatzes. Um gezielt lernen und arbeiten zu können, braucht ein Schüler einen festen Arbeitsplatz. Freizeit- und Arbeitsbereich sollten dabei voneinander getrennt werden. Deshalb empfiehlt es sich nicht, die Hausaufgaben am Küchentisch zu erledigen oder am Arbeitsplatz zu essen oder zu spielen. Ein Schulkind braucht nicht unbedingt ein eigenes Zimmer, aber es sollte einen eigenen Arbeitsplatz haben.

Auf dem Schreibtisch sollten nur die Arbeitsmaterialien liegen, die der Schüler gerade für seine Arbeit braucht. Ist die Aufgabe erledigt, können die entsprechenden Hefte und Bücher weggepackt werden. Das hilft dem Schüler, Ordnung an seinem Arbeitsplatz zu halten. Gleichzeitig wird die zu erledigende Arbeit dadurch symbolisch in kleine »Portionen« geteilt, von denen man eine nach der anderen »abarbeitet«. Bücher, die man häufig benutzt, wie einen Duden oder ein Lexikon, sollten griffbereit in einem Schrank oder Regal unweit des Schreibtisches aufbewahrt werden.

Die Atmosphäre des Arbeitsplatzes spielt ebenfalls eine wichtige Rolle: Laute Musik oder ein laufender Fernsehen erschwert die Konzentration. Geschwisterkinder, die im gleichen Zimmer spielen, oder wartende Freunde, die sich unterhalten, sind einer guten Lernatmosphäre ebenfalls wenig förderlich. Teilen sich mehrere Kinder ein Zimmer, müssen die Eltern mit ihnen eine Vereinbarung treffen, dass sie sich während bestimmter Lern- und Arbeitszeiten ruhig verhalten, um die lernenden Brüder oder Schwestern nicht zu stören.

Auch die Raumtemperatur ist wichtig. Ein Zimmer darf nicht überheizt sein, denn dadurch wird man schnell müde und fühlt sich energielos. Ebenso wichtig ist genügend Sauerstoff: Das Gehirn eines Kindes verbraucht mehr als 20 Prozent des Körpersauerstoffs. Es mag zwar selbstverständlich sein, dass Kinderzimmer täglich gut gelüftet werden, aber Kinder vergessen so etwas. Es empfiehlt sich deshalb, mit dem Kind abzusprechen, vor Beginn der Hausaufgaben für 15 Minuten die Fenster zu öffnen. Der Arbeitsplatz muss auch gut beleuchtet sein, ansonsten werden die Augen überbeansprucht, und das kostet Zeit und Kraft beim Lernen. Schlechtes Sehen kann zu Konzentrationsstörungen oder sogar zu Schwindel führen.

Wann sollen Kinder Hausaufgaben machen?

Feste Lernzeiten erleichtern den Start für die Hausaufgaben. Sie werden auf die Dauer zu einem Ritual, das quälende, unproduktive Grübeleien, ob man denn jetzt oder erst in zwei Stunden beginnen solle, vermeiden hilft. In der Regel ist es günstig, nach einer ausreichenden Pause nach dem Mittagessen zu beginnen. Denn: Mit leerem Magen zu lernen ist wenig sinnvoll. Um einen optimalen Lernerfolg zu erzielen, muss das Gehirn während des Arbeitens durch das Blut optimal mit Glukose versorgt werden und sollte auch nicht mit Gedanken an Hunger beschäftigt sein. Wird aber vor dem Lernen viel und vor allem fettreich gegessen, leitet der Körper einen Teil des Blutflusses in den Magen-Darm-Trakt um, und der Blutdruck sinkt. Dies führt zu einer etwas schlechteren Versorgung des Gehirns mit Sauerstoff und Glukose, weil der Blutfluss durch das Gehirn vermindert ist.

Idealerweise sollte ein Kind, das gegen 14 Uhr aus der Schule kommt, also gegen 15 Uhr nach einem nicht allzu fetten Mittagessen mit den Aufgaben bzw. dem Lernen beginnen. Nur bei sehr disziplinierten Schülern kann die Arbeitszeit auch auf den Abend verlegt werden, falls das Kind dies unbedingt wünscht; Voraussetzung ist allerdings, dass es fähig ist, die Arbeit dann auch zu erledigen, wenn es müde ist, und sich nicht durch fernsehende Geschwisterkinder ablenken lässt. Paradoxerweise sind einige Kinder tatsächlich abends aufnahmefähiger. Deshalb sollten Eltern immer den individuellen Tagesrhythmus eines Kindes beobachten. So wie es Frühaufsteher und Morgenmuffel gibt, haben auch Kinder ihre individuellen Zeiten besonderer Aufnahmefähigkeit.

Fragen, reden und melden
Aktive mündliche Beteiligung kann man erlernen. Eltern sollten ihre Kinder dazu animieren, sich durch Redebeiträge am Unterricht zu beteiligen. Dabei gilt es, den Kindern im Gespräch klarzumachen, dass es keinen Grund gibt, sich für einen schlechten oder falschen Beitrag zu schämen. Oft reicht schon der Hinweis: »Deine Mitschüler machen auch nicht alles richtig.« Außerdem sollten Eltern ihre Kinder ermutigen, Fragen zu stellen. Sie müssen wissen, »dass die schlechteste Frage die ist, die man nicht stellt«. Eine Kultur des Fragens kann auch auf spielerische Art und Weise Bestandteil des Alltags zu Hause werden. Etwa wenn Mutter und Tochter zusammen einen Kuchen backen, und das Kind zu jedem Handgriff eine Frage stellen muss. Zum Leidwesen ihrer Eltern tun manche Kinder dies auch ohne Aufforderung konstant. Das ist auf Dauer sicher manchmal ermüdend. Andere Kinder hingegen sind scheuer. Ihnen kann man mit einem spiele-

rischen Fragetraining die Angst nehmen. Sich für einen längeren Vortrag vor der Klasse zu melden, kann stillere Schüler zuweilen viel Überwindung kosten. Aber auch das Reden vor der Klasse lässt sich zu Hause üben.

Welche Rolle die Mitarbeit im Unterricht spielt, sollten Eltern ihren Kindern von Beginn der Schule an klarmachen. Kinder der Primarstufe können die Bedeutung von Mitarbeit im Unterricht aber noch nicht verstehen, wenn man ihnen nur beschreibt, zu welchem Anteil sich ihre Note aus schriftlichen Leistungen und aus mündlicher Beteiligung am Unterricht zusammensetzt. Besser ist ein Rechenbeispiel: Wenn die mündliche Mitarbeit 50 Prozent der Gesamtnote ausmacht, kann ein Kind auch bei drei »guten« Noten in den Klassenarbeiten nur ein »Befriedigend« im Zeugnis haben, weil seine mündliche Mitarbeit nur »ausreichend« war. Kinder können solche konkreten Beispiele besser verstehen, als wenn man sie sehr abstrakt auf die Bedeutung ihrer mündlichen Mitwirkung hinweist. Sie müssen aber auch erkennen, dass Mitarbeit im Unterricht eine sehr effektive Möglichkeit der Übung ist, die man sich keinesfalls entgehen lassen sollte.

Manche Kinder sind still, andere lebhaft. Eltern schließen oft vom Temperament ihrer Kinder auf ihre mündliche Mitarbeit, wobei es aus verschiedenen Gründen zu einer Fehleinschätzung kommen kann. Sehr ruhige Eltern, deren Kinder am Nachmittag zu Hause drei Sätze reden, empfinden diese dann schon als lebhaft. Manche Kinder sind zwar von Natur aus aktiv, trauen sich aber in der Schule nichts zu sagen. Ein Elterngespräch mit dem Klassenlehrer gibt die nötige Aufklärung.

Eine gute Übungsmöglichkeit für das Reden vor der Klasse sind Rollenspiele, bei denen Vater, Mutter oder ältere Geschwister den Lehrer spielen und das Kind in ein simuliertes Unterrichtsgespräch verwickeln. Dazu muss man nicht pädagogisch vorgebildet sein, und es kann dabei im Grunde genommen um jedes Thema gehen, das die Eltern aus ihrem eigenen Lebensbereich kennen. Ein anderer guter Tipp für Schüler, die große »Schwellenangst« vor einer Mitarbeit im Unterricht haben, ist der, eine Strichliste zu führen – z. B. auf der Kopie des Stundenplans. Jedes Mal, wenn der Schüler sich gemeldet hat, darf er dies mit einem Symbol vermerken. Das ist eine Art Selbstkontrolle. Dabei sollte das Kind zunächst versuchen, sich mindestens einmal pro Stunde zu melden. Bei dieser Meldung kann es sich um Kurzantworten (ein Wort) oder später längere Antworten (ein Satz) handeln oder sogar darum, seine eigene Meinung zu begründen und in einer Diskussion zu vertreten. Die Häufigkeit der Beiträge lässt sich durch entsprechendes Lob der Eltern steigern. Wenn der Lehrer in diese Absprache einbezogen wird, hat auch er die Chance, angemessen zu reagieren.

Eltern sollten sich auch nicht scheuen, mit den Lehrern zu sprechen, wenn Schüler einer Klasse sich über falsche Antworten ihres Kindes lautstark lustig machen und es somit einschüchtern. Sollte ein Lehrer in solchen Situationen nicht eingreifen, müssen Eltern das Gespräch mit dem Lehrer suchen und deutlich auf die Problematik hinweisen.

Wie lernt mein Kind am besten?

Fragen Sie Ihr Kind ruhig einmal danach, wie es denn den kleinen Text für Geschichte gelernt hat oder das Gedicht oder die 50 Englischvokabeln, die für den Test gefordert waren. Lassen Sie sich genau beschreiben, wie Ihr Kind vorgeht. Sie werden feststellen, dass es gar nicht so einfach ist, mit Worten etwas zu erklären, was man vielleicht seit Jahren intuitiv auf eine bestimmte Art und Weise tut. Sie können auch ein kleines Experiment mit einer beliebigen zwölfstelligen Zahl zu Hause durchführen. Welches Familienmitglied merkt sich die Zahl auf welche Art und Weise am besten? Durch Aufschreiben, aufsagen oder mit rhythmischem Klatschen? Jeder Mensch verarbeitet die Eindrücke seiner Umwelt unterschiedlich. Das bedeutet auch, dass jeder Mensch auf seine ganz persönliche Weise mit Erfolg lernt.

Die sieben Säulen für den Schulerfolg

In seinem Buch *Denken, Lernen und Vergessen* hat Frederic Vester 1975 eine Lerntypentheorie aufgestellt. Sie ist nicht unumstritten, weil Kritiker ihr vorwerfen, dass sie Lerner zu sehr auf einzelne Persönlichkeitsmerkmale reduziere. Dennoch gibt sie wertvolle Hilfen bei der Auswahl von Lern- und Unterrichtsmethoden, je nachdem, ob Menschen besonders effektiv lernen, wenn sie etwas aufschreiben oder sich etwas ansehen und vor ihrem geistigen Auge rekapitulieren oder indem sie zuhören oder umherlaufen. Die eine gültige und richtige Methode zu lernen gibt es nicht, sondern jeder Lerner lernt anders.

In den vielen Veröffentlichungen zum Thema »Lerntypen« werden sehr verschiedene und unterschiedlich viele Lerntypen benannt. Während manche Autoren zwischen den drei Kernlerntypen, dem optischen bzw. visuellen Lerntyp, dem auditiven Lerntyp und dem haptischen bzw. motorischen Lerntyp unterscheiden, ergänzen andere diese um viele weitere Lerntypen, etwa den Musik-Lerntyp, der gut lernen soll, wenn der Stoff gereimt, als Lied oder Melodie dargeboten oder von ihm aufbereitet wird. Er begeistert sich für Rhythmik, Wort- und Klangmuster, summt und singt viel. Der Ich-Lerntyp dagegen grübelt, sinniert, forscht nach, will alles ganz genau wissen und benötigt ungestörte Denkzeit. Er arbeitet mit Vorliebe allein für sich und liefert deshalb häufig als Letzter die Klassenarbeit ab, unter Umständen aber sogar ohne alle Aufgaben gemacht zu haben. Entscheidend ist, dass die Lerntypen-Kategorisierung unabhängig vom Lernstoff und vom Intelligenzniveau vorgenommen wird und in der Realität nur Mischformen und damit eine große Vielzahl von Verknüpfungen der grundlegenden Lerntypen existieren. Die Unterscheidung von Lerntypen sollte keinesfalls als diagnostisches Instrumentarium begriffen werden. Lese-Rechtschreib-Schwäche, Hyperaktivität oder sonstige Lernstörungen lassen sich damit nicht feststellen. Sie gibt allenfalls erste Hinweise für Stärken und Schwächen bei der Aufnahme und Verarbeitung von Informationen. Das Positive an allen Überlegungen, die wissenschaftlich nicht immer

Lernen braucht Organisation

untermauert sind und deshalb in Fachkreisen durchaus kritisch gesehen werden, ist aber: Eltern schauen genau hin und beobachten ihr Kind beim Lernen. Sie reden darüber und erfahren mehr über die Denkweise ihres Kindes. Dies ist, unabhängig von allen wissenschaftlichen Grundsatzdiskussionen, richtig und gut und immer ein Gewinn für Eltern und Kinder.

Die Unterscheidung zwischen folgenden Lerntypen kann hilfreich sein:

- **Bilder im Kopf: Der optische Lerntyp**

Der optische Lerntyp wird auch als visueller Lerntyp bezeichnet. Er lernt durch Sehen und erfasst Informationen mit den Augen. Schüler dieses Lerntyps nehmen zu Lernendes besser auf, wenn sie ein Bild haben oder sich ein inneres Bild machen können, das sie bei Bedarf wieder erinnern. Diese Bilder gehen auch ins Langzeitgedächtnis über. Schüler dieses Lerntyps können sich den Unterrichtsstoff gut merken, der visuell vermittelt wird, wie Tafelbilder oder Overheadfolien. Erfahrungsgemäß können sie sich Fakten besser merken, wenn sie den Lernstoff zusätzlich aufschreiben. Sie erfassen komplizierte physikalische, chemische oder biologische Zusammenhänge dann am besten, wenn sie einen Film oder eine Skizze dazu sehen.»Lesen und puzzeln zählen zu ihren Hobbys. Wer mit ihnen Memory spielt, muss sich gehörig anstrengen, wenn er nicht verlieren will.«

Problem dieses Lerntyps: Sie schalten bei mündlichen Vorträgen leicht ab.

Lernhilfe: Die Schüler sollten sich eigene Notizen oder Skizzen machen.

- **Hören und reden: Der auditive Lerntyp**

Vertreter des auditiven Lerntyps lernen vorwiegend über das Gehör, z. B. wenn sie anderen zuhören, Kassetten hören oder sich den Text laut vorlesen. Sie können Vorlesungen und Vorträgen gut folgen. Auditive Lerntypen hören aufmerksam zu, erzählen

Gehörtes leicht nach oder können sich lange Gedichte oder Melodien schnell einprägen, auch wenn sie sie nur einmal gehört haben. Beim Lernen bewegen sie manchmal die Lippen oder sagen den Lernstoff laut vor sich her, wenn sie für eine Arbeit üben. Die Stärken dieses Lerntyps liegen im Auswendiglernen.

Problem: Schüler dieses Lerntyps werden leicht durch Geräusche abgelenkt und sollten daher in einer ruhigen Atmosphäre üben.

Lernhilfe: Sie sollten Texte lesen und im Kopf lautlos – sozusagen vor dem inneren Ohr – wiederholen oder sich selbst laut vorsprechen.

■ **Anfassen: Der haptische oder motorische Lerntyp**
Der motorische Lerntyp lernt am besten dadurch, dass er Handlungsabläufe selbst durchführt und auf diese Weise nachvollziehen kann. Er muss am Lernprozess unmittelbar beteiligt sein und durch *learning by doing* eigenständige Erfahrungen sammeln. Schüler dieses Lerntyps sind praktisch veranlagt, bewegen sich gerne und begreifen das Lernen als einen aktiven Vorgang. Sie bewegen beim Erzählen oft ihre Hände oder benutzen beim Rechnen die Finger. Sie bauen gerne komplizierte Modelle, wie z. B. ein Lego-Piratenschiff, und spielen lieber mit Chemiebaukästen, anstatt Bücher zu lesen.

Problem: Sie haben Schwierigkeiten, still zu sitzen, ohne etwas zu tun.

Lernhilfe: Sie lernen am besten, wenn sie den Lernstoff strukturieren, z. B. durch Karteikarten. Durch rhythmische Bewegungen, Nachmachen, Gruppenaktivitäten und Rollenspiele kommen sie ihrem Drang nach Bewegung nach.

Neben diesen drei klassischen Lerntypen, deren Kategorisierung nach den Sinnessystemen erfolgt, sind auch andere Lerntypen denkbar:

Lernen braucht Organisation

Sprechen und diskutieren: Der kommunikative Lerntyp
Der kommunikative Lerntyp gelangt durch Diskussionen und Gespräche zum größten Lernerfolg. Für ihn sind die sprachliche Auseinandersetzung mit dem Lernstoff und das Verstehen im Dialog von großer Bedeutung. Er lernt gerne und gut im Austausch mit anderen. Dies hat vermutlich für viele Lerntypen Vorteile. Das Wiederholen des Gelernten für andere zwingt ihn dazu, das Gelernte noch einmal zu erklären. Sein Gehirn lernt am besten und überführt Faktenwissen in das Langzeitgedächtnis, wenn dieses mehrfach wiederholt wird. Der eigene Ausdruck des Gelernten bringt ihn zu einer längeren Beschäftigung mit dem Lernstoff, erhöht die Konzentrationsspanne und führt dazu, dass das passiv aufgenommene Wissen durch die Sprachareale in der Hirnrinde aktiv angewendet wird. Neben diesen Mechanismen der Sprachaktivierung, Wiederholung und verfeinerten Abspeicherung ist für diesen Lerntyp die emotionale Stimulierung durch Gleichaltrige entscheidend. Kommunikative Lerner werden vor allem durch andere Menschen emotional aktiviert. Emotionen bearbeitet das Gehirn in den Arealen, die als Flaschenhalsstrukturen des Gedächtnisses bekannt sind (siehe Kapitel 2.2, »Das kindliche Gedächtnis«).

Logik und Strukturen: Der abstrakt-verbale Lerntyp
Der abstrakt-verbale Lerntyp lernt am besten durch begrifflich nicht konkrete oder formelhafte Erklärungen, die ihm in schriftlicher oder mündlicher Form vermittelt werden. So fällt es ihm z. B. leicht, die Definition des abstrakten Begriffs »Liebe« auswendig zu lernen, erzählt man ihm aber eine Liebesgeschichte, wird ihm die Problematik nicht klar werden. Ein Schaubild zum Thema hingegen versteht er mühelos. Dieser Lerntyp ist in der Lage, theoretische Begriffe ohne großen Übungsaufwand anzuwenden. Er erfasst den Inhalt einer mathematischen Formel aus der Formel selbst, auch wenn sie sehr kompliziert ist.

Nähe und Gefühle: Der personenorientierte Lerntyp

Der personenorientierte Lerntyp lernt nur dann, wenn er es für einen ihm sympathischen Lehrer tut. Am liebsten würde er alleine unterrichtet werden. Für diesen Lerntyp sind Bezugspersonen wie der Lehrer sehr wichtig. Schüler dieses Lerntyps haben oft extreme Vorlieben und Abneigungen. Sie finden den Lehrer entweder sehr gut oder sie lehnen ihn ab. Entsprechend sind ihre Leistungen bei einem Lehrer, den sie mögen, weitaus besser als bei einem Lehrer, der ihnen unsympathisch ist.

PC und Co.: Der medienorientierte Lerntyp

Der medienorientierte Lerntyp beherrscht perfekt den Computer und andere audiovisuelle Medien und lernt am besten mit ihnen. Er ist begeistert von technischen Zusammenhängen und kennt alle Neuerungen auf diesem Gebiet. Eigentlich braucht er keinen Lehrer. Am Computer ist er ein Autodidakt. Er mag möglicherweise einem Lehrer bei seinem Vortrag nicht zuhören, würde sich aber den gleichen Vortrag z. B. im Fernsehen ansehen und dabei etwas lernen. Ohne Technik lernt er nicht wirklich effektiv.

Selten solo: Mischtypen

In der Realität treten die oben angeführten Lerntypen nahezu nie isoliert auf. Im Gegenteil: Es gibt eine Vielzahl von Kombinationen der grundlegenden Lerntypen. Weist ein Kind Eigenschaften verschiedener Lerntypen auf, handelt es sich um einen Mischtyp. Trotzdem scheint eine generelle Einordnung in die genannten Lerntypen sinnvoll, um Tendenzen zu erkennen. Sie hilft auch, Lernmethoden zu finden, mit denen ein Schüler optimal lernen kann. Je mehr Arten der Erklärungen angeboten, je mehr Kanäle der Wahrnehmung benutzt werden, desto besser wird das Wissen verstanden und gespeichert. Nichts ist individueller als Lernen. Kinder müssen also selber ausprobieren, wie sie am besten lernen und das Gelernte dauerhaft behalten können. Eltern können dabei – zusammen mit der Schule – nur Hilfestellungen geben.

Wer selbst in der Lehrerrolle ist, lernt am besten. Eltern sollten sich Sachverhalte von ihren Kindern erklären lassen, Fragen stellen und im Laufe eines Gesprächs das Gelernte noch einmal wiederholen. Das Gelernte praktisch oder im Gespräch noch einmal anzuwenden, ist die effektivste Methode des Lernens. Sie greift bei nahezu allen Kindern.

Nachhilfe: Hilfe oder Erziehung zur Faulheit?

»Klaus ist doppelt so alt wie sein Bruder Johann, seine Schwester Johanna ist dreimal so alt wie Johann. Die Mutter der beiden ist doppelt so alt wie die drei Kinder zusammen. Sie ist 36. Errechne das Alter der Kinder.«

Der neunjährige Tim grübelt über seiner Mathehausaufgabe. Schließlich gibt er verzweifelt auf und hofft auf seinen Nachhilfelehrer Jan. Er ist Mathestudent im zweiten Semester und erteilt Tim zweimal pro Woche Nachhilfe in Mathematik. In Tims Klasse haben einige Kinder Nachhilfe. In der Klasse seiner Schwester Jana, die die Klasse acht des Gymnasiums besucht, bekommt fast ein Drittel der Kinder Nachhilfe.

Nachhilfe ist kein Ersatz fürs eigene Lernen. Wenn ein Schüler kein Interesse an der Schule und am Lernen hat, wird Nachhilfe ihm nicht wirklich »helfen«. Es gibt aber Situationen, in denen Nachhilfe sinnvoll sein kann:

> bei vorübergehender persönlicher Belastung (z. B. bei entwicklungspsychologischen Problemen, psychischen Problemen, Krankheiten, Problemen mit Mitschülern)
> bei familiären Problemen (Krankheit der Eltern, Scheidung der Eltern, ein Todesfall in der Familie oder Umzug)
> bei grundlegenden Problemen in einem Fach, die alleine nicht mehr zu bewältigen sind
> zur Vorbereitung auf eine Nachprüfung
> als Hausaufgabenbetreuung, wenn die Eltern dies nicht leisten wollen oder können.

Welche Art der Nachhilfe – ob Einzel- oder Gruppenunterricht oder Online-Nachhilfe – für Ihr Kind am geeignetsten ist, entscheiden Sie als Eltern, ihr Geldbeutel und die Art des Schulproblems. Steht ein Schüler drei Monte vor den Zeugnissen in zwei Fächern auf einer Fünf, empfiehlt sich eine intensive Einzelbetreuung. Geht es darum, in einem Fach nicht von einer Vier auf eine Fünf abzurutschen, ist Gruppenunterricht in einem Institut eine gute Lösung. Einige grundsätzliche Fragen und Aspekte sollte man aber genau bedenken, ehe man sich entschließt, die Noten seines Kindes durch Nachhilfe zu verbessern:

Nachhilfe muss früh genug einsetzen, nicht erst, wenn Ihr Kind bereits ungenügende Leistungen hat. Meist soll durch Nachhilfe verhindert werden, dass ein Schüler die Klasse wiederholen muss. Ein Schüler, der im Fach Latein mangelhafte Leistungen hat, kann diese Lücken aber nicht in zwei Wochen schließen. Eine Woche vor der letzten – die Versetzung entscheidenden – Klassenarbeit mit Nachhilfeunterricht zu beginnen, ist ineffizient und setzt das Kind nur noch stärker unter Druck.

Die Gefahr, dass Kinder sich an Nachhilfe gewöhnen, ist umso größer, je früher mit ihr begonnen wird. Machen Schüler schon in der Grundschule die Erfahrung, dass sie nicht ohne Nachhilfe auskommen, verlassen sie sich später hundertprozentig auf diese. Ihr Selbstbewusstsein (»Ich kann mir etwas Schwieriges alleine erarbeiten«) wird so kaum gefördert.

Nachhilfe kann träge machen. Im extremen Fall verlassen sich Kinder allein auf den »Lehrer am Nachmittag« und konzentrieren sich in der Schule noch weniger, weil der Lernstoff ja nachmittags erneut in privater Atmosphäre vermittelt wird.

Vorsicht: Nachhilfe führt unter Umständen auch zu einer erhöhten Erwartungshaltung der Eltern: »Du hast schließlich Nachhilfe. Warum hast du jetzt nur eine ›Drei‹ in der Englischarbeit?« Selbst wenn Eltern ihn nicht so offen aussprechen, der unterschwellige Vorwurf steht oft im Raum. Und ein Kind entwickelt dann möglicherweise eine verstärkte Angst vor Prüfungen.

Nachhilfe darf deshalb nicht zur Dauersituation werden, sie sollte zeitlich begrenzt sein. Etwas anderes ist es, wenn Kinder zu einer Hausaufgabenbetreuung gehen, also z. B. zwei Mal pro Woche in einer Lerngruppe ihre Hausaufgeben erledigen und Fragen zum Verständnis stellen. Eltern müssen auf jeden Fall mit dem Kind darüber sprechen, warum sie oder der Lehrer der Meinung sind, dass es Nachhilfe braucht. Eine aufgezwungene Nachhilfe ist nicht effektiv, weil sich das Kind möglicherweise dagegen sperrt oder als nicht kooperativ erweist. Außerdem muss man dem Kind zu verstehen geben, dass der Nachhilfeunterricht kein Eingeständnis seiner Unfähigkeit ist oder es zur Unselbstständigkeit erziehen soll, sondern eine vorübergehende Hilfe. Eine wichtige Voraussetzung für effektiven Nachhilfeunterricht ist, dass der Nachhilfelehrer über die Defizite des Schülers genau informiert ist, am besten durch ein Gespräch mit dem Fachlehrer. Sprechen Sie aber auch mit den einzelnen Betreuern und mit ehemaligen Schülern einer Nachhilfeschule. Denn: Es ist nicht allein damit getan, dass Sie Ihr Kind anmelden und erwarten, dass die Noten nach drei Wochen kontinuierlich besser werden. Auch wenn Sie konkrete Nachhilfe sozusagen auslagern, müssen Sie sich weiterhin intensiv kümmern, die Lernfortschritte und das Wohlbefinden Ihres Kindes im Auge haben, und die Schüler müssen nach wie vor lernen. Nachhilfe ist also keineswegs ein Allheilmittel!

3.4 Elternliebe und Bildungsklima

Liebe macht klug – Das richtige Bildungsklima – Der Schul-Check – Falscher Ehrgeiz? – Sprechen, diskutieren, philosophieren

Dass Eltern ihre Kinder lieben, erscheint als das Normalste der Welt, als angeborenes Instinktverhalten. Wer sein Kind nicht liebt, es bewusst verletzt und demütigt, gilt als abnorm. Die Gesellschaft verurteilt jegliches Verhalten dieser Art zu Recht scharf. Und zollt all denen Respekt, die sich selbst nichts gönnen, alles für ihre Kinder tun und selbst das Risiko des eigenen Todes nicht scheuen, wenn es um das Wohl ihrer Kinder geht. Zwischen diesen Extremen liegt jedoch das nebulöse Feld der Praxis, auf dem konkret entschieden wird, was die – im besten Fall bedingungslose – Liebe der Eltern zu ihren Kindern im tagtäglichen Umgang meint. Diese Liebe schließt auch Erziehung ein. Anders als die elterliche Liebe, die in erster Linie das Ergebnis genetischer Programmierung, tradierter Verhaltensmuster und hormoneller Prägungen sein mag, ist Erziehung auch ein Lernprozess.

Eine liebevolle Erziehung ist eine unabdingbare Säule für die gute Entwicklung eines Kindes. Ein Kind mit Liebe zu erziehen bedeutet immer auch, es zu bilden, also Bildung zu vermitteln. Es ist die zweite Basis für das Leben, weil es Selbstbestimmtheit, Erfolg, Zuversicht und reflektierendes Wissen ermöglicht. Unter Bildung fällt aber nicht nur Faktenwissen, sondern – und vor allem – auch die Vermittlung von Werten und eine Herzensbildung, die Mitgefühl und emotionale Intelligenz einschließt.

Liebe macht klug
Die einzigartige Beziehung zwischen Vater, Mutter und Baby entsteht bereits in den ersten Lebenstagen eines Kindes. Sie gibt dem Säugling Sicherheit. Ein Kind braucht eine Bindungsperson, es

sucht einen »emotionalen Hafen«, wie es der Münchner Bindungsforscher und Psychotherapeut Karl Heinz Brisch umschreibt. Das muss nicht zwangsläufig eine einzelne Person sein, vielmehr kann sich das Bindungsverhalten auf mehrere Personen erstrecken. Begründet wurde diese Bindungstheorie in den 50er Jahren von dem Psychiater und Psychoanalytiker John Bowlby. Die beste Voraussetzung für eine sichere Bindung ist der Körperkontakt. Das gilt nicht nur für Kleinkinder. Das Drücken, Herzen, Streicheln hat wegen des wärmenden Körperkontakts eine beruhigende Wirkung auf das Kind. Emotionale Wärme setzt aber auch Achtung und Aufmerksamkeit voraus: Trost, Lob, sorgendes Mitgefühl und einfühlsames Zuhören.

Nicht nur Babys, sondern auch größere Kinder gehen immer wieder enge und von intensiven Gefühlen geprägte Beziehungen mit Mitmenschen ein, und selbst Erwachsene suchen bei Gefahr den Schutz von Freunden. Weil es einem ein Gefühl der Sicherheit vermittelt. Wird dieses Bedürfnis nicht befriedigt, entstehen zwiespältige Gefühle gegenüber der Bindungsperson. Ein Kind, das von seiner Mutter nicht auf den Arm genommen wird, wenn es ihre Hilfe und Nähe sucht, versteht – im wahrsten Sinne – die Welt nicht mehr. Ähnlich ergeht es einem Schulkind, dem man droht: »Wenn du eine schlechte Note nach Hause bringst, dann ...« Es entsteht eine ambivalente Situation, weil die liebende Bindungsperson dem Kind plötzlich Angst macht. Sollen Kinder erfolgreich lernen, ist ein Umfeld mit emotionaler Bindungssicherheit eine unabdingbare Voraussetzung.

»Du bist wirklich zu blöd.« – »So wird nie etwas aus dir.« – »Ich habe ja immer gesagt, dass du höchstens zum Straßenfegen taugst.« Diese Beleidigungen – von Eltern ausgesprochen – untergraben das Selbstwertgefühl eines Kindes und verstärken seine Angst zu versagen. Sicher mögen sie oft auf verständlicher Enttäuschung beruhen, dennoch zerstören sie das Vertrauen zwischen Eltern und Kindern. Und gerade dieses Vertrauen ist für Kinder lebensnotwendig, um den Anforderungen, die an sie gestellt werden, sicher zu begegnen: Denn sie entwickeln dadurch Ausdauer beim Lernen. Sie können sich besser konzentrieren, sie haben mehr Selbstvertrauen und gewinnen Freunde, die sie um Hilfe bitten können. Sie erwerben eine Art Konfliktkompetenz – sei es im Umgang mit einem Lehrer, mit dem sie nicht zurechtkommen, oder mit dem Stoff eines Fachs, das ihnen nicht so sehr liegt. Sie zeigen generell weniger Aggressionen, die oftmals aus Angst, nicht mehr weiterzuwissen, entstehen. Diese positive emotionale Basis ist das stabilste Grundgerüst für das Leben und das Lernen von Kindern.

Neben dem Bedürfnis nach Bindung erleben Kinder auch ihre eigene Neugier. Das von dem Bindungsforscher Brisch so genannte Erkundigungsbedürfnis wechselt mit dem Bindungsbedürfnis. Diesen Freiheitsdrang ihres Kindes dürfen Eltern keineswegs fehl interpretieren. Das Kind will nicht weg, sondern es will seine Umgebung erforschen, weil es sich sicher fühlt, weil es die Basis aus Liebe und Vertrauen spürt. Einem Kind, das Angst hat, seine Bindungsperson zu verlieren und sich deshalb umso mehr an sie klammert, fehlt auf Dauer die Ruhe, um gut lernen zu können. Im schlimmsten Fall kann die Verlustangst bei Kindern so groß werden, dass sie sogar zu Hause unterrichtet werden müssen. Eine zu starke Bindung hingegen – gern als *overprotection* beschrieben –, ist aber ebenso problematisch. In beiden Fällen lernen Kinder nicht, mit Stress umzugehen. Insofern sollten Eltern sich diesen Spagat zwischen Bindungs- und Freiheitsbedürfnis bewusst machen und ihren Kindern im jeweils richtigen Maß Schutz, aber auch Freiheit gewähren.

Das richtige Bildungsklima
Gibt es eine falsche Bildungsatmosphäre? Nein. Es gibt in manchen Fällen nur gar keine – und das ist ungünstig. Wissenschaftstheoretisch bedeutet Bildung das Streben nach optimaler Verwirklichung eines Menschenbildes. Nicht das Ansammeln von Spezialwissen ist gemeint, sondern der breite Wissensfundus,

Elternliebe und Bildungsklima

der einen kritischen und reflektierten Umgang mit den Kulturtraditionen in Kunst, Wissenschaft und Literatur erlaubt. Zu wissen, wann der Dreißigjährige Krieg endete, bedeutet eben noch nicht, das geschichtsträchtige Ereignis auch in seiner historischen Dimension begriffen zu haben.

Bildung ist immer die gesamte Bandbreite der Persönlichkeitsbildung. Für die Ansammlung von Faktenwissen könnten Eltern zu Recht die Schule als führende Institution in Anspruch nehmen. Das gilt aber nicht für die ganzheitliche Bildung. Weltwissen, Kultur, Kommunikation, Ehre, Fleiß, Mitgefühl, Gerechtigkeit – um nur einige Bestandteile zu nennen – werden und sollten zu Hause erfahrbar sein.

Das Bildungsideal, dem die Menschen vertrauen, wandelt sich je nach Epoche und den geistigen Strömungen: Rousseau war der Ideengeber der Reformpädagogik und erhob den sich frei entfaltenden Menschen zum Ideal, während Wilhelm von Humboldt allen, egal ob Gelehrter oder Handwerker, einen fundamentalen Fachunterricht angedeihen lassen wollte. Er wünschte sich die Bildung frei von jeglichen Zwängen. Pestalozzi dagegen legte Wert auf die geistige, sittliche und religiöse Bildung sowie handwerkliche Fertigkeiten. Die Reformpädagogik wiederum erkor die individuelle Entfaltung zum Hauptziel – durch eine einfache Lebensform, Naturverbundenheit, Spiel und Kunst statt purer Wissensvermehrung. Maria Montessori förderte selbstständiges Entdecken als Lernen.

Der weit gereiste Gelehrte Johann Amos Comenius verfasste 1658 das *Buch der Bücher* für Kinder, eine Art Weltordnung mit wissenswerten Fakten, die uns heute vielleicht banal erscheinen, im 17. Jahrhundert jedoch einer Revolution gleichkamen. So sollte ein Kind z. B. zwischen Stunden, Tagen, Wochen und Jahreszeiten unterscheiden können, eine Vorstellung von der Rolle des Bürgermeisters haben, einige Verse auswendig aufsagen können und die Zehn Gebote kennen. Diese »Mutterschul« war als Bildungsanleitung für Kinder und Mütter aller Schichten gedacht.

Die sieben Säulen für den Schulerfolg

Fast 350 Jahre später setzte Donata Elschenbroich, Pädagogin, Kindheitsforscherin am Deutschen Jugendinstitut in Frankfurt und Bestsellerautorin, diese alte Idee von Comenius neu um: Ihr Bildungskanon *Weltwissen der Siebenjährigen* entstand nach 150 ausführlichen Gesprächen mit Menschen aller Altersstufen, unterschiedlicher Herkunft und Bildung, mit verschiedenen Berufen und Ansichten. Dem Vorwurf, eine Art Checkliste mit den Fertigkeiten erstellt zu haben, die ein Kind heute beherrschen sollte, entgegnete sie, dass es sich eher um »eine Checkliste der Pflichten der Erwachsenen« handele. Elschenbroich zufolge sollte ein siebenjähriges Kind z. B. einen Tag im Wald verbracht, einen Brief gelesen oder geschrieben, einen Gegenstand repariert und ein Konzept von Heimweh haben.

Früher wie heute ist die Idee, die hinter solchen Büchern steckt, eine Art Bildungsbauchladen, ein Angebot der Eltern, aus dem sich die Kinder auswählen, was ihnen Spaß macht, worauf sie neugierig sind. Ehe ein Kind aber weiß, ob es sich für das Angeln interessiert, muss es einen Angelausflug erlebt, etwas über Fische und Köder erfahren haben. Wie soll ein Kind ahnen, ob es sich die Welt der Kunst erschließen möchte, wenn es nie Bilder in einer Ausstellung gesehen und nie darüber nachgedacht hat, warum Maler malen? Übrigens machen viele innovative Schulen in Deutschland mittlerweile genau solche Angebote: Tomatenzüchten im Schulgarten, Lesen in der Schulbibliothek, Basteln in der Werkstatt oder gemeinsame Theaterbesuche mit der Schauspiel-AG.

Eltern haben unzählige Möglichkeiten, Erziehung und Bildung klug miteinander zu verbinden.So kann man den Kindern etwa im Rahmen eines Theater-, eines Museums- oder ein Wanderjahrs Bildungsanreize setzen. Das Prinzip ist immer das gleiche: Eltern und Kinder gehen – ganz konsequent – einmal im Monat zusammen ins Theater, ins Museum oder raus in die Natur und lernen im Laufe eines Jahres eine ganze Menge gemeinsam kennen. Für den Museumsbesuch bieten sich die Familientage an oder die Tage im Jahr, wo der Eintritt aus einem bestimmten Anlass frei ist; eine

Theaterkarte oder Naturwanderung kann ein ebenso sinn- und liebevolles Geburtstagsgeschenk sein wie ein neues Computerspiel. Nimmt man beim Wandern auch noch ein großes weißes Tuch mit, das man unter einen Baum oder einen Busch legt, ehe man kräftig schüttelt, dann lässt sich der Biologieunterricht anschaulich erweitern. Erstaunlich, wie viele unterschiedliche Tiere da herunterfallen: Käfer, Larven, Spinnen. Ein Käfer- oder Spinnenbestimmungsbuch kann man in der Bücherei ausleihen. Die Berechnung des Wanderweges belebt den Mathematikunterricht. Und wenn man ein Englischlexikon (wahlweise auch Französisch oder Latein) im Rucksack mitnimmt, kann man sich gleich noch die Namen der Bäume und Pflanzen auf Englisch einprägen. Wunderbar ist auch Folgendes: Einmal im Monat kocht die Familie international: Man sucht gemeinsam Rezepte aus, geht einkaufen, dekoriert den Tisch und kocht zusammen. Dabei lernen alle etwas über gesunde Ernährung, andere Kulturen und das Kochen an sich. Nicht immer müssen diese Aktivitäten den Geldbeutel der Familie über Gebühr strapazieren. Um z. B. einmal im Monat einen Platz seiner Heimatstadt zu erkunden, kann man die öffentlichen Verkehrsmittel oder das Fahrrad nehmen. Ältere Geschwister können etwas über die Geschichte recherchieren oder über die Wandlungen, die der Ort im Lauf der Zeit durchgemacht hat. Welches Denkmal steht dort? Welche Bäume wurden gepflanzt? Wer war der Namensgeber? Das lässt sich auch mit großen Gebäuden und Parkanlagen machen. In jedem Ort gibt es viel zu entdecken.

Fast jede Stadt bietet günstige Schachkurse, einen Ferienzirkus oder einen Debattierclub an. Arbeiten in einem Wildlife-Camp oder Zoo erweitern den Horizont ebenso wie der Musicalchor, kreatives Malen oder der Sprachkurs im Ausland. Das alles kostet – manchmal – Geld. Aber es ist gut investiert, wenn man seinem Kind all die wunderbaren Erfahrungsmöglichkeiten in einer Art Schnupperangebot vermitteln will. Zum Repertoire einer guten Bildungsatmosphäre gehört es auch, Nachrichten (bzw. Kindernachrichten) im Fernsehen anzusehen, gemeinsam in Lexika oder im Internet nachzuschlagen oder Konzerte und Museen zu besuchen. Das bedeutet nicht, dass die Wochenenden im Tennis- oder Golfclub kein Bildungsangebot darstellen, aber sie bilden eben nur einen begrenzten Ausschnitt der Möglichkeiten ab. Das beste Bildungsklima dürfte jedoch nach wie vor am heimischen Esstisch entstehen: Gespräche, Zuhören und Diskutieren sind die preisgünstigste Variante der Bildung.

Der Schul-Check
In Artikel 6 des Grundgesetzes wird den Eltern das Erziehungsrecht garantiert. Dies schließt auch die Schulwahl ein, die Eltern gewissenhaft und unter Berücksichtigung aller für das Kind wichtigen Faktoren treffen sollten. Dazu benötigen sie Informationen über die Ausrichtung, Besonderheiten und Qualität der für ihr Kind in Frage kommenden Schulen. Wie wichtig Eltern die richtige Schulwahl ist, belegen die Mühen, die sie nicht scheuen, um die passende Schule zu finden. Manche Eltern nehmen bis zu zehn verschiedene weiterführende Schulen unter die Lupe, bevor sie sich für eine entscheiden. Und immer häufiger fällt die Wahl auf eine Privatschule.

Etwa 3000 allgemeinbildende Privatschulen bieten mittlerweile in Deutschland ihre Dienste an, das sind 8,5 Prozent aller deutschen Schulen. 7,6 Prozent der deutschen Schüler (also insgesamt knapp 700 000) besuchten im Schuljahr 2007/2008 eine Privatschule – das sind fast 50 Prozent mehr als 1992 noch. Viele Eltern erhoffen sich hier eine bessere und individuellere Betreuung und möglicherweise eine homogenere Klientel. Auch das Zusatzangebot ist häufig umfangreicher: die Chinesisch-AG, der Schüleraustausch nach Neuseeland oder Laptopklassen. Manche Eltern wünschen sich schlicht ein atmosphärisch schön gestaltetes Schulgebäude, saubere Toiletten und einen gesunden Mittagstisch. Natürlich gibt es all das auch an öffentlichen Schulen. Aber man muss sie suchen und finden.

Elternliebe und Bildungsklima

Neben Privatschulen sind innovative Schulprojekte beliebt: fächer- und jahrgangsübergreifender Unterricht, Schulen ohne Notengebung oder mit einer besonderen pädagogischen Ausrichtung. Daneben gibt es Schulen mit sportlichem, musischem, künstlerischem, religiösem, sprachlichem oder naturwissenschaftlichem Schwerpunkt. Manche propagieren bilingualen Unterricht, andere setzen auf innovative Team- und Projektarbeit. Wachsende Bedeutung bekommen fachübergreifende Veranstaltungen wie Gesundheitserziehung, Hinführung zur Berufs- und Arbeitswelt, informationstechnische Grundbildung, Umweltbildung und die Aufarbeitung europäischer Themen. Waldorfschulen, Montessorischulen und reformpädagogische Projekte bieten da eine große Auswahl.

An Informationsabenden und im Austausch mit Lehrern können Eltern einen Einblick in die wohnortnahen Schulen gewinnen. Auch ein »Tag der offenen Tür« an der Schule bietet Kindern und Eltern eine gute Gelegenheit, sich ein Bild zu machen und z. B. beim Elternbeirat Auskünfte einzuholen.

Speziellere Informationen dagegen sind oft nur unter großen Mühen öffentlich zugänglich. So erfahren Eltern selten, wie häufig der Unterricht an einer Schule ausfällt, wie hoch die Durchfallquote ist und wie die Schüler die Abschlussprüfungen im Schnitt bestehen. Deshalb bemühen sich seit Kurzem vor allem Internetportale darum, dieses Informationsdefizit auszugleichen. Die Webseite www.spickmich.de erlaubt Schülern, ihren Lehrern Noten zu geben, unter www.schulradar.de wiederum können Eltern die Schule ihrer Kinder bewerten. Und einige Kultusministerien (beispielsweise Berlin und Sachsen) erstellen Schulporträts mit zum Teil äußerst detaillierten Informationen. Die Online-Schuldatenbank www.schulkompass.de versammelt Daten von Ministerien, statistischen Landesämtern und Schulleitern und gibt gleichzeitig Eltern, Lehrern und Schülern die Möglichkeit, ihre Bewertungen zu vielen unterschiedlichen Aspekten (Schulklima, Ausstattung, Engagement, Unterricht) abzugeben.

Es ist das einzige Internetportal, auf dem sowohl viele Fakten als auch Bewertungen zu finden sind.

Haben Eltern eine Schule in die engere Wahl genommen, sollten sie sich die Schule unbedingt persönlich ansehen und nach allem erkundigen, was für Ihre Entscheidung eine Rolle spielt. Die richtige Schule zu finden ist eine der Säulen für den Schulerfolg Ihres Kindes. Sie muss zu Ihrer Familie und Ihrem Kind passen, aber das Kind muss auch zu der Schule passen.

Falscher Ehrgeiz?
Immer wieder werfen Lehrerverbände deutschen Eltern falschen Ehrgeiz vor, wenn diese den schlechten Noten ihres Kindes zum Trotz es weiterhin auf dem Gymnasium unterrichtet sehen möchten. Überforderte Kinder seien schnell frustriert und hätten dann nur noch weniger Lust am Lernen. Richtig. Aber dann muss man auch konstatieren, dass ein Umzug in ein anderes Bundesland das Problem manchmal lösen kann. Die PISA-Ergebnisse haben die deutlichen Niveau-Unterschiede der Bundesländer gut dokumentiert. Ein guter Realschüler aus Bayern dürfte es eventuell auch auf einem hessischen Gymnasium schaffen. So jedenfalls die Erfahrungswerte vieler Eltern. Solange aber eine solche Bildungsheterogenität in Deutschland besteht, sollte sich eigentlich niemand wundern, dass Eltern für ihr Kind die individuell besten Möglichkeiten herausfinden und nutzen möchten. Es ist kein ehrrühriges Ansinnen, wenn die Forderung nach einer Art TÜV für Schulen laut wird.

Deshalb ist es für Eltern ratsam, im Vorfeld der Entscheidung für eine weiterführende Schule ganz rational – und nicht von reinem Wunschdenken getrieben – zu überdenken:
› Welche Begabungen hat mein Kind wirklich?
› Wie ausgeprägt ist seine Lernbereitschaft und Arbeitshaltung?
› Hat mein Kind Spaß an neuem Wissen? Ist es neugierig und interessiert, Unbekanntes zu ergründen?

Elternliebe und Bildungsklima

> Lässt es sich gut motivieren zu lernen?
> Wie gut ist seine Konzentrationsfähigkeit?
> Wie gut kann mein Kind mit Enttäuschungen und Frustrationen umgehen?
> Kann ich mein Kind zu Hause gut unterstützen? Habe ich Zeit und Lust dazu? Und wenn nicht: Kann ich es mir finanziell erlauben, fremde Hilfe, etwa Nachhilfeunterricht, in Anspruch zu nehmen?
> Wie waren die bisherigen Zeugnisnoten und Beurteilungen?
> Was sagen die Lehrer? Oder sollte man ein Gutachten einholen?
> Kann ein Begabungstest zeigen, ob ein Kind für ein Gymnasium geeignet ist und welche besonderen Talente es besitzt oder welche vielleicht noch speziell zu fördern sind?

Nicht zuletzt sind aber auch die folgenden Fragen wichtig: Warum wollen wir als Eltern was für unsere Kinder? Wie wichtig ist uns Bildung, wie bedeutsam der reine Schulabschluss? Planen wir in den kommenden Jahren einen Umzug? Wer in Bayern leicht ein humanistisches Gymnasium findet, an dem Schüler in der fünften Klasse mit Altgriechisch starten, wird sich schwertun, eine adäquate Schule zu finden, wenn die Familie vier Jahre später nach Bochum zieht. Die Auswahl für diesen speziellen Schultyp ist dann begrenzt. Dies gilt auch für Internationale Schulen, die nicht überall zu finden sind. Ganz grundsätzlich kann man allen Eltern nur empfehlen, die Ansprüche, die sie an ihre Kinder und deren Bildungsabschluss stellen, immer wieder selbstkritisch zu hinterfragen: Warum ist das Abitur trotz aller Hürden unbedingt erwünscht? Was kann mein Kind wirklich leisten? Diese Gratwanderung zwischen Anspruch und Wirklichkeit im deutschen Bildungssystem zu meistern gelingt nur, wenn wir uns von oberflächlichem Prestigedenken frei machen. Kinder spüren meist sehr deutlich, ohne dass dies ausgesprochen werden muss, was ihre Eltern von ihnen erwarten.

Sprechen, diskutieren, philosophieren

Das beste Instrument, den Geist Ihres Kindes zu schulen, ist immer noch zu reden – miteinander zu sprechen. Die Kunst des Debattierens und der Rhetorik sind Fähigkeiten, die ihrem Kind nicht allein Wissen vermitteln, sondern sein Denken fördern. Wer zu argumentieren und andere mit der Kraft seiner Worte zu überzeugen weiß, benötigt selten seine Fäuste, um sich durchzusetzen. Viele Schulen bieten deshalb Leseabende, Rhetorik-Arbeitsgemeinschaften oder Debattierclubs an, wo Schüler genau diese Sprachkompetenz und Sicherheit erlangen können. Auch Philosophiekurse sind im Trend. Selbst Hotels bieten mittlerweile spezielle Urlaubswochen unter dem Motto »Philosophieren mit Kindern« an. Es geht um die »Wieso-Warum-Weshalb-Fragen«, aber auch ums Hinterfragen und Analysieren komplexer Wissens- und Sinnfragen.

Zu Hause ist der beste Ort, an dem Kinder dies lernen. Wie so oft sind auch hier die Eltern Vorbilder. So mühsam, zeitaufwändig und nervenstrapazierend es sein kann mit Kindern zu diskutieren, es ist nie umsonst. Kinder lernen dabei ihren Geist zu nutzen und das, was sie wissen, anzuwenden. Und darum geht es am Ende. Denken ist mehr als Faktenwissen. Es bedeutet querdenken, Lösungen suchen, für eine Idee kämpfen. Es macht einzelne Fakten zu assoziativem Wissen. Und – im Gegensatz zu vielen anderen Bildungsangeboten – hat es kaum zu überbietende Vorteile:

› Denken kostet kaum Geld.
› Denken kann jeder.
› Denken stärkt das Selbstbewusstsein.
› Denken schafft Nähe und Vertrauen.
› Denken ist später in jedem Beruf hilfreich.
› Wer einmal gelernt hat zu denken, verlernt es nie wieder – ähnlich wie Fahrradfahren oder schwimmen.

3.5 Die richtige Mediennutzung

Lesen macht schlau – Fernsehen, um zu lernen – Radio hören ist gar nicht unmodern – Die geheimnisvolle Macht von Computer und Internet – Virtuelle Gefahren – Wann brauchen Kinder einen Computer? – Wie sollten Eltern den Umgang mit dem Computer begrenzen?

»Das Referat schickt ihr mir bitte als E-Mail-Anhang.« Michaels Geschichtslehrer fordert das wie selbstverständlich von seinen Schülern in Klasse sieben Hausaufgaben oder Referate als Datei zu verschicken, Präsentationen in Powerpoint/OpenOffice-Programm zu erstellen und Internetrecherchen durchzuführen, gehören heute zum normalen Schulalltag. Wie viele Computer eine Schule ihren Schülern zur Nutzung anbietet, ist mittlerweile auch für Eltern ein Qualitätskriterium bei der Auswahl der richtigen Schule. Unzählige Gymnasien, Gesamt-, Real- und Hauptschulen haben bereits Laptopklassen im Angebot. Immer mehr Schulen – sogar Grundschulen – schaffen die grüne Tafel samt Kreide ab und installieren sogenannte Whiteboards – digitale Touchscreen-Bildschirme, die wie ein PC zu benutzen sind. Was vor einigen Jahren noch innovativer Unterricht war, ist heute mancherorts Schulalltag, andernorts dagegen noch immer Zukunftsvision, auch wenn sich viele Firmen, Institutionen und Stiftungen für eine verbesserte Hard- und Softwareausstattung der Schulen eingesetzt haben. Neben vielen anderen Schlüsselkompetenzen gehören Computerkenntnisse zur Grundausstattung moderner Schulbildung, und je fitter Eltern im Umgang mit dem PC sind, umso besser können sie einen gewinnbringenden Computereinsatz der Kinder bewirken.

Viele Eltern, vor allem aber diejenigen, die die neuen Kommunikationstechniken nicht nutzen, stehen dem Umgang mit Computer und Internet zunächst skeptisch gegenüber. Sie sähen Zweitklässler lieber im Wald herumtollen oder mit Freunden im

Sportverein trainieren, als vor dem Computer sitzen. Doch es ist ratsam, die kindliche Scheu vor der Technik, wenn sie denn überhaupt vorhanden ist, bereits in der Grundschule abzubauen, da alle weiterführenden Schulen elementare Computerkenntnisse voraussetzen. Kinder müssen aber nicht nur lernen, mit den neuen Medien umzugehen, sie müssen nach wie vor auch die »alten Medien« beherrschen. Und insofern unbedingt lernen, ihre Zeit zwischen Handy, Spielkonsole, iPod, Fernsehen, Computer und Internet so einzuteilen, damit noch genügend Zeit zum Lernen, Sporttreiben, Klavierspielen, für Freizeitaktivitäten und Freunde bleibt.

Lesen macht schlau
Bei aller Fortschrittsbegeisterung dürfen Eltern nicht vergessen, dass die erste Schlüsselkompetenz ihres Kindes das Lesen ist. Jedes zweite Kind liest einmal in der Woche ein Buch, jeder zehnte Junge und jedes fünfte Mädchen liest sogar täglich. Allerdings wird der Anteil der Nichtleser, also derjenigen, die nie ein Buch zur Hand nehmen, immer größer. Er lag 2005 bei 7 Prozent aller Kinder, 2007 schon bei 17 Prozent, wie die KIM-Studie 2008 (Kinder und Medien, Computer und Internet), eine Basisuntersuchung zum Medienumgang Sechs- bis 13-Jähriger in Deutschland, herausgegeben vom Medienpädagogischen Forschungsverbund Südwest, belegt. Demnach lesen Sechs- bis 13-Jährige durchschnittlich 23 Minuten pro Tag. Nur 25 Prozent der Kinder werden zu Hause zum Lesen angehalten, fand eine Untersuchung der Stiftung Lesen heraus. Dabei ist die Lesekompetenz eine der wichtigsten Säulen für den Schulerfolg. Sachbücher, Literatur, Comics, Jugendzeitschriften und Zeitungen sind gleichermaßen geeignet, um Kinder an regelmäßiges Lesen zu gewöhnen. So können Eltern bereits Grundschulkinder an die Zeitungslektüre heranführen, indem sie sie etwa für den Sportteil oder lokale Neuigkeiten (z. B. Termine für den Zirkus oder

das Stadtteilfest und Öffnungszeiten des Freibads) zu begeistern wissen. Am Wochenende, wenn Eltern und Schüler morgens mehr Zeit haben, kann man die Samstags- oder Sonntagszeitung gemeinsam durchblättern. Ein Anreiz für jüngere Kinder kann darin bestehen, in der Zeitung unter der Rubrik »Veranstaltungen« nach einem geeigneten Ausflugsziel für das Wochenende zu suchen. Nach und nach kann die Zeitungslektüre anspruchsvoller werden. Ein längerer Artikel unter der Überschrift »Vermischtes«, eine Meldung im Nachrichtenteil, eine Filmkritik im Kulturteil: All dies ist von Drittklässlern schon zu leisten und durchaus auch gewinnbringend für sie. Sind die Artikel schwieriger, müssen die Eltern gegebenenfalls das ein oder andere Fremdwort erklären oder den Inhalt nochmals zusammenfassen. Noch sinnvoller ist es, wenn Eltern die Gunst der Stunde nutzen und eine Diskussion über Politik, Wirtschaft oder auch Sport beginnen. Genauso kann man sich darüber austauschen, ob ein Artikel informativ oder eher unzureichend war, dass der Kommentar vielleicht eine sehr einseitige Meinung wiedergibt oder die Reportage langweilig geschrieben ist. Medienerziehung bedeutet auch Medienkritik. Gehen Sie doch einmal in den gut sortierten Zeitschriftenhandel am Bahnhof und zeigen Ihrem Kind, welche allgemeinen und Fachzeitschriften der Handel zu bieten hat.

Schüler, die Zeitung lesen, haben dadurch jede Menge Vorteile: Sie fallen in der Schule besonders in gesellschaftswissenschaftlichen Fächern durch ihr großes Allgemeinwissen auf. Sie verstehen es besser, ihre Argumente für oder gegen einen Sachverhalt zu vertreten und anderen verständlich zu machen. Sie finden es nicht ungewöhnlich, dass Mitschüler oder auch der Lehrer eventuell eine ganz andere Meinung vertreten, und sie erlernen schneller die Kunst des Diskutierens. Ein weiterer positiver Nebeneffekt ist, dass Zeitunglesen ebenso wie das Lesen von Büchern automatisch die Lese- und Rechtschreibfähigkeit eines Kindes trainiert.

Fernsehen, um zu lernen

In Deutschland sehen 6- bis 13-Jährige bereits durchschnittlich 91 Minuten am Tag fern. Fernsehen ist im Jahr 2008 nach wie vor das Leitmedium für die Jugendlichen. Da aber die Nutzungszeiten für den Computer vor allem bei den über 13-Jährigen steigen, könnte es sein, dass für diese Altersgruppe der PC bald diese Funktion übernimmt.

Kinder müssen aber erst lernen, mit dem Fernsehen richtig umzugehen. Es gibt einige Sendungen, die insbesonders für Kinder geeignet sind, weil sie nicht nur unterhalten, sondern auch Wissen vermitteln. Welche Sendungen für Kinder die richtigen sind, können Eltern beurteilen, indem sie sie zusammen mit ihren Kindern ansehen und Kritiken in Fernsehzeitschriften lesen. Eine gute Informationsquelle für Kinderfernsehsendungen sind auch die Webseiten www.flimmo.de und www.schauhin.de. Ältere Kinder ab der vierten Klasse sollten auf jeden Fall regelmäßig Nachrichten sehen – etwa die Kindernachrichten, die auf diversen Kanälen gesendet werden; sie werden aber bald auch in der Lage sein, die normalen Nachrichten zu verstehen.

Inzwischen verfügt fast die Hälfte der 13- bis 15-Jährigen über einen eigenen Fernseher. Unter den 16- bis 17-Jährigen sind es sogar 70 Prozent. Überraschenderweise hat selbst unter den Sechsjährigen fast jeder Vierte einen Fernseher im eigenen Zimmer stehen. Man könnte ketzerisch fragen, worin das Problem besteht, verhindert der Zweit- oder gar Drittfernseher doch unerquickliche Diskussionen bei der Programmauswahl. Die Schwierigkeiten fangen schon damit an, dass sich durch die Verfügbarkeit eines eigenen Fernsehers der tägliche Fernsehkonsum bei Kindern um etwa eine Stunde erhöht. Unter der Woche bedeutet dies eine durchschnittliche Erhöhung von zweieinhalb auf etwa dreieinhalb Stunden, am Wochenende gar auf vier bis fünf Stunden. Kinder mit eigenem Fernseher verbringen damit über das Jahr verteilt mehr Zeit vor dem Fernseher als im Schulunterricht. Aber nicht nur das passive Vor-dem-Fernseher-Sitzen an sich ist

Die richtige Mediennutzung

problematisch, sondern auch das, was die Kinder sich ansehen. So ergab eine weitere Befragung, dass mehr als die Hälfte der zwölf- bis 17-jährigen Jungen häufig jugendgefährdende Filme nach 23 Uhr anschauen. Bei den Mädchen scheint dieser Trend weniger ausgeprägt, bei ihnen sind es nur 25 Prozent.

Gerade bei jüngeren Kindern müssen Eltern die tägliche Fernsehzeit begrenzen und genau darauf achten, welche Sendungen ihre Kinder sehen. In den meisten Fernsehern ist heute eine Kindersperre integriert, mit der Eltern nicht gewünschte Sendungen blockieren oder Fernsehen für Kinder in Abwesenheit der Eltern komplett unmöglich machen. Wer vor dem Fernseher sitzt, tobt zwangsläufig nicht mit Freunden durch die Wiesen, erklimmt nicht die Klettergerüste des nahe gelegenen Spielplatzes oder fährt nicht Fahrrad. Zu viel Fernsehkonsum führt dazu, dass Kinder weniger Sport treiben, weniger frische Luft atmen und mehr Fastfood und Knabbereien zu sich nehmen. Insofern sollten Eltern eine gute Mischung der Aktivitäten im Auge haben, wobei – und das wissen auch die meisten Eltern – sich Phasen mit gewisser Schwerpunktsetzung abwechseln können. Einmal ist der Sportverein das Zentrum des kindlichen Denkens, dann wiederum die Fernsehserie am Nachmittag. Ein vernünftiges Zeitmaß für das Fernsehverhalten von vier- bis sechsjährigen Kindern ist 15 bis 30 Minuten am Tag, bei Sechs- bis Zehnjährigen 30 bis 45 Minuten. Aber auch hier kommt es wesentlich darauf an, wann was angeschaut wird. Hat ein Kind seinen eigenen Fernseher im Kinderzimmer, kann weder der Inhalt noch das, was konsumiert wird, wirklich kontrolliert werden.

Radio hören ist gar nicht unmodern
Auch im Radio gibt es Sendungen, in denen Wissenswertes vermittelt wird. Hier sollten sich Eltern ebenfalls über kindgerechte Programme informieren. Die meisten Sender bieten zu bestimmten Zeiten Kindersendungen an. Nachrichten und Reportagen

erweitern das Allgemeinwissen von Kindern, Hörspiele fördern die sprachliche und literarische Kompetenz von Schülern. Besonders auf langen Autofahrten eignen sich interessante Radiosendungen zur Unterhaltung oder Lernförderung. Sehr beliebt sind auch Hörbücher auf CD oder als Download auf dem mp3-Player. Aber auch beim Radio ist elterliche Kontrolle angesagt. Dennoch ist das Medium Hörfunk grundsätzlich kindgemäßer. Es ermöglicht nebenher andere Tätigkeiten, z. B. sich zu bewegen oder etwas zu basteln, und absorbiert die Aufnahmefähigkeit nicht in dem Maße wie das Fernsehen. Außerdem lässt es der Fantasie einen größeren Spielraum. Die steigenden Einschaltquoten des Kindersenders Radio Teddy, der zunächst in Berlin startete und mittlerweile in mehreren Regionen zu empfangen ist, zeigen, dass Kinder durchaus auch dem altmodischen Medium »Radio« etwas abgewinnen können.

Die geheimnisvolle Macht von Computer und Internet

95 Prozent der 12- bis 13-Jährigen haben Erfahrungen mit Computer und Internet. Das gilt auch für jeden zweiten Sechs- bis Siebenjährigen, wie die KIM-Studie 2008 festgestellt hat. 88 Prozent der Haushalte besaßen 2007 mindestens einen Computer, die Internetverfügbarkeit liegt mittlerweile bei 85 Prozent. Dies ist insofern eine insgesamt erfreuliche Entwicklung, als das Internet unendlich vielfältige Informationsmöglichkeiten bietet. Allerdings gehören zu den regelmäßigen Computeranwendungen vor allem Spiele, wobei 70 Prozent der computererfahrenen Kinder vor allem alleine vor dem Rechner sitzen und lediglich 30 Prozent gemeinsam mit Freunden. 33 Prozent der Kinder machen Online-Spiele im Internet. Immerhin 42 Prozent der Sechs- bis 13-Jährigen arbeiten mindestens einmal in der Woche mit einem Lernprogramm. 49 Prozent dieser Kinder nutzen das Internet auch für die Schule. 18 Prozent benutzen einen Instant Messenger zum Chat-

Die richtige Mediennutzung

ten, und 19 Prozent der Mädchen und 14 Prozent der Jungen sind Mitglied in einer sozialen Online-Community. Wahrscheinlich mehr als 100 Millionen Jugendliche (Schätzungen gehen sogar von bis zu 450 Millionen Menschen aus) kommunizierten bereits 2008 weltweit mit anderen auf Plattformen wie SchülerVZ, Facebook, Myspace oder Lokalisten. Sie erzählen sich Alltägliches ebenso wie intimste Details und laden Fotos hoch. Auch wenn Eltern diese neue Kommunikationswelt und ungeschützte Mitteilsamkeit fremd ist, sollten sie sich damit auseinandersetzen. Nur so verstehen sie, was ihr Kind dort tut und bewegt. Obwohl jeder fünfte Sechs- bis 13-Jährige, jeder dritte Teenager und zwei Drittel der Zwölf- bis 19-Jährigen in einer Community aktiv ist, wissen 50 Prozent der Eltern nichts über die Online-Aktivitäten ihrer Kinder, so eine Umfrage der Hochschule für Medien in Stuttgart 2008.

Entsprechend gilt, wie beim Fernsehen auch, Eltern müssen den Computergebrauch ihrer Kinder kontrollieren und begleiten. Denn das Internet bietet nicht nur Chancen für Kinder, sondern es birgt auch Gefahren: neben dem Informationschaos, das es hervorrufen kann, Fehlinformationen, aber auch pornografische Seiten und kostenpflichtige Diensten. So kann die schnelle Online-Hilfe bei den Hausaufgaben teuer werden, weil bestimmte Internetseiten nur gegen Entgelt nach dem Herunterladen von Auswählprogrammen (Dialern) von den Schülern benutzt werden können. Die Verbraucherzentrale Sachsen hat deshalb Tipps und Infos für Eltern zusammengestellt (www.vzsa.de, Link: Medien). Es ist auf jeden Fall dringend zu empfehlen, ein Filterprogramm zu installieren, um bestimmte Seiten abfangen zu lassen. Fachhandel, Zeitschriften oder das Internet geben Auskunft über die neuesten und sichersten Filter. Wie ein digitales Vorhängeschloss verhindern sie, dass Kinder auf Seiten mit Sex/Porno-Inhalten, Gewalt, nationalsozialistischen Inhalten oder in Sucht- und Suizidforen gelangen. Man kann damit aber auch die Nutzungszeit fürs Internet oder für Spiele begrenzen. Zwei Drittel der Eltern von Sechs- bis 13-Jährigen meinen, Kinder sollten nicht ohne Schutzfilter im Internet surfen, aber nur 27 Prozent haben ein solches Programm auf dem PC installiert. Kostenlose Downloads von Filtern finden Sie unter anderem unter: www.jugendschutzprogramm.de, www.fragFINN.de, www.microsoft.de, www.parent-friends.de.

Virtuelle Gefahren
Die Förderung der Medienkompetenz von Kindern und Jugendlichen ist eine neue bedeutende Aufgabe, der sowohl Eltern als auch Lehrer gerecht werden müssen. Kinder sind elektronischen Medien ja nicht einfach nur ausgesetzt, sondern sie eignen sich diese in einem aktiven Prozess an. Medienerfahrungen (Handy, Radio, Fernsehen, DVD, Computerspiele, Internet) gehören heute unausweichlich zur Welt eines Kindes. Entsprechend stellt sich, wenn man auf die Gefahren des Umgangs mit Medien hinweist, nicht mehr die Frage *ob,* sondern die Frage, *wie* man seinen Kindern eine vernünftige Medienkompetenz an die Hand geben kann, damit sie lernen, moderne wie herkömmliche Medien bestmöglich zu nutzen. Dazu gehört auch, auf die »virtuellen Gefahren« hinzuweisen. Und hier gibt es mehr Parallelen zu Drogen, als man gemeinhin annimmt. Die universelle Verfügbarkeit – und Notwendigkeit – von elektronischen Medien sagt noch nichts über die Inhalte aus, die über diese Medien kommuniziert werden. Die modernen Medien sind ihrer Natur nach weder etwas Schlechtes noch etwas Gutes für Kinder. Sie sind unausweichlich vorhanden ähnlich wie der Straßenverkehr, und in beiden müssen Kinder lernen, sich zu bewegen.

Das größte Problem bei zu viel Medienkonsum besteht wahrscheinlich darin, dass die soziale Kompetenz, das soziale Leben der Kinder – vor allem bei Jungen (die mehr Zeit mit Computerspielen verbringen) – verarmt. Jugendliche, die täglich mehr als vier Stunden vor dem Fernseher oder dem Computer sitzen, ler-

Die richtige Mediennutzung

nen dabei sicherlich auch Nützliches. Aber auch für Kinder gilt: Jede Lebensstunde, die sie vor dem Computer verbringen, fehlt ihnen an anderer Stelle, etwa um regelmäßig Mannschaftssport zu treiben, zu musizieren oder mit Freunden selbst Spiele zu erfinden. Soziale Verarmung kann auch dazu führen, dass Kinder nicht richtig lernen, sich zu streiten oder sich nach einem Streit wieder zu vertragen oder die Erfahrung zu machen, wie es ist, als Gruppe etwas zu vollbringen. Dieses Defizit wird auch dann offenbar, wenn Kinder pädagogisch wertvolle Filme ansehen oder entsprechende Computerprogramme benutzen. Es ist das zeitliche Gleichgewicht zwischen vernünftiger Computernutzung und dem Erwerb sozialer Kompetenzen, die für die Entwicklung der emotionalen Intelligenz so wichtig ist. Diese Balance zwischen menschlicher und technischer Kompetenz gilt es bei aller Euphorie über die Möglichkeiten von Computern unbedingt zu erhalten.

Folgende Fakten zeigen, wie gefährlich diese neuen Welten, die Online-Freunde und virtuelle Rollenspiele wie »World of Warcraft« oder »Second Life« eröffnen, sein können. In Deutschland gelten bereits 100 000 Jugendliche als computersüchtig, und zwar in dem Sinne wie andere Leute alkohol- oder drogenabhängig sind. Sie verbringen sechs bis sieben Stunden am Tag vor dem PC. Die Jungen lieben Rollenspiele, während die Mädchen chatten. Ein weiteres, immer virulenter werdendes Phänomen ist, dass ein Viertel der 12- bis 19-Jährigen bereits Erfahrung mit Cyber-Mobbing gemacht hat. Die Anonymität des Internets in den sozialen Communities verleitet dazu, andere zu schikanieren und Unwahrheiten zu verbreiten. Es kam bereits zu Selbstmorden, nachdem Kinder auf diese Art und Weise gemobbt worden waren.

Hier spielen Sie als Eltern eine wichtige Rolle. Sie müssen Ihrem Kind vermitteln, dass es bei solchen Problemen sofort auf Ihre Hilfe zählen kann. Es muss das Vertrauen haben, dass sie ihm helfen. Warnen Sie Ihr Kind eindringlich davor, private Details wie Name, Adresse oder Handynummer im Internet preiszugeben. Erklären Sie ihm welche Auswirkungen es haben kann, anzügliche Partyfotos hochzuladen, die, später, wenn der Schüler sich um eine Lehrstelle bewirbt, auch der potenzielle Arbeitgeber einsehen kann. Die meisten Personalverantwortlichen machen sich inzwischen über die Bewerber im Internet schlau.

Je länger und intensiver sich Kinder mit elektronischen Medien und virtuellen Welten beschäftigen, desto weniger Zeit bleibt, die die Kinder den Hausarbeiten einräumen. Ebenfalls nicht zu unterschätzen ist, wie sehr Kinder in ihrer körperlichen Betätigung durch zu viel Fernsehen und Computerspielen eingeschränkt werden. Wie gravierend das Problem zuweilen ist, zeigt die zufällige Stichprobenerhebung einer Rektorin an einer Grundschule. Sie fragte eine dritte Klasse, wer einen Ball und wer einen Computer zu Hause habe. Alle Kinder hatten einen Computer (wogegen grundsätzlich nichts einzuwenden ist), aber nur die Hälfte der Kinder hatte einen Ball! Körperliche Bewegung ist, wir erinnern uns, nicht nur ein wichtiger Faktor für die Gesundheit generell, sondern auch für die optimale Reifung des Gehirns und dessen Durchblutung (siehe auch Kapitel 3.1, »Ernährung und Bewegung«).

Ein weiteres Problem intensiver Medienbenutzung ist die mögliche Einschränkung der Lern- und Gedächtnisleistung von Kindern. Vieles von dem, was Kinder morgens in der Schule lernen und bei den Hausaufgaben verarbeiten, wird erst innerhalb der nächsten zwölf Stunden in das Langzeitgedächtnis überführt. Dieser Übergang wird davon beeinflusst, was ein Kind in den Stunden nach dem Erlernen von Wissen emotional erlebt. Und hier haben sich gerade Computerspiele als schädlich für die Menge an Informationen erwiesen, die aus dem morgendlichen Schulstoff in das Langzeitgedächtnis überführt werden können. Wenn Kinder also nach den Hausaufgaben aufreibende oder gar schockierende Film- oder Computerszenen betrachten, die sie emotional in den Bann ziehen, verdrängt dies sehr leicht die Erinnerungen, die im

Die richtige Mediennutzung

Kurzzeitgedächtnis gespeichert wurden. Kein Wunder, dass bei der emotionalen Wucht heutiger Film- und Computerspielszenen die Lerninhalte schnell verblassen. Begehen Kinder zudem den Fehler, sich vor dem Einschlafen noch Horror- oder Actionfilme anzusehen, können darüber hinaus bestimmte Schlafphasen gestört werden, die für die nächtliche Gedächtnisarbeit wichtig sind.

Darüber hinaus gibt es für eine Minderheit der Jugendlichen (etwa fünf Prozent) noch einen anderen, sehr gefährlichen Nebeneffekt. Die Befunde aus neueren Untersuchungen sprechen dafür, dass sich vor allem bei männlichen Jugendlichen Gewaltfilme und -spiele auf ihre persönliche Gewaltbereitschaft auswirken können. Für diese Jugendlichen, die aufgrund von familiären und sozialen Belastungsfaktoren (also z. B. Gewalt in der Familie, emotionale Vernachlässigung oder Schulversagen) ohnehin als besonders gefährdet einzustufen sind, können exzessive Gewaltszenen geradezu aggressionsfördernd wirken.

Wann brauchen Kinder einen Computer?
Vieles können wir als Klein- und Grundschulkinder besser lernen als zu jedem anderen Zeitpunkt unseres Lebens. Spracherwerb ist hier nur ein Beispiel. Entsprechend wird die Vorstellung des »Je früher, desto besser« gerne auch auf den Umgang mit Computern übertragen. Aber ab wann ist es wirklich sinnvoll, Kindern den Umgang mit Computern nahezubringen? Bereits im Kindergarten, in der Grundschule oder erst danach?

Kinder lernen, indem sie mit der Umwelt in Wechselwirkung treten. Sie lernen so nicht nur zu sprechen und zu laufen, sondern auch die Bedeutung von Wärme und Zärtlichkeit vonseiten der Eltern, Gegenstände zu manipulieren, dass Objekte eine Konstanz haben und andere Menschen, ebenso wie sie selbst, Gefühle haben und zeigen. Dass Badewannenwasser heiß sein kann oder Wasser generell nass ist, kann man nur lernen, wenn man es berührt. Aber das Wasser in der Wanne hat noch mehr

Eigenschaften: Es tropft und blubbert, riecht und schäumt. Erst wenn man auch mit Wasser umgeht, bekommt man einen Gesamteindruck der Eigenschaften, die mit diesem Element zusammenhängen. Solange Kleinkinder solche Erfahrungen mit Wasser und vielen anderen Gegenständen noch nicht gemacht haben, bleiben Computerbilder, auch wenn sie noch so geräuschvoll und bunt inszeniert sind, für sie erst einmal unverständlich. Soziale Fertigkeiten lernt man am besten mit realen Spielkameraden, nicht indem man andere Kinder auf dem Bildschirm betrachtet. Der Psychiater Manfred Spitzer bezeichnet diese Computerwelten zu Recht als »verarmte Umgebung«, deren »Signale sehr schlecht korreliert sind« und die »eine Klangsoße« und eine »Bildsoße« darstellen, die dem Kind nichts nützen, um die Welt zu begreifen.

Kinder müssen in den ersten Lebensjahren im Kindergarten und auch zu Beginn der Grundschule erst ihre vollständigen und eigenen Erfahrungen mit der Welt machen, um diese richtig in ihren Gehirnen repräsentieren zu können. Erst wenn Kinder eine ungefähre Vorstellung von den Abläufen in der realen Welt mit richtigen Menschen und Gegenständen haben, können virtuelle Welten ihnen beim Lernen eine Hilfe sein. Dies ist erst gegen Ende der Grundschulzeit der Fall und immer noch früh genug, um sich mit Computern und deren Arbeitsweise vertraut zu machen.

Wie sollten Eltern den Umgang mit dem Computer begrenzen?

Elektronische Medien sind Bestandteil der Welt eines heutigen Kindes und erst recht eines zukünftigen Jugendlichen. Entsprechend muss man darauf achten, was die Kinder am Computer machen. Denn nicht der bloße Zeitvertreib am Computer bereitet das Kind auf eine technisierte Zukunft vor, sondern nur der kluge Umgang mit dem zugegebenermaßen sehr effektiven Hilfsmittel. Zwischen wirklichem und dem nur scheinbaren Nutzen einer

Die richtige Mediennutzung

Erfindung zu unterscheiden, dazu gehört viel Lebenserfahrung – und hier haben Eltern den Kindern naturgemäß einiges voraus. Umso mehr sollten sie in deren Medienbenutzung – qualitativ wie quantitativ – pädagogisch eingreifen.

Damit Medien wie Computer und Fernsehen richtig be- und genutzt werden, ist es oft hilfreich, beide nur in einem öffentlichen Raum, der Diele oder dem Wohnzimmer, zugänglich zu machen. Das erlaubt den Eltern eine gewisse Kontrolle über Qualität und Quantität des Gespielten oder Gesehenen, ohne dass man den Kindern direkt über die Schulter schauen müsste und in deren Privatsphäre eingreift.

Um die Mediennutzung der Kinder einzuschränken und ihnen zu helfen, selbst eine kluge Zeitstrategie zu entwickeln, gibt es viele kreative Ideen:

> Sie können bestimmte Zeitlimits festlegen, für Sieben- bis Zehnjährige könnte beispielsweise gelten: Nicht länger als 45 Minuten am Tag den Computer zu benutzen.
> Sie führen ein Medienzeitkonto ein: z. B. pro Woche 10 Stunden für Fernsehen, Computerspiele, im Internetsurfen, Chatten und Telefonieren. Mit einer Strichliste werden die verbrauchten Minuten (etwa in einer Tabelle in der Küche) markiert.
> Wenn ein Kind ein Medium völlig vernachlässigt, z. B. das Lesen, bieten sich Tauschgeschäfte an. Eine Stunde Fernsehen ist nur dann erlaubt, wenn der Sprössling zuvor eine Stunde gelesen hat.

Es geht aber nicht nur darum, dass Computerspiele Zeitfresser sind, die Kinder davon abhalten, ihre haptischen Fähigkeiten oder ihre Sprachkompetenz zu steigern, sondern auch darum, regelrecht schädliche Spiele von den Kindern fernzuhalten. Sind Eltern sich unsicher, ob ein bestimmtes Computerspiel schädlich ist oder nicht, so wird folgende Vorgehensweise empfohlen: Spielen Sie das Spiel selbst und beantworten Sie dabei folgende Fragen:

> Kommen in dem Spiel Charaktere vor, die andere verletzen?
> Geschieht dies oft (mehr als zweimal in 30 Minuten Spielzeit)?
> Werden Verletzungen in irgendeiner Weise belohnt?
> Werden Verletzungen scherzhaft dargestellt?
> Fehlen gewaltfreie Lösungen, oder werden sie als weniger befriedigend bzw. langweilig dargestellt?
> Kommen realistische Konsequenzen der Gewalt im Spiel nicht vor?

Beantworten Sie zwei oder mehr Fragen mit »Ja«, sollten die Kinder besser von dem Spiel lassen.

Der beste Rat, wie Sie Ihre Kinder vom Computer wegbekommen, kommt von Hartmut von Hentig, dem Nestor der modernen deutschen Pädagogik: »Nun, man muss etwas Besseres liefern, und das sind die Eltern selbst, ihre Zeit und Aufmerksamkeit, Eltern sind selbst ein ganz fabelhaftes Programm für die Kinderseele!«

3.6 Balance zwischen Lob und Tadel

Belohnung und Bestrafung – Was ist eine »Eins« wert? – Das falsche Lob – Eltern müssen berechenbar sein – Mit gutem Vorbild vorangehen – Auch Lehrer belohnen und tadeln

Die Frage nach dem richtigen Gleichgewicht zwischen Lob und Tadel ist so alt wie die Erziehung selbst. Durch Erziehungsmaßnahmen können Eltern das Verhalten ihrer Kinder beeinflussen. Positive Erziehungsmaßnahmen sind z. B. Belohnung, Lob, Zuwendung oder Vorbildverhalten. Negative Erziehungsmaßnahmen sind z. B. Strafe, Liebesentzug, Drohung oder einen Klaps auf den Po. Wann aber ist Lob angebracht und wann eine Strafe? Und wie finden Eltern in der Erziehung die richtige Balance zwischen beidem?

Welche Bedeutung Belohnung oder auch Bestrafung haben, lässt sich an zwei bekannten Beispielen der Konditionierung gut nachvollziehen. Unter Konditionierung versteht man beim Menschen die bedingte Reaktion auf einen Reiz, der unter anderen Umständen zusammen mit einem Stimulus zu einer festgelegten Reaktion führte.

Die Grundlagen der Verhaltensmodifikation durch die klassische Konditionierung wurden zu Beginn des 20. Jahrhunderts durch Versuche des russischen Physiologen Iwan Pawlow gelegt. Er führte ein Tierexperiment durch, bei dem es zur Ausbildung einer Assoziation zwischen einem neutralen Reiz (z. B. dem Ton einer Glocke) und einem unkonditionierten oder unmittelbaren Reiz (z. B. Futter) kam. Seine Versuchshunde bildeten nicht nur dann Speichel, wenn sie ihr Futter sehen oder riechen konnten, sondern nach einer Lernphase auch, wenn nur eine Glocke läutete. Das Beispiel der Pawlow'schen Hunde belegt, dass sogar das vegetative, also autonome und unabhängig vom Willen laufende Nervensystem, wie z. B. der Herzschlag, durch eigentlich neutrale

Reize von außen beeinflusst werden kann. Es mag die Konditionierung als Mittel der Erziehung verdeutlichen, denn es zeigt die Bedeutung von Fremdreizen für Lernen und Verhalten. Aus dem Alltag sind viele Situationen bekannt, die eine Verbindung zwischen einem Reiz und einer Reaktion deutlich machen. So kann es z. B. beim Anblick eines weißen Kittels oder eines Lehrers mit Klassenarbeitsheften in der Hand bei Einzelnen zu Angstzuständen kommen, wenn bestimmte Erfahrungen eine bestimmte Erwartungshaltung vorprogrammiert haben.

Bei der operanten Konditionierung geht man davon aus, dass eine bestimmte Handlung in Zukunft wiederholt wird, wenn auf das Ausführen der Handlung ein verstärkender Reiz (auch Verstärker genannt) unmittelbar oder kurz danach folgt. Der amerikanische Psychologe Burrhus F. Skinner wies diese Methode der Konditionierung ebenfalls im Tierexperiment nach. Seine Ratten und Tauben sollten lernen, einen bestimmten Hebel zu drücken. Die Tendenz, den Hebel zu drücken, nahm schnell zu, wenn auf das Drücken des Hebels stets eine Futtergabe folgte, sie nahm ab, wenn ein negativer Reiz (ein kleiner Stromschlag) spürbar wurde.

Verstärker sind also Reize, die entweder, wie bei Skinner, direkt ein Bedürfnis befriedigen (Nahrung) oder dies indirekt tun (z. B. durch Geldgeschenke). In diesen Fällen sind die Verstärker positiv. Es gibt aber auch negative Verstärker, wenn die Wegnahme von unangenehmen Reizen als Verstärker eingesetzt wird (z. B. Aufhebung eines Fernsehverbots). Dann gibt es noch die Bestrafung, die im Extremfall sogar aus körperlichen Strafen bestehen kann – also Handlungen, die wehtun.

Diese historischen Beispiele aus den Anfängen der Verhaltensforschung sollen nur verdeutlichen, welch enge Abhängigkeit zwischen äußeren Reizen und einem Verhalten bestehen kann. Kinder lernen z. B. sehr schnell, dass man seine Hand nicht auf eine heiße Herdplatte legt, wenn sie sich dabei einmal verbrannt haben. Doch nicht immer muss dieser Zusammenhang so deutlich ersichtlich sein.

Belohnung und Bestrafung
Wenn man die Erziehungsmethoden der letzten fünfzig Jahre Revue passieren lässt, kann man erkennen, dass Erziehungswissenschaftler und Eltern in dieser Zeit sehr unterschiedliche Auffassungen von Erziehung hatten.

In den 50er Jahren des 20. Jahrhunderts hielt man bei Fehlverhalten von Kindern eine strenge Bestrafung für das geeignete Erziehungsmittel. Damals wurden Kinder oft von ihren Eltern körperlich gezüchtigt (manchmal sogar mit dem Rohrstock), oder sie bekamen »Stubenarrest«. In den 60er Jahren wurde diese Art der Erziehung von der antiautoritären Bewegung abgelöst. Der Brite Alexander Neill forderte von Eltern, ihre Kinder zu lieben und zu respektieren. Eltern sollten ihre Kinder nicht verprügeln, sondern sie ohne jede Bestrafung gedeihen lassen. Doch auch die antiautoritäre Erziehung hat sich nicht als gängiges Erziehungskonzept durchgesetzt. Was nun?

Moderne Erziehungskonzepte versuchen, den Einsatz von Strafen auf ein absolut notwendiges Minimum zu beschränken. Körperliche Strafen sind jedoch tabu, weil sie eine gefährliche Gratwanderung zwischen Bestrafung und Kindesmisshandlung sind und selten den gewünschten als vielmehr einen kontraproduktiven Effekt haben.

Grundsätzlich muss aber zwischen zwei Formen der Bestrafung, einer starken und einer milden Form, unterschieden werden. Strenge Strafen, z. B. Schläge, erzeugen im Kind Angst. Mit solchen Strafen sind derart starke Emotionen verbunden, dass sie positives Lernen ausschließen. Kinder lösen das Problem, indem sie lernen, starke Strafreize zu vermeiden. Sie lügen ihre Eltern und Lehrer lieber an oder schwänzen die Schule. Gerade Kinder, die zu oft zu streng bestraft werden, fallen bei nächster Gelegenheit wieder in alte Verhaltensmuster und Problemlösungsstrategien zurück. Bei der milderen (und somit immer angemesseneren) Form der Bestrafung erfolgt die Wegnahme einer Vergünstigung, z. B. der Fernsehabend oder das Computerspielen.

Wenn Michael in Latein eine Fünf hat, weil er nicht gelernt hat, können seine Eltern unterschiedlich reagieren: Eine verbale negative Reaktion wäre beispielsweise, Michaels Verhalten zu kritisieren, indem die Eltern ihm ins Gewissen reden, sich in Zukunft besser auf eine Arbeit vorzubereiten. Eine nonverbale negative Reaktion wären Verbote. Michaels Eltern können ihm ein Fernsehverbot erteilen oder Vergünstigungen (Besuch einer Party mit anschließender Übernachtung, Erhöhung des Taschengeldes) ablehnen. Hätte Michael den Stoff der Arbeit gar nicht verstanden, oder wäre er zu nervös gewesen, um seine Leistungen unter Beweis zu stellen, hätten diese Sanktionsmöglichkeiten keinen Erfolg. Hier hilft nur eine Ursachenbekämpfung. Umso wichtiger ist es, die Ursachen des Versagens bei einer Arbeit sorgfältig zu analysieren. Was allerdings im ersten Moment, wenn das Kind seine »Note« zeigt, nicht immer ganz einfach ist. Deshalb urteilen Sie nicht vorschnell, sondern gehen Sie zusammen mit Ihrem Kind die möglichen Ursachen durch. Kleine wie größere Kinder haben oft ein gutes Gespür, warum ein Test oder eine Schulaufgabe »danebenging«. Es lohnt sich, hier eine offene Kommunikationskultur zu entwickeln. Noch besser ist es, sich dafür am Wochenende Zeit zu nehmen, wenn Vater und Mutter Zeit und Ruhe dafür haben. Wer abends von seinem Job nach Hause kommt und mit der schlechten Zensur »überfallen« wird, hat noch weniger Chancen, angemessen zu reagieren, als der Elternteil, der sich bereits seit dem Mittagessen damit auseinandersetzen konnte.

Was ist eine »Eins« wert?
Fest steht, dass Kinder auf positive oder negative Konsequenzen des eigenen Verhaltens reagieren. Untersuchungen haben ergeben, dass unmittelbare Belohnung die Leistungsbereitschaft erhöht. Kinder wollen ihre Grenzen spüren. Durch Bekräftigung, d. h. durch positive oder negative Konsequenz, erlernen Kinder Verhaltensweisen und nehmen sie in ihr Handlungsrepertoire auf.

Was können Eltern also ganz konkret tun, um auf das Verhalten ihrer Kinder adäquat zu reagieren?

Eine positive verbale Bekräftigung wäre ein Lob. Ein Kind, das eine gute Klassenarbeit geschrieben hat, ist in der Regel stolz. Diese Leistung zu würdigen zeigt, dass auch die Eltern stolz auf ihr Kind sind. Selbst bei Kindern, die ständig gute Noten in der Schule haben, sich vorbildlich im Unterricht verhalten und soziales Verantwortungsbewusstsein an den Tag legen, sollten Eltern dieses positive Verhalten nicht nur einfach hinnehmen, sondern ihre Kinder dafür loben. Dieses Lob kann direkt erfolgen (»Das hast du toll gemacht«, »Ich bin stolz auf dich«) oder auch indirekt, etwa indem die Eltern die positive Leistung oder das positive Verhalten eines Kindes Großeltern oder Freunden gegenüber im Beisein des Kindes erwähnen. Allerdings sollten sie in diesem Fall genau wissen, wie ihr Kind darauf reagiert. Manchen Kindern, vor allem in der Pubertät, ist so eine öffentliche Belobigung eher peinlich.

Nonverbal kann eine Bekräftigung z. B. durch Nicken, Lächeln, ein herzliches Drücken, Küssen oder andere positive Gesten, aber auch durch materiellen Gewinn erfolgen. Unter einem materiellen Gewinn sind Geldgeschenke, Süßigkeiten oder Spielzeug zu verstehen. Welche Art der Belohnung für ein Kind die richtige ist, müssen Eltern im Einzelfall entscheiden. Viele Eltern haben ein ausgefeiltes Belohnungssystem für Klassenarbeiten entwickelt, bei dem das Kind für eine sehr gute Arbeit einen bestimmten Geldbetrag bekommt, bei einer guten Arbeit etwas weniger usw. Ab einer bestimmten Note, z. B. einer Drei minus, muss das Kind dann Geld an die Eltern zurückzahlen. Dem Erfindergeist sind hier keine Grenzen gesetzt. Die Höhe der materiellen Belohnung wird von der finanziellen Situation der Familie abhängen, aber auch von der individuellen Leistungsfähigkeit des Kindes. Ein Schüler, der mangelhafte Leistungen in Mathematik hat und ganz viel lernt, um diese zu verbessern, wird möglicherweise auch schon bei einer befriedigenden Leistung entsprechend belohnt werden (jedenfalls sollte er das).

In der Pädagogik gibt es zu dieser Art der Belohnung sehr unterschiedliche Auffassungen: Manche Erziehungswissenschaftler meinen, dass solch ein Gratifikationssystem für ein Kind unangemessen ist. Andererseits erhalten auch Angestellte für gute Leistungen oft eine finanzielle Anerkennung. Solange solche materiellen Belohnungen nicht die einzige Motivation zum Lernen sind und nicht inflationär gebraucht werden (indem das Kind z. B. für jeden Test und jede Klassenarbeit sowohl von den Eltern als auch beiden Großeltern Geldgeschenke bekommt), sind sie vertretbar. Andere sinnvolle Arten der Belohnung sind eine Kinokarte oder eine Eintrittskarte für ein Fußballspiel. Für ein gutes Zeugnis können Eltern im Rahmen ihrer Möglichkeiten ihren Kindern auch mal größere Wünsche erfüllen, wie z. B. mit ihnen einen eintägigen Ski- oder Segelausflug machen, dem Kind ein besonderes Kleidungsstück schenken oder etwas, was es sich schon lange wünscht.

Eines sollten sich Eltern allerdings klarmachen: Ein Kind motiviert sich niemals nur allein durch Bestätigung von außen (siehe Kapitel 2.1, »Motivation und Konzentration«). Irgendwann wird auch das tollste Geldgeschenk zur Norm. Das menschliche Gehirn braucht vor allem emotionale Bestätigung, wenn es seine Leistungs- und Motivationsressourcen optimal nutzen will.

Die beste Motivation, um zu lernen, ist sicher die intrinsische Motivation: Wenn Kinder etwas allein deshalb üben, weil sie es wollen, weil sie, von Neugier getrieben, wissen wollen, wie etwas wirklich funktioniert oder warum die Gleichung nur auf diese Art und Weise zu lösen ist. Geld oder lobende Worte spielen dabei keine Rolle. Die Kunst, mit der extrinsischen, also der von außen gefütterten Motivation, die eigene innere, intrinsische, nicht zu dämpfen, sondern sie zusätzlich zu fördern, ist eines der spannendsten neurobiologischen Forschungsgebiete und mitnichten entschlüsselt. Insofern müssen sich Eltern weiterhin auf ihr emotionales Gespür verlassen und immer wieder überprüfen, warum ihr Kind etwas tut oder eben nicht. Das Belohnungssystem des menschlichen – vor allem des kindlichen – Gehirns ist äußerst individuell und leicht irritierbar. Manche Kinder gieren richtiggehend nach Lob, während es anderen eher peinlich ist. Die einen erwarten eine Bestrafung und akzeptieren diese, die anderen fürchten sich in Grund und Boden.

Das falsche Lob

Loben, so möchte meinen, ist einfach. »Super, hast du toll gemacht!« oder »Du bist so klug!« sind verbale Anerkennungen. Aber Vorsicht. Forscher warnen, dass man auch zu viel oder gar falsch loben kann. Gemeint ist das unkritische, überschwängliche Lob, das nicht den realen Gegebenheiten entspricht. Nehmen wir an, eine Tochter wird tagein, tagaus für jedes hingekritzelte Bild von ihren Eltern mit Lobeshymnen überschüttet. In diesem Fall wird schnell klar, dass die Differenzierung fehlt. Nicht alles ist immer lobenswert.

Ebenso hat die US-Psychologin Carol Dweck herausgefunden, dass Kinder, die vor allem für ihre Intelligenz gelobt werden, Angst haben zu versagen. Wer für sehr klug gehalten wird und dies auch ständig gesagt bekommt, entwickelt Angst davor, die Eltern irgendwann zu enttäuschen. Besser sei es, meint Dweck, konkret bestimmte Mühen und Anstrengungen eines Kindes zu loben als generell-abstrakt seine Klugheit. »Da hast du dir beim Malen sehr viel Mühe gegeben, da bin ich stolz auf dich und freue mich über deinen Erfolg« – könnte ein konkretes Lob lauten. Vermeiden sollten Eltern ebenso wie Lehrer jegliches Lob, das nett klingt, aber nicht hundertprozentig so gemeint ist. Wir neigen dazu, sprachlich oder durch die Betonung ins Lob einen Widerhaken einzubauen: »Na, schön, dass du heute mal pünktlich ins Bett gehst!«, »ganz nett«, »das ist gut, aber ich erwarte, dass das auch so bleibt«. Hier mischen sich Vorwürfe, Erwartungen oder gar eine herablassende Haltung mit in die Anerkennung, die dadurch getrübt wird. Kinder und vor allem Jugendliche haben ein feines Gespür für solche Untertöne. Der Sinn des Lobens – die motivationsfördernde Wirkung – bleibt so unter Umständen aus.

Eltern müssen berechenbar sein

Es ist sehr wichtig, dass Eltern ihren Kindern erklären, welches Verhalten sie von ihnen wünschen und welches Verhalten sie ablehnen. Nur so sind Kinder in der Lage, Belohnungen und Strafen bzw. die Wegnahme von Vergünstigungen richtig zu verstehen und ihr zukünftiges Verhalten zu verändern. Willkürliche Bestrafungen, die vom Kind nicht erwartet werden, führen zu Trotzreaktionen. Auch hier gilt: Kinder sollten ganz genau wissen, wie ihre Eltern auf richtiges oder falsches Verhalten reagieren.

Ebenso wichtig ist ein konsequentes Verhalten der Eltern. So sieht z. B. der Jugendforscher Klaus Hurrelmann den Kardinalfehler der heutigen Elterngeneration in ihrem »Hü-und-hott-Erziehungsstil«, wie er ihn nennt, der zwischen Strenge und Nachgiebigkeit schwanke.

Tatsache ist: Eine angedrohte Sanktion, die Eltern nicht wahr machen, ein Verbot, das sie in der nächsten Minute wieder aufheben oder abschwächen, machen das Instrumentarium der Erziehungsmaßnahmen wirkungslos. Das Belohnungssystem des Gehirns ist vor allem darauf ausgerichtet, zukünftige Ereignisse zu berechnen. Es ist mehr ein Erwartungssystem als ein System, das nach erhaltener Belohnung aktiv wird. Überhaupt arbeitet das Gehirn eher nach einem regelsuchenden Prinzip, sowohl bei der Wahrnehmung von Sinnesreizen als auch bei den Folgen des eigenen Handelns. Entsprechend ist für Kinder wichtig, dass die Handlungen der Eltern in sich konsistent und berechenbar sind. Dies gilt für das Loben und, wenn es nötig ist, eben auch für Sanktionen.

Mit gutem Vorbild vorangehen

Kinder lernen aber nicht nur durch Belohnung und Bestrafung, sondern vor allem durch Vorbildverhalten. Wenn Eltern ihren Abend ausschließlich vor dem Fernseher verbringen, werden Kinder das als normal ansehen und in ihr Verhaltensrepertoire übernehmen. Lesen Eltern stattdessen viele Bücher, beeinflussen sie

Balance zwischen Lob und Tadel

in der Regel das Leseverhalten ihrer Kinder positiv. Auch welche Bedeutung Pünktlichkeit und Zuverlässigkeit zukommen, sollten Eltern ihren Kindern vorleben. Menschen lernen vor allem durch Nachahmung. Kinder imitieren die Verhaltens-, Sprech- und Essweisen der Menschen, die sie umgeben. Dies geschieht völlig automatisch und meistens unbewusst. Eltern sind für diese Art des impliziten Lernens die wichtigsten Bezugspersonen. Entsprechend werden die Kinder nur schwer verstehen, warum sie etwas nicht dürfen, was andere, ihnen wichtige Menschen vorgemacht haben. Genauso sind sie frustriert, wenn sie von ihren Eltern negative Konsequenzen eines Verhaltens zu spüren bekommen, das die Eltern selbst praktizieren. Darüber hinaus sind wechselnde Regeln und unvorhersehbares Verhalten der Eltern schädlich für die Gehirnentwicklung, da sich die gebildeten Verarbeitungswege im Gehirn immer wieder lösen können und neu festigen müssen. Kinder versuchen, in den Handlungen anderer Menschen eine Matrix zu entdecken, in die sie ihre eigenen Handlungen – und die Konsequenzen ihrer Handlungen – einpassen können. Dies ist aber unmöglich, wenn sie keine beständigen Regeln vorfinden.

Auch Lehrer belohnen und tadeln

Lenas Eltern sind entsetzt. Vor ihnen liegt ein Brief aus der Schule. Es handelt sich um einen Tadel, den Lena bekommen hat, weil sie wiederholt die Schule geschwänzt hat.

Was ist ein Tadel? Ein Tadel ist eine Erziehungsmaßnahme, die der Schule zur Verfügung steht. Bei Verstößen gegen die Schulordnung werden Lehrer je nach Schwere zunächst ein Erziehungsgespräch mit dem Schüler führen und dann einen Tadel oder Verweis aussprechen (bei schweren Verstößen geschieht das direkt). Es kann aber auch eine Lehrerkonferenz einberufen werden, die darüber entscheidet, ob das Kind mit einem schriftlichen Verweis, dem vorübergehenden Ausschluss vom Unterricht, der Versetzung in eine Parallelklasse oder der Androhung der Entlassung von der Schule bestraft wird. Im Wiederholungsfalle kann es tatsächlich zur Entlassung von der Schule kommen. Diese schweren Erziehungsmaßnahmen werden aber nur bei tätlichen Angriffen oder schwerem Mobbing in Erwägung gezogen.

Um solche Erziehungs- und Ordnungsmaßnahmen der Schule zu vermeiden, sollten Eltern im Vorfeld erzieherisch auf das Kind einwirken. Wenn dies nicht gelingt oder Eltern sich überfordert fühlen, ist es ratsam, frühzeitig den professionellen Rat eines Schulpsychologen oder bei einer Erziehungsberatungsstelle einzuholen. Je früher Sie handeln, desto besser! Im Nachhinein lassen sich gravierende Folgen nur noch schwer korrigieren.

Lehrer bestrafen üblicherweise mit dem Rotstift, einer schlechten Note, Strafarbeiten oder einer Ordnungsmaßnahme. Körperliche Bestrafung, seelische Grausamkeiten oder entwürdigende Äußerungen sind verboten. Einen Schüler in der Ecke Kniebeugen machen zu lassen, ihn »Missgeburt« zu nennen oder ihn vor den Mitschülern zu demütigen, ist nicht erlaubt. Lehrer loben einen Schüler, indem sie positive Kommentare unter seine Arbeit schreiben, die besonderen Leistungen des Kindes im Unterricht hervorheben oder sich beim Elternsprechtag wertschätzend über das Kind äußern. Wünschenswert und aus neurobiologischer Sicht geradezu zwingend wäre, dass Lehrer wie Eltern die – doch sehr deutsche – Kultur des Fehlersuchens und Bestrafens durch eine noch zu entwickelnde Kultur des Lobens ersetzen. Eine Studie belegt, wie notwendig solch ein Sinneswandel wäre: Die Angst vor Noten rangiert bei Sechs- bis 14-Jährigen nur knapp hinter der Furcht, dass die Eltern sich trennen könnten. Eine solche Atmosphäre der Angst fördert keineswegs die intrinsische Motivation, sondern führt im Zweifelsfall dazu, dass Schüler die schlechten Noten verschweigen. Für Eltern wie Lehrer muss daher gelten: Loben Sie in konkreten Situationen, und vermeiden Sie Strafen, wenn es auch konstruktiv motivierend geht.

3.7 Der Kampf um ein besseres Schulsystem

Der richtige Weg zur Elternhilfe – Der gute Dialog zwischen Eltern und Lehrern – Optimale Schulbedingungen – Was das G8 bedeutet – Wie könnten Schulen noch besser werden? – Welche Reformen sind sinnvoll?

Die Ausbildung junger Menschen könnte durch viele Maßnahmen noch besser werden. So könnten wir mehr Steuergelder in das Schul-, Ausbildungs- und Universitätssystem stecken oder die Lehrerausbildung reformieren, indem zukünftige Lehrer intensiver und moderner auf ihren so wichtigen und zudem so komplexen Beruf vorbereitet werden. Sicher ließen sich Schulen mit finanzieller Hilfe auch besser ausstatten, z. B. mit neuen digitalen Schultafeln oder Laptops. Risse in Wänden und Löcher in Dächern könnten ausgebessert werden, und ein farbiger Anstrich der Toiletten würde freundlicher wirken. All das wäre wohl richtig und doch immer noch nicht genug. Es muss viel mehr geschehen. Wir dürsten geradezu nach der gesamtgesellschaftlichen Erkenntnis, dass Bildung das einzige Mittel ist, um unsere Kinder gut für die Zukunft und ihr Leben zu rüsten. Das allerdings zieht ein Umdenken – eine völlige Neuorientierung – nach sich:
> Schule und damit allen, die im Schulwesen tätig sind, muss nicht nur mehr Geld, sondern vor allem mehr Wertschätzung entgegengebracht werden. Dies hätte zur Folge, dass motivierte Lehrer und Lehrerinnen auch motiviert blieben und mehr kluge Köpfe diesen Berufszweig als den ihren auswählten.
> Bildung muss uns etwas wert sein, nicht nur rhetorisch, sondern in der Tat in Form von Steuergeldern und direkter finanzieller Beteiligung der Eltern.
> Die Schulen müssten selbstständiger agieren und ihr eigenes Schulprofil erarbeiten. Die Eltern müssten sich nicht nur die Mühe machen, die ihrem Kind und ihren eigenen Wertvorstel-

lungen gemäße Schule zu suchen, sondern sich dort auch zu engagieren.
› Geboten wäre auch eine neue Kommunikationskultur zwischen Lehrern und Eltern. Gegenseitige Vorwürfe bringen die Bildung um keinen Zentimeter voran. Dies kann nur in einem ehrlichen Miteinander geschehen, bei dem Lehrer ebenso wie Eltern umdenken müssen. An immer mehr Schulen (aber auch Volkshochschulen) werden z. B. Elternkurse angeboten, die Vater und Mutter nahebringen wollen, wie sie die Schulbildung ihres Kindes optimal begleiten können. Auf der anderen Seite gehört das Thema »Eltern« auch in die Lehrerausbildung. Wie integriert man Eltern intelligent in den Schulablauf? Wie reagiert man auf ihre Wünsche oder Vorwürfe? Denn Eltern sollten im besten Fall Partner werden – ehrliche, respektvolle und einsatzbereite Partner. Dies kann nur gelingen, wenn wir mehr Transparenz schaffen, wenn Eltern mehr über das Innere der Schulen erfahren – auch über deren Qualität – und Lehrer die Eltern besser einbinden.

Der richtige Weg zur Elternhilfe
Fakt ist, dass die wenigsten Kinder völlig ohne Probleme die Schule durchlaufen und die meisten Schüler eine oder mehrere Krisen zu bewältigen haben, bevor sie erfolgreich ihren Schulabschluss machen.

Zuallererst sollten Eltern versuchen, ihre Kinder dazu zu befähigen, ihre schulischen Probleme alleine zu lösen, z. B. nachzufragen, wenn etwas nicht verstanden wurde. In vielen Situationen werden die Kinder aber nicht in der Lage sein, den Anforderungen der Schule allein gerecht zu werden, sie sind dann auf die vorübergehende Hilfe ihrer Eltern angewiesen, z. B. wenn sie mit dem Lerntempo der anderen nicht Schritt halten können oder Ängste entwickeln. Da die meisten Eltern keine Fachleute, z. B. Lehrer, sind, stehen sie vor einer gewissen Herausforderung, wenn sie ihre Kinder zu selbstständigen Lernern erziehen bzw. sie in schulischen Fragen angemessen unterstützen wollen. Häufig fehlt ihnen auch einfach das Fachwissen, etwa weil ihre eigenen Kenntnisse in englischer Grammatik zu nebulös geworden sind, sie sich nur noch dunkel an physikalische Gesetze erinnern, oder sie nie Latein gelernt haben. Gibt es ernsthafte Verständnisprobleme bei den Kindern, müssen Eltern sich Hilfe von außen holen, z. B. in Form eines Nachhilfelehrers. Oft reicht es aber schon, die Kinder zu begeistern oder sie zum Üben zu bewegen, indem man ihnen zeigt, wie sie sich selbst Aufgaben zusammenstellen können. Neue Lernportale im Internet wie www.scoyo.de bieten gute Lernanreize für Kinder, die gerne am PC arbeiten (was sich insbesondere bei Jungen als motivationsfördernd herausgestellt hat). Andere Kinder benötigen vielleicht Unterstützung in einer Lerngruppe, wieder andere Intensivunterricht in Einzelstunden. So können Eltern Hilfe zur Selbsthilfe bieten, indem sie ihre Kinder auf den richtigen Weg bringen.

Wer Hilfe suchenden Kindern antwortet: »Das musst du doch alleine können. Pass gefälligst in der Schule auf. Mir hat früher auch keiner geholfen«, macht es sich als Eltern zu einfach. Früher waren die Anforderungen an Berufsanfänger weniger differenziert, und Lehr- oder Studienplätze weniger hart umkämpft als heute. Wer seinem Kind Chancengleichheit bieten will bei einem guten Schulabschluss oder bei der Suche nach einem Arbeitsplatz, darf es in schwierigen Situationen nicht allein lassen.

Der gute Dialog zwischen Eltern und Lehrern
Der Bildungsforscher Werner Sacher von der Universität Erlangen-Nürnberg beklagt seit Jahren, dass »die meisten Versuche, schulische Elternarbeit zu optimieren, einem oberflächlichen Aktionismus verhaftet bleiben«. Er ist überzeugt, dass gute Elternarbeit und das kooperative Miteinander auf vielen Ebenen zwi-

schen Elternhaus und Schule ein elementarer Grundstein für den Schulerfolg eines Kindes ist. Wenn Eltern mit den schulischen Leistungen ihres Kindes oder seinem Verhalten in der Schule nicht einverstanden sind, sollten sie mögliche Konsequenzen mit den Lehrern absprechen. Reagieren Eltern bei einem bestimmten negativen Verhalten ihres Kindes mit Nachsicht oder sogar mit Verständnis, kann das den Einfluss des Lehrers mindern. Umgekehrt ist eine häusliche Erziehungsstrategie ineffektiv, wenn sie in der Schule nicht unterstützt wird. Wenn Eltern beispielsweise der Meinung sind, dass ihre Kinder zu nachlässig mit den Hausaufgaben sind, sollten sie das Gespräch mit dem Lehrer suchen. Vielleicht entsprechen ihre eigenen Vorstellungen von Ordnung oder Pingeligkeit nicht unbedingt dem heutigen Standard, und der Lehrer ist mit der Heftführung des Schülers durchaus zufrieden. Nur durch Zusammenarbeit von Schule und Elternhaus können solche Probleme – manchmal sind es einfach Kommunikationsschwierigkeiten – im gegenseitigen Einvernehmen gelöst werden. Wenig zielführend ist es auch, wenn Eltern in der Schule beschlossene pädagogische Maßnahmen offen vor den Kindern kritisieren. Das bedeutet nicht, dass Eltern völlig kritiklos Schule und Lehrern gegenüberstehen müssen. Aber sie sollten ihre Vorbehalte lieber mit dem Lehrer diskutieren, als seine Kompetenz zu untergraben.

Ohne ein konstruktives Miteinander zwischen Schule und Eltern sind Erziehung und Lernerfolg eines Kindes heute kaum zu realisieren. Dabei sind sowohl Eltern als auch Lehrer gefordert, diese Zusammenarbeit zu pflegen. Lehrer sehen manche Eltern erst nach drei »blauen Briefen« und mehreren Telefonaten, andere Eltern dagegen kommen jede Woche in die Sprechstunde. Was richtig oder normal ist, hängt vom Gesprächsbedarf ab und von der Gesprächsbereitschaft. Oft ist die Kommunikation zwischen Eltern und Lehrern von Vorurteilen, Unwissenheit und Ängsten geprägt. Wenn Eltern gegenüber der Schule ein Gefühl der Ohnmacht verspüren, sind sie frustriert und fühlen sich ihr ausgeliefert. Umgekehrt bemächtigt sich Lehrern ein Ohnmachtsgefühl, wenn sie den Eindruck haben, sie seien die »Prügelknaben« der Nation, weil sie ständig von den Eltern ihrer Schüler kritisiert werden.

Es gibt auf vielen Ebenen gute Möglichkeiten, Vorurteile abzubauen und eine neue, bessere Kommunikation zwischen Schule und Elternhaus zu initiieren. So öffnen einige Schulen z. B. den Unterricht für Eltern, die sich hinten in die Klasse setzen und eine Schulstunde verfolgen können. Manche Lehrer versenden auch regelmäßig Newsletter, sodass die Eltern sich immer informiert fühlen. Oder aber sie sind online erreichbar, sodass man kleine Missverständnisse zeitnah ausräumen kann, ohne dass Eltern sich einen halben Tag frei nehmen müssen, um in die Sprechstunde kommen zu können. Einige Lehrer sind gegen Abend auch zu telefonischem Kontakt bereit, sodass sich die Eltern nach der Arbeit um die schulischen Belange ihrer Kinder kümmern können. Für Lehrer empfiehlt es sich, den Elternsprechtag nicht im Klassenzimmer abzuhalten, wo die Eltern auf den kleinen Stühlen ihrer Kinder sitzen müssen. Kommunikation unter Erwachsenen und auf Augenhöhe sieht anders aus.

Auf Elternseite hat es sich bewährt, sich auf das Gespräch mit dem Lehrer vorzubereiten: Schreiben Sie ihre Fragen auf, setzen Sie Prioritäten, und versuchen Sie nicht, alles auf einmal zu besprechen. Eröffnen Sie das Gespräch nicht mit Vorwürfen und angestauter Wut. Bleiben Sie sachlich. Fragen Sie konstruktiv nach Verbesserungen. Fragen Sie nach, wenn Sie etwas nicht verstehen. Vereinbaren Sie Ziele und wie man weiter miteinander in Kontakt bleibt. Dies sind nur einige Hinweise für eine bessere Eltern-Lehrer-Kommunikation.

Warum aber ist die Zusammenarbeit zwischen Eltern und Schule so immens wichtig? Zunächst einmal weil beide Seiten nur auf diese Weise wichtige Informationen austauschen. Allgemeine Erläuterungen über ihr Kind, wie z. B. Verhaltensweisen oder eine bestimmte Persönlichkeitsstruktur, seine bisherige schulische Entwicklung, aber auch Probleme wie Krankheiten, Verhaltensauffälligkeiten oder Familienkrisen, können nur Eltern den Lehrern geben. Gerade über schwierige familiäre Situationen wie eine anstehende Scheidung, eine schwere Krankheit bei einem Elternteil oder einem Geschwisterkind oder vielleicht sogar ein Todesfall müssen Eltern mit den Lehrern sprechen. Kinder erzählen nicht automatisch von solchen belastenden Ereignissen in der Schule, sie kapseln sich eher ab. Ein Lehrer kann ein auffälliges Verhalten eines Kindes aber nur dann richtig einschätzen, wenn er die Sachlage kennt. Eltern wiederum erhalten im Gespräch mit dem Klassen- oder Fachlehrer neben vielen allgemeinen Informationen, z. B. über Unterrichtsinhalte, Bewertungskriterien oder Erziehungsziele, auch spezifische Informationen ihr Kind betreffend: z. B. darüber, wie sich ihr Kind in der Schule verhält, wie sein Leistungsstand ist, welche Defizite es hat und wie man einen besseren Lernerfolg erzielen kann. Eltern sollten deshalb unbedingt die Möglichkeit nutzen, die Sprechstunde des Klassenlehrers oder Fachlehrers aufzusuchen, um die Kommunikation zwischen beiden Seiten überhaupt zu starten. Der gut organisierte Elternsprechtag bietet Eltern ebenfalls Gelegenheit, mit verschiedenen Lehrern über die schulische Entwicklung ihres Kindes zu reden.

Größere Probleme sollten jedoch nicht an einem Elternsprechtag besprochen werden. Hier ist, da der ganze Sprechtag durchorganisiert ist, die Zeit für einzelne Eltern mit gut zehn Minuten eher knapp bemessen. Die Einzelsprechstunde ist deshalb der bessere Zeitpunkt, um Problempunkte ausführlich zu thematisieren.

Wie man darüber hinaus die Partnerschaft zwischen Eltern und Lehrern gestalten kann, hat der Bildungsforscher Werner Sacher in seinem Buch *Elternarbeit. Gestaltungsmöglichkeiten und Grundlagen für alle Schulen* detailliert dargelegt.

Optimale Schulbedingungen

Wie die Rahmenbedingungen beschaffen sein müssen, um bestmöglichen Unterricht und stressfreies Lernen zu ermöglichen, ist ein Thema, über das bereits viele Bücher geschrieben worden sind. Es ist ein komplexes und diffiziles Feld, vor allem aber ist es abhängig von politischen Ansichten und Forschungsergebnissen, die mitnichten eindeutig sind. So möchte ich hier nur einige Aspekte aufgreifen, die mir wichtig scheinen:

Individuelle Förderung: Warum Doppelstunden und jahrgangsübergreifende Klassen sinnvoll sind

Viele Schulen ändern den klassischen 45-Minuten-Takt der Unterrichtsstunden. Sie führen 60-, 75- oder 90-Minuten-Stunden ein mit der Folge, dass die Schüler nur noch drei verschiedene Fächer an einem Tag haben. Hausaufgaben von einem auf den anderen Tag gibt es dadurch kaum noch, und die Lehrer rühmen die größeren Gestaltungsmöglichkeiten im Unterricht. Aber es gibt auch Nachteile. Deshalb führen einige Schulen wieder kleinere Intensivlerneinheiten von 30 Minuten ein, in denen der Lernstoff besser nach Bedarf, Fächern und Kapazitäten der Schüler moduliert wird. Und dies scheint dringend nötig, da auch neuesten Umfragen zufolge nur zehn Prozent der Lehrer regelmäßig Gruppenunterricht praktizieren. Gerade für Gruppenunterricht sind Doppelstunden ideal, die eine deutlich größere Methodenvielfalt erlauben als die 45-Minuten-Unterrichtseinheiten. Beim Frontalunterricht hören die Schüler in einer 45-Minuten-Schulstunde nur etwa 4,5 Minuten aufmerksam zu. Beim Arbeiten in der Gruppe lernen sie aber Teamarbeit, selbstständiges Arbeiten und schlicht mitzudenken. Vor allem sind sie aber aktiv ins Lernen involviert, da sie Sachverhalte anderen Gruppenmitgliedern erklären und sich den Stoff selbst erarbeiten müssen. Dadurch sind die Schüler kreativer und tragen mehr Verantwortung. Aber auch Gruppenarbeit will gelernt sein. Den Unterrichtsstoff einfach in kleinen Gruppen erarbeiten zu lassen, statt von der vollzähligen Klasse, ist noch kein dynamischer Gruppenunterricht. Dazu gehört eine klare Aufgabenstellung für jede Gruppe sowie das Präsentieren der Ergebnisse vor den anderen. Wie die Hirnforschung mittlerweile weiß, fasst das Gehirn einen methodischen Wechsel im Unterricht als Neugierde weckende Abwechslung auf und erhöht die Aufmerksamkeit.

Eine weitere Neuerung sind jahrgangsgemischte Klassen. Groß und Klein lernt hier miteinander und voneinander. Erste Ergebnisse von Modellversuchen, die die sogenannten Kombiklassen eingeführt haben, sind durchweg positiv. Zweit- und Drittklässler lernen gemeinsam genauso gut und viel wie in getrennten Klassen, aber sie trainieren zusätzlich soziale Fähigkeiten. Denn das beste Lernen bleibt das Lehren. Und das funktioniert nicht nur, wenn ältere Schüler Jüngeren etwas erklären, sondern auch umgekehrt. Hier sind finnische Schulen ein Vorbild, nicht zuletzt weil dort in den jahrgangsübergreifenden Klassen auch mehr als eine Aufsichtsperson je Klassenzimmer vorgesehen ist.

Optimale Schulklassengrößen

Die optimale Schulklassengröße liegt wahrscheinlich zwischen 23 und 29 – vor allem die untere Zahl überrascht, da man intuitiv gedacht hätte, je kleiner, desto besser. Aber das stimmt eben so nicht. Es gibt auch nach unten hin eine Begrenzung, eine Mindestzahl von Schülern, die man zur gegenseitigen Stimulierung und für die intensive Arbeit in Frage- und Gruppenarbeitsphasen braucht. Wie Studien zeigen, ist die Leistung einer größeren Klasse in einem stärkeren Maße von einem erfahrenen Lehrer abhängig, als dies bei kleineren Klassen der Fall ist. Immer mehr Experten sind überzeugt davon, dass die Qualität des Unterrichts entscheidend ist, nicht die Anzahl der Schüler – wenigstens solange 30 Schüler pro Klasse nicht überschritten werden. Wichtiger noch als die Klassengröße ist das *double teaching*, die Besetzung einer Klasse mit zwei Aufsichtspersonen oder Lehrern. Dies bietet nicht nur die Möglichkeit in stärkerem Maße individuell auf die Schüler/innen einzugehen, sondern es erhöht auch die methodische Vielfalt und Kompetenz des Unterrichtes.

Sollte die Schule später beginnen?

Menschliche, vor allem aber kindliche, Tagesrhythmen sprechen hier eigentlich eine klare Sprache: Die kognitiv produktivsten Zeiten liegen zwischen 8.30 und 11 Uhr und zwischen 14 und 16 Uhr. Vor allem in der Pubertät, wenn sich das Schlafbedürfnis und der Wach-Schlaf-Rhythmus der Jugendlichen ändert – die Tagesrhythmik verschiebt sich dann um eine Stunde nach hinten –, wäre ein späterer Schulbeginn sinnvoll; das belegen viele Studien. Oftmals hemmt jedoch ein Argument vonseiten der Eltern eine Umstellung des Unterrichtsbeginns auf beispielsweise 8.30 Uhr: Berufstätige Eltern verlassen meist zusammen mit ihren Kindern zwischen 7.00 Uhr und 7.30 Uhr das Haus, um selbst zur Arbeit zu fahren, und so wären die Kinder dann unbeaufsichtigt. Dennoch bleibt festzuhalten: Wo immer man die organisatorische Möglichkeit des späteren Schulbeginnes hat, sollte man sie nutzen, da sie für die Aufnahmekapazität der Kinder viele Vorteile bringt, insbesondere pubertierenden Jugendlichen, die neben allen anderen Umstellungsproblemen sich auch an eine veränderte Tagesrhythmik gewöhnen müssen. Hinsichtlich der Tagesrhythmik ist bei Ganztagsschulen zu bedenken, dass sie dem Mittagstief durch Sport, soziale Interaktionen und Relaxationszeit gerecht werden sollten, ebenso wie dem zweiten Tageskonzentrationshoch zwischen 14 und 16 Uhr.

Warum Sport, Kunst und Musik nicht ausfallen dürfen

Die sogenannten weichen Fächer fallen häufiger aus als Mathematik oder Englisch. Schulsport, Kunst oder Musik werden oft geradezu stiefmütterlich behandelt. Das gilt für Eltern wie Schüler und oftmals auch für Lehrer (natürlich nicht für die Fachlehrer in den Bereichen). Das Argument ist schnell benannt: Die Fächer seien auf dem Zeugnis und für den Übertritt an weiterführende Schulen nicht so bedeutsam. Aber das ist ein Irrglaube, dem alle Experten sehr entschieden entgegentreten. Auch die Gründe für die Missachtung sind schnell aufgezählt: So fehlen in 20 Prozent der Schulen geeignete Sportstätten, der Schwimmunterricht wurde aus organisatorischen Gründen in vielen Grundschulen abgeschafft. Und es mangelt an ausgebildeten Sportpädagogen. Erschwerend hinzu kommt, dass selbst in einer Sportstunde sich jedes Kind höchstens acht bis zwölf Minuten bewegt. Experten fordern daher eine Sportstunde täglich.

Gerade in unserem leistungsorientierten System ist es enorm wichtig, ja entscheidend, dass den Schülern Raum für Kreativität und Bewegung gegeben wird. Dies schult Fähigkeiten, die für das Leben nach der Schule mindestens so wichtig sind wie Mathe und Deutsch. Im Kunstunterricht, in der Theatergruppe, in der Musikband, im Orchester, im Chor oder beim Flötenspiel kommen Aspekte wie Emotionalität und soziales Miteinander meist viel stärker zum Tragen als in den sogenannten Hauptfächern. Hier entstehen Leidenschaften fürs Leben, hier lernen sich unsere Kinder selbst kennen und können sich abseits des Pythagoras beweisen.

Sport, Musik und Kunst sind gut für die Seele. Sie schulen Koordination, Konzentration, Geduld und Ausdauer. Deshalb ist hier der Unterrichtsausfall genauso bedenklich wie in den Kernfächern. Eltern wie Lehrer dürfen das nicht unwidersprochen hinnehmen, genauso wie in anderen Fächern müssen sie auf Ersatzstunden oder Ersatzlehrer drängen, wenn der Unterricht zu oft auszufallen droht.

Was das G8 bedeutet
Die Einführung des achtjährigen Gymnasiums – das sogenannte Turboabitur – führte in vielen Bundesländern zu einem Sturm der Empörung: Die Lehrer fühlten sich von der schnellen Umsetzung überfordert. Es fehlten neue Schulbücher und Kantinen für die

Der Kampf um ein besseres Schulsystem

notwendig gewordene Mittagsbetreuung, vor allem aber mangelte es an der konsequenten Entschlackung der Lehrpläne. Bis zu zwei Drittel der G8-Schüler haben nach neueren Schätzungen Probleme, den geforderten Stoff in einem Jahr weniger zu lernen. In Nordrhein-Westfalen riet die Kultusministerin den Lehrern gar, weniger Hausaufgaben aufzugeben, um die Freizeit am Nachmittag wiederzubeleben. Alle Vorwürfe münden in der Erkenntnis, dass der Schulstress durch die um ein Jahr verkürzte Gymnasialzeit zu groß sei. In einer Umfrage der Landes-Eltern-Vereinigung Bayern gaben 2007 rund 75 Prozent der Eltern an, dass das Lernpensum der Kinder den Familienalltag belaste. Berechnungen ergaben, dass 50 Wochenarbeitsstunden für G8-Schüler durchaus zur Regel gehören können. In Internetforen klagen Schüler und Eltern über die »grausamen« Zustände. Es fehle Zeit für Sport, Freizeit und Persönlichkeitsentwicklung. Dabei war die Reform in Bezug auf Europa längst überfällig, da sind sich die meisten Experten einig. Nur die zu schnelle Umsetzung löste die Kritik aus. Mit der G8-Reform hätte eben auch eine Reform der Didaktik, der Lerninhalte und Schulstrukturen einhergehen müssen. Stressbelastungen und Leistungsdruck lassen sich mit schlecht ausgestatteten Schulen und zu wenig Lehrern nicht kompensieren. Im Gegenteil: Dem ohnehin strapazierten System wurde noch eine weitere Bürde aufgeladen. Und was noch schlimmer ist: Nicht nur dem System, sondern vor allem den Kindern und ihren Eltern!

Wie könnten Schulen noch besser werden?

Es ist ein interessantes und urdeutsches Phänomen: Nach dem Bekanntwerden der PISA-Ergebnisse wurde eine breite Schulstrukturdebatte ausgelöst, von der Sinnhaftigkeit der Gesamtschule bis zum Beginn der Einschulung. Das kann man alles diskutieren, ich hätte mir stattdessen lieber eine Diskussion über die Ziele einer Schulbildung heute gewünscht. Was sollen

Schüler und Schülerinnen in der Schule eigentlich lernen? Was sollen Lehrer und Lehrerinnen in ihrer Ausbildung erlernen? Es ist auch noch niemand auf die Idee gekommen, die Schüler und Schülerinnen selbst zu fragen, mit welchen Zielen sie eigentlich zur Schule gehen. Hier sind die PISA-Ergebnisse hinsichtlich der kulturellen Unterschiede zwischen den Ländern und hinsichtlich des Erfolges bestimmter Schulsysteme zu heterogen, als dass sie eine Aussage darüber träfen, welche Schulform die einzig »wahre« sei. Aber es lassen sich durchaus Thesen formulieren, wie man die Schule in Deutschland noch besser machen könnte:

1. Achten wir den Lehrerberuf mehr! Dies gilt nicht nur für die öffentliche Meinung (und die zu Hause geäußerte Meinung den Kindern gegenüber), sondern auch für die Ausbildung der Lehrer und Lehrerinnen: Eine neue, von der Unternehmensberatung McKinsey durchgeführte Studie belegt, dass unabhängig von der Schulstruktur die Lehrerausbildung und damit die Qualität der Lehrer den (!) entscheidenden Faktor für den Schulerfolg der Kinder darstellen.

2. Kinder so spät wie möglich in verschiedene hierarchische Schulsysteme aufzuteilen ist von Vorteil. Je länger verschiedene Leistungsgruppen zusammen lernen, umso besser für alle – sofern, und dieser Zusatz ist wichtig, für die leistungsstarken Schüler ebenso wie für die leistungsschwachen Schüler eine spezielle Förderung gewährleistet ist.

3. Man würde sich auch fließendere Übergänge zwischen den Institutionen Kindergarten, Grundschule, weiterführende Schule und Beruf wünschen. Insbesondere der Übergang vom Kindergarten in die Grundschule ist in Deutschland schlecht geregelt.

4. Wenn wir etwas entscheidend verbessern möchten und zwar nicht nur um einige wenige Prozentpunkte, muss es uns gelingen, Kinder mit einem Migrationshintergrund besser in die Schule zu integrieren. Und hierfür gilt, was für alle Kinder gelten sollte: Mehr individuelle Förderung, damit möglichst alle Kinder

einen Schulabschluss erhalten, der es ihnen auch ermöglicht, eine Berufsausbildung zu beginnen. Dazu kann Deutschunterricht ebenso gehören wie ein flächendeckendes Angebot von Kindergartenplätzen oder mehr Ganztagsschulen.

5. Bessere Förderung von hochbegabten Kindern ist genauso unter individueller Förderung zu verstehen wie die Unterstützung der Schüler, die Probleme in bestimmten Fächern haben. Das in Schulen gelebte Motto muss lauten: »Fördern und fordern«. Für die Chancen eines jeden Kindes, aber auch für die einer ganzen Gesellschaft ist es wichtig, hochbegabte Kinder speziell und institutionell zu fördern. Dies sollte nicht nur zur Aufgabe einiger weniger Schulen werden, sondern das Ziel jeder Schule sein.

Welche Reformen sind sinnvoll?
Nahezu unzählige Reformen und Schulstudien in 16 Bundesländern haben in den vergangenen Jahren viele Daten produziert. Ob die zahlreichen Schulversuche oder Vergleichsarbeiten wie PISA, TIMMS (Trends in International Mathematics and Science Study), IGLU (Internationale Grundschul-Lese-Untersuchung) oder die Studie über die verlängerte Grundschulzeit – sie alle haben noch keine generelle grundlegende Erneuerung des deutschen Schulsystems ermöglicht. Viele Kritiker, darunter auch Lehrer, Eltern und Schüler, wehren sich gar gegen die ausufernde »Testeritis« in deutschen Schulen, die so tut, »als würde die Sau durchs Wiegen allein schwerer«. Vor allem die parteipolitischen Querelen verhindern die nötigen Reformen, die von Studien als sinnvoll erachtet werden. Mal scheint die Abschaffung des dreigliedrigen Schulsystems beschlossene Sache, mal regt sich heftiger Widerstand. Ebenso steht es um die Frage nach der vier- oder sechsjährigen Grundschule. Was besser ist, sagen Forscher nicht definitiv – und das ist vielleicht auch unmöglich. Deshalb reiben sich in Schulstrukturdebatten die parteipolitischen Inter-

essen. Soll die Hauptschule überleben? Wie frei dürfen Schulen agieren? Wie viel Wettbewerb darf sein? Für mehr Wettbewerb plädiert z. B. Ludger Wößmann, Professor für Bildungsökonomie an der Ludwig-Maximilian-Universität München und am Münchner Ifo-Institut für Wirtschaftsforschung. In seinem Buch *Letzte Chance für gute Schulen* legt er dar, dass Schüler bessere Leistungen erbringen, wenn das Schulsystem durch Transparenz und Wettbewerb gekennzeichnet ist. Einig sind sich viele Experten, dass die Neuausrichtung der Lehrerausbildung, vor allem eine gezieltere Auswahl der Studenten, ein zentraler Schritt wäre. Aber selbst wenn hier konzertiertes Handeln möglich sein sollte, dürfen wir nicht vergessen, dass es etwa 15 Jahre dauert, ehe diese Maßnahmen in nennenswertem Umfang bei den Schülern ankommen. Es fehlt ein Befreiungsschlag, der grundlegende Bedingungen ändert. Alle Vorschläge – ob sie umgesetzt werden oder nicht – greifen langsam. An Ideen mangelt es nicht, manche wirken allerdings arg hilflos, wie die, Leistungsträger aus Firmen für zwei Jahre freizustellen, um in Schulen zu unterrichten. Dies ist eine Notlösung, um den eklatanten Lehrermangel zu beheben, kein Befreiungsschlag. Hinderlich für alle Neuorientierungen im Bildungsbereich scheint der Föderalismus zu sein. Aber auch da zeichnen sich neue Wege ab. So wollen einige Bundesländer beim Zentralabitur in Zukunft zusammenarbeiten. Dies könnte ein erster Ansatz für mehr Bildungsgerechtigkeit sein.

4 Hat mein Kind eine Lernstörung?

Die Lese-Rechtschreib-Störung (LRS) – Dyskalkulie: die Rechenschwäche – Aufmerksamkeitsstörung (ADS/ADHS) – Koordinationsmängel: Wenn Kinder nicht toben lernen – Pubertät ohne Lernzuwachs – Information und Beratung bei Lernstörungen

Kinder sind Spätstarter, altklug, gelangweilt, auf ein Fach oder einen Lehrer fixiert, ein Maltalent, Mathegenie, Sportass, an Freunden interessiert oder verbringen den Nachmittag am liebsten am Computer. So wie jedes Kind eine individuelle Persönlichkeit mit ererbten und erlernten Stärken und Schwächen ist, bringt es auch eine ganz eigene Lernpersönlichkeit mit in die Schule, die sowohl die Auffassungsgabe, Interessen, Motivation, Konzentrationsfähigkeit, Begabungsprofil und Merkfähigkeit beinhaltet.

Lernen kann insgesamt von vielen Faktoren beeinflusst werden: Kinder können krank werden, ihre Eltern lassen sich scheiden, ihre Seele gerät aus dem Gleichgewicht. Aber auch Störungen oder das, was Experten darunter verstehen, können sich darauf auswirken. Die Zahlen sind besorgniserregend: Bis zu zwölf Prozent der Kinder leiden an Konzentrationsschwäche, drei bis fünf Prozent davon am Aufmerksamkeitsdefizitsyndrom, fünf Prozent an einer Lese-Rechtschreib-Schwäche, und einige Hunderttausend lernen nur mühsam rechnen (Dyskalkulie).

Kinder, die an einer Lese-Rechtschreib-Schwäche oder am Aufmerksamkeitsdefizitdyndrom (ADS) leiden, benötigen nahezu immer professionelle Hilfe. Nur Schulpsychologen und Therapeuten sind zusammen mit den Kindern und Eltern in der Lage, das Problem zu erkennen und Lösungsstrategien zu entwickeln.

Hat mein Kind eine Lernstörung?

Jede Mutter und jeder Vater kennt die unterschwellige Angst, etwas könnte mit ihrem Kind »nicht stimmen«. Im Zuge intensiver Diskussionen um das deutsche Bildungssystem mit all seinen Mängeln und einer zunehmenden Globalisierung des Arbeitsmarktes treibt diese Sorge mehr Eltern um als je zuvor. Gerade in Zeiten von Finanz- und Wirtschaftskrisen ist klar, dass eine gute Bildung das beste Sprungbrett in die Zukunft ist. Man will nichts versäumen und jede Schwäche so früh wie möglich ausgleichen. Entsprechend sehen Eltern häufig schon bei kleinsten Auffälligkeiten im Lernverhalten ihres Kindes eine Störung. Kann das Nachbarskind im gleichen Alter nicht schon viel mehr als das eigene Kind? Schreibt die Mitschülerin nicht schneller und schöner und liest viel flüssiger? Andererseits werden in der Hektik des Alltags wichtige Anzeichen einer Lernstörung auch oft übersehen. »Das wird sich geben« oder »Der Lehrer versteht mein Kind eben nicht richtig…« und »Ich konnte selbst nicht so gut rechnen« sind beruhigende Erklärungen, die am Küchentisch entstehen und keine professionelle Grundlage haben. Sicher kennen Eltern ihre Kinder am besten, aber der liebevolle Blick auf das eigene Kind ist vielfach verklärt und voll von Hoffnungen, Wünschen und eigenen Erfahrungen. Dessen sollten Eltern sich bewusst sein. Wie aber findet man hier zwischen Übervorsichtigkeit und Nachlässigkeit den richtigen Weg für das Kind?

Lernstörungen bei Kindern sind ein komplexes und vielschichtiges Thema, das an dieser Stelle nur schlagwortartig behandelt werden kann. Zu fast jedem Einzelphänomen gibt es ein oder mehrere Bücher, die eine bessere und ausführlichere Basis bieten, wie Eltern dem Problem begegnen können. Beobachtet man bei seinem Kind eine mögliche Störung, muss man sich als Eltern fragen, wie gravierend sie ist, ob sie entwicklungsbedingt sein könnte und inwiefern es gerechtfertigt und notwendig ist, mit externer Hilfe einzugreifen. Den Blick objektiv zu schärfen, ohne überzureagieren, ist hier der richtige Ansatz. Während eine ärztliche Routineuntersuchung bei Kindern kein Misstrauen weckt,

Hat mein Kind eine Lernstörung?

reagieren sie aber sehr sensibel, wenn sie zum Schulpsychologen, zur Ergotherapie oder Logopädin gehen müssen. Sie merken, dass sie nicht wie andere Kinder sind, und verfallen möglicherweise in längst abgelegte Verhaltensweisen: sie nässen wieder ein, stottern merklicher und zeigen kurzfristig sogar verschlechterte Bewegungsabläufe. Dieser Umstand darf Eltern, die klare und definierte Störungen bei ihrem Kind wahrnehmen, nicht davon abhalten, Diagnose- und Fördermaßnahmen in Anspruch zu nehmen. Aber sie sollten sich davor hüten, rein präventiv etwas testen zu lassen. Und sie müssen ihrem Kind einfühlsam zur Seite stehen, wenn diese Maßnahmen nötig werden. So kann der Besuch in einer psychologischen Praxis z. B. in einen Ausflug eingebettet werden. Je nach Alter des Kindes sollten Eltern ihm sehr genau erklären, warum es einen Therapeuten aufsuchen muss, dass dieser Umstand allein es aber noch nicht zu einem Außenseiter macht. Vor allem sollten Eltern nie versuchen, ihr Kind mit Do-it-yourself-Tipps und Übungen selbst zu therapieren, wenn sie eine der in den nächsten Kapiteln beschriebenen Lernstörungen vermuten. Zumindest zu Beginn ist es dringend ratsam, professionelle Hilfe, die in fast allen Fällen kostenlos ist oder von den Krankenkassen oder Jugendämtern getragen wird, in Anspruch zu nehmen. Im optimalen Fall sollten erwogene und begonnene Therapien in Absprache mit den entsprechenden Lehrern diskutiert werden. Natürlich sollen und müssen Eltern sich einbringen und nicht die Behandlung komplett dem verantwortlichen Therapeuten und Lehrer überlassen. Aber ein Alleingang nach dem Motto »Ich weiß am besten, was meinem Kind hilft« ist oft nicht nur kontraproduktiv, sondern auch eine Belastung für das emotionale Eltern-Kind-Verhältnis.

Der Umgang mit Kindern, die möglicherweise eine Lernstörung haben, ist eine schwierige Gratwanderung für Eltern. Auf der einen Seite wollen sie ihren Kindern helfen, auf der anderen müssen sie verhindern, dass ihre Kinder sich anormal fühlen. Sie müssen regulierend eingreifen, aber auch Fehler zulassen und den Kindern die Fähigkeit vermitteln, sich selbst zu helfen. Wulf Wallrabenstein, Erziehungswissenschaftler an der Universität Hamburg, rät Eltern anhand einer als Metapher zu verstehenden Geschichte von Charles Dickens, wie sie sich im Umgang mit möglichen Lernstörungen bei Kindern verhalten sollten:

»Es gehört keine geringe Kaltblütigkeit und ein besonderer Grad von Beurteilungskraft dazu, einen fortrollenden Hut wieder einzufangen. Man darf nicht zu sehr eilen, sonst stürmt man über ihn hinaus; man darf nicht zu langsam sein, sonst verliert man ihn. Die beste Art, ihn einzufangen, ist, möglichst zu gleicher Linie mit dem verfolgten Gegenstand zu bleiben, behutsam und vorsichtig zu sein, die Gelegenheit hübsch abzuwarten, ihm allmählich zuvorzukommen, dann plötzlich die Hand auszustrecken, ihn bei der Krempe zu ergreifen und fest auf den Kopf zu drücken ...«.

Im Folgenden sollen – in sehr gekürzter Form – die wichtigsten Lernstörungen und ihre neurobiologischen Ursachen (soweit bekannt) vorgestellt werden.

Die Lese-Rechtschreib-Störung (LRS)

Die Legasthenie (oder auch Dyslexia) ist eine Lese-Rechtschreibstörung, die jedoch nicht mit einer Verminderung der Intelligenz oder einer Sinnesbehinderung (wie z. B. Schwerhörigkeit) einhergeht. Sie wird bei etwa vier Prozent der Kinder eines jeden Schuljahrgangs diagnostiziert. Dabei sind viermal mehr Jungen als Mädchen betroffen – die Gründe dafür sind noch nicht bekannt.

Unter der Legasthenie versteht man eine massive und lang andauernde Störung des Erwerbs der Schriftsprache. Legastheniker haben Probleme mit der Umsetzung der gesprochenen zur geschriebenen Sprache – trotz häufigen Übens und oftmals überdurchschnittlicher Intelligenz. Die Störung äußert sich vor allem in der Umstellung und Verwechslung einzelner Buchstaben oder ganzer Wortteile.

Hat mein Kind eine Lernstörung?

Die offizielle Definition lautet: »Legasthenie gilt in der Internationalen Klassifikation psychischer Störungen (ICD-10) als umschriebene Entwicklungsstörung der Lese-Rechtschreib-Fertigkeiten bei normal entwickelter Intelligenz.« Sie ist also eine neurologisch begründete Störung, die wahrscheinlich genetische Ursachen hat. Sie hat weder mit minderer Intelligenz zu tun noch mit einer geistigen Behinderung oder mangelnder Fürsorge der Eltern!

Um den diagnostischen Blick der Eltern zu schärfen, seien exemplarisch einige bei Legasthenikern zu beobachtende Symptome genannt. Die eigentliche Diagnose sollte man aber lerntherapeutischen Fachkräften überlassen; Informationen hierzu kann man über die Schule bekommen.

› Häufiges Auftreten von spezifischen Rechtschreibfehlern, z. B. wenn die Reihenfolge von Buchstaben in Wörtern vertauscht wird und symmetrische Buchstaben (p, q, d, b) oder ähnlich klingende Buchstaben (d und t) verwechselt werden
› Auslassen von Verdoppelungen von Buchstaben
› Schlechte Noten in Diktaten, während in anderen Fächern meist gute Noten vorliegen
› Trotz Übens wird in Diktaten keine oder nur eine geringe Verbesserung erzielt
› Überspringen von Worten oder einer ganzen Zeile beim Lesen
› Fixationsprobleme bei bewegten Objekten
› Wortsilben können nur bei sehr langsamer Aussprache korrekt benannt werden.

Kurz gesagt: Legastheniker haben Schwierigkeiten, Buchstaben zu unterscheiden, Buchstaben zu Lauten zu ordnen, Silben zu erkennen, mehrere Buchstaben und Silben zu einem Wort zu verbinden und diese Buchstaben-Laut-Kombination zu entschlüsseln. Man vermutet, dass die betroffenen Kinder im Wesentlichen drei Schwierigkeiten haben, die vor allem in Problemen der Seh- und/oder Hörverarbeitung des Gehirns begründet sind:

Zum einen können sie ihre Augenbewegungen nicht präzise kontrollieren; sie leiden also in erster Linie unter einer Störung der Blicksteuerung, die vom Gehirn kontrolliert wird. Dadurch können sie Wörter und Sätze nicht in gleicher Art und Weise erfassen wie ihre Altersgenossen. Die Legasthenie ist aber nicht im Auge selbst begründet. Die Augenmuskeln sind genauso schnell wie bei nicht betroffenen gleichaltrigen Schülern – entsprechend wird das Problem von vielen Augenärzten nicht erkannt. Gesteuert wird die komplizierte Motorik des Auges vom Stirnlappen, einem Areal der Großhirnrinde hinter der Stirn. Mit anderen Worten: »Nicht das Fahrzeug ist defekt, sondern der Fahrer kann es nicht steuern.«

Mit der Legasthenie verwandt ist die Schwäche einer Reihe von betroffenen Kindern, simultan die Anzahl der Dinge im Blickfeld zu erfassen. Selbst bei kurzen Wörtern fällt es ihnen schwer, die Anzahl der Buchstaben zu nennen oder zu bestimmen, ob auf einem Schreibtisch drei oder fünf Bücher liegen. Die Simultanerfassung ist eine besondere Leistung des Sehsystems und ist beim Lesenlernen und beim schnellen Erkennen von Wörtern wichtig.

Die dritte Ursache kann eine Beeinträchtigung der Hörverarbeitung von Lauten, Silben und Wörtern sein, z. B. wenn Kinder nicht imstande sind, verschiedene Silben und Laute voneinander zu unterscheiden. Vor allem die Lautverarbeitung scheint dann langsamer zu erfolgen, was bei schnell gesprochenen Silben und Wörtern, die dazu in der Umgangssprache nicht richtig voneinander lautlich getrennt sind, zu Problemen in der Sprachwahrnehmung führt. Wenn Worte nicht richtig mit all ihren Silben gehört werden, ist es schwierig, sie richtig zu schreiben.

Gute Trainingsprogramme
Über Diagnose und Therapieverfahren kann man sich bei den im Anhang angegebenen Adressen informieren. Fest steht: Den meisten Legasthenikern kann mit gezielten Übungen geholfen

werden, ihre Wahrnehmungsdefizite zu korrigieren. Beispielhaft sei hier das Trainingsprogramm des Freiburger Blicklabors (im Internet: www.blicklabor.de) genannt, das aus drei einfachen Übungen am Computer besteht:

Eine Übung ist, einen Buchstaben zu verfolgen, der abwechselnd mit verschiedenen Orientierungen erscheint: mal auf dem Kopf, mal seitwärts, mal aufrecht. Die Kinder sollen angeben, welche Position der Buchstabe am Ende des Tests eingenommen hat. Bei dieser Übung müssen die Kinder den Punkt, an dem der Buchstabe erscheint, permanent fixieren.

Die zweite Übung ist ähnlich, nur dass hier die Position des Buchstabens auf dem Schirm wechselt und die Kinder mit ihren Augen den Buchstaben hinterherspringen müssen. Dies trainiert den optomotorischen Reflex.

Bei der dritten Übung müssen die Kinder die gleiche Aufgabe erledigen, aber einem Störreiz widerstehen. Hier ist besonders der Stirnlappen gefragt, der die Augenbewegung zum Ablenkreiz unterbinden muss, damit nicht eine entscheidende Drehung des Buchstabens verpasst wird.

Jede der drei Übungen wird einmal am Tag durchgeführt, und zwar 200 Mal. Das dauert lediglich zehn bis 15 Minuten. Schon nach drei bis sechs Wochen absolvieren Kinder Lesetests wesentlich besser als vor dem Training.

Auch Legastheniker mit einer Störung der Lautverarbeitung profitieren von solchen Trainingsprogrammen. Bei ihnen ist vor allem die zeitliche Verarbeitung von Hörinformationen beeinträchtigt. Man erreicht bereits einen Trainingseffekt, indem man die normale Sprechgeschwindigkeit verlangsamt. Auch dies kann wieder am Computer erfolgen, an dem ein Sprecher (in dem Fall ein lustiger Clown) Worte extrem langsam ausspricht; haben die Kinder ein Wort richtig verstanden, erhalten sie einen Bonuspunkt. Im Laufe der Zeit werden die Wörter entsprechend dem Leistungszuwachs der Kinder immer schneller gesprochen, bis sie eine normale Geschwindigkeit erreicht haben. Auch damit können die Lese- und Rechtschreibfähigkeiten deutlich verbessert werden. Die Erfolge sind umso größer, je früher die Störung im Lese-Rechtschreib-Verhalten diagnostiziert wird.

Eltern sollten nur in Absprache mit dem Therapeuten mit dem Kind üben. Das Kind darf nicht durch falschen Übereifer überfordert werden genauso wenig wie der Therapieplan durch eigenständiges Üben zu Hause durchbrochen werden darf. Nicht immer hilft viel auch viel. Bedenken Sie, dass Sie hier etwas mit den Kindern üben, was ihnen aller Voraussicht nach keinen Spaß machen wird, da sie es lange ohne Erfolg praktiziert haben. Insofern ist eine enge Absprache zwischen Therapeut und Eltern unabdingbar.

Außerdem empfiehlt es sich für Eltern, erst nach Beendigung der Diktatübung auf den Text zu schauen und nicht schon währenddessen. Nur so gibt man den Kindern auch die Chance, eigenständig Fehler zu finden und aus ihren Fehlern zu lernen. Dies gilt für alle Kinder, aber insbesondere für Legastheniker.

Dyskalkulie: die Rechenschwäche
»Was ist 3 mal 19?«, fragt die Psychologin ein Kind, das immerhin in die sechste Klasse eines Gymnasiums geht. Die Antwort verblüfft: »37.« Die Erläuterung überrascht noch mehr: »3 mal 9 ist 27, und dann ist da noch eine 1, die kommt dazu.« Dieses Kind konnte seine Rechenschwäche bislang durch Auswendiglernen – 5 mal 9 gleich 45 – kompensieren.

Rechenschwäche, die Psychologen auch als Dyskalkulie bezeichnen (in Anlehnung an Dyslexie, der international gebräuchlichen Bezeichnung für Legasthenie), wird oft schnell als Modetrend abgetan. So als wolle man kaschieren, dass einige Kinder weniger begabt sind als andere. Ähnlich wie die Legasthenie handelt es sich aber um eine Teilleistungsstörung, die eine genau umschriebene Leistungsschwäche darstellt. Dyskalkulie zeichnet sich durch eine Schwäche im mathematischen Bereich aus, während das Kind in anderen Fächern meistens keine Schwierigkeiten hat. Im Durch-

Hat mein Kind eine Lernstörung?

schnitt haben die davon betroffenen Kinder einen IQ von 100, nur ihr Rechnen-IQ beträgt weniger als 85 IQ-Punkte. Dyskalkulie zeichnet sich insbesondere durch ein mangelndes Verständnis für Zahlen und Mengen aus. Schon in der Grundschule beherrschen die betroffenen Kinder die Grundrechenarten des Addierens, Subtrahierens, Multiplizierens und Dividierens nicht. Im Allgemeinen fällt die Schwäche in der dritten bis fünften Klasse auf. Dann gilt es schnellstens einzugreifen. Informationen und Tipps finden Sie im Anhang: »Literaturhinweise und Adressen«.

Dyskalkulie kann dramatische Folgen für Kinder haben: Frustriert über ihre Leistungsunfähigkeit im Rechnen, fürchten sie den Mathematikunterricht, oft hält man sie für dumm, was sich negativ auf ihr eigenes Selbstbild auswirkt. Häufig resultieren daraus seelische Belastungen und körperliche Beschwerden, in Form von Appetit- und Schlaflosigkeit. In manchen Fällen empfiehlt man den Kindern, auf eine Förderschule zu wechseln.

Die Ursachen für die Rechenschwäche sind nicht bekannt. Es wird vermutet, dass sie neurologischer Art sind, ähnlich wie bei der LRS. Eventuell liegen Defizite im visuell-räumlichen Vorstellungsvermögen und in der Verarbeitung zeitlicher Information vor. Didaktische Fehler im Mathematikunterricht verstärken das Problem nur noch. In der Grundschule werden Zahlen vor allem mit Hilfe räumlicher Informationen vermittelt; anhand eines Zahlenstranges müssen die Kinder Wörter wie »vorwärts«, »rückwärts« oder »davor«, »danach« in die Zahlenwelt übersetzen. Dazu müssen sie aber eine inhaltliche Vorstellung mit diesen Begriffen verknüpfen. Wer hier im räumlichen Vorstellungsbereich Blockaden hat, wird so einen Zahlenstrang nicht verstehen. Entwicklungsverzögerungen in den für räumliche Informationen zuständigen Gehirnarealen sind eine Erklärung dafür, dass den betroffenen Kindern das für Mathematik so wichtige räumliche Vorstellungsvermögen fehlt. Eine andere Erklärung ist, dass der Mathematikunterricht sehr früh schon sehr abstrakt und nicht anschaulich genug unterrichtet wird.

Hat mein Kind eine Lernstörung?

Die Umwelt mathematisieren
Auch für Kinder mit Rechenschwäche muss der diagnostische Blick geschärft werden. Sie liegt oft dann bei Kindern vor, wenn sie gar nicht oder erst sehr spät Bauklötzchen nach Größe sortieren können. Oder wenn sie Probleme haben, Gegenstände nach Farbe, Größe oder Form zu sortieren. Längen abzuschätzen fällt ihnen ebenso schwer, wie z. B. die Breite eines Buches mit Hilfe von Buntstiften anzugeben.

Die Psychologin Angelika Schlotmann-Wagener gründete in der Nähe von Heidelberg das »Rechen-Therapie-Zentrum«. In einem dort entwickelten Test zur Erfassung der Rechenschwäche werden die Kinder beispielsweise gebeten, ein Blatt Papier gerecht in zwei Teile zu schneiden. Dabei wird überprüft, ob das Konzept der Teilung bei den Kindern schon angelegt ist. Vergleiche von Strecken auf einem Zahlenstrahl geben Aufschluss über das Vermögen der Kinder, Relationen zu erkennen. Auch die mathematische Symbolsprache stellt für das rechenschwache Kind schon eine Herausforderung dar, z. B. beim Gleichheitszeichen. Werden die betroffenen Kinder z. B. gefragt, ob »5 = 5« ist, bekommt man häufig Antworten folgender Art: »Ganz falsch, denn da kann man ja nichts rechnen.«

Liegt der Verdacht einer Rechenschwäche vor, sollten Eltern eine Lerntherapie für das Kind anstreben. Direktes Üben mit den Kindern hat sich gerade für Eltern als schwierig herausgestellt.

Eltern können aber auch indirekt einiges bewirken: Sie können beginnen, die Umwelt des Kindes zu »mathematisieren«, indem sie gemeinsam mit dem Kind z. B. Stufen, vorbeifahrende Autos oder auf dem Tisch liegende Gegenstände zählen.

Auch Anregung zur körperlichen Bewegung ist für Kinder mit einer Rechenschwäche hilfreich. Insbesondere Bewegungsformen, die körperliches Geschick erfordern, haben sich als sinnvoll erwiesen: Seilhüpfen, Federballspielen, Jonglieren, Schaukeln und Radfahren. Sie haben insofern einen positiven Effekt auf das Kind, als Bewegung die Reifungsprozesse im Gehirn fördert und das räumliche Vorstellungsvermögen verbessert.

Hat mein Kind eine Lernstörung?

Mathematik hat generell viel mit abstrakter Vorstellungskraft zu tun, und auch diese sollte beim Kind trainiert werden. Dies kann geschehen, indem man anfängt, eine Geschichte mit Kindern zu lesen, und sie dann bittet, sie weiterzuerzählen oder eine Bildergeschichte daraus zu machen. Grundsätzlich gilt, dass spielerische Übungen am wirkungsvollsten sind. Hier sind Beispiele aus der Alltagswelt der Kinder am anschaulichsten und instruktivsten für sie. Teilen kann man anhand von Torten, Gleichheit gut mit Waagen demonstrieren, bei denen es den Kindern selbst erlaubt ist, gleich viele Objekte in die Waagschalen zu geben. Das Kind kann dann ermuntert werden zu formulieren, was es sieht. Durch Feedback helfen die Eltern, die Äußerungen allmählich zu präzisieren und schließlich in die mathematische Sprache zu übersetzen. Bei diesen Übungen ist Frontalunterricht zu meiden; die Kinder sollen selbst zu Lösungsstrategien kommen, vonseiten der Eltern sind dabei lediglich Hilfestellungen erlaubt. Ob anfallende Fördertherapiekosten eventuell übernommen werden, ist mit den Krankenkassen und Jugendämtern der Kommunen zu klären. Hier gibt es noch zu wenig Erfahrungen und auch Unterschiede zwischen den Bundesländern. In Baden-Württemberg und Hessen erstatten Jugendämter seit dem Jahr 2000 die Therapiekosten ganz oder zumindest anteilig. Andere Länder planen, diesem Beispiel zu folgen.

Aufmerksamkeitsstörung (ADS/ADHS)
Konzentrationsschwächen kennt jeder – an sich selbst und bei seinen Kindern. Je jünger die Kinder, umso kürzer sind die Konzentrationsphasen, also die Zeit, die ein Kind sich intensiv mit einer Sache beschäftigen kann. Diese Fähigkeit, vor allem die der selektiven Aufmerksamkeit, hängt vor allem von der Leistungsfähigkeit des Arbeitsgedächtnisses ab. Dies ist der Zwischenspeicher im Gehirn, der festhält, was man sich vorge-

nommen hat und gegen alle anderen eingehenden Sinnesinformationen und Gedanken verteidigt, um einer Tätigkeit länger konzentriert nachzugehen. Es ist die Gedächtnisfunktion, die wir benötigen, um uns beispielsweise eine Telefonnummer kurzfristig zu merken.

Die Konzentrationsfähigkeit bei Kindern ist sehr unterschiedlich ausgeprägt – sie reicht auf einer kontinuierlichen Kurve von »gar nicht konzentrieren« bis »sehr gut konzentrieren«. Wenn Kinder eine sehr schlechte Konzentrationsfähigkeit haben, ist man in den letzten Jahren vermehrt dazu übergegangen, diese hinsichtlich einer Aufmerksamkeitsdefizit/Hyperaktivitätsstörung (ADHS), auch als ADS (Aufmerksamkeitsdefizitsyndrom) bezeichnet, zu diagnostizieren. Davon betroffen sind etwa zwei bis vier Prozent eines Jahrgangs, Jungen viermal häufiger als Mädchen. Von einem Kind mit ADS geht man dann aus, wenn es mindestens sechs der folgenden neun Aussagen erfüllt:

> macht Flüchtigkeitsfehler oder übersieht Details
> hat Mühe, bei Aufgaben oder beim Spielen die Aufmerksamkeit aufrechtzuerhalten
> scheint nicht zuzuhören, wenn ihm etwas erklärt wird
> hat Mühe, Anweisungen zu erfassen, und kann nur selten Hausaufgaben, alltägliche Beschäftigungen oder aufgetragene Tätigkeiten erfolgreich zum Abschluss bringen
> hat Mühe, die eigene Arbeit oder andere Tätigkeiten zu organisieren
> vermeidet Aufgaben, die länger anhaltende geistige Anstrengungen erfordern
> verliert häufig Gegenstände oder vergisst, die für eine Aktivität benötigten Sachen wie Stifte, Bücher oder Kleidungsstücke mitzunehmen
> wird leicht von dem, was in der Umgebung geschieht, abgelenkt
> ist bei alltäglichen Tätigkeiten vergesslich.

Hat mein Kind eine Lernstörung?

Folgende Kriterien, die bereits im Vorschulalter sichtbar werden, können ebenfalls auf eine Aufmerksamkeitsstörung der Kinder hinweisen:
> Sie haben schon als Säuglinge eine starke motorische Aktivität und Unruhe gezeigt.
> In der Schule fallen sie auf, weil sie ständig in Bewegung sind, mit den Beinen zappeln, den Fingern trommeln, ungefragt im Unterricht reden, andere Schüler stoßen und auf ihrem Stuhl herumrutschen.
> Sie haben auch Probleme, Freundschaften zu knüpfen und generell mit Gleichaltrigen zurechtzukommen.
> Sie können sich nur schwer konzentrieren.
> Sie leiden unter extrem starken Stimmungsschwankungen.
> Sie handeln oft impulsiv und unbedacht.
> Die Störungen müssen mindestens in zwei sozialen Bezugssystemen, z. B. Elternhaus und Kindergarten, zu beobachten sein.

Die meisten dieser Kriterien lassen sich isoliert bei vielen Vor- und Grundschulkindern finden – in einem Klassenraum von Erstklässlern herrscht ein hohes Maß an Hyperaktivität, Unkontrolliertheit und Unaufmerksamkeit! Nur wenn diese Faktoren bei einem Kind zusammenkommen und es diese Probleme über längere Zeit hinweg und in verschiedenen sozialen Kontexten zeigt, besteht der Verdacht, dass es an ADS leiden könnte. In diesem Fall sollte man den Kinderarzt oder therapeutische Einrichtungen aufsuchen, die auf eine Diagnose von ADS spezialisiert sind. Laien sollten sich mit Diagnosen zurückhalten, aber die Warnsignale müssen von Eltern und Lehrern erkannt werden, denn erst dann kann ein Psychologe oder Kinderarzt aktiv werden.

Kinder mit ADS haben enorme Schwierigkeiten bei der Verarbeitung von Sinnesreizen. Ihre eingeschränkte bzw. abweichende Wahrnehmungsfähigkeit z. B. im auditiven, visuellen oder taktilen Bereich hat komplexe Auswirkungen auf ihr Verhalten, auf ihre Bewegungssteuerung und auf ihre Fähigkeit, sich zu konzentrieren. Wahrscheinlich besteht eine genetische Disposition für die Krankheit: Wenn bereits die Eltern mit ADS diagnostiziert wurden, trifft es in etwa 50 Prozent der Fälle auch ihre Kinder. Zwillingsstudien weisen ebenfalls in Richtung einer genetischen Veranlagung. Bei den Betroffenen wird oft eine Besonderheit bei einem der vielen Dopaminrezeptoren festgestellt. Da Dopamin, ein Botenstoff im Gehirn, sowohl an der Aufmerksamkeit als auch an motorischer Koordinationsleistung im Gehirn beteiligt ist, würde dies erklären, warum Kinder mit einer leicht verminderten Leistungsfähigkeit des Dopaminsystems anfälliger für ADS sind. Dies sollte aber nicht zu dem Umkehrschluss führen, dass ADS deshalb nicht therapierbar sei. Das Gehirn lässt sich gerade in seiner Reifung auch strukturell durch Umweltreize beeinflussen, und so ist die Chance, erfolgreich einzugreifen, wenn Entwicklungsdefizite oder Verzögerungen vorliegen, relativ groß. Eine höhere Anfälligkeit für ADS bedeutet nicht, dass die Kinder die Störung notwendigerweise in all ihren Symptomen zeigen.

Einer der wenigen bekannten, nicht genetischen Faktoren, die zu Hyperaktivität führen können, ist das Rauchen während der Schwangerschaft. Nikotin kann hier zu einer dauerhaft verminderten Freisetzung von Dopamin führen. Da Dopamin auch an der Regulation der Aufmerksamkeit beteiligt ist, könnte darin die Erklärung für das gehäufte Auftreten von ADS bei Kindern rauchender Mütter liegen.

Mit Hilfe von bildgebenden Verfahren hat man festgestellt, dass die Basalganglien (das sind Hirnareale tief im Innern des Gehirns, die mit Bewegung und Aufmerksamkeit zu tun haben) bei hyperaktiven Kindern kleiner, der Stirnlappen schlechter durchblutet ist und weniger Glukose verbraucht, was auf eine verminderte Aktivität schließen lässt. Die Basalganglien koordinieren die Motorik, und es könnte sein, dass die vermehrte motorische Aktivität ein Verhalten ist, um die minderaktiven Nervenzellen in Schwung zu bringen. Der Stirnlappen kontrol-

Hat mein Kind eine Lernstörung?

liert vor allem die Aufmerksamkeit und Konzentration, er ist der Sitz des Arbeitsgedächtnisses (siehe auch Kapitel 2.1, »Motivation und Konzentration«). Darüber hinaus ist er an der Impulskontrolle beteiligt. Man geht davon aus, dass diese schlechtere Versorgung des Stirnlappens eine Entwicklungsverzögerung ist. Durch entsprechende Übungen bzw. eine medikamentöse Behandlung kann die Reifung des Stirnlappens aber gefördert werden.

Therapien oder Medikamente?
Nicht jedes sehr aktive und mit einem großen Bewegungsdrang ausgestattete Kind ist hyperaktiv! Man sollte also sehr vorsichtig damit sein, diese Kinder vorschnell zu pathologisieren. Bei ADS können Aufmerksamkeitsstörungen und Hyperaktivität zusammen auftreten, sie müssen aber nicht miteinander kombiniert sein – das gilt vor allem für Mädchen.

Wenn ADS diagnostiziert wird, handelt es sich sehr wahrscheinlich um einen hirnorganischen Entwicklungsdefekt, für den weder Eltern noch Kinder verantwortlich sind. Diese Störung kann mit Medikamenten und Therapien behoben werden. Bei Kleinkindern mit ADS ist jedoch von einer medikamentösen Behandlung abzuraten. Bei Kindern im Grundschulalter dagegen kann es ratsam sein, Stimulanzien wie z B. Ritalin (mit dem Wirkstoff Methylphenidat, einer amphetaminähnliche Substanz) einzunehmen. Es erhöht die Konzentrationsfähigkeit und mindert ihr sozial störendes Verhalten. Die Einnahme muss äußerst sorgsam in Absprache mit Therapeuten und Kinderärzten erfolgen, denn die Nebenwirkungen sind beachtlich: Kopf- und Magenschmerzen, emotionale Instabilität und Schlaflosigkeit. Um so erstaunlicher ist es, dass in den USA mittlerweile mehr als vier Millionen Kinder regelmäßig Ritalin schlucken. Das sind über 90 Prozent des Weltbedarfs! In Deutschland sind es immerhin zwischen 100 000 und 150 000 Kinder, die zu Ritalin greifen. Medikamente sollten aber weder zur Modedroge verkommen, noch stigmatisiert werden. ADS ist keine Erfindung der Pharmaindustrie oder von Eltern, die mit ihren lebhaften Kindern nicht klarkommen. Ist die Diagnose professionell gestellt, können Medikamente eine große Hilfe für Eltern, Lehrer und vor allem die betroffenen Kinder sein. Die hohen Verschreibungszahlen in den USA zeigen allerdings auch, wie kulturabhängig die Verschreibungspraxis ist und wie nahe Therapie und Doping beieinanderliegen können. Auch in Deutschland ist die Menge an verkauftem Methylphenidat beachtlich: 1993 wurden 34 Kilogramm Methylphenidat in Form von Fertigarzneien verkauft. 2006 waren es 1221 Kilogramm. Hier gilt es die Gründe für die vermehrte Verschreibung in Deutschland genau zu ergründen, ohne Ärzten und Eltern, die Kindern mit ADS/ADHS pharmakologisch zu behandeln versuchen, unter einen Generalverdacht zu stellen.

Was die Einschätzung des Erfolgs von Medikamenten bei ADS so schwierig macht, ist die Tatsache, dass ADS keine eng umschriebene Störung ist, sondern ein Bündel von Symptomen beinhaltet. Deshalb sollte man sich beim Einsatz von Medikamenten bei ADS-Kindern unbedingt auf ärztliche Hilfe verlassen. Wichtig ist auch zu wissen, dass Medikamente ADS nicht beheben, sondern lediglich deren Symptomatik weitgehend einschränken. In den meisten Fällen erweisen sich langfristig nur zusätzliche psychologische Trainingsprogramme als wirksam, die sich über ein bis zwei Jahre erstrecken. Auch in diese Therapie sollten Eltern immer mit einbezogen werden. Angemerkt sei noch, dass spezielle Diättherapien umstritten sind und ihr positiver Effekt auf eine Behebung der Störung nicht nachgewiesen ist.

Der Selbsthilfeverein ADHS Deutschland e.V. (www.adhs-deutschland.de oder 030 - 85 60 59 02) gibt kompetent Antworten auf alle Fragen rund um ADS/ADHS. Auch die Pharmafirma Janssen-Cilag hat Informationen und Materialien (z.B. ein gelungenes Mal- und Rätselbuch) für Eltern und Lehrer zusammengestellt (www.mehr-vom-tag.de).

Hat mein Kind eine Lernstörung?

Koordinationsmängel: Wenn Kinder nicht toben lernen
Eine der häufigsten Beeinträchtigungen in den Lern- und Konzentrationsleistungen heranwachsender Kinder ist eine Bewegungskoordinationsstörung. Sie ist bei Jungen häufiger als bei Mädchen und betrifft etwa vier bis sechs Prozent der Vor- oder Grundschulkinder. Die Ursache ist häufig ein durch Bewegungsmangel oder Entwicklungsrückstand bedingter, nicht normal funktionierender Gleichgewichtssinn. Davon betroffene Kinder sind vielfach nicht imstande, richtig rückwärts zu laufen, sich bei Stürzen abzufangen und zu balancieren. Die Muskeln arbeiten bei diesen Kindern ganz normal, aber die Bewegungskoordination im Gehirn ist nicht vollständig ausgereift. Als Folge davon liegt meist eine Störung der sensorischen Integration vor. Eine solche Störung kann sich schon bei Säuglingen bemerkbar machen, z. B. wenn sie sich beim Weinen nur schwer beruhigen lassen, sie insgesamt extrem unruhig sind und nur sehr schwer ihren Schlaf- und Essensrhythmus finden. Weitere Indikatoren können sein, dass diese Kinder wenig Interesse an eigener Fortbewegung haben, ungern krabbeln und Bewegungen wie Rutschen und Schaukeln meiden (was die meisten Kleinkinder faszinierend finden). In diesen Fällen sollte man beim Kinderarzt nachfragen, ob seiner Einschätzung nach die motorische Entwicklung normal verläuft. Vor eigenen Diagnosen ist auch hier zu warnen.

Die häufigste Ursache für eine Koordinationsstörung ist schlicht Bewegungsmangel. Viele Kinder, die Bewegungskoordinationsstörungen zeigen, leben in beengten Verhältnissen; sie sind häufig gezwungen, wegen verkehrsreicher Straßen oder angesichts unwirscher und ruhebedürftiger Nachbarn ihren Bewegungsdrang einzuschränken. Sie werden zu Stubenhockern, mit einem nur schlecht ausgebildeten Muskelapparat. Die Zahlen in diesem Zusammenhang sind dramatisch: Neuere Studien zeigen, dass 60 Prozent der Schulanfänger Haltungsschäden haben und 25 Prozent gar unter muskulären Schwächen leiden. Dies ist umso bedenklicher, wenn man berücksichtigt, dass Bewegungsreize wichtige Stimulatoren der kindlichen Gehirnreifung sind. Ein Mangel an Bewegung kann entsprechend zu Konzentrationsdefiziten, Sprach-, Lese- und Rechenschwäche führen. Damit ist eine richtige Bewegungskoordination auch für die Schulleistung relevant. Und dabei geht es nicht nur darum, richtige Buchstaben zu malen oder ganze Wörter schreiben zu können.

Eine andere Ursache für Koordinationsstörungen kann eine Blockade des Kopfgelenks sein. Hierbei handelt es sich um eine Kopfgelenk-induzierte Symmetriestörung (KISS-Syndrom), die zu Haltungsabnormalitäten führt. Dies kann zur Folge haben, dass die betroffenen Kinder die motorischen Meilensteine der Säuglings- und Kleinkindentwicklung nicht richtig oder verspätet durchlaufen. Manche Kinder überspringen ganze Stadien oder ersetzen z. B. das Krabbeln durch »Po-Rutschen«.

Seilspringen und rückwärts laufen

Oft können nur Ergotherapien oder psychomotorische Übungen Kindern mit einer Koordinationsstörung helfen. Sie fördern die sensorische Integration, indem sie versuchen, die unzureichende Vernetzung im Gehirn durch spezifische Übungen zu verbessern, indem gezielte Reize der Haut und Übungen für das Gleichgewicht durchgeführt werden. Dabei wird die Haut mit Wasser, diversen Stoffen und anderen Materialien stimuliert. Wichtig sind aber auch Übungen, die ein Gefühl für Größe, Ausdehnung und Proportion des eigenen Körpers (Propriozeption) vermitteln, etwa Massagen oder das Trainieren bestimmter Bewegungsabläufe. Das Gleichgewichtsorgan regt man durch Drehkreisel und Schaukeln an. Sie verbessern das Abschätzen von Entfernungen sowie die räumliche Wahrnehmung (oben und unten, rechts und links). Eine andere Gruppe von Übungen trainiert die Koordination von Auge (Blickrichtung), Mund (Artikulation) und Hand (Stifte halten).

In jedem Fall ist es aber wichtig, einen Kinderarzt zu befragen und auf seine Überweisung hin einen Ergo- oder Physiotherapeuten aufzusuchen. Hilfreich kann auch eine »Mototherapie« sein, die als »psychomotorische Therapie« von Ergotherapeuten, Physiotherapeuten, Motopäden oder Motologen durchgeführt wird. Bei dieser Therapie wird über die Bewegungserfahrung nicht nur eine Verbesserung der motorischen Geschicklichkeit, sondern auch des emotionalen und sozialen Verhaltens sowie des Selbstwertgefühls der Kinder erreicht.

Besonders gut geeignet sind bewegungstherapeutische Spiele, die zu Bewegungen anregen, aber die Motivation dafür aus dem Spieltrieb der Kinder ziehen. Bei vielen Spielen in der Schule scheiden Kinder mit Koordinationsschwierigkeiten sehr früh aus und werden damit auch weniger trainiert. Insofern bietet es sich an, dass diejenigen, die früh ausscheiden, motorische Zusatzaufgaben erledigen müssen, z. B. eine Runde Rückwärtslaufen oder Seilspringen.

Aber auch Eltern können etwas für ihre Kinder tun: Aus Sorge vor möglichen Verletzungen sollten sie den Bewegungsdrang ihrer Kinder nicht zu sehr einschränken. Fallen lernt man nur durch Fallen. Dies soll kein Aufruf zur Unvorsichtigkeit sein, aber das Eingehen von kleinen Risiken beim Spielen kann dazu beitragen, später große Risiken durch Bewegungsstörungen zu verhindern. Bewegungsmangel führt in jedem Fall oft zu Koordinationsproblemen, und die können für Kinder weit gefährlicher sein als wildes Spielen auf dem Spielplatz.

Rudolf Korinthenberg vom Zentrum für Kinder- und Jugendmedizin der Universität Freiburg stellt zu den verschiedenen Therapieverfahren fest: »In den meisten Evaluationsstudien konnte gezeigt werden, dass die Behandlungsprogramme... positive Effekte erreichten. Diese Erfolge sind jedoch zum Teil als unspezifische Wirkungen als Folge einer intensiveren Zuwendung, eines besseren Verständnisses für die Probleme des Kindes und anderer indirekter Interventionseffekte zu interpretieren. Daher ist unabhängig von speziellen Interventionsprogrammen die Förderung der Bewegungserfahrung der Kinder im Alltag, beim

Spielen und durch sportliche Betätigungen notwendig. Der verständnisvolle Umgang mit den ungeschickten Kindern, die Stärkung ihres Selbstwertgefühls und ihrer Motivation sowie die Förderung ihrer übrigen Fähigkeiten sind essenziell für die Persönlichkeitsentwicklung und zur Verminderung sekundärer Verhaltensstörungen.«

Pubertät ohne Lernzuwachs
Es mag zunächst überraschend erscheinen, das Thema »Pubertät« unter Lernstörungen zu finden. Aber wenn man sich die Ergebnisse der so genannten Hamburger LAU-Studie (Lernen-Ausgangslage-Untersuchung von 1996-2006) ansieht, stellt sich die Frage nach einem Zusammenhang zwischen Pubertät und Lernstörungen mit aller Ernsthaftigkeit. Diese Studie hat untersucht, wie sich der Lernzuwachs der Schüler und Schülerinnen über die Schulzeit ausnimmt. Getestet wurden die Leistungen der Schüler in Rechtschreibung sowie ihre Sprach- und Mathematikkenntnisse. Die Erhebung ergab, dass während der Pubertät, also zwischen den Klassen sieben und neun, der Lernzuwachs minimal ist. Das Fazit ist ernüchternd: Vor allem die Klassenbesten in der siebten Klasse hatten bis zur Klasse neun kaum etwas dazugelernt. Statt eines Lernzuwachses glichen sich die Leistungen schwacher und starker Schüler einander an. Lehrer, die diese Jahrgänge unterrichten, berichten von einer Art Strafversetzung in ein »pädagogisches Absurdistan«, so hoffnungslos scheint das Unterfangen, diesen Jugendlichen neues Wissen zu vermitteln. Läuft hier in der Schule etwas falsch? Oder ist es die Pubertät der Jugendlichen, die zu diesem Ergebnis führt?

Neue Baustellen im Gehirn
Die Zeit der Pubertät ist für alle Beteiligten – Eltern und Jugendliche – gleichermaßen schwierig. Brave Schüler werden zu Rüpeln; die noch gestern liebenswerte Tochter fragt heute laut schreiend,

Hat mein Kind eine Lernstörung?

wo ihr Haargel geblieben ist; es werden Türen geschlagen; Eltern in Frage gestellt, genau wie alles andere auch; nichts scheint mehr so wie zuvor. Vor allem die Launen der Teenager sowie ihre emotionale Kontrolliertheit sind unberechenbar. Diese gefühlsmäßige Instabilität, die pubertierende Jugendliche vor allem auszeichnet, wurde bisher meist mit Hormonen, die die Kinder durchdrehen lassen, oder uneinsichtigen Eltern, die den Jugendlichen nicht genügend Freiheiten einräumen, in Zusammenhang gebracht.

Mittlerweile gibt es aber Beweise dafür, dass es sich schlicht und ergreifend um eine vorübergehende Baumaßnahme im Gehirn handelt, die zu Anpassungsstörungen bei pubertierenden Kindern führt. Noch bis vor wenigen Jahren glaubte man, dass die Gehirnreifung im Wesentlichen nach den ersten drei Lebensjahren abgeschlossen ist. Ob dem wirklich so ist, hat der Neurologe Jay Giedd von den National Institutes of Health in den USA mit Hilfe eines bildgebenden Verfahrens (der funktionalen Kernspintomografie) an 150 Jugendlichen untersucht, und zwar von der Kindheit bis in das Erwachsenenalter hinein. Er stellte dabei fest, dass das jugendliche Gehirn ungefähr mit Beginn der Pubertät einen regelrechten Wachstumsschub erlebt. Von Stabilität konnte keine Rede sein, denn nach dem Wachstumsschub kam es genauso massiv zu einer Reduktion in der Größe einiger Stirnlappengebiete. Dieser Prozess betrifft innerhalb des Stirnlappens vor allem den präfrontalen Kortex, der für die Hemmung und Steuerung von Gefühlen zuständig ist (siehe auch Abb. 9, Seite 118). Er reguliert und kontrolliert die spontanen Impulse und ist eine Art Planungszentrale für zukünftige Handlungen. Es ist dieses Gehirnareal, das aktiv wird, wenn es einem gelingt, erst bis zehn zu zählen, bevor man seinen Chef oder seine Eltern wüst beschimpft. Und es ist auch dieses Areal, was einem erlaubt, trotz mannigfaltiger Ablenkung konzentriert bei einer Sache zu bleiben, ohne jeder Störung (seien es Gedanken, Geräusche oder E-Mails von Freunden) sofort nachzugehen. Der präfrontale Kortex – wenn er voll entwickelt ist – wägt mögliche Handlungsausgänge ab und nimmt entsprechend Einfluss auf andere Gehirnzentren, um den vorhergesagten Konsequenzen Rechnung zu tragen. Erwachsene fällen so ihre täglichen Entscheidungen – wichtige und unwichtige. Unabhängig davon, ob sich die Entscheidungen im Nachhinein auch als richtig herausstellen, findet hier in Sekundenschnelle eine Nutzen-Risiko-Abwägung statt, der wir uns selten konkret bewusst sind.

Bei Teenagern ist der Einfluss des präfrontalen Kortex vorübergehend eingeschränkt. Ihre Impulsivität lässt sie entsprechend häufig die Konsequenzen ihres Handelns nicht richtig durchdenken.

Der kurzfristige Wachstumsschub im präfrontalen Kortex mit Beginn der Pubertät hängt mit dem enormen Auswachsen von bestehenden Nervenzellen zusammen. Durch dieses Wachstum werden neue Synapsen im Milliardenmaßstab gebildet. Aber in einem zweiten Selektionsprozess werden sie an anderer Stelle in einer noch größeren Zahl wieder abgebaut. Es scheint fast so, als ob eine Unternehmensberatung zu größeren Umstrukturierungen, Neueinstellungen in einigen Bereichen und massiven Entlassungen in anderen geraten hätte. Genau in diese Umbruchphase fällt die Pubertät. Diese und andere Studien legen also nahe, dass das wenig kontrollierte und unstete Verhalten von Teenagern sowie ihre Entscheidungsschwierigkeiten auf diese »Umstrukturierungsprozesse« zurückgeführt werden können.

In der Tat konnte eine von amerikanischen Psychologen durchgeführte Studie aus dem Jahre 2003 zeigen, dass pubertierende Jugendliche spezifische »emotionale und kognitive Defizite« aufweisen. In einem Test, in dem die Geschwindigkeit gemessen wurde, mit der Kinder und Jugendliche Emotionen bei anderen Menschen erkennen können, nahm die Reaktionszeit mit dem Älterwerden der Kinder erwartungsgemäß ab. Die Verarbeitung und Beurteilung von Emotionen wird mit der Gehirnreifung immer effizienter. Doch mit dem Einsetzen der Pubertät verlangsamte sich die Beurteilungszeit wieder erheblich, und zwar abrupt um zehn bis 20 Prozent. Erst mit dem Ende der Pubertät waren die Jugendlichen besser als zuvor und erreichten schnell das Erwachsenenniveau.

Für das zum Teil unkontrollierte und nur schwer vorhersagbare Verhalten von pubertierenden Jugendlichen scheint also der Umbau des präfrontalen Kortex verantwortlich zu sein. Dieser Bauabschnitt des menschlichen Gehirns ist erst nach dem 20. Lebensjahr abgeschlossen. Erst dann ist auch die isolierende Ummantelung (Myelinisierung) der Axone endgültig beendet, die maßgeblich die Verarbeitungsgeschwindigkeit von Nervenzellen bestimmt. Allein zwischen dem zwölften und 20. Lebensjahr hat sich die Myelinmenge im Gehirn verdoppelt. Dies bewirkt eine effektivere Verarbeitungsgeschwindigkeit. So werden auch die Verbindungen zwischen den beiden Großhirnhälften verbessert mit dem Ergebnis, dass sich die muttersprachlichen Fähigkeiten steigern. Zwar arbeiten die von Myelin umgebenen Neuronen effektiver, aber sie sind auch starrer, was es uns ab dem Beginn der Pubertät erschwert, Fremdsprachen zu lernen. Als Neurobiologe stellt sich deshalb die Frage, warum man an vielen Schulen in Deutschland immer noch so spät mit der ersten Fremdsprache startet.

Die Neu- und Umverdrahtung in einigen Gehirnarealen machen also einen Teil der Schwierigkeiten aus, die pubertierende Jugendliche mit sich selbst und infolgedessen auch die Eltern mit ihnen haben. Hier ist nur schwer Abhilfe zu schaffen, aber vielleicht hilft ein Verständnis der neurologischen Prozesse dabei, in dieser für alle schwierigen Zeit behutsam miteinander umzugehen. Wer ein Haus baut, dem bleibt manchmal auch nichts anderes übrig als abzuwarten, bis verschiedene Handwerker ihre Aufgaben mehr oder weniger pünktlich erledigt haben, ehe an anderer Stelle weitergebaut werden kann. Keine Frage: Ein Hausbau kostet Geld und Nerven, aber am Ende hat man sein Leben lang ein Dach über dem Kopf. Diese Aussicht hilft vielleicht über die eine oder andere Komplikation in der Pubertät hinweg.

Chronische Müdigkeit

Ein häufiger Streitpunkt zwischen Jugendlichen und Eltern ist die Zeit des Schlafengehens. Viele Eltern und Lehrer beklagen, dass pubertierende Jugendliche zu spät ins Bett gehen. Bei gleich bleibend frühem Schulbeginn sind sie infolgedessen morgens zu müde, um in den ersten Stunden dem Unterricht effektiv zu folgen. An den Wochenenden schlafen sie dann oft bis mittags. Wenn man berücksichtigt, dass tagsüber Gelerntes oft erst nachts verfestigt und in das Langzeitgedächtnis überführt wird, kann man die Bedenken von Eltern und Lehrern gut verstehen. Aber die Jugendlichen sind nicht einfach nur auf einem »Rebellionstrip«, wenn sie spät ins Bett gehen. Ihr Problem mit dem rechtzeitigen Zu-Bett-Gehen hat auch eine biologische Ursache, die ebenfalls mit der Pubertät zusammenhängt. Wie mittlerweile gezeigt werden konnte, gibt es für die chronische Teenagermüdigkeit eine relativ simple Erklärung: Einerseits brauchen Jugendliche durchaus noch mehr Schlaf als Erwachsene, andererseits verhindert eine verzögerte Produktion des Gehirnstoffs Melatonin, dass sie rechtzeitig müde werden. Die sogenannte zirkadiane Uhr, die unsere Tagesrhythmik reguliert, ist also auf zu spätes Ins-Bett-Gehen verstellt. Körpereigene Schlafmittel (wie Melatonin) werden zu spät ausgeschüttet. Zusammen mit den generell längeren Schlafphasen, die pubertierende Jugendliche im Vergleich zu Erwachsenen aufweisen, ist das rechtzeitige Zu-Bett-Gehen der Kinder also ein reales Problem. Eine Lösung des Problems wäre ein späterer Schulanfang, aber da der wohl aus vielschichtigen Gründen nicht durchzusetzen sein wird und man auf keinen Fall auf künstliche Schlafmittel zurückgreifen sollte, bleibt den Eltern nur die freundliche Ermahnung an die Jugendlichen und deren Schlafnachholen am Wochenende. Wissend, dass es hierfür aber einen Grund gibt, erleichtert vielleicht allen Beteiligten, verständnisvoller und geduldiger mit dieser Thematik umzugehen.

Information und Beratung bei Lernstörungen

Eine gute Anlaufstelle, um Informationen über Lernstörungen zu erhalten, sind die »schulpsychologischen Beratungsstellen«. Ein Adressenverzeichnis findet sich unter www.schulpsychologie.de. In jedem Schulsekretariat sollte auch die Adresse der nahe gelegenen schulpsychologischen Beratung zu erfragen sein.

Allgemeine Informationen zu vielen Themen der Erziehungsberatung bei Lernproblemen bietet die Bundeskonferenz für Erziehungsberatung (die Beratung ist kostenlos und an vielen Orten etabliert): www.bke.de.

Weitere Anlaufstellen und Buchtipps finden Sie im Anhang und unter www.dva.de/lernen.

5 Hochbegabte

Was heißt »hochbegabt«? – Kontinuum zwischen klug und superklug – Wissensdurst – Ein Einzelfall? – Mythen: Genie oder Sonderling – Jungen und Mädchen – Vererbung oder Training? – Was Eltern für ein multitalentiertes Kind tun können – Wie verhalten sich Eltern von klugen Kindern richtig? – Wie fördert das Schulsystem kluge Kinder? – Gegen die Vorurteile: Fortbildung für Schwerstbegabte – Anregungen für Eltern

»Schule ist langweilig.« »Wir lernen immer das Gleiche.« Eltern werten derartige Äußerungen meist als nörglerische Schutzbehauptung: »Du musst nur besser aufpassen, dann ist Schule auch nicht langweilig.«

Aber nicht alle Kinder, die keinen Spaß am Unterricht haben oder keine Neugier entwickeln, sind überfordert. Auch Kinder, die unterfordert sind, reagieren manchmal auffällig: Sie sind freudlos, uninteressiert und gelangweilt. Ihr Gehirn schaltet auf Autopilot, und entsprechend sind die Schüler nicht mehr aufmerksam.

Eltern von klugen Kindern, die z. B. auf Elternstammtischen das Problem der Unterforderung ansprechen, werden meist mit unverständlichen Blicken bedacht. »Was soll die Angeberei?« und »Wieso ist es ein Problem, ein kluges Kind zu haben?«, mögen sich Eltern fragen, die ganz andere Nöte plagen: »Lukas hat zwei blaue Briefe, und die machen sich Sorgen darüber, dass ihr Kind zu klug ist!«. Das erscheint paradox, ist es aber nicht.

Ein kluges Kind zu haben macht Eltern sicherlich stolz. Sie lernen als Kleinkinder schnell schreiben und wirken immer aufnahmefähig und wissbegierig. Sie lernen ohne Mühen rechnen und können zu Beginn der Schulzeit dem Unterricht problemlos folgen. Doch dann beginnt sich bei ihnen manchmal eine gewisse Lustlosigkeit breitzumachen. Immer häufiger klagt das Kind, dass der Unterricht keinen Spaß mache und es »überhaupt die Schule blöd« finde. Natürlich sind Eltern dann besorgt, selbst wenn die Noten weiterhin gut sind. Solche Probleme lassen sich aber durch richtige Erziehung und Förderung vermeiden. Beide müssen darauf ausgerichtet sein, das Kind in die Lage zu versetzen, sein Potenzial optimal abzurufen. Mit anderen Worten: Die Balance aus Anforderung und Belohnung muss stimmen.

Was heißt »hochbegabt«?

Es mag niemanden verwundern, dass Hochbegabung äußerlich nicht sichtbar ist. Hochbegabte Kinder sind weder stark kurzsichtig noch besonders hübsch oder hässlich, sie legen nicht mehr und nicht weniger Wert auf ihr Äußeres als andere Kinder auch. Klischeevorstellungen stimmen in den seltensten Fällen mit der Realität überein. So stechen Hochbegabte bei normalen Aufgabenstellungen oft noch nicht einmal besonders hervor, Routineaufgaben erledigen sie genauso wie andere Schüler. Aber wenn bestimmte, schwierige Problemstellungen vorliegen – also dann, wenn alle anderen Kindern meist scheitern –, offenbart sich die Hochbegabung (qualitatives Kriterium) und die betroffenen Kinder lösen z. B. eine komplizierte Mathematikaufgabe im Handumdrehen. Hochbegabung kann sich auch in einem quantitativen Bereich zeigen, in dem hochbegabte Kinder eine Aufgabe in einer Geschwindigkeit lösen, wie sie sonst nur noch ein bis drei Prozent aller Kinder zeigen. Dies gilt zum Beispiel für IQ-Tests, bei denen Hochbegabte sehr oft in der Spitzengruppe zu finden sind.

Hochbegabung kann sich in vielerlei Fähigkeiten manifestieren:

Hochbegabte

> mathematische Intelligenz
> räumlich-abstraktes Vorstellungsvermögen
> Denk- und Problemlösefähigkeit (wie sie in einem IQ-Test gemessen werden)
> verbale Intelligenz
> emotionale Intelligenz
> Musikalität
> bildnerisch-darstellende Fähigkeiten
> Bewegungsintelligenz (pyschomotorisch-praktische Fähigkeiten).

Hochbegabung ist das Produkt aus Intelligenz, Kreativität und Anstrengungsbereitschaft in dem jeweiligen Bereich in dem sich Kinder als besonders klug und flink erweisen. »Das« hochbegabte Kind gibt es aber nicht. Hochbegabte unterscheiden sich in ihren spezifischen Fähigkeiten ebenso wie in ihrem Persönlichkeitsprofil – genau wie alle anderen Kinder auch.

Man stellt allerdings einige Auffälligkeiten fest, die bei vielen hochbegabten Kindern vermehrt auftreten und die es Eltern erlauben, ihre Kinder bezüglich deren Begabungen besser einzuschätzen. Auffällig an hochbegabten Kindern kann der schnelle Erwerb von Wissen sein, so lernen sie unglaublich schnell schreiben und lesen, und das oft wesentlich früher als gleichaltrige Kinder. Die hohe Leistungsfähigkeit des Arbeitsgedächtnisses gehört ebenso dazu: Sie merken sich mühelos lange Zahlenreihen oder lange Gedichte und speichern beim Kopfrechnen viele Zwischenlösungen ab. Und sie erfassen schnell komplexe Regeln bzw. abstrakte Relationen, wie es z. B. beim Lösen von mathematischen Aufgaben oder Rätselgeschichten der Fall ist. Hochbegabte können schnell, effizient und mit geringer Fehlerquote Aufgaben lösen. Bemerkenswert ist bei diesen Kindern auch der ausgeprägte Wunsch, gefordert zu werden bzw. das Bedürfnis nach Stimulation. Eine Befragung unter Eltern hat ergeben, dass meist nur hochbegabte Grundschulkinder bereits Gedichte schreiben. Sie zeigen außerdem schon sehr früh ein großes Interesse an Sachbüchern über ein für sie interessantes Gebiet, z. B. den Weltraum oder die Erde in ihrer Entstehung. Aber selbst bei diesen vermeintlich eindeutigen Kriterien ist Vorsicht geboten: Nicht alle Kinder, die früh lesen lernen, sind automatisch hochbegabt. Und auch umgekehrt gilt: Kinder, die erst spät lesen lernen, können sich später als hochbegabt erweisen.

An Hochbegabten fällt immer wieder auf, dass sie das, was sie freiwillig tun, mit Leidenschaft und Ausdauer erledigen. Sie haben bei diesen Tätigkeiten häufiger das für kreative Ideen wichtige »Flow-Erlebnis« (Fließen-Erlebnis). Dieser Zustand ist charakterisiert durch ein Glücksgefühl, in dem man die Welt bei der Verrichtung einer Tätigkeit um sich herum vergisst und im Zustand höchster Konzentration arbeitet. Das »Flow-Konzept« stammt von dem US-Psychologen Mihaly Csikszentmihalyi, der diesen Zustand bei Menschen beobachtete, während sie besonders leistungsfähig waren (siehe auch Abb. 2, Seite 44). Aber dieser Rauschzustand intensiven Arbeitens hat auch eine Kehrseite, wenn es bei einem Vorhaben eines hochbegabten Kindes mal nicht so gut läuft. Sie neigen dann zu heftigen Wutausbrüchen. Fehler und Misserfolge erregen Hochbegabte also mehr, als dies bei den meisten anderen Kindern der Fall ist.

Es ist nicht immer einfach zu erkennen, ob ein Kind überdurchschnittlich begabt ist, denn es gibt keine objektiven oder rein quantitativ festgelegten Kriterien, an denen sich besondere Begabung festmachen ließe. Zusammenfassend kann man folgende Charakteristika für eine Hochbegabung nennen:

> Sie haben oft Interessen, die nicht alterstypisch sind. Diese gehen von ihnen selbst aus und werden ihnen nicht von ihren Eltern »antrainiert«.
> Überdurchschnittlich begabte Kinder zeichnen sich meist durch ein ungewöhnlich gutes Gedächtnis aus.
> Sie können sich oft besser und länger konzentrieren als viele ihrer Altersgenossen.

Hochbegabte

> Sie wollen oft mehr lernen als andere.
> Sie können häufig schon mit vier Jahren lesen, weil sie es sich selbst beigebracht haben. Sie fragen ihre Eltern nach Buchstaben und assoziieren daraus dann Wörter. Es kann aber auch sein, dass hochbegabte Kinder nicht lesen wollen, sondern einfach nur ungewöhnlich sprachbegabt sind.
> Manche Kinder wollen und können auch häufig schon vor der Einschulung rechnen.
> Die Begabung liegt oft nur in einem oder in wenigen Bereichen. Sie können motorisch sehr begabt sein, sich aber genauso gut als motorisch völlig unbegabt erweisen, dafür aber mathematisch sehr befähigt sein. So kann ein überdurchschnittlich begabtes Kind womöglich nicht so gut zeichnen wie andere Altersgenossen, aber sprachlich einen Riesenvorsprung haben. Es kommt häufig vor, dass kluge Kinder nicht alles gleich gut können, sondern besondere Stärken zeigen.

Kontinuum zwischen klug und superklug
Der Übergang vom klugen, überdurchschnittlich begabten Kind zum hochbegabten Kind ist fließend. Statistisch spricht man davon, dass ein Kind die Veranlagung zu einer möglichen Hochbegabung hat, wenn es in IQ-Tests zu den besten drei Prozent gehört. Mit anderen Worten: einen IQ von über 130 hat; aber auch dieser Wert ist nicht wie eine Hochsprungstange, die man überspringen muss, sondern lediglich ein Richtwert, an den man sich halten kann, ähnlich wie an die PS-Zahl eines Autos. Manchmal zeigt sich Hochbegabung auch nur in einem speziellen Fach oder im kreativen Bereich. Aiga Stapf, Begabungsforscherin an der Universität Tübingen, stellt die folgenden Verhaltensmerkmale zur Erkennung einer Hochbegabung schon bei Vorschulkindern auf:
> sehr hohe Lerngeschwindigkeit
> schnelles und zuverlässiges Erkennen von Strukturen und Regeln

Hochbegabte

> schneller und oft frühzeitiger Spracherwerb
> eine sehr gute Beobachtungsgabe
> Konzentrationsfähigkeit extrem früh sehr stark ausbildet
> enorme Gedächtnisleistungen
> hohe Sensibilität gegenüber Geräuschen, Gerüchen oder grellen Farben
> Abneigung gegen physische Auseinandersetzung
> Gefühl der Andersartigkeit und oft selbstkritisches Verhalten.

Natürlich kommt auch ein gehöriger kultureller und damit subjektiver Einschlag hinzu, denn was eine Gesellschaft, was Eltern, was Lehrer als Hochbegabung empfinden, ist nicht objektiv festgelegt. Hochbegabung ist nicht etwas Feststehendes oder genetisch Determiniertes, sie entwickelt sich in einem Kind – und sie kann, wenn die Umweltbedingungen nicht stimmen, oder keine Leistungsbereitschaft vorliegt, auch in den »Kinderschuhen« stecken bleiben.

Wissensdurst
In Deutschland leben mindestens 300 000 hochbegabte Kinder zwischen 3 und 15 Jahren. Das sind drei Prozent aller Kinder einer Altersgruppe. Sie stellen ihre Eltern häufig vor komplexe Anforderungen. Sie stellen kluge Fragen, lieben schwierige Rätsel, merken sich alles besser und lernen schneller und sind der ganze Stolz der liebenden Eltern. Aber oftmals gestaltet sich das Leben mit ihnen schwieriger, als viele vermuten: Manche Eltern empfinden diese Besonderheit auch als Belastung und fühlen sich überfordert. Sie haben Angst, die populäre Meinung, dass Genie und Wahnsinn eng beieinanderliegen, könnte richtig sein – oder das Vorurteil des sozial isolierten Einzelgängers oder der bebrillten unattraktiven Streberin. Hochbegabte Kinder können ihre Eltern mit Fragen geradezu bombardieren. Sie fordern permanent das Einhalten von Regeln ein und zeigen als Kleinkinder keine Toleranz, wenn die täglichen Abläufe nicht

so gestaltet werden, wie sie es sich wünschen. Zudem stellen sie viel früher als andere Kinder die natürliche Autorität der Eltern in Frage. Außenstehenden gegenüber haben Eltern oft Angst, ihre Kinder könnten als altklug angesehen werden. Es ist also nicht so unkompliziert, ein hochbegabtes Kind zu haben. Andererseits ist es aber auch lange nicht so problembehaftet, wie es oft vermutet wird.

Hartnäckig hält sich auch der Mythos, dass kluge wie hochbegabte Kinder oft durch Verhaltensstörungen auffallen. So ziehen Eltern verhaltensauffälliger Kinder, deren Schulleistungen Anlass zur Sorge geben, manchmal sogar den Rückschluss: Mein Kind ist hochbegabt. Psychologisch gesehen ist diese Selbstdiagnose für Eltern einfacher zu akzeptieren als die Erkenntnis, dass ihr Kind Erziehungsdefizite aufweist oder verhaltensauffällig ist. Und sie ist oft vom Wunschdenken der Eltern geprägt, dass ihr Kind etwas Besonderes sei. Tatsächlich aber legt nur ein kleiner Teil der hochbegabten Kinder ein besonders auffälliges Verhalten an den Tag. Meistens dann, wenn ihre Begabungen nicht entsprechend gefördert wurden und die Kinder sich gegen die Langeweile und das Unverständnis auflehnen. Festzuhalten ist, dass viele kluge Kinder nicht durch Verhaltensstörungen im Unterricht auffallen, sondern in erster Linie gute Schüler sind.

Sie begreifen den Unterrichtsstoff schneller und erledigen Aufgaben in kürzerer Zeit als die meisten ihrer Mitschüler. Manchmal »nerven« sie geradezu Lehrer und Mitschüler mit Fragen wie »Was sollen wir jetzt machen?« und haben drei Aufgaben in der Zeit erledigt, in der der Rest der Klasse erst eine Aufgabe beenden konnte. Häufig fordern sie permanent »neues Futter« für ihre Wissbegier. Aber kluge Kinder, die schnell lernen, fordern das im Gegensatz zu hochbegabten Kindern von ihren Eltern nicht unbedingt weniger ein. Hier müssen Eltern wachsam sein.

Auch ein Lehrer muss in einer Klasse mit über 30 Kindern ein hochbegabtes Kind erst einmal erkennen, um richtig reagieren zu können. Dies ist umso schwieriger, je weniger das Kind durch brillante Leistungen auffällt. Hat er aber ein hochbegabtes Kind entdeckt, muss er nicht tatenlos zusehen: Schüler, die sich – im positiven Sinn – langweilen, können mehr Aufgaben machen als andere oder zusätzliche Dinge lernen, wie z. B. aus Eigeninitiative zusätzliche Vokabeln üben. Eltern sollten bei Problemen, die kluge Kinder zu Hause haben – und Langeweile ist ein wichtiges Problem –, den Kontakt zur Schule suchen.

Ein Einzelfall?
Thomas ist in der fünften Klasse des Gymnasiums. Seiner Englischlehrerin fällt nach wenigen Wochen auf, dass er mit den im Unterricht zu erledigenden Aufgaben viel früher fertig ist als seine Mitschüler. Danach blättert er immer im Buch. Dabei hat er den Kopf auf die Hand gestützt. Als die Lehrerin zu ihm geht und fragt: »Thomas, was machst du da?«, antwortet er: »Ich lerne schon einmal Vokabeln aus dem Verzeichnis hinten.« Die Lehrerin registriert das und beobachtet Thomas von nun an sehr genau. Bei der nächsten Gelegenheit, sagt Thomas auf die Frage »How old are you?« »I am nine.« Die Lehrerin ist verwundert. Alle anderen Kinder sind zehn oder elf Jahre alt. Auf die Frage, warum er denn erst neun sei, sagt Thomas achselzuckend: »In der Grundschule habe ich in der ersten Klasse nur Blödsinn gemacht. Da hat man mich nach drei Monaten in die zweite Klasse getan. Danach ging es besser.« Bei der nächsten Gelegenheit spricht die Lehrerin in einer Erprobungsstufenkonferenz über Thomas. Ihre Kollegen haben ähnliche Beobachtungen gemacht. Thomas hat dann auch die sechste Klasse übersprungen. Er ist inzwischen in der neunten und gehört dort immer noch zu den besten Schülern. Thomas hatte das Glück, sowohl in der ersten Klasse als auch auf dem Gymnasium Lehrer zu haben, die relativ schnell erkannten, dass er kein disziplinarisch auffälliges Kind ist, das stört oder im Buch herumblättert, sondern dass er einfach gelangweilt, weil unterfordert war.

Hochbegabte

Lange nicht alle Kinder mit Verhaltensauffälligkeiten sind hochbegabt, aber es lohnt sich immer, nach den Gründen für diese Auffälligkeiten zu fahnden. Einige Kinder stören den Unterricht, weil sie schlicht gelangweilt sind. Leider wird das von Lehrern nicht immer sofort erkannt, denn oft fallen diese Kinder nicht nur durch seltsames Verhalten, sondern eben paradoxerweise auch durch schlechte Leistungen auf. Durch ihre Unterforderung sind sie so gelangweilt, dass sie sich völlig verweigern. Im Extremfall bleiben hochbegabte Kinder sogar »sitzen« oder müssen die Schule wechseln.

Mythen: Genie oder Sonderling
Eine Hochbegabung bedingt in keiner Weise automatisch die Zugehörigkeit zu irgendeiner Art von Elite. Dennoch ist diese Fehlassoziation gerade in Deutschland weit verbreitet. Entsprechende Vorbehalte erleben Eltern hochbegabter Kinder oder die Betroffenen selbst. Elite ist ein soziologischer Begriff, der vor allem mit Machtkonzentration in Zusammenhang gebracht wird. Es wäre jedoch falsch zu glauben, hochbegabte Menschen wären in der Politik oder in den Machtzentren der Industrie stärker vertreten als in anderen Berufsgruppen. Hochbegabte Kinder haben eine außergewöhnliche Intelligenz, sie begründen aber keine eigene soziologische Gruppe, sondern kommen aus allen Bevölkerungsschichten.

Entgegen allgemeiner Vorurteile sind die meisten hochbegabten Kinder als sozial kompetent einzustufen. Es gibt in jeder Gruppe von Kindern einige, die Kontaktschwierigkeiten haben und sich in der sozialen Interaktion schwertun. Diese findet man natürlich auch bei hochbegabten Kindern, aber erstaunlicherweise in geringerer Zahl als in jeder anderen Gruppe gleichaltriger Kinder! Entsprechend wird bei Problemen, die es in bestimmten Bereichen mit hochbegabten Kindern, Jugendlichen und Schülern gibt, oft übersehen, welche hohe schützende Funktion

Hochbegabte

eine Hochbegabung generell hat. Sie bewahrt solche Kinder im statistischen Durchschnitt vor Kriminalität, großer Aggressivität, antisozialem Verhalten und in den allermeisten Fällen auch vor schulischen Problemen. Diese Erkenntnis mag es Eltern, die von bohrenden Fragen hochbegabter Kinder ermüdet sind, erleichtern, diesen Zustand zu ertragen.

Es existiert kein gesicherter Hinweis darauf, dass hochintelligente Menschen häufiger an Geisteskrankheiten erkranken als andere Menschen! Vermutungen über einen Zusammenhang zwischen »Genie und Wahnsinn« sind eben nur ein Mythos.

Jungen und Mädchen

Es gibt ebenso viele hochbegabte Jungen wie Mädchen. Zwar nehmen bei Testverfahren zur Hochbegabung mehr Jungen als Mädchen teil, aber der Rückschluss, dass es deshalb auch mehr hochbegabte Jungen gibt, ist falsch. Mädchen werden nur seltener als hochbegabt erkannt. Hier spielen gesellschaftliche Vorurteile eine Rolle und eine entsprechende Erwartungshaltung, die Mädchen gegenüber immer noch anders ist als Jungen gegenüber. Hinzu kommt, dass Mädchen im statistischen Mittel zurückhaltender sind als Jungen und ihre hohe Begabung dadurch oft erst später entdeckt wird. Darüber hinaus sind sie noch stärker darauf bedacht als Jungen, ihren Freundinnen zu gleichen, zu funktionieren und nicht weiter aufzufallen. Der Wunsch, in der Gruppe nicht anzuecken und »mitzuschwimmen« ist bei ihnen stärker ausgeprägt.

Bei hochbegabten Jungen ist im Vergleich zu entsprechenden Mädchen häufiger eine Diskrepanz zwischen motorischer und kognitiver Entwicklung zu beobachten. Dieser Umstand kann zu starken Frustrationen bei den betroffenen Kindern führen. Er kann gar dazu beitragen, dass diese Kinder sich bestimmten Tätigkeiten im Kindergarten und in der Schule verweigern. Können diese Kinder bestimmte Ideen und Aufgaben nicht so verwirklichen, wie sie sich das vorstellen, kann es zu Zornesausbrüchen mit anschließender Verweigerungshaltung kommen. Dies hat nichts mit emotionaler Unreife zu tun, sondern ist eine Folge der Diskrepanz von Wollen und kognitiver Einsicht im Vergleich zum motorischen Vermögen. Es besteht die Gefahr, dass diese Dissonanz sich negativ auf die zukünftige Motivation und sozial-emotionale Reifung auswirkt. Eine Regel, die man auch im Zusammenhang mit hochbegabten Kindern nicht vergessen sollte, verlieren leider Eltern wie Lehrer allzu oft aus dem Blickfeld: Auch diese Kinder brauchen Lob, Zuwendung, Ermutigung und Unterstützung. Dadurch, dass ihnen vieles sehr leichtfällt, erscheint es oft, als hätten sie gar kein Lob und keine liebevolle Unterstützung nötig.

Vererbung oder Training?
Noch bis vor wenigen Jahren hat man sich eine herausragende Begabung als Geschenk des Himmels oder als übermenschliches Glück vorgestellt. Auch heute hört man beim Thema Hochbegabung als Erklärung gerne: »Die Muse küsst den Dichter« oder »Den Seinen gibt's der Herr im Schlafe«. Aber kann man sich Hochbegabung möglicherweise auch antrainieren? Anders Ericsson, Forscher an der Florida State University, untersuchte hochklassige Schachspieler, Balletttänzer, Sportler und Musiker. Er fand bei diesen Untersuchungen heraus, dass die Besten in ihrem jeweiligen Gebiet auch zweimal so oft trainiert hatten wie Menschen mit durchschnittlicheren Fähigkeiten in denselben Spezialgebieten. Bestimmt also doch die Umwelt darüber, ob sich eine Hochbegabung entwickelt oder nicht?

Alles in allem spricht die wissenschaftliche Evidenz eher dagegen. Zum einen macht ein Kind gerne das, was es gut kann, also trainiert es auch mehr, wenn die Erfolge sich leichter einstellen. Ein anderes gewichtiges Argument besteht darin, dass sich besondere Begabungen oft schon sehr früh zeigen. Beispiele sind hier

Kinder, die mit drei Jahren in zwei Wochen lesen lernen, oder Mozart, der bereits mit vier Jahren komponierte, was sich nicht allein mit dem ehrgeizigen Übungsprogramm seines Vaters erklären lässt. Auch zeigen Ergebnisse der Verhaltensgenetik, dass ein Teil der Hochbegabung vererbt wird. Darüber hinaus konnten einige Gehirnbesonderheiten festgestellt werden. So haben Musiker mit absolutem Gehör eine größere Asymmetrie zwischen dem stark ausgeprägten linken und kleinerem rechten *Planum temporale,* dem Hirnareal, welches die Sprachbereiche und den assoziativen Sprachkortex enthält. Hochbegabte zeigen als weitere Gehirnbesonderheiten eine effizientere Verarbeitung von Sinnesinformationen und einen geringeren Energieverbrauch des Gehirns insgesamt, welcher lokal in bestimmten Gehirngebieten durchaus überdurchschnittlich hoch sein kann. Dies führt zu einer effizienteren Energieverteilung. Es gibt auch Belege dafür, dass viele hochbegabte Menschen eine bessere Myelinisierung – eine isolierende Ummantelung – ihrer Nervenfasern aufweisen und damit eine höhere Verarbeitungsgeschwindigkeit von Reizen haben.

Interessant ist in diesem Zusammenhang auch die Studie einer amerikanischen Forschergruppe um John Duncan, die zeigen konnte, dass eine stärkere Aktivierung des Stirnlappens (speziell des seitlichen präfrontalen Kortex) mit dem generellen Intelligenzfaktor »g« korreliert (»g« ist ein statistisches Maß für die generelle Intelligenz eines Menschen). Es gibt also neben den Spezialbegabungen für bestimmte Fächer auch Faktoren in unserem Gehirn, die die Gesamtintelligenz über alle Bereiche des Denkens und Handelns beeinflussen. Dieser Faktor »g« könnte auch erklären, warum einige Menschen nicht nur eine Spezialbegabung auf einem Gebiet besitzen, sondern in vielen kognitiven Bereichen ein außerordentlich hohes Leistungsvermögen zeigen.

Die aufgezählten Faktoren treffen jedoch nicht auf alle Hochbegabten zu. Hochbegabte Kinder zeigen eine starke Streuung bei IQ-Messungen (selbst wenn viele einen IQ von über 130 haben) und auch bei allen anderen zur Verfügung stehenden Testverfahren – die ja ursprünglich oft nicht zur Messung von Hochbegabung entwickelt wurden. Vor allem bei Begabungen im künstlerischen, kinästhetischen (den Bewegungs- und Gleichgewichtssinn betreffend) und musischen Bereich besteht keine gute Korrelation mit IQ-Testergebnissen. So muss man hinnehmen, dass hochbegabte Kinder sich einer vollständigen Entschlüsselung beim Stand der heutigen Forschung entziehen. Ihre speziellen Fähigkeiten sind zu komplex und vielfältig, um mit einfachen Testmethoden ermittelbar zu sein. Darüber hinaus werden sie oft nur vor einem bestimmten kulturellen Hintergrund sichtbar.

Man kann es vielleicht folgendermaßen am genauesten fassen: Die Hochbegabung ist angeboren. Sie kann nicht trainiert, aber durch die Umwelt in ihrer Entwicklung beeinflusst – entweder gefördert oder verhindert – werden. Vor allem wenn hochbegabte Kinder in einem Elternhaus aufwachsen, das kaum Anregungen oder Herausforderungen bietet, in dem es wenig Bücher gibt, wo man sich nicht mit Zahlen beschäftigt und Kleinkinder nicht mit Buchstaben in Kontakt kommen. Unter diesen Voraussetzungen erbringen selbst hochbegabte Kinder in der Schule nur durchschnittliche Leistungen.

Hochbegabung ist eine Veranlagung, die sich leicht entwickelt, wenn die Umweltbedingungen dies nicht verhindern. Man kann jedes Kind seinen Anlagen entsprechend optimal fördern, aber die individuelle genetische Disposition setzt hier Grenzen, und diese gilt es für jedes einzelne Kind auszuloten.

Was Eltern für ein multitalentiertes Kind tun können

Hochbegabung an sich ist meist keine Ursache für Verhaltensprobleme. Eltern müssen aber bedenken, dass ihr eigener Wunsch nach einem ganz normalen, »unauffälligen« Kind die Entwicklung eines hochbegabten Kindes erschweren könnte. Beobachtungen haben ergeben, dass die Ursachen für Probleme hochbegabter Kinder am Beginn vielfach nicht bei den Kindern, sondern in erster Linie bei den Eltern lagen.

Ein wichtiger Diskussionspunkt, mit dem Hochbegabte und ihre Eltern konfrontiert sind, ist die manchmal große Diskrepanz zwischen der Disposition – welche Leistung können Hochbegabte erbringen – und der tatsächlich gezeigten Leistung *(Performance)*. Gezeigte Leistung ist eben nicht das Gleiche wie die grundsätzliche Fähigkeit eines Kindes. Stimmen diese beiden Faktoren weitgehend überein, sprechen Psychologen und Pädagogen von Passung. Kinder können allerdings dann eine Verhaltensstörung entwickeln, wenn ihre Persönlichkeitseigenarten, Fähigkeiten und Bedürfnisse nicht mit den Vorstellungen und Verhaltensweisen der Umwelt übereinstimmen – in solchen Fällen stimmt die Passung nicht. Hier sollte die Rolle der Eltern nicht unterschätzt werden. Sie sind oft Teil des Problems, wenn hochbegabte Kinder verhaltensauffällig werden oder die Leistung verweigern. Entsprechend wird bei Beratungen und Therapien viel Wert darauf gelegt, dass die Eltern teilnehmen.

Der Erziehungsstil der Eltern ist entscheidend für die Entwicklung ihres hochbegabten Kindes; er kann sowohl hinderlich als auch förderlich sein. Ideal für hochbegabte Kinder – wie im Übrigen für alle anderen Kinder auch – ist ein autoritativer Erziehungsstil, bei dem Eltern viel vom Kind fordern, aber bei Enttäuschungen auch Sicherheit und Selbstvertrauen sowie Zuverlässigkeit und Geborgenheit vermitteln.

Hochbegabte Kinder brauchen eine anregende und stimulierende Atmosphäre. In diesem Sinne sind sie wirklich anstrengender als andere Kinder. Entsprechend sollten Eltern für sie bereits den Kindergarten gut und mit Bedacht aussuchen. Eine »spielende Verwahranstalt« kann bei diesen Kindern zu Frustration und Verweigerung führen. Bei kognitiver Unterforderung gerade im letzten Kindergartenjahr empfiehlt sich eine frühe Einschulung. Sie setzt allerdings voraus, dass die feinmotorische Entwicklung des Kindes weit genug gereift ist.

Wie verhalten sich Eltern von klugen Kindern richtig?

Auch Kinder, die nicht hochbegabt, aber sehr klug sind, brauchen eine unterstützende Umgebung. Das ist leichter gesagt als getan, denn viele Eltern sind verunsichert und haben Angst davor, ihr Kind zu früh zu fördern und damit wiederum zu überfordern. Solche Eltern würden ihre wissbegierigen Kinder aber bremsen, wenn sie ihnen ihre Fragen nach Buchstaben nicht beantworteten, ihnen nicht den Wunsch erfüllten, sie beim Lesenlernen zu unterstützen oder sogar das selbstständige Lesenlernen des Kindes unterdrückten. Deshalb gilt als brauchbare Grundregel für Eltern kluger Kinder: Gehen Sie auf die Wissbegierigkeit Ihrer Kinder ein. Wenn ein Kind lesen lernen möchte, sollte man es lassen und möglicherweise dabei unterstützen. Wenn ein vierjähriges Kind den Computer erforschen möchte, sollten Eltern es ebenfalls gewähren lassen. Nichts ist für Kinder frustrierender als der lapidare Satz »Dafür bist du noch zu klein«.

Für Eltern von klugen Kindern ist es ganz wichtig, in diesen Fällen Informationen für das richtige Verhalten zu suchen. Bücher und Internet helfen ebenso weiter wie Erziehungsberatungsstellen, Lehrer und Schulpsychologen. Die meisten Schulpsychologen raten frühestens ab dem sechsten Lebensjahr zu einem IQ-Test. Aber die Durchführung eines solchen Tests ist nicht unbedingt zwingend. Denn die Aussagekraft von IQ-Tests ist begrenzt: Manche Kinder zeigen ihre wirklichen Begabungen nicht vor Fremden, oder sie sind keine guten Tester. IQ-Tests messen nur einige Aspekte von Intelligenz (Geschwindigkeit, Effizienz, analytisches Denken), sollten aber nicht mir ihr verwechselt werden (siehe auch Kapitel 2.3, »Intelligenz und Wissen«). Ob ein Intelligenztest sinnvoll ist oder nicht, sollten Eltern im Einzelfall mit dem Schulpsychologen oder der Schule besprechen.

Die besondere Begabung des eigenen Kindes mit Laien, also z. B. anderen Müttern mit durchschnittlich begabten Kindern und mäßig begabten Kindern, zu diskutieren, ist nicht ratsam. Deren Hinweise sind oft wenig kompetent und verunsichern die fragenden Eltern nur. Dennoch bekommen sie häufig auch ungefragt gut gemeinte Ratschläge, da kluge Kinder ihre Begabungen nicht bewusst verbergen können und Mitschüler wie Freunde und deren Eltern deshalb davon wissen.

Einen regelmäßigen, guten Kontakt mit den Lehrern in der Schule zu halten ist für diese Eltern besonders wichtig. Lehrer können »wissbegierige« Schüler durch Sonderaufgaben fördern oder Eltern Tipps zur Förderung zu Hause geben.

Wie fördert das Schulsystem kluge Kinder?

Die meisten Bundesländer haben aus der Tatsache, dass kluge Kinder oft an Unterforderung leiden, Konsequenzen gezogen: Sie regen an, Klassen zu überspringen. Es gab schon immer vereinzelt Schüler, die in die nächsthöhere Klasse wechselten, oder Modellschulen, an denen Begabtenförderung praktiziert wurde (z. B. den Modellversuch »Begabtenförderung am Gymnasium mit Verkürzung der Schulzeit« – BEGYS – in Rheinland Pfalz). Die Entscheidung für das Überspringen einer Klasse trifft die Versetzungskonferenz, mit anderen Worten: die Lehrer, die ein Kind unterrichten. Schüler, die vor dem Überspringen einer Klasse unzufrieden sind, weil sie sich unterfordert fühlen, erfahren durch die neuen höheren Ansprüche oft einen großen Motivationsschub. Manche Kinder überspringen im Laufe ihrer Schullaufbahn sogar gleich mehrere Klassen. Gesetzesänderungen in den letzten Jahren haben aber zu differenzierteren Möglichkeiten der Förderung von begabten Kindern in der Schule geführt:

› Sie können früher eingeschult werden. Das ging auf Antrag schon immer, aber heute sind die Stichtage – je nach Bundesland etwas unterschiedlich – aufgeweicht. Musste früher ein Kind mindestens fünfeinhalb Jahre alt sein, können jetzt schon Fünfjährige eingeschult werden. Viele Experten befürworten – angeregt durch die Ergebnisse der PISA-Tests – generell ein Einschulen mit dem fünften Lebensjahr. Dies ist jedoch eine deutsche bildungspolitische Diskussion, die keinesfalls speziell auf die Problematik besonders kluger Kinder zugeschnitten ist.

› Die immer noch geringe Zahl der Überspringer, die von Bundesland zu Bundesland deutlich variiert, zeigt, dass von dieser Individualförderung eher zögerlich Gebrauch gemacht wird. Dies mag nicht zuletzt daran liegen, dass viele Eltern von dieser Möglichkeit keine Kenntnis haben. Sobald ein Schüler durch überdurchschnittliche Leistungen auffällt und im Zeugnis nur Einser und Zweier stehen, sollten Eltern sich zumindest über diese Chance informieren. Natürlich entscheidet auch das Kind mit. Vor- und auch Nachteile sollte man gemeinsam altersgerecht besprechen. Die praktische Erfahrung zeigt, dass bestimmte Jahrgangsstufen eher für ein Überspringen geeignet sind als andere. Hier ist entscheidend, wann in welchem Bundesland der Übertritt auf eine weiterführende Schule erfolgt und wann die zweite Fremdsprache startet.

› Leistungsstarke Schülerinnen und Schüler werden nach der Erprobungsstufe zu einer Gruppe zusammengefasst, um sie besser fördern und in eine höhere Klasse integrieren zu können. Im Rahmen von Förderangeboten arbeiten sie in zentralen Fächern wesentliche Unterrichtsinhalte der jeweils höheren Klasse oder Jahrgangsstufe vor.

› Kluge Kinder können in sogenannten Profilklassen gefördert werden, in denen der Lehrer die Unterrichtsinhalte konzentrierter behandelt. So werden etwa die Inhalte der Jahrgangsstufe elf schon in den darunterliegenden Klassen vorgearbeitet, sodass diese Jahrgangsstufe übersprungen werden kann. Natürlich müssen dafür bestimmte Voraussetzungen in einer Schule gegeben sein, z. B. muss sich überhaupt eine Gruppe sehr leistungsstarker Schüler finden. Ist das nicht der Fall, werden die Schulen stattdessen zu einem individuellen Überspringen einer Jahrgangsstufe raten.

Ein anderer Ausweg ist der Wechsel an eine Spezialschule für Hochbegabte; die speziellen Internate sind jedoch nur sehr spärlich über Deutschland verteilt. Insofern ist diese Maßnahme ein tiefer Einschnitt in das Leben und in das soziale Netz des hochbegabten Kindes. Entsprechend sollte sie auch nur nach reiflicher Überlegung und in Absprache mit dem Kind ergriffen werden. Eine gute Lösung sind Schulen mit Hochbegabtenklassen. In der Akzeptanz und Verbreitung dieser schulinternen Hochbegabtenförderung gibt es in den einzelnen Bundesländern ganz unterschiedliche Förderkonzepte. Fast 1000 Schulen in Deutschland bieten in irgendeiner Form eine besondere Betreuung für Hochbegabte an. Wo diese sind, wie sie bewertet werden und welches Förderkonzept sie verfolgen, kann man in der Schuldatenbank des Magazins FOCUS-SCHULE unter www.schulkompass.de nachschlagen.

Gegen die Vorurteile: Fortbildung für Schwerstbegabte

Die Kursleiterin Dr. Maria Lempa berichtet:»Wie durch eine Plexiglaswand nehme ich morgens am Frühstückstisch das angeregte Gespräch über den Verlust des alten Identitätsbegriffes in der Postmoderne wahr: Eine Gruppe von 17-Jährigen tauscht gerade Argumente aus. Wieder mal war es abends spät geworden. Hätte ich die Referatsbesprechung vertagen sollen? Oder ...? Ach, da war doch noch die ›Endlosdiskussion‹ über das Leib/Seele-Problem und der Versuch, den nächsten Kurstag noch ein wenig vorzubereiten – wieder einmal mussten wir unser Konzept ändern. Am Vortag konnten wir längst nicht alle Fragen beantworten, die Schüler und Schülerinnen sind einfach unersättlich in ihrer Lust am Fragen.«

Dies ist weder eine Beschreibung eines realitätsfernen Tagtraumes frustrierter Pädagogen noch ein Eldorado für Streber, sondern alljährliche Wirklichkeit an neun Orten in Deutschland, wo sich hochbegabte Schüler und Schülerinnen zum freiwilligen und intensiven Arbeiten treffen. Die oben geschilderten Jugendlichen waren Teilnehmer aus dem gesamten Bundesgebiet an der »Deutschen SchülerAkademie«. Schülerakademien werden seit

1988 von dem Verein »Bildung und Begabung e. V.« in Zusammenarbeit mit dem Bundesministerium für Bildung und Forschung durchgeführt. Dabei handelt es sich um eine Fördermaßnahme für besonders »motivierte und befähigte« Schülerinnen und Schüler, die in den Sommerferien für zweieinhalb Wochen an verschiedenen Internaten in Deutschland durchgeführt werden. Etwa 90 Jugendliche verteilen sich auf sechs Kurse. Jeder Kurs wird von zwei Kursleitern betreut, die jeweils als Fachleute auf ihrem Gebiet ausgewiesen sind.

Zu den Schülerakademien motiviert wurde der Verein »Bildung und Begabung e. V.« durch die ungenügende Fördersituation für hochbegabte Jugendliche in Deutschland. Im Zuge einer bestmöglichen Förderung jeder Schülerpersönlichkeit gehört die Beachtung der besonderen Bedürfnisse von hochbegabten Schülerinnen und Schülern. Neben dem intellektuellen Ansporn geht es auch darum, einer Vereinzelung dieser Jugendlichen entgegenzuwirken. Zum anderen stellt der Kontakt mit ebenbürtigen Diskussionspartnern für viele in ihrer Schule herausragende Schüler eine »Begegnung der dritten Art« dar: Er trägt dazu bei, dass »Begabung« nicht als eine »Anomalität« begriffen wird, sondern als eine von vielen menschlichen Eigenschaften, die auch im Kontext mit sozialer Kompetenz und Mitverantwortung für Mitlernende steht. Leider ist es immer noch so, dass eine Förderung sportlicher oder musikalischer Hochbegabung gesellschaftlich und politisch unumstritten ist, während man oft hört, dass es für intellektuelle Hochbegabte keiner Förderung bedarf.

Eingeladen werden zu solchen Akademien zum einen Sieger und Platzierte aus den Bundeswettbewerben. Zum anderen gibt es die Möglichkeit, von der eigenen Schule vorgeschlagen zu werden. Daneben sind Selbstbewerbungen durch Schülerinnen und Schüler ebenfalls möglich, sie bedürfen aber der Unterstützung eines Lehrers. Die Kursthemen generieren sich aus den Fächern Mathematik, Physik, Biologie, Germanistik, Philosophie und Soziologie. Außerdem werden Kurse in Romanistik, Jura, Medizin, Musik, Theater oder Chinesisch angeboten. Sie finden auf dem neuesten Stand der Forschung statt, sodass der Unterricht eher einem Hochschulseminar als einer Schulstunde gleicht. In den kursfreien Zeiten werden weitere Aktivitäten angeboten oder von den Teilnehmern selbst organisiert: z. B. Theaterproben, Abendvorträge, Sport und Musikproben (Chor, Kammerorchester, freie Spielgruppen), Sprachkurse, aber auch Drachenbauen oder Zeichnen. Vor allem fallen die Breite der Interessen sowie der Ideenreichtum und der hohe Arbeitseinsatz der hochbegabten Jugendlichen auf. Die Lust am Fragen ist es, die diese Jugendlichen am meisten auszeichnet, und gerade diese können die »mehrfach schwerstbegabten« Jugendlichen während der Akademie so richtig ausleben. Wenn sie hier an ihre Leistungsgrenzen stoßen, merkt man, was das Besondere an ihnen ist: eine große Ausdauer, Leistungsbereitschaft bis zur Selbstaufgabe, Kreativität, eine Aufgabe auch zum Abschluss bringen zu wollen und ein hohes Maß an Problemlösungskapazität auf den unterschiedlichsten Gebieten. Die Teilnehmer sind meistenteils keine schüchternen, sozial isolierten, dick bebrillten Sonderlinge. Im Gegenteil, die Mehrheit der hochbegabten Schüler und Schülerinnen an diesen Akademien wies sich auch durch ein hohes Maß an sozialer Kompetenz und Verantwortung aus. Wer mehr erfahren oder sich bewerben möchte, kann dies unter www.deutsche-schuelerakademie.de tun.

ANREGUNGEN FÜR ELTERN

■ Beobachten Sie Ihr Kind. Ein gutes Gedächtnis, die Fähigkeit, sich bei Bedarf ausgesprochen gut zu konzentrieren, oder ungewöhnliche Lernbegierde sind mögliche Anzeichen für überdurchschnittliche Klugheit. Verhaltensauffälligkeiten alleine sind dagegen kein Zeichen für besondere Klugheit.

■ Schaffen Sie eine lernfördernde Umgebung: Gehen Sie mit Ihrem Kind in Museen und Ausstellungen, regen Sie es dazu an, Bücher zu lesen, und stellen Sie diese auch zur Verfügung (am besten leihen Sie Bücher aus der Gemeinde- oder Stadtbücherei aus, da kluge Kinder manchmal drei Bücher in einer Woche »verschlingen«). Sorgen Sie dafür, dass anspruchsvolle Zeitungen und Zeitschriften im Haus sind, und diskutieren Sie wichtige Fragen mit Ihrem Kind. Bieten Sie ungefragt »Lernfutter« an, aber drängen Sie Ihr Kind nicht.

■ Erfüllen Sie die Wissbegierde Ihres »klugen Kindes«. Versuchen Sie alle seine Fragen zu beantworten bzw. gehen Sie gemeinsam mit ihrem Kind auf die Suche nach Antworten. Sie müssen nicht alles wissen, Sie sollten nur signalisieren, dass Sie die Fragen ernst nehmen und ihrem Kind zeigen, wie es selbst Antworten finden kann.

■ Informieren Sie sich über besondere schulische Fördermaßnahmen für Ihr Kind, wie z. B. die Möglichkeit, eine Jahrgangsstufe zu überspringen, ein Jahr im Ausland zur Schule zu gehen oder der Förderung Ihres Kindes in einer Gruppe von leistungsstarken Kindern.

■ Folgende Bedingungen erhöhen gerade die Chance hochbegabter Mädchen, ihr Potenzial voll abzurufen: frühe Erkennung und Einschulung (gilt natürlich auch für Jungen, wird aber bei Mädchen häufiger übersehen); Selbstvertrauen fördern; geschlechtsuntypische Interessen akzeptieren; an Wettbewerbe wie z. B. »Jugend forscht« heranführen.

■ Bei folgenden Fragen können staatliche Beratungsstellen helfen: Vorzeitige Einschulung und schulische Leistungsverweigerung; Abklärung des Begabungsprofils des Kindes; Auffälligkeiten im Sozialverhalten; Förderungsmöglichkeiten, z. B. Spezialschulen; Unterforderung (in Kindergarten oder Schule). Im Anhang und unter www.dva.de/lernen werden weitere konkrete Anlaufstellen und Adressen genannt.

Literaturhinweise und Adressen

Einleitung

Birkenbihl, Vera F.: *Stichwort Schule: Trotz Schule lernen!* MVG Verlag, 18. Auflage, 2008.
Hentig, Hartmut von: *Die Schule neu denken. Eine Übung in pädagogischer Vernunft,* Beltz, 5. Auflage, 2008.
Largo, Remo H. / Beglinger, Martin: *Schülerjahre. Wie Kinder besser lernen.* Piper, 2009.
Mende, Swea von / Wetzel, Julia: *Bildungslückengegner. Prominente geben Impulse für bessere Schulen in Deutschland.* Gütersloher Verlagshaus, 2008.
Struck, Peter: *Die 15 Gebote des Lernens.* Primus Verlag, 3. Aufl., 2008.

Die sieben Säulen des kindlichen Lernens

2.1 Motivation und Konzentration
Klingberg, Torkel: *Multitasking. Wie man die Informationsflut bewältigt ohne den Verstand zu verlieren.* C.H. Beck, 2008
Lehmann, Ischta: *Motivation. Wie Eltern ihr Kind unterstützen können.* DTV, 2008.
Sprenger, Reinhard K. / Sauer, Christiane: *Motivation – fit in 30 Minuten. Kids auf der Überholspur.* Gabal, 2001.
Thorbrietz, Petra: *Konzentration. Wie Eltern ihr Kind unterstützen können.* DTV, 2007.

2.2 Das kindliche Gedächtnis
Arnold, Ellen: *Jetzt versteh' ich das! Bessere Lernerfolge durch Förderung der verschiedenen Lerntypen.* Verlag an der Ruhr, 2007.
Birkenbihl, Vera F.: *Stroh im Kopf. Vom Gehirn-Besitzer zum Gehirn-Benutzer.* MVG Verlag, 47. Auflage, 2007.
Geisselhart, Oliver: *Notizbuch im Kopf: So merken Sie sich alles.* Gräfe & Unzer, 2009.
Metzig, Werner / Schuster, Martin: *Lernen zu lernen.* Springer, 7. Auflage, 2006.

Literaturhinweise und Adressen

Spitzer, Manfred: *Lernen. Gehirnforschung und die Schule des Lebens.* Spektrum Akademischer Verlag, 2006.

Staub, Gregor: *Mega Memory: Optimales Gedächtnistraining für Privatleben, Schule und Beruf.* MVG Verlag, 2006.

Tebel-Nagy, Claudia: *Gedächtnis. Wie Eltern ihr Kind unterstützen können.* DTV, 2008.

Vester, Frederic: *Denken, Lernen, Vergessen.* DTV, akt. Neuauflage, 2004.

2.3 Intelligenz und Wissen

Gardner, Howard: *Intelligenzen. Die Vielfalt des menschlichen Geistes.* Klett-Cotta, 3. Aufl., 2008.

Gardner, Howard: *Kreative Intelligenz. Was wir mit Mozart, Freud, Woolf und Gandhi gemeinsam haben.* Piper, 2002.

Neubauer, Aljoscha / Stern, Elsbeth: *Lernen macht intelligent. Warum Begabung gefördert werden muss.* DVA, 2. Aufl., 2008.

2.4 Emotionale Intelligenz fördern

Goleman, Daniel / Lantieri, Linda: *Emotionale Intelligenz für Kinder und Jugendliche. Ein Übungsprogramm, um innere Stärke aufzubauen.* Goldmann, 2009.

Goleman, Daniel: *Emotionale Intelligenz.* DTV, 1997.

Hobson, Peter: *Wie wir denken lernen. Gehirnentwicklung und die Rolle der Gefühle.* Walter-Verlag, 2003.

Klein, Stefan: *Die Glücksformel oder Wie die guten Gefühle entstehen.* Rowohlt Taschenbuch, 2003.

2.5 Mit Stress gut umgehen

Altner, Nils: *Achtsam mit Kindern leben.* Kösel, 2009.

Goleman, Daniel / Lantieri, Linda: *Emotionale Intelligenz für Kinder und Jugendliche. Ein Übungsprogramm, um innere Stärke aufzubauen.* Goldmann, 2009.

Hampel, Petra / Petermann, Franz: *Anti-Stress-Training für Kinder.* Beltz, 2003.

Lohaus, Arnold / Domsch, Holger / Fridrici, Mirko: *Stressbewältigung für Kinder und Jugendliche. Positiv mit Stress umgehen lernen, Konkrete Tipps und Übungen, Hilfen für Eltern und Lehrer.* Springer, 2007.

Nützliche Informationen und Weiterbildungsangebote finden sich unter: www.institut-fuer-achtsamkeit.de

Literaturhinweise und Adressen

2.6 Kernkompetenz Sprache

Eliot, Lise: *Was geht da drinnen vor. Die Gehirnentwicklung in den ersten fünf Lebensjahren.* Berlin Verlag, 2001.
Montanari, Elke: *Mit zwei Sprachen groß werden. Mehrsprachige Erziehung in Familie, Kindergarten und Schule.* Kösel, 2002.
Steininger, Rita: *Wie Kinder richtig sprechen lernen. Sprachförderung – ein Wegweiser für Eltern.* Klett-Cotta, 2004.
Szagun, Gisela: *Sprachentwicklung beim Kind.* Beltz, vollst. überarb. Neuauflage, 2000.

2.7 Individualität versus Geschlecht

Baron-Cohen, Simon: *Vom ersten Tag an anders. Das weibliche und das männliche Gehirn.* Heyne, 2006.
Eliot, Lise: *Was geht da drinnen vor. Die Gehirnentwicklung in den ersten fünf Lebensjahren.* Berlin Verlag, 2001.
Pinker, Susan: *Das Geschlechter-Paradox. Über begabte Mädchen, schwierige Jungs und den wahren Unterschied zwischen Männern und Frauen.* DVA, 2008.

Sieben Säulen für den Schulerfolg

Bauer, Joachim: *Lob der Schule. Sieben Perspektiven für Schüler, Lehrer und Eltern.* Heyne, 2008.
Elschenbroich, Donata: *Weltwissen der Siebenjährigen.* Goldmann, 2002.
Goebel, Wolfgang / Glöckler, Michaela: *Kindersprechstunde.* Urachhaus, 17. überarb. Auflage, 2008.
Largo, Remo H.: *Babyjahre.* Piper, überarb. Neuausgabe, 2008.
Müller-Wohlfahrt, Hans-W.: *So schützen Sie Ihre Gesundheit.* DTV, 2005.
Rogge, Jan-Uwe: *Der große Erziehungsberater.* Rowohlt Verlag, 5. Auflage, 2007.
Zimmer, Katharina: *Widerstandsfähig und selbstbewusst. Kinder stark machen fürs Leben.* DTV, 2. Auflage, 2009.

Anlaufstellen für Erziehungsfragen:

www.bke-elternberatung.de: Online-Angebot der Bundeskonferenz für Erziehungsberatung e. V. mit Adressen von Erziehungs-, Jugend- und Familienberatungsstellen nach Postleitzahlen sortiert.

Literaturhinweise und Adressen

Fachverband für Erziehungs-, Familien- und Jugendberatung
Herrnstr. 53
D-90763 Fürth/Bayern
Tel.: 0911/977 14-0
Fax: 0911/74 54-97

www.elternimnetz.de: Seite des Bayerischen Landesjugendamtes mit Adressenverzeichnis und Informationen zu Erziehungs-, Schul- und Familienproblemen.

Die Jugendämter (über das Landratsamt) stellen den Kontakt zu ortsnahen Erziehungsberatungsstellen her.

3.1 Ernährung und Bewegung
Beins, Hans-J.: *Kinder lernen in Bewegung.* Verlag Modernes Lernen/Borgmann Media, 2007.
Bläsius, Jutta: *Drei Minuten Bewegung. Spiele für zwischendurch in Kita und Schule.* Don Bosco Verlag, 2. Aufl., 2008

Forschungsinstitut für Kinderernährung (FKE): professionelle Beratung zur Ernährung von Säuglingen, Kindern und Jugendlichen.
Tel.: 0180/4798182 (kostenpflichtig)
www.fke-do.de

3.2 Psyche: Glücklich und gut gelaunt
Klein, Stefan: *Die Glücksformel oder Wie die guten Gefühle entstehen.* Rowohlt Taschenbuch, 2003.
Ohly, Michaela: *Duden. Richtig lernen in der Grundschule. Mit Spaß und Motivation zum Lernerfolg.* Bibliographisches Institut, 2004.

3.3 Lernen braucht Organisation
Dohmen, Dieter / Erbes, Annegret / Fuchs, Kathrin u. a.: *Was wissen wir über Nachhilfe? Sachstand und Auswertung der Forschungsliteratur zu Angebot, Nachfrage und Wirkungen.* Bertelsmann, 2008.
Schader, Bernhard: *Duden: Schultipps für Eltern. Unterstützen Sie den Lernerfolg Ihres Kindes. 4. bis 10. Klasse.* Bibliographisches Institut, 2003.

3.4 Elternliebe und Bildungsklima
Bergmann, Wolfgang: *Gute Autorität. Grundsätze einer zeitgemäßen Erziehung.* Beltz, 2005.

Literaturhinweise und Adressen

Ehinger, Wolfgang / Hennig, Claudius: *Das Elterngespräch in der Schule. Von der Konfrontation zur Kooperation.* Auer Verlag, 2003.
Kohn, Martin: *Rotes Tuch Schule. Wie sich Eltern und Lehrer besser verstehen lernen.* Balance buch + medien, 2007.
Kolb, Klaus / Miltner, Frank: *Leichter lernen mit Köpfchen und Spaß.* Gräfe & Unzer, 2003.
Porsche, Susanne: *Schulkompass: Sie finden Sie die richtige Schule für Ihr Kind.* Gütersloher Verlagshaus, 2009.
Schader, Bernhard: *Hausaufgaben und Klassenarbeiten.* Bibliographisches Institut, 2005.
Steffen, Angelika: *Schule – und dann? So helfen Eltern ihren Kindern bei der Berufswahl.* DTV, 2008.
Stücke, Uta: *Lern- und Konzentrationstraining im 5. und 6. Schuljahr.* Verlag an der Ruhr, 2001.

Bundeselternrat
Grantham-Allee 20
53757 St. Augustin
Tel.: 02241/86 52 63
Fax: 02241/86 52 65

3.5 Die richtige Mediennutzung

Höfele, Hartmut E. / Steffe, Susanne: *Abenteuer Medienwelt.* Ökotopia, 2002.
Spitzer, Manfred: *Vorsicht Bildschirm! Elektronische Medien, Gehirnentwicklung, Gesundheit und Gesellschaft.* DTV, 2006.
Bundesministerium für Familie, Senioren, Frauen und Jugend (Hg.): *Ein Netz für Kinder. Surfen ohne Risiko? Ein praktischer Leitfaden für Eltern und Pädagogen.*
Zu beziehen über:
Publikationsversand der Bundesregierung
Postfach 48 10 09
18132 Rostock
Tel.: 0 18 05/77 80 90
E-Mail: publikationen@bundesregierung.de
www.bmfsfj.de

Tipps zur Medienerziehung:

www.schau-hin.info
www.schauhin.zdf.de
Tel. 030/400059959 (Hotline für Eltern, mit Kindern, die die Medienwelt entdecken)

Literaturhinweise und Adressen

Drei Mal im Jahr bringt der Verein »Programmberatung für Eltern e. V.« die Broschüre Flimmo – Fernsehen mit Kinderaugen heraus, die einen exzellenten Überblick über regelmäßig ausgestrahlte Sendungen gibt.
Programmberatung für Eltern e. V.
Postfach 801344
81613 München
Tel.: 089/45 06 62 15
Fax: 089/45 06 62 22
www.flimmo.de

Das Deutsche Jugendinstitut bietet Tipps für den Umgang mit dem Internet unter www.dji.de/www-kinderseiten/default3.htm
Deutsches Jugendinstitut
Nockherstr. 2
81541 München
Tel.: 089/623 06-0
Fax: 089/623 06-162

Weitere Webseiten zur Leseförderung, die zeigen, dass Lesen und Computernutzung keine unverbindlichen Elemente darstellen müssen, finden sich unter www.dva.de/lernen.

3.6 Balance zwischen Lob und Tadel

Bueb, Bernhard: *Lob der Disziplin: Eine Streitschrift*. Ullstein Taschenbuch, 2008.
Honoré, Carl: *Kinder unter Druck. Rettet die Kinder vor Schule und Übereltern*. Fackelträger-Verlag, 2008
Hüther, Gerald / Nitsch, Cornelia: *Wie aus Kindern glückliche Erwachsene werden*. Gräfe & Unzer, 2008.
Kast-Zahn, Annette / Morgenroth, Hartmut: *Jedes Kind kann schlafen lernen*. Gräfe & Unzer, 2007.
Kister, Cornelie: *Sehnsucht nach Bullerbü. Gebt euren Kindern die Kindheit zurück*. Thiele, 2008
Schneewind, Klaus A. / Böhmert, Beate: *Jugendliche kompetent erziehen. Der interaktive Elterncoach „Freiheit in Grenzen"* (mit DVD). Huber, 2009.
Thompson, Caroline: *Die Tyrannei der Liebe. Perfekte Erziehung und die Ambivalenz unserer Gefühle*. Kunstmann, 2008.
Tschöpe-Scheffler, Sigrid: *Kinder brauchen Wurzeln und Flügel. Erziehung zwischen Bindung und Autonomie*. Matthias-Grünewald-Verlag, 2007.

3.7 Der Kampf um ein besseres Schulsystem

Hentig, Hartmut von: *Die Schule neu denken. Eine Übung in pädagogischer Vernunft.* Beltz, 5. Auflage, 2008.

Sacher, Werner: *Elternarbeit. Gestaltungsmöglichkeiten und Grundlagen für alle Schulen.* Klinkhardt, 2008.

Wößmann, Ludger: *Letzte Chance für gute Schulen. Die 12 großen Irrtümer und was wir wirklich ändern müssen.* Zabert Sandmann, 2007.

4 Hat mein Kind eine Lernstörung?

Barth, Karlheinz: *Lernschwächen früh erkennen im Vorschul- und Grundschulalter.* Reinhardt, 5. Auflage, 2006.

Emmerich, Elke, u. a.: *Mit AD(H)S durch die Grundschule. Wie Sie Konzentration, Motivation und Organisation Ihres Kindes fördern.* Knaur, 2007.

Klein, Jochen / Träbert, Detlef: *Wenn es mit dem Lernen nicht klappt. Schluss mit Schulproblemen und Familienstress.* Beltz, 2009.

Mähler, Bettina / Schmela, Martin: *Albtraum ADS. Wie Eltern sich helfen können.* Rowohlt Taschenbuch, 2007.

Schäfer, Ulrike / Gerber, Wolf-Dieter: *AD(H)S. Die Aufmerksamkeitsdefizit-Hyperaktivitätsstörung. Ein Ratgeber für Eltern, Erzieher und Lehrer.* Vandenhoeck & Ruprecht, 2007.

Schulz, Andreas: *Praxisbuch Rechenschwäche. Ein Ratgeber für Eltern.* Urania, 2003.

Strauch, Barbara: *Warum sie so seltsam sind. Gehirnentwicklung bei Teenagern.* Berliner Taschenbuch Verlag, 2007.

Anlaufstellen für Fragen zu Lernstörungen:

Bundeskonferenz für Erziehungsberatung (BKE)
Herrnstr. 53
90763 Fürth
Tel.: 09 11/9 77 14-0
Fax: 09 11/74 54 97
E-Mail: bke@bke.de
www.bke.de

Literaturhinweise und Adressen

Spezialisierte Anlaufstellen:
Legasthenie/Lese-Rechtschreib-Schwäche
Blicklabor der Universität Freiburg
Universität Freiburg
AG Hirnforschung
Hans-Sachs-Str. 6
79098 Freiburg
Tel.: 0761/38419510
E-Mail: freiburg@blicklabor.de
www.blicklabor.de

Bundesverband Legasthenie
und Dyskalkulie e.V.
Postfach 1107
30011 Hanover
Tel.: 0700/31873811 (12 c/min. aus dem Festnetz)
www.legasthenie.net
MEMORY – Institut für prozessorientierte Lerntherapie und Diagnostik
www.memory-lerntherapie.de
Lehrinstitute für Orthografie und Schreibtechnik
www.losdirekt.de

Beratungsstelle für Lese-Rechtschreib-Schwäche/Legasthenie e.V.
Franzstr. 32
52064 Aachen
Tel.: 0241/3 87 96
www.lrs-online.de

Dyskalkulie:
Initiative zur Förderung rechenschwacher Kinder (IFRK) e.V.
Margret Schwarz (1. Vors.)
Höhenstr. 20
75239 Eisingen
Tel.: 07153/274 48
www.ifrk-ev.de

Rechen-Therapie-Zentrum
Dipl.-Psych. Angelika Schlotmann
Winzerweg 2e
69493 Hirschberg-Großsachsen
Tel.: 06201/25 89 54
E-Mail: sekretariat@rechen-therapie-zentrum.de
www.rechen-therapie-zentrum.de
siehe auch Blicklabor Universität Freiburg

Kontaktadressen von Beratungs- und Therapieeinrichtungen
für RechenSchwäche
www.ztr-rechenschwaeche.de

Institute für Beratung, Diagnostik und Therapie in Deutschland
http://home.snafu.de/wehrmann/rechenschwaeche.html

ADS/Hyperaktivität:
Selbsthilfe für Menschen mit ADHS
Bundesgeschäftsstelle:
Postfach 410724
12117 Berlin
Tel.: 030/85 60 59 02
E-Mail: info@adhs-deutschland.de
www.adhs-deutschland.de

Elterninitiative zur Förderung von Kindern, Jugendlichen und Erwachsenen mit Aufmerksamkeitsdefizitsyndrom mit/ohne Hyperaktivität
Postfach 1165
D-73055 Ebersbach
Tel.: 07161/92 02 25
Fax: 07161/92 02 26
www.ads-ev.de

Koordinationsmängel:
Deutscher Verband der Ergotherapeuten e.V.
Postfach 2208
76307 Karlsbad
Tel.: 07248/918 10
www.ergotherapeuten_deutschland.org

Literaturhinweise und Adressen

KISS- und KIDD-Syndrom
http://kiss-info.de

Neurologisch-Funktionelle-
Reorganisation nach Florence Scott
Löcherhaldenstr. 20/1
73770 Denkendorf
Tel.: 0711/934 89 71
http://www.nfr-verein.de

5 Hochbegabte

Neubauer, Aljoscha/Stern, Elsbeth: *Lernen macht intelligent. Warum Begabung gefördert werden muss.* DVA, 2. Auflage, 2008.
Reimann-Höhn, Uta: *Welche Talente und Begabungen hat Ihr Kind? Mit vielen Tests und Checklisten.* Herder, 2007.
Rost, Detlef H. (Hg.): *Hochbegabte und hochleistende Jugendliche. Befunde aus dem Marburger Hochbegabtenprojekt.* Waxmann, 2009.
Rost, Detlef H.: *Intelligenz. Fakten und Mythen.* Beltz PVU, 2009.
Scheidt, Jürgen vom: *Das Drama der Hochbegabten. Zwischen Genie und Leistungsverweigerung.* Piper, 2005.
Stapf, Aiga: *Hochbegabte Kinder. Persönlichkeit, Entwicklung, Förderung.* C.H. Beck, 4. Aufl., 2008.

Anlaufstellen für Fragen bezüglich hochbegabter Kinder:

Deutsche Gesellschaft für das hochbegabte Kind e. V. (DGhK)
Schillerstr. 4–5
10625 Berlin
Tel.: 030/35 35 68 29
www.dghk.de (mit Adressenverzeichnis der Regionalverbände)

Deutsche SchülerAkademie
Bildung und Begabung e. V.
Godesberger Allee 90
53175 Bonn
Tel.: 0228/959 15 40
www.deutsche-schuelerakademie.de

Literaturhinweise und Adressen

Hochbegabtenförderung e. V.
Am Pappelbusch 45
44803 Bochum
Tel.: 0234/935-670
www.hbf-ev.de

Internationales Centrum für Begabungsforschung
Georgskommende 33
48143 Münster
Tel.: 0251/832 42 30
www.icbf.de

Karg-Stiftung
Lyoner Straße 15
Im Atricom
60528 Frankfurt am Main
Tel.: 069/66 56 21 14
www.karg-stiftung.de

Esther und Silvius Dornier Stiftung zur Förderung begabter Schüler
www.dornierstiftung.de

Institut für Angewandte Lern- und Begabungsforschung
Ballindamm 7
20095 Hamburg
Tel.: 040/30 38 07 37
E-Mail: IabLB.hamburg@t-online.de

Begabungspsychologische Beratungsstelle am Institut
für Pädagogische Psychologie der Universität München
Leopoldstraße 13
80802 München
Tel.: 089/21 80 63 33

Gaesdoncker Beratungsstelle für Begabtenförderung
Zweigstelle der Universität Nijmegen
Gaesdoncker Straße 220
47574 Goch
Tel.: 02823/96 13 90
Fax: 02823/96 13 95

Literaturhinweise und Adressen

Weitere Webadressen:
www.bildung-und-begabung.de
www.hoch-begabung.de
www.logios.de

Sehr informativ ist auch ein Ratgeber des Bundesministeriums für Bildung und Forschung, der zudem eine umfangreiche Liste von Beratungsstellen und außerschulischen Angeboten aufweist:
»Begabte Kinder finden und fördern«
Bundesministerium für Bildung und Forschung
Hannoversche Straße 28-30
10115 Berlin
Tel.: 01888/570 oder 030/28 54 00
www.bmbf.de/pub/begabte_kinder_finden_und_foerdern.pdf

Anlaufstellen und Hilfeangebote für Suizidgefährdete:

www.suizidprophylaxe.de
www.telefonseelsorge.de
Unter den bundeseinheitlichen Telefonnummern 0800/1110111 und 0800/1110222 kann man sich auch kostenlos an die 104 deutschen Telefonseelsorgestellen wenden, die zu jeder Tages- und Nachtzeit anonym Beratung am Telefon anbieten. Die Mitarbeiter der Telefonseelsorge hören zu, nehmen Anteil und verweisen bei Bedarf auf andere Einrichtungen. Die Telefonsseelsorge ist somit die flächendeckende Basis aller spezialisierten Krisenhilfeangebote.

Hilfe für den Einzelfall

Wenn Sie noch weitere Fragen haben, wenden Sie sich gerne direkt an Martin Korte: lernen@dva.de. Die Antworten, noch mehr Literaturhinweise und Anlaufstellen finden Sie unter www.dva.de/lernen.

Warum Intelligenz nicht angeboren ist

Aljoscha Neubauer | Elsbeth Stern
LERNEN MACHT INTELLIGENT
Warum Begabung gefördert
werden muss
288 Seiten, Klappenbroschur
ISBN 978-3-421-04266-8

Begabung ist wichtig, aber nicht selten kann ein Weniger an Begabung durch ein Mehr an Lernen wettgemacht werden, so Aljoscha Neubauer und Elsbeth Stern. In ihrem Buch erläutern sie die genetischen und neurobiologischen Grundlagen für Begabung und Lernen, die Rolle der Umweltbedingungen und welche Lernangebote man in welchem Alter machen sollte.

»Dieses gut geschriebene Buch ermutigt zu mehr geistiger Tätigkeit, nicht nur Menschen im Schulalter, sondern auch ältere Erwachsene.«

Psychologie heute

»Jeder denkende Mann und jede denkende Frau sollte dieses Buch lesen.«
Louann Brizendine, *Das weibliche Gehirn*

Susan Pinker
DAS GESCHLECHTER-PARADOX
Über begabte Mädchen,
schwierige Jungs und den wahren
Unterschied zwischen Männern
und Frauen
Aus dem Englischen von
Maren Klostermann
448 Seiten, Klappenbroschur
ISBN 978-3-421-04361-0

Warum sind es die »schwierigen Jungs«, die später beeindruckende Karrieren machen, während die viel versprechenden Mädchen immer noch selten auf die Chefsessel gelangen?
Susan Pinker zeigt, dass Mädchen und Jungs sich von klein auf unterschiedlich entwickeln und dass Männer und Frauen nicht das Gleiche wollen – weder am Arbeitsplatz noch im Leben.

www.dva.de